Thomas Köhler
Freuds Schriften zu Kultur, Religion und Gesellschaft

Das Anliegen der Buchreihe Bibliothek der Psychoanalyse besteht darin, ein Forum der Auseinandersetzung zu schaffen, das der Psychoanalyse als Grundlagenwissenschaft, als Human- und Kulturwissenschaft und als klinische Theorie und Praxis neue Impulse verleiht. Die verschiedenen Strömungen innerhalb der Psychoanalyse sollen zu Wort kommen, und der kritische Dialog mit den Nachbarwissenschaften soll intensiviert werden. Bislang haben sich folgende Themenschwerpunkte herauskristallisiert:

Die Wiederentdeckung lange vergriffener Klassiker der Psychoanalyse – wie beispielsweise der Werke von Otto Fenichel, Karl Abraham, W. R. D. Fairbairn und Otto Rank – soll die gemeinsamen Wurzeln der von Zersplitterung bedrohten psychoanalytischen Bewegung stärken. Einen weiteren Baustein psychoanalytischer Identität bildet die Beschäftigung mit dem Werk und der Person Sigmund Freuds und den Diskussionen und Konflikten in der Frühgeschichte der psychoanalytischen Bewegung.

Im Zuge ihrer Etablierung als medizinisch-psychologisches Heilverfahren hat die Psychoanalyse ihre geisteswissenschaftlichen, kulturanalytischen und politischen Ansätze vernachlässigt. Indem der Dialog mit den Nachbarwissenschaften wiederaufgenommen wird, soll das kultur- und gesellschaftskritische Erbe der Psychoanalyse wiederbelebt und weiterentwickelt werden.

Stärker als früher steht die Psychoanalyse in Konkurrenz zu benachbarten Psychotherapieverfahren und der biologischen Psychiatrie. Als das anspruchsvollste unter den psychotherapeutischen Verfahren sollte sich die Psychoanalyse der Überprüfung ihrer Verfahrensweisen und ihrer Therapie-Erfolge durch die empirischen Wissenschaften stellen, aber auch eigene Kriterien und Konzepte zur Erfolgskontrolle entwickeln. In diesen Zusammenhang gehört auch die Wiederaufnahme der Diskussion über den besonderen wissenschaftstheoretischen Status der Psychoanalyse.

Hundert Jahre nach ihrer Schöpfung durch Sigmund Freud sieht sich die Psychoanalyse vor neue Herausforderungen gestellt, die sie nur bewältigen kann, wenn sie sich auf ihr kritisches Potential besinnt.

BIBLIOTHEK DER PSYCHOANALYSE
HERAUSGEGEBEN VON HANS-JÜRGEN WIRTH

Thomas Köhler

Freuds Schriften zu Kultur, Religion und Gesellschaft

Eine Darstellung und kritische Bewertung

Psychosozial-Verlag

Bibliografische Information der Deutschen Nationalbibliothek
Die Deutsche Nationalbibliothek verzeichnet diese Publikation in der Deutschen Nationalbibliografie; detaillierte bibliografische Daten sind im Internet über http://dnb.d-nb.de abrufbar.

2. Auflage 2014

E-Mail: info@psychosozial-verlag.de
www.psychosozial-verlag.de

Umschlagabbildung: »Ödipus und die Sphinx«. Sarkophag aus Griechenland, ca. 330 v. Chr.
Umschlaggestaltung: Hanspeter Ludwig, Wetzlar
www.imaginary-world.de
ISBN 978-3-8379-2432-9

Vorwort zur zweiten Auflage

Freuds Schriften zu Kultur und Gesellschaft und noch mehr seine religionspsychologischen Arbeiten stellen wohl den besten ersten Zugang zur psychoanalytischen Theorie überhaupt dar. In ihnen wird nämlich in aller Regel rasch und anhand anschaulicher Beispiele auf die zentralen Annahmen der Psychoanalyse hingeführt, so auf die entscheidende Bedeutung des Sexuallebens und seiner Bewältigung für individuelles Wohlbefinden und gesellschaftliches Funktionieren (insbesondere die diesbezüglich grundlegende Stellung des Ödipuskomplexes und die Mechanismen seiner Überwindung). Weiter werden die Konzepte von Triebabwehr und Verdrängung, Wiederkehr des Verdrängten unter Entstellung sowie von sekundären Abwehrmechanismen vielleicht an religiösen Phänomenen am Überzeugendsten deutlich – wohingegen in den (zweifellos ebenfalls lesenswerten) Freud'schen Fallgeschichten die Sachverhalte erheblich mühevoller erarbeitet werden und die Konstruktionen beim ersten Lesen nicht selten reichlich gewollt erscheinen. Hinzu kommt, dass Freud in den kultur- und religionspsychologischen Schriften es selten versäumt, gleichzeitig die im jeweiligen Zusammenhang wichtigen Kernaussagen seiner Lehre prägnant und allgemeinverständlich herauszuarbeiten.

Andererseits sind einige dieser Arbeiten vergleichsweise schwer zu lesen, so *Das Unbehagen in der Kultur* mit seinen zahlreichen Nebengedanken, speziell aber *Der Mann Moses und die monotheistische Religion;* man muss sich vergegenwärtigen, dass diese Schriften großteils dem Spätwerk angehören, als Freud generell nicht mehr auf der Höhe seiner schriftstellerischen Fähigkeiten gewesen sein dürfte und zudem durch seine schwere Erkrankung häufig an kontinuierlicherer Arbeit gehindert war. Insofern scheint es sinnvoll, diese in wesentlichen Inhalten zu resümieren, zur besseren Lesbarkeit Freudsche Exkurse in Anmerkungen unterzubringen, schwierige Stellen zu kommentieren und auf Unklarheiten hinzuweisen, schließlich durch Schilderung der Entstehungsgeschichte eine Einordnung in das Gesamtwerk Freuds zu versuchen – ähnlich wie ich es bei der Darstellung des restlichen Freudschen Werks (*Das Werk Sigmund Freuds: Entstehung – Inhalt – Rezeption* [Lengerich: Pabst Science Publishers]) versucht habe und wie es in meiner soeben erschienenen Monographie *Freuds Schriften zu Literatur, Kunst und Ästhetik* geschieht.

In diesem Zusammenhang schien es sinnvoll, eine knappe Zusammenfassung der grundlegenden psychoanalytischen Thesen zu geben, wenigstens insofern, als sie für Freuds kultur- und religionspsychologische Schriften von Bedeutung sind. Wer mit der Materie besser vertraut ist, kann dieses Kapitel sicher ohne Schaden weitgehend diagonal lesen oder überspringen.

Erfreulicherweise ist die 2006 zum Freud-Jahr erschienene erste Auflage nun vergriffen, welches mir Gelegenheit zur Überarbeitung gibt. Zwar hat sich an Freuds

Texten nichts geändert, aber einige Unklarheiten in meiner Darstellung galt es zu beseitigen und Sekundärliteratur zu aktualisieren.

Zudem schien es sinnvoll, auf einige weitere Schriften Freuds zu verweisen, in denen er explizit Aussagen zur Religion macht.

Um den Text einigermaßen flüssig lesbar zu gestalten, wurden viele der Exkurse Freuds in den Anmerkungen behandelt, welche man – um überhaupt einen Eindruck von der einen oder anderen Freud'schen Schrift zu erhalten, zunächst notfalls überspringen kann. Bei eingehenderer Vertiefung wird man sie aber zur Kenntnis nehmen müssen. Es ist trivial anzumerken, dass die allerbeste Vertiefung natürlich die Lektüre der Freud'schen Arbeiten selbst wäre.

Dem Psychosozial-Verlag, insbesondere Frau Motzet, danke ich sehr für die Hilfe bei der Manuskripterstellung. Meinem Kollegen Reinhold Schwab habe ich schon in der ersten Auflage meinen Dank ausgesprochen und tue es hier noch einmal: Er ist nicht nur versierter Fachmann der Textverarbeitung, sondern hat mich auch in seiner Eigenschaft als profunder Kenner des Alten Testaments mit reichlich einschlägiger Literatur versorgt und die entsprechenden Passagen des Manuskripts durchgesehen. Meine liebe Frau Carmen hat wie üblich der Abfassung eines Buches viel Verständnis entgegen gebracht, wobei sie diesmal noch zusätzlich mit mir durch die Sinai-Halbinsel auf der Spur des Mannes Moses reisen musste.

Hamburg, im April 2014

Thomas Köhler

Inhalt

1	**Überblick: Die Schriften zu Kultur, Gesellschaft und Religion in Freuds Werk**	9
	Anmerkungen zu Kapitel 1	12
2	**Zentrale Thesen der Freud'schen Psychoanalyse**	13
2.1	Vorbemerkungen; Überblick	13
2.2	Die Traumlehre	14
2.3	Modelle des psychischen Apparats	16
2.4	Die Sexualtheorie	22
2.5	Die Trieblehre	29
2.6	Die Theorie der Neurosenentstehung	35
	Anmerkungen zu Kapitel 2	36
3	**Überblick zu Freuds kultur- und gesellschaftstheoretischen Schriften; kleinere Arbeiten zu Kultur und Gesellschaft**	39
	Anmerkungen zu Kapitel 3	63
4	**Massenpsychologie und Ich-Analyse**	65
4.1	Entstehungsgeschichte	65
4.2	Inhalt	65
	Anmerkungen zu Kapitel 4	81
5	**Das Unbehagen in der Kultur**	88
5.1	Entstehungsgeschichte	88
5.2	Inhalt	88
	Anmerkungen zu Kapitel 5	101
6	**Zusammenfassung: Freuds Thesen zu Gesellschaft und Kultur**.	108
	Anmerkungen zu Kapitel 6	112
7	**Allgemeines zu Freuds religionspsychologischen Schriften; kleinere Schriften zur Religion**	113
	Anmerkungen zu Kapitel 7	121

8 **Totem und Tabu** 123
8.1 Entstehungsgeschichte 123
8.2 Inhalt 124
Anmerkungen zu Kapitel 8 161

9 **Die Zukunft einer Illusion** 174
9.1 Entstehungsgeschichte 174
9.2 Inhalt 174
Anmerkungen zu Kapitel 9 186

10 **Der Mann Moses und die monotheistische Religion** 194
10.1 Entstehungsgeschichte; Überblick 194
10.2 Exkurs: Der biblische Bericht; heutige historische Einordnung 196
10.3 Inhalt 201
Anmerkungen zu Kapitel 10 223

11 **Zusammenfassung: Freuds Thesen zur Religion** 234
Anmerkungen zu Kapitel 11 240

12 **Literatur** 241

13 **Stichwortverzeichnis** 244

1 Überblick: Die Schriften zu Kultur, Gesellschaft und Religion in Freuds Werk

Die Schriften Freuds lassen sich – mit gewissen Brüchen – in Kategorien unterteilen, die wiederum relativ gut einzelnen Zeitabschnitten zuzuordnen sind: In die ersten Jahre der Publikationstätigkeit fallen – beginnend mit der kleinen Schrift des erst einundzwanzigjährigen Studenten »Über den Ursprung der hinteren Nervenwurzeln im Rückenmarke von Ammocoetes (Petromyzon Planeri)« (Freud, 1877a)[1] – fast ausschließlich Arbeiten zur Neurohistologie, Neuropathologie und später vornehmlich zur Neurologie (z. B. die Monographie zu Aphasien; Freud 1891b). Seine ersten psychologischen Schriften, etwa ab dem Jahr 1890, widmen sich der klinischen Theorie, insbesondere der Ätiopathogenese der Psychoneurosen und psychoanalytischen Methoden ihrer Beeinflussung. Nach Aufgabe der so genannten Verführungstheorie im Jahre 1897 werden diese spezifisch klinischen Arbeiten deutlich seltener, und es folgen jene Werke, in denen Freud die eigentliche psychoanalytische Theorie zur Struktur des psychischen Apparats, zu unbewussten Prozessen und zur infantilen Sexualität entwickelt (insbesondere *Die Traumdeutung* [1900a], *Drei Abhandlungen zur Sexualtheorie* [1905d], »Formulierungen über die zwei Prinzipien des psychischen Geschehens« [1911b], »Zur Einführung des Narzissmus« [1914c]). Diese Erkenntnisse führen Freud einerseits zu neuen Sichtweisen bezüglich Entstehung und Therapie von Neurosen, die sich in einer Anzahl von Publikationen niederschlagen (z. B. »Bruchstück einer Hysterie-Analyse« [1905e], »Analyse der Phobie eines fünfjährigen Knaben« [1909b], »Zur Dynamik der Übertragung« [1912b], »Bemerkungen über die Übertragungsliebe« [1915a]). Zum anderen wendet er sich nun immer mehr der Erklärung allgemeinpsychologischer Phänomene zu, etwa den Mechanismen von Fehlleistungen, den Prozessen der Witzbildung oder der Grundlage von Phantasien (etwa *Zur Psychopathologie des Alltagslebens* [1901b], *Der Witz und seine Beziehung zum Unbewussten* [1905c], »Der Dichter und das Phantasieren« [1908e]). Eine noch weiter gehende Ausdehnung des Themenbereiches stellt die Anwendung der Psychoanalyse auf die Interpretation von künstlerischen Schöpfungen dar (etwa *Der Wahn und die Träume in W. Jensens »Gradiva«* [1907a], *Eine Kindheitserinnerung des Leonardo da Vinci* [1910c][2]) und – was in unserem Zusammenhang von besonderer Bedeutung ist – auf das Verständnis religiöser Praktiken und kultureller Phänomene (nämlich »Zwangshandlungen und Religionsübungen« [1907b] und »Die ›kulturelle‹ Sexualmoral und die moderne Nervosität« [1908d]).

In der ersten der beiden Schriften arbeitet Freud die Parallelen zwischen dem »Privatzeremoniell« neurotischer Patienten und religiösen Zeremonien heraus, besondere die wesentliche Gemeinsamkeit, dass beide der Abwehr von Triebregungen dienen. In der Arbeit über die kulturelle Sexualmoral greift er auf eine zum ersten Mal in den *Drei Abhandlungen zur Sexualtheorie* vorgebrachte Bemerkung zurück, nämlich dass Sublimierung (d. h. Verzicht auf die Ausübung des Sexualtriebes und statt dessen Verwendung dieser Energien auf andere Ziele) die Grundlage der Kultur bilde: »Die Kulturhistoriker scheinen einig in der Annahme, daß durch solche Ablenkung sexueller Triebkräfte von sexuellen Zielen und Hinlenkung auf neue Ziele, ein Prozess, der den Namen Sublimierung verdient, mächtige Komponenten für alle kulturellen Leistungen gewonnen werden. « (1905d; GW V, S. 79; Hervorhebung im Original[3] Andererseits weist er darauf hin, dass allzu rigide Unterdrückung sexueller Bedürfnisse – wie es die kulturelle Sexualmoral verlangt – zu neurotischen Erkrankungen führt (1908d; GW VII, S. 165 ff.).

Die bekannte Schrift *Totem und Tabu* (1912–1913a) mit dem eingängigen Untertitel »Einige Übereinstimmungen im Seelenleben der Wilden und der Neurotiker« knüpft an die Überlegungen in »Zwangshandlungen und Religionsübungen« an und versucht, gewisse Gebräuche von Naturvölkern als Triebabwehr zu erklären (speziell gegen inzestuöse Sexualwünsche) und in Verbindung mit der infantilen Sexualentwicklung zu bringen; letzteres ist speziell Thema der vierten Abhandlung »Die infantile Wiederkehr des Totemismus«.

Unmittelbar unter dem Eindruck des Ersten Weltkrieges geschrieben ist die Arbeit »Zeitgemäßes über Krieg und Tod« (1915b). In dieser eher schlecht gegliederten Schrift, die auf Gedankengänge aus *Totem und Tabu* zurückgreift, sieht Freud einerseits die Kultur aus Triebabwehr entstanden, konstatiert aber gleichzeitig, wie wenig eine solche Unterdrückung ursprünglicher Impulse wirklich gelungen ist und wie sich diese u. a. im Krieg ihre Durchbrüche verschaffen.

Erst 1921 erscheint mit *Massenpsychologie und Ich-Analyse* (1921c) eine weitere gesellschaftstheoretische Schrift, deren Bedeutung aber mehr in ihren metapsychologischen Überlegungen liegt, nämlich der Einführung des Ich-Ideals und damit der Vorbereitung des Strukturmodells des psychischen Apparats in der Schrift *Das Ich und das Es* (1923b). Identifikation von Individuen mit einem Führer und untereinander wird – so die sozialpsychologische Aussage von *Massenpsychologie und Ich-Analyse* – als konstituierendes Moment der Bildung von Massen herausgearbeitet. Die 1920 in *Jenseits des Lustprinzips* (1920g) entwickelte Todestriebtheorie ist insofern von Bedeutung in unserem Zusammenhang, als diese neue Auffassung auch in die späteren kulturtheoretischen Schriften eingeht.

Mit der Arbeit »Eine Teufelsneurose im siebzehnten Jahrhundert« (1923d) leitet Freud – etwa ein Jahrzehnt nach *Totem und Tabu* – eine Reihe von religionspsychologischen Schriften ein[4], in deren Zentrum *Die Zukunft einer Illusion* (1927c) steht. Diese diesbezüglich bekannteste Arbeit Freuds knüpft thematisch an *Totem und Tabu* an, wo im weiteren Sinne religiös zu nennende Gebräuche bei Naturvölkern als Abwehr unbewusster Wünsche gedeutet wurden (s. oben). Jetzt gibt Freud eine Interpretation der Religion allgemein, wobei er speziell auch die christliche im Auge hat:

Seiner Auffassung nach entspringen die religiösen Lehr- und Glaubensinhalte einem Wunsch, stellen eine Illusion dar. Sie ist entstanden aus der Situation der Hilflosigkeit gegenüber den Mächten der Natur, eine Situation, die ihr individuelles infantiles Vorbild in der Furcht vor dem Vater hat, welcher gleichzeitig aber Identifikationsfigur und Vorbild ist. Andererseits hat die Religion die Aufgabe, bei der zur Errichtung der Kultur unerlässlichen Triebunterdrückung mitzuhelfen und ist (in Analogie zu der in der Kinderzeit wurzelnden Neurose) der Versuch einer Triebbewältigung; sie stellt sich somit als Relikt aus einer Zeit heraus, in welcher der für das menschliche Zusammenleben notwendige Triebverzicht nicht durch rationale Geistesarbeit geleistet werden konnte, sondern nur über zwangsneurotische Einschränkungen gelang.

Thematisch an die Ausführungen von *Die Zukunft einer Illusion* schließt sich die wenig später veröffentlichte kleine Arbeit »Ein religiöses Erlebnis« (1928a) an, in der Freud ein von einem Kollegen berichtetes religiöses Erlebnis psychoanalytisch erklärt (nämlich als Folge eines unvollständig überwundenen Ödipuskomplexes).

Die 1930 erschienene Schrift *Das Unbehagen in der Kultur* (1930a) wurde von Freud selbst nicht gut beurteilt. Der eigentliche Kerngedanke, »das Schuldgefühl als das wichtigste Problem der Kulturentwicklung hinzustellen und darzutun, daß der Preis für den Kulturfortschritt in der Glückseinbuße durch die Erhöhung des Schuldgefühls bezahlt wird« (GW XIV, S. 493 f.), kommt nur schlecht zum Ausdruck. Der Wert der Arbeit liegt weniger in den Gedanken über die Kultur, als vielmehr in einer Präzisierung der Trieblehre, wobei der Aggressionstrieb als Hauptvertreter des Todestriebs eingeführt und seine Beziehung zu Gewissen und Schuldgefühl geklärt wird.

Relativ unbekannt ist die kleine Arbeit »Zur Gewinnung des Feuers« (1932a), die ebenfalls üblicherweise zu Freuds religionspsychologischen Schriften gezählt wird, aber sich eher mit einem speziellen Thema der griechischen Mythologie befasst.

Freuds letzte religionspsychologische Arbeit *Der Mann Moses und die monotheistische Religion* (1939a) besteht aus drei Teilen, von denen die ersten beiden (inhaltlich weniger brisanten) 1937 publiziert wurden; der dritte Teil wurde mehrfach umgeschrieben und schließlich 1938 herausgegeben; die gesamte dreiteilige Schrift erschien 1939. Ihr zu Folge war Moses kein Israelit, sondern ein vornehmer Ägypter, der semitische Volksstämme in Ägypten in ihr eigentliches Ursprungsland zurückzuführen versprach und sie damit zur Annahme der monotheistischen Aton-Religion bewegen konnte. Nachdem ihn jedoch seine ehemaligen Anhänger erschlagen hatten, nahmen diese später die keineswegs streng monotheistische jahvistische Religion an. Im Sinne einer Wiederkehr des Verdrängten seien aber nach langer Zeit die mosaischen Lehren wieder aufgetaucht, Moses mit dem priesterlichen Stifter der Jahve-Religion in der Überlieferung zu einer Person verschmolzen und so die Untat geleugnet worden; der Mord an Moses wurde eine Ursache des Schuldgefühls und der Messiassehnsucht. Den eigentlichen Ursprung der Religion sieht Freud, Gedanken aus *Totem und Tabu* aufnehmend, in dem gemeinsamen Mord der Söhne an dem allmächtigen

Vater der einstigen Urhorde; Christus als Messias am Kreuz habe dann stellvertretend für diesen allerersten Mord am Vater gebüßt. Die Arbeit hat angesichts der vielen unbeweisbaren historischen Voraussetzungen stark spekulativen Charakter; zudem ist sie, nicht zuletzt auf Grund ihrer komplizierten Entstehungsgeschichte, wenig in sich geschlossen und stellt unverbunden diverse Gedanken nebeneinander. Andererseits begründet das geschickte Ineinandergreifen historischer und psychoanalytischer Gedankengänge einen äußerst originellen Deutungsansatz. Diese zuerst in *Totem und Tabu* erkennbare Denk- und Interessensrichtung charakterisiert speziell die Schriften des Alterswerks, nämlich *Die Zukunft einer Illusion*, *Das Unbehagen in der Kultur* sowie in besonderem Maße eben die Mosesstudie. Schon vor ihrem Erscheinen, nämlich 1935 in einer Nachschrift zur *Selbstdarstellung*, hatte Freud angemerkt:

> »Nach dem lebenslangen Umweg über die Naturwissenschaften, Medizin und Psychotherapie war mein Interesse zu jenen kulturellen Problemen zurückgekehrt, die dereinst den kaum zum Denken erwachten Jüngling gefesselt hatten [...] Immer klarer erkannte ich, daß die Geschehnisse der Menschheitsgeschichte, die Wechselwirkungen zwischen Menschennatur, Kulturentwicklung und jenen Niederschlägen urzeitlicher Erlebnisse [...] nur die Spiegelung der dynamischen Konflikte zwischen Ich, Es und Über-Ich sind, welche die Psychoanalyse beim Einzelmenschen studiert, die gleichen Vorgänge, auf einer weiteren Bühne wiederholt.« (1935a; GW XVI, S. 32f.)

Anmerkungen zu Kapitel 1

1. Es handelt sich um eine Art aus einer primitiven Ordnung der Fische (Neunaugen oder Rundmäuler). Freud zeigte in dieser und einigen weiteren Arbeiten, daß dort die Spinalnerven mit ihren afferenten Anteilen prinzipiell wie bei den höheren Wirbeltieren gebaut sind. Fast ein halbes Jahrhundert später kommentiert er in einem Brief an Karl Abraham diese frühen Arbeiten: »Es ist eine starke Zumutung an die Einheit der Person, daß ich mich mit dem Autor der Arbeit über die Spinalganglien von Petromyzon identisch fühlen soll. Indes, es dürfte doch so sein, und ich glaube, ich war über diesen Fund glücklicher als seither über andere.« (Freud an Abraham, Brief vom 21.9.1924; Freud 1965a, S. 343).
2. Diese beiden interessanten Arbeiten werden ausführlicher in Köhler (2014) dargestellt und kommentiert.
3. Im Weiteren wird es nicht mehr angemerkt, wenn die Hervorhebung im Original geschieht.
4. Wenigstens erwähnt seien an dieser Stelle die Schrift »Das Unheimliche« (1919h), welche in Köhler (2014) referiert wird – und eigentlich einen Beitrag zur Ästhetik darstellt – sowie die kleine Arbeit »Mythologische Parallele zu einer plastischen Zwangsvorstellung« (1916–17b).

2 Zentrale Thesen der Freud'schen Psychoanalyse

2.1 Vorbemerkungen; Überblick

Die wesentlichen Aussagen von Freuds psychoanalytischer Theorie wurden knapp an anderer Stelle dargestellt (Köhler 2007), ausführlicher mit zahlreichen Belegen in Köhler (2000). Hier seien speziell jene Thesen herausgearbeitet, deren Kenntnis zum Verständnis seiner kultur- und religionspsychologischen Schriften unerlässlich sind. Dies ist zunächst die Theorie des psychischen Apparats mit den verschiedenen Subsystemen (System Bewusst/Vorbewusst und System Unbewusst bzw. Es, Ich und Über-Ich) und den dort ablaufenden Bearbeitungen psychischer Elemente (Primär- und Sekundärvorgang). Diese Auffassungen wurden im Wesentlichen durch Analyse von Träumen entwickelt, deren Studium aufschlussreiche Erkenntnisse über Motivation und Mechanik psychischer Vorgänge liefert, insbesondere zeigt, wie Gedanken und Texte tendenziös entstellt werden. Die Traumlehre mit den Mechanismen der Traumarbeit und die daraus abgeleiteten Modelle des psychischen Apparats sind daher Gegenstand von 2.2 und 2.3. Weiter von Bedeutung ist in unserem Zusammenhang die Theorie von der Ausbildung der Sexualfunktionen und dabei möglichen Fehlentwicklungen (s. 2.4); der als spezifisch für den Menschen angesehene zweizeitige Ansatz der Sexualentwicklung wird – wie erwähnt – von Freud als begünstigendes Moment für die Ausbildung von Kultur aufgefasst. Bekanntlich wurden mehrere psychoanalytische Triebmodelle erstellt: zunächst ein Dualismus zwischen Ichtrieben (Selbsterhaltungstrieben) und Sexualtrieben angenommen, später im Rahmen der Narzissmustheorie eine in gewissem Sinne monistische Triebauffassung vertreten, schließlich in Gestalt des stark spekulativen Triebmodells mit Eros und Todestrieb ein erneuter entschiedener Dualismus; angesichts der zentralen Annahme, dass Kultur und Religion eng mit Triebverzicht verknüpft sind, ist eine knappe Einführung in die psychoanalytische Trieblehre unerlässlich (2.5). Schließlich sei Freuds Theorie der Neurosenentstehung genauer betrachtet (2.6), da neurotische Symptome der Abwehr von Triebregungen dienen und somit überraschende Übereinstimmungen zum einen mit religiösen Praktiken aufweisen, andererseits eng mit der Kulturentwicklung verknüpft sind.

Zur besser lesbaren Darstellung wird hier weitgehend auf Einzelbelege verzichtet und auf die erwähnten Monographien (Köhler 2000; Köhler 2007) verwiesen.

2.2 Die Traumlehre

Das erste Modell des psychischen Apparats mit den Systemen Bewusst/Vorbewusst einerseits, Unbewusst andererseits wurde im Wesentlichen an Hand des Studiums von Träumen entwickelt und im letzten Kapitel der *Traumdeutung* (1900a) dargelegt.

Grundlegend für das Verständnis der psychoanalytischen Traumlehre ist die Unterscheidung zwischen manifestem Trauminhalt und latenten Traumgedanken. Ersteres bezeichnet das Geträumte (bzw. als geträumt Erinnerte) und erscheint, ohne weitere Analyse, als sinnloses psychisches Produkt. Mittels gewisser Leseregeln lassen sich jedoch daraus sinnvolle Aussagen gewinnen; nach Freud ist der manifeste Trauminhalt nämlich durch gewisse, der Analyse zugängliche und bei allen Personen ähnlich ablaufende gedankliche Prozesse aus verschiedenen psychischen Elementen hervorgegangen; dies sind zum einen bewusstseinsfähige, sinnvoll in das wache Erleben einzuordnende Vorstellungen; zum anderen aus unbewussten, d. h. spontan nicht bewusstseinsfähigen, psychischen Inhalten, die ebenfalls eine prinzipielle Formulierung in Alltagssprache gestatten. Diese latenten Traumgedanken sind – so die zentrale Annahme – aus den Elementen des manifesten Inhalts über Rückverfolgung von Assoziationsketten zu gewinnen (Umkehr des angenommenen Bildungsprozesses) [1].

Die Prozesse, welche aus den latenten Traumgedanken den manifesten Trauminhalt erzeugen, werden als Traumarbeit zusammengefasst. Ihre Betrachtung gibt direkten Einblick in die Mechanismen unbewusster (verdrängter) Denkvorgänge und führt die gänzlich andere gedankliche Behandlung vor, welche Vorstellungen außerhalb des Systems Bewusst/Vorbewusst erfahren. Diese Traumarbeit untergliedert sich in verschiedene Teilleistungen, die wesentlich für die Befremdlichkeit der (manifesten) Träume verantwortlich sind. Hier sind besonders szenische Darstellung, Verdichtung und Verschiebung zu nennen, zudem Symboldarstellung.

Szenische Darstellung bezeichnet die bildliche Umsetzung der (in sprachlicher Form vorliegenden) latenten Traumgedanken. Umwandlung in spracharme Bildfolgen bringt zwangsläufig Schwierigkeiten beim Ausdruck differenzierter Sachverhalte mit sich, da beispielsweise logische Beziehungen zwischen den Traumgedanken nur unzureichend durch räumliche oder zeitliche Zusammengehörigkeit im manifesten Traum ausgedrückt werden können. In besonderem Maße erwähnenswert (auch zur Verständlichmachung entstellter literarischer und historischer Texte) ist die Darstellung durch das Gegenteil: Ein Element im manifesten Traum könne »ebenso wohl sich selbst bedeuten wie seinen Gegensatz oder beides zugleich«; erst der Sinn könne »darüber entscheiden«, welche »Übersetzung zu wählen« sei. Als Analogie dazu führt Freud an, dass in den ältesten Sprachen Gegensätze durch dasselbe Wurzelwort ausgedrückt werden, was sich im Lateinischen noch bei altus (hoch – tief) und sacer (heilig – verflucht) erhalten hat (1916–17a; GW XI, S. 181 f.)[2]

Verdichtung beschreibt den Sachverhalt, dass einzelne Stücke des Trauminhaltes mehrere Traumgedanken zugleich vertreten können. Unmittelbar ist dies am Auftreten von Mischgestalten zu erkennen die, wie Chimären, Charakteristika verschiedener Personen in sich vereinigen; auch Wortverschmelzungen in den sprachlichen Anteilen des Traumes imponieren sofort als Verdichtungen.

Die Verschiebung ist derjenige Prozeß, der am Meisten zum befremdenden Charakter der Träume beiträgt. Einerseits betrifft dies Affekte, indem beispielsweise ein harmloser Inhalt von Angstgefühlen begleitet ist, während die ursprünglich angstbesetzte Vorstellung im manifesten Traum möglicherweise emotionslos bleibt. Verschiebung bedeutet aber – und dies ist, speziell im Rahmen von Textanalysen, der ungleich wichtigere Aspekt – ebenso Ersetzung von Vorstellungselementen durch andere, assoziativ oft über mehrere Zwischenglieder mit ihnen verbundene[3].

Die Symboldarstellung hatte in den ersten Auflagen der *Traumdeutung* kaum Erwähnung gefunden; gerade von schematischen Entschlüsselungsversuchen an Hand fester, vom Kontext des Traumes absehender Dechiffriervorschriften hatte sich Freud ursprünglich ganz entschieden distanziert. Die Notwendigkeit symbolischer Übersetzungen entspringt den praktischen Erfahrungen von Traumanalysen; bei gewissen Elementen des manifesten Traumes führt die Methode der Assoziation nämlich nicht weiter: »Man kommt auf solche Weise zur Versuchung, diese ›stummen‹ Traumelemente selbst zu deuten, aus eigenen Mitteln eine Übersetzung derselben vorzunehmen.« Es dränge sich »einem auf, daß man jedesmal einen befriedigenden Sinn erhält, wenn man sich dieser Ersetzung getraut, während der Traum sinnlos bleibt und der Zusammenhang unterbrochen ist, solange man sich zu solchem Eingriff nicht entschließt« (1916–17a; GW XI, S. 151). So werden etwa die Genitalien durch eine ganze Anzahl von über die einzelnen Personen invarianten Symbolen ausgedrückt, das männliche Genitale beispielsweise durch Hut, Mantel, Waffen, gewisse Reptilien oder Fische (vgl. 1900a; GWII/III: 358 ff.).

Jedem Traum liegen nach Freud Wünsche zu Grunde, die aus verschiedenen Quellen stammen, speziell von (bewusstseinsfähigen) Erlebnissen der jüngsten Vergangenheit (rezenten Eindrücken) und von (nicht bewusstseinsfähigen, verdrängten) Eindrücken aus früheren Lebensabschnitten, auch der Kindheit[4]. Diese Wünsche, die nur teilweise bewusstseinsfähig sind und im manifesten Traum nicht unentstellt sichtbar werden dürfen, geben Anlass zu den komplizierten Prozessen der Traumarbeit. Der Traum ist nach psychoanalytischer Theorie eine in aller Regel entstellte Wunscherfüllung. Die Traumarbeit wandelt die in den latenten Traumgedanken vorhandenen Traumwünsche so um, dass sie sich im manifesten Traum als erfüllt darstellen[5].

Die Tatsache, dass die dem Traum zu Grunde liegenden Wünsche im Wesentlichen als unbewusst-verdrängt angenommen werden müssen und bis zum Erscheinen im manifesten Traum erhebliche Entstellungen erfahren haben, führt zur zentralen Annahme von der Existenz zweier psychischer Systeme, von denen nur die Inhalte des einen bewusstseinsfähig sind (s. 2.3); was im zweiten System geschieht, kann nach diesem Modell nur indirekt mittels des ersten zum Bewusstsein gelangen und erfährt beim Übergang zwischen den Systemen eine Zensur, die somit für die Entstellung im Traum verantwortlich zeichnet.

Aufgabe des Traumes ist es, die nachts auf Grund des Nachlassens der Zensur auftauchenden unbewussten Wünsche in entstellter Weise halluzinatorisch zu befriedigen und damit eine direkte, schlafstörende Bewusstwerdung zu verhindern. Der Traum ergibt sich so als »Hüter des Schlafes«.

2.3 Modelle des psychischen Apparats

Wie erwähnt, entwickelt Freud seine Metapsychologie (in grober Näherung hier mit Psychologie unbewusster psychischer Prozesse gleichzusetzen) im Wesentlichen an Hand von Traumanalysen; das letzte Kapitel der *Traumdeutung* ist auch die erste und wichtigste metapsychologische Schrift. In ihr wird das Modell der beiden psychischen Systeme *Ubw* (System Unbewusst) und *Vbw* (System Vorbewusst) erstellt, die dort angenommenen verschiedenen Arbeitsweisen (Primär- und Sekundärvorgang) expliziert und die implikationsreiche Annahme präsentiert, psychische Prozesse verliefen auch ohne Zutun des Bewusstseins und seien diesem nur in Ausschnitten zugänglich.

Das erste Schema des seelischen Apparats (oft erstes topisches Modell oder Schichtenmodell genannt) unterscheidet die beiden Teile »System Vorbewusst« (*Vbw*) und »System Unbewusst« (*Ubw*), welche über die Bewusstseinsfähigkeit ihrer Inhalte definiert sind. Während Freud zunächst noch versuchte, den »psychischen Apparat« in ein neurophysiologisches Modell einzubauen, verzichtet er in späteren Versionen auf die Verknüpfung physiologischer und psychologischer Modellannahmen, spricht allgemein nur von zwei in Verbindung stehenden psychischen Systemen. Das 1916 in der 19. Vorlesung präsentierte Salonmodell gestattet es in letztlich sehr viel anschaulicherer Weise, Topik und Dynamik seelischer Vorgänge zu explizieren:

> »Die roheste Vorstellung von diesen Systemen ist die für uns bequemste; es ist die räumliche. Wir setzen also das System des Unbewussten einem großen Vorraum gleich, in dem sich die seelischen Regungen wie Einzelwesen tummeln. An diesen Vorraum schließe sich ein zweiter, engerer, eine Art Salon, in welchem auch das Bewusstsein verweilt. Aber an der Schwelle zwischen beiden Räumlichkeiten walte ein Wächter seines Amtes, der die einzelnen Seelenregungen mustert, zensuriert und sie nicht in den Salon einlässt, wenn sie sein Missfallen erregen. [...] Die Regungen im Vorraum des Unbewussten sind dem Blick des Bewusstseins, das sich ja in einem anderen Raum befindet, entzogen; sie müssen zunächst unbewusst bleiben.[...] Aber auch die Regungen, welche der Wächter über die Schwelle gelassen, sind darum nicht notwendig auch be-

wusst geworden; sie können es bloß werden, wenn es ihnen gelingt, die Blicke des Bewusstseins auf sich zu ziehen. Wir heißen darum diesen zweiten Raum mit gutem Recht das System des Vorbewussten.« (1916–17a; GW XI, S. 305 f.)[6]

Die Kennzeichnung der beiden Systeme durch die Bewusstseinsfähigkeit ihrer Inhalte (vorbewusste, d. h. bewusstseinsfähige im *Vbw*, unbewusste, d. h. nicht spontan bewusstseinsfähige, speziell verdrängte, im *Ubw*) ist nicht die einzige Möglichkeit der Systemunterscheidung. Hinzu kommen die unterschiedlichen energetischen Prozesse in den beiden Teilen des psychischen Apparats: Im *Ubw* herrscht der Primärvorgang, d. h. Erregung (psychische Spannung) wird sofort abgeführt; dieses System steht unter der Herrschaft eines primitiven Lust-Unlust-Prinzips; in Folge des Primärvorgangs geschehen extreme Verdichtungen und Verschiebungen. Das System *Vbw* ist durch den Sekundärvorgang charakterisiert: Erregung kann solange in der Abfuhr aufgehalten werden, bis sich denkerisch die beste, mit den äußeren Gegebenheiten und den langfristigen Erwartungen übereinstimmende Lösung ergibt. Das *Vbw* gehorcht dem Realitätsprinzip (welches als Modifikation des Lustprinzips Sicherung von Lust anstrebt[7]). Weiter unterscheiden sich die Systeme durch vorhandene respektive fehlende Verknüpfung mit Wortresten: »[D]ie bewusste Vorstellung umfasst die Sachvorstellung plus der zugehörigen Wortvorstellung, die unbewusste ist die Sachvorstellung allein. Das System *Ubw* enthält die Sachbesetzungen der Objekte, die ersten und eigentlichen Objektbesetzungen; das System *Vbw* entsteht, indem diese Sachvorstellung durch die Verknüpfung mit den ihr entsprechenden Sachvorstellungen überbesetzt wird.« (1915e; GW X, S. 300) Durch die Überbesetzung mit Wortvorstellungen wird die Ablösung des Primärvorgangs durch den Sekundärvorgang wesentlich erleichtert, sind Verdichtungen und Verschiebungen nur mehr begrenzt möglich.

Das erste Modell des psychischen Apparats wurde bekanntlich von Freud verändert zu Gunsten eines Modells mit den Instanzen Es, Ich und Über-Ich (des zweiten topischen Modells). Unmittelbarer Anlass für diese Revision war die Beobachtung, dass die Verdrängung zwar vom System *Vbw* ausgeht, andererseits aber ein nicht bewusstseinsfähiger Vorgang ist, also ein (ansonsten eine geschlossene Einheit darstellender) Teil des seelischen Apparats sowohl unbewusste wie vorbewusste Anteile hat; letzteres wird von Freud als Ich bezeichnet und dem (im Wesentlichen mit dem System *Ubw* identischen) Es entgegen gestellt. Hinzu kommt, dass das zunehmend als eigene psychische Instanz betrachtete Überich im ersten topischen Modell keinen Platz hat.

Diese Unterteilung des seelischen Apparats ist zweifellos bekannter als die in die psychischen Systeme Vorbewusst und Unbewusst; nach Erstellung dieses Konzepts im Jahre 1923 benutzt es Freud fast ausschließlich, intrapsychische Kräftespiele zu explizieren, wodurch die Beschreibung sich auch in der Regel einfacher gestaltet.

Konzepte oder Begriffe des zweiten topischen Modells (oft Strukturmodell oder strukturelles Modell genannt) finden sich bereits in früheren Schriften, insbesondere in »Zur Einführung des Narzissmus« (1914c); dort wird die libidinöse Besetzung des eigenen Ich als regelrechte Stufe der Sexualentwicklung erkannt (siehe 2.4) und diesem Ich das Ichideal (in späterer Terminologie: das Über-Ich) gegenübergestellt. Die eigentliche Erstellung des Strukturmodells mit Einführung der Instanz des Es geschieht dann in der wichtigen Schrift *Das Ich und das Es* (1923b).

Wie erwähnt, ist Ausgangspunkt der Modellrevision die Überlegung, dass der zentrale, für Traum- und Neurosenentstehung grundlegende Verdrängungsprozess nur schlecht in den Begriffen vorbewusst und unbewusst beziehungsweise mittels der Systeme *Vbw* und *Ubw* zu beschreiben ist. Schon früher hatte Freud, mehr oder weniger stillschweigend, ohne die terminologische Veränderung besonders anzumerken, die eigentliche Dynamik zwischen Ich und Verdrängtem lokalisiert (etwa 1910i; GW VIII, S. 99); dieses Ich wird nun hier zum ersten Male etwas genauer erläutert:

> »Wir haben uns die Vorstellung von einer zusammenhängenden Organisation der seelischen Vorgänge in einer Person gebildet und heißen diese das Ich derselben. An diesem Ich hängt das Bewusstsein, es beherrscht die Zugänge zur Motilität, das ist: zur Abfuhr der Erregungen in die Außenwelt; [...] Von diesem Ich gehen auch die Verdrängungen aus, durch welche gewisse seelische Strebungen nicht nur vom Bewusstsein, sondern auch von den anderen Arten der Geltung und Betätigung ausgeschlossen werden sollen.« (1923b; GW XIII, S. 243)

Der Widerstand gegen das Verdrängte, welcher vom Ich ausgeht, ist selbst – daraus ergibt sich eben die Notwendigkeit der Revision – nicht bewusstseinsfähig, womit sich eine Komplikation der bisherigen metapsychologischen Begriffsbildung ergibt: »Da aber dieser Widerstand sicherlich von seinem Ich ausgeht und diesem angehört, so stehen wir vor einer unvorhergesehenen Situation. Wir haben im Ich selbst etwas gefunden, was auch unbewusst ist, sich gerade so benimmt wie das Verdrängte, das heißt, starke Wirkungen äußert, ohne selbst bewusst zu werden, und zu dessen Bewusstmachung es einer besonderen Arbeit bedarf.« (1923b; GW XIII, S. 243 f.)

Das Ich des neuen Modells muss also weiter gefasst werden als das System *Vbw*; es schließt letzteres ein, enthält daneben aber unbewusste Anteile. Diesem Ich wird nicht mehr das Verdrängte gegenübergestellt, auch nicht das System *Ubw*, sondern eben diese neue Instanz: »Gut, so wollen wir [...] dem bisher so Bezeichneten einen besseren, nicht mehr missverständlichen Namen geben. In Anlehnung an den Sprachgebrauch bei Nietzsche und infolge einer Anregung von G. Groddeck heißen wir es fortan das Es.« (1933a; GW XV, S. 78 f.) Die Eigenschaften des Es sind identisch mit jenen, welche Freud dem System *Ubw* zugeschrieben hatte, vor allem das Nebeneinanderbestehen gegensätzlicher Triebregungen, die Herrschaft des uneingeschränkten

Lustprinzips, die Zeitlosigkeit der in ihm ablaufenden Vorgänge. Nachdrücklich weist Freud auf die das Es kennzeichnenden Primärvorgänge hin: »Es scheint sogar, daß sich die Energie dieser Triebregungen in einem andern Zustand befindet als in den andern seelischen Bezirken, weit leichter beweglich und abfuhrfähig ist, denn sonst würden nicht jene Verschiebungen und Verdichtungen vorfallen, die für das Es charakteristisch sind und die so vollkommen von der Qualität des Besetzten – im Ich würden wir es eine Vorstellung nennen – absehen.« (1933a; GW XV, S. 80 f.)

Wesentliche Charakteristika hat das Ich nach wie vor mit dem System *Vbw* gemeinsam, speziell sein Verhältnis zur Außenwelt und die Fähigkeit der Aufhaltung von Erregungsabfuhr zur Sicherung eines dauerhafteren Lustgewinns:

> »Die Beziehung zur Außenwelt ist für das Ich entscheidend geworden, es hat die Aufgabe übernommen, sie bei dem Es zu vertreten, zum Heil des Es, das ohne Rücksicht auf diese übergewaltige Außenmacht im blinden Streben nach Triebbefriedigung der Vernichtung nicht entgehen würde. In der Erfüllung dieser Funktion muss das Ich die Außenwelt beobachten, eine getreue Abbildung von ihr in den Erinnerungsspuren seiner Wahrnehmungen niederlegen, durch die Tätigkeit der Realitätsprüfung fernhalten, was an diesem Bild der Außenwelt Zutat aus inneren Erregungsquellen ist. Im Auftrag des Es beherrscht das Ich die Zugänge zur Motilität, aber es hat zwischen Bedürfnis und Handlung den Aufschub der Denkarbeit eingeschaltet, während dessen es die Erinnerungsreste der Erfahrung verwertet. Auf diese Weise hat es das Lustprinzip entthront, das uneingeschränkt den Ablauf der Vorgänge im Es beherrscht und es durch das Realitätsprinzip ersetzt, das mehr Sicherheit und größeren Erfolg verspricht.« (GW XV, S. 82)

Das Über-Ich als dritte der Instanzen hat keine echte Entsprechung im topischen Modell der *Traumdeutung*. Ausformulierung dieses Konzepts geschieht auch vergleichsweise spät, als das Über-Ich (früher unbestimmt als Ichideal bezeichnet) als eigentliche, den anderen formal gegenüberzustellende Instanz eingeführt wird.

Die Einführung des Ichideals geschieht auf Grund von Überlegungen zum Narzissmus, zur libidinösen Besetzung des eigenen Ichs. Nach Überwindung dieses Stadiums der regelrechten Ichliebe bildeten sich als teilweiser Ersatz – neben den libidinösen Besetzungen äußerer Objekte – auch Besetzungen von Idealvorstellungen der eigenen Person: »Diesem Idealich gilt nun die Selbstliebe, welche in der Kindheit das wirkliche Ich genoss. Der Narzissmus erscheint auf dieses neue ideale Ich verschoben, welches sich wie das infantile in Besitz aller wertvollen Vollkommenheiten befindet.« (1914c; GW X, S. 161). Bildung dieses Ichideals geschieht auf komplizierten Wegen und zwar vornehmlich durch Identifizierungen bei der Auflösung des Ödipuskomplexes: »Wir verstehen, mit dem Auflassen des Ödipuskomplexes musste das Kind auf die intensivsten Objektbesetzungen verzichten, die es bei den Eltern untergebracht hatte, und zur Entschädigung für diesen Objektverlust werden die wahrscheinlich längst vorhandenen Identifizierungen mit den Eltern in seinem Ich so sehr verstärkt.« Eingehende Untersuchung belehre »uns auch, daß das Über-Ich in seiner Stärke und Ausbildung verkümmert, wenn die Überwindung des Ödipuskomplexes nur unvollkommen gelingt.« (1933a; GW XV, S. 70) Dieses im Wesentlichen mit einem Idealbild der eigenen Person gleichgesetzte Ichideal kann zunächst auch nicht als selbstständiger Teil des psychischen Apparates begriffen werden.

Dies gelingt erst, indem Freud neben dem Ichideal die Rolle des Gewissens genauerer Betrachtung unterzieht. Diese als Über-Ich eingeführte neue Instanz äußert sich in Form des Gewissens, wird aber aus gutem Grund nicht damit gleichgesetzt:

> »Ich könnte einfach sagen, die besondere Instanz, die ich im Ich zu unterscheiden beginne, ist das Gewissen, aber es ist vorsichtiger, diese Instanz selbständig zu halten und anzunehmen, das Gewissen sei eine ihrer Funktionen, und die Selbstbeobachtung, die als Voraussetzung für die richterliche Tätigkeit des Gewissen unentbehrlich ist, sei eine andere. Und da es zur Anerkennung einer gesonderten Existenz gehört, daß man dem Ding einen eigenen Namen gibt, will ich diese Instanz im Ich von nun an als das ›**Über-Ich**‹ bezeichnen.« (1933a; GW XV, S. 65 f.)

Dieses Über-Ich ist nun nach Freudscher Auffassung tatsächlich eine eigene Instanz[8], es genieße »gewisse Selbstständigkeit«, verfolge »seine eigenen Absichten« und sei »in seinem Energiebesitz vom Ich unabhängig«. (GW XV, S. 66) Als selbständige Provinz des psychischen Apparats wird es nun auch in einem topischen Modell lokalisiert: Teils liegt es dem Ich und dem vorbewussten Anteil der Person auf, teils dem Es und den unbewussten Teilen. Entsprechend ist das Über-Ich zu Teilen vorbewusst, zu anderen (dynamisch unbewusst.

Trotz verschiedener Entwicklung und entgegengesetzter Interessen hat das Über-Ich mit dem Es gemeinsam, dass beide in ihren Forderungen den Bezug zur Realität nicht berücksichtigen, welchen das Ich herstellen muss. Es ergibt sich so das bekannte Bild vom »armen Ich«, welches zwischen den unterschiedlichen Interessen vermitteln muss: »Ein Sprichwort warnt davor, gleichzeitig zwei Herren zu dienen. Das arme Ich hat es noch schwerer, es dient drei gestrengen Herren, ist bemüht, deren Ansprüche und Forderungen in Einklang miteinander zu bringen.« Diese Ansprüche, so Freud, »gehen immer auseinander, scheinen oft unvereinbar zu sein; kein Wunder, wenn das Ich so oft an seiner Aufgabe scheitert. Die drei Zwingherren sind die Außenwelt, das Über-Ich und das Es.« Es folgt eine genauere Darstellung dieser Aufgaben und Schwierigkeiten, mit denen das Ich konfrontiert ist:

> »Es fühlt sich von drei Seiten her eingeengt, von dreierlei Gefahren bedroht [...]. Durch seine Herkunft aus den Erfahrungen des Wahrnehmungssystems ist es dazu bestimmt, die Anforderungen der Außenwelt zu vertreten, aber es will auch der getreue Diener des

> Es sein, im Einvernehmen mit ihm bleiben, sich ihm als Objekt empfehlen, seine Libido auf sich ziehen. In seinem Vermittlungsbestreben zwischen Es und Realität ist es oft genötigt, die ubw Gebote des Es mit seinen vbw Rationalisierungen zu bekleiden, die Konflikte des Es mit der Realität zu vertuschen, mit diplomatischer Unaufrichtigkeit eine Rücksichtnahme auf die Realität vorzuspiegeln, auch wenn das Es starr und unnachgiebig geblieben ist. Anderseits wird es auf Schritt und Tritt von dem gestrengen Über-Ich beobachtet, das ihm bestimmte Normen seines Verhaltens vorhält, ohne Rücksicht auf die Schwierigkeiten von Seiten des Es und der Außenwelt zu nehmen, und es im Falle der Nichteinhaltung mit den Spannungsgefühlen der Minderwertigkeit und des Schuldbewusstseins bestraft. So vom Es getrieben, vom Über-Ich eingeengt, von der Realität zurückgestoßen, ringt das Ich um die Bewältigung seiner ökonomischen Aufgabe, die Harmonie unter den Kräften und Einflüssen herzustellen, die in ihm und auf es wirken [...].« (1933a; GW XV, S. 84 f.)

Im ersten topischen Modell ergibt sich Verdrängung als Prozess an der Grenze der beiden Systeme: »Verdrängung ist [...] jener Vorgang, durch welchen ein bewusstseinsfähiger Akt, also einer, der dem System Vbw. angehört, unbewusst gemacht, also in das System Ubw. zurückgeschoben wird« (1916–17a; GW XI, S. 354); dieser Vorgang dient der Vermeidung von Unlust[9]. (Im Instanzenmodell ist die Lokalisation weniger eindeutig: Vorbewusste Inhalte des Ich werden von unbewussten Anteilen dieser Instanz ins Es abgeschoben.) Die Verdrängung ist ein erschlossener Prozess, abgeleitet aus der Beobachtung des Widerstandes, welcher sich der Bewusstwerdung des Verdrängten entgegenstellt: »Aus der Würdigung der Widerstandsphänomene ergab sich einer der Grundpfeiler der psychoanalytischen Neurosenlehre, die Theorie der Verdrängung. Es lag nahe anzunehmen, daß dieselben Kräfte, die sich gegenwärtig gegen die Bewusstmachung des pathogenen Materials sträubten, dasselbe Bestreben auch seinerzeit mit Erfolg geäußert hatten.« (1924f; GW XIII, S. 411)

Die Bewusstmachung des verdrängten Materials gegen Widerstand wird dadurch sehr erleichtert, dass dieses sich aus eigenem Antrieb dem Bewusstsein aufzudrängen versucht (Wiederkehr des Verdrängten), und – wenn auch unter Entstellung – dieses Ziel tatsächlich erreicht. Diese so genannten »Abkömmlinge«, beispielsweise neurotische Symptome, manifeste Trauminhalte oder andere psychische Elemente[10], stehen mit dem Verdrängten in assoziativer Verbindung; sie sind, sofern eine hinreichende inhaltliche Entstellung oder eine genügende Anzahl von assoziativen Zwischengliedern vorliegt, durchaus bewusstseinsfähig, stellen auch einen wichtigen Ausgangspunkt zur Bewusstmachung des Unbewussten in der psychoanalytischen Therapie dar. Bei zu enger Verbindung zum Verdrängten jedoch müssen sie selbst ebenso eine Verdrängung erfahren (Nachdrängen), um den Erfolg der ersten, der Urverdrängung, nicht zu gefährden.

2.4 Die Sexualtheorie

Zunächst sei darauf hingewiesen, dass der Freud'sche Sexualitätsbegriff wesentlich weiter gefasst als der umgangssprachliche: Zum einen wird bei der Definition vom Bezug zur Genitalsphäre und zur Fortpflanzung abgesehen, das Streben nach körperlichem Lustgewinn als das letztlich Charakteristische betrachtet; zum anderen werden unter Sexualität auch jene Handlungen und Gefühlszustände subsumiert, die üblicherweise mit zärtlich, liebevoll bezeichnet werden: »[D]ie oft betonte und beanstandete Erweiterung des Begriffes Sexualität«, schreibt Freud, sei eine zweifache: »Erstens wird die Sexualität von ihren allzu engen Beziehungen zu den Genitalien gelöst und als eine umfassendere, nach Lust strebende Körperfunktion hingestellt, welche erst sekundär in den Dienst der Fortpflanzung tritt; zweitens werden zu den sexuellen Regungen alle die bloß zärtlichen und freundschaftlichen gerechnet, für welche unser Sprachgebrauch das vieldeutige Wort ›Liebe‹ verwendet.« (1925d; GW XIV, S. 63)

Solche Begriffserweiterungen geschehen nicht grundlos. Mit dieser Neudefinition im ersten Sinne lässt sich nämlich das so genannte perverse Sexualverhalten in einen konzeptuellen Rahmen einordnen, und – wie die »normale« Sexualität – entwicklungsgeschichtlich besser begreifen: »Die Loslösung der Sexualität von den Genitalien hat den Vorteil, daß sie uns gestattet, die Sexualbetätigung der Kinder und der Perversen unter dieselben Gesichtspunkte zu bringen wie die der normalen Erwachsenen, während die erstere bisher völlig vernachlässigt, die andere zwar mit moralischer Entrüstung, aber ohne Verständnis aufgenommen wurde.« (1925d; GW XIV, S. 63)[11]

Bei der weiten Definition von (sinnlicher) Sexualität als nach körperlichem Lustgewinn strebendem Verhalten ist es nur konsequent, solches schon beim Kleinkind zu suchen und angesichts der dort zu erwartenden einfacheren Verhältnisse mit besonderer Gründlichkeit zu studieren. Die infantile Sexualität ist daher häufig Gegenstand von Freuds sexualtheoretischen Schriften.

Ein zentraler Begriff bei der Darstellung körperlich-sinnlicher Sexualität ist »erogene Zone«. Sie wird – zumindest in den frühen Schriften – sehr eng definiert, nämlich als »Haut- oder Schleimhautstelle, an der Reizungen von gewisser Art eine Lustempfindung [...] hervorrufen.« (1905d; GW V, S. 83 f.) Unter diese Definition fallen insbesondere Mund- und Lippenschleimhaut, Analregion und die Genitalzonen, welche in der psychoanalytischen Theorie der Sexualentwicklung höchst bedeutsam sind. Diese Zonen, für deren Ausbildung Freud genetisch-konstitutionellen Faktoren wesentliche Bedeutung zuschreibt, müssen in ihrer Erogenität erst entdeckt werden (beispielsweise die der Mund- und Lippenschleimhaut bei der Nahrungsaufnahme). Die empfundene Lust hat zur Folge, dass Wiederholung des Befriedigungserlebnisses gesucht wird; es entwickelt sich ein von der jeweiligen erogenen Zone ausgehender Trieb, der von Freud im Sinne der gegebenen Definition als sexueller aufgefasst wird. Die von den einzelnen Zonen ausgehenden Triebe werden Partialtriebe der Sexualität genannt und nach den Ursprungsorten benannt, im Falle der Mundschleimhaut oraler Partialtrieb.

Weitere wichtige erogene Zone ist die Analschleimhaut, deren lustvolle Reizbarkeit bei den Exkretionsvorgängen erfahren wird. Auch die Genitalregion besitzt im Kleinkindalter bereits gewisse Erogenität, jedoch mit der Einschränkung, dass diese beim Mädchen noch nicht die Vaginalschleimhaut betrifft, sondern lediglich die Gegend der Klitoris (welche entwicklungsgeschichtlich dem männlichen Geschlechtsglied entspricht; entsprechend die Bezeichnung phallisch für diesen Partialtrieb).

Die von den erogenen Zonen ausgehenden Partialtriebe finden im Kindesalter ihre Objekte vorzugsweise am eigenen Körper; die infantile Sexualbetätigung geschieht »autoerotisch«. Die orale Zone wird dabei zumeist durch Saugen an gewissen Hautstellen gereizt, die anale mittels bestimmter Exkretionspraktiken oder masturbatorisch mit dem Finger. Befriedigung des von der Eichel beziehungsweise von der Klitoris ausgehenden Partialtriebes durch Onanie kommt nach Freud bereits ausgiebig in der so genannten phallischen Phase vor, sodass die bekannte Pubertätsonanie nur ein Wiederaufgreifen zeitweise zurückgestellter Praktiken bedeutet.

Neben Partialtrieben, die sich über erogene Zonen definieren und autoerotisch befriedigt werden, zeigt Freud im Kindesalter weitere auf, welche von unklaren Quellen ausgehen und daher nach ihren Zielen benannt werden; sie benötigen in aller Regel fremde Objekte zu ihrer Befriedigung. Es handelt sich zum einen um das Gegensatzpaar der Schau- und der Zeigelust, zum anderen um den Trieb zur Grausamkeit.

Dabei weisen die einzelnen sexuellen Partialtriebe keineswegs eine zeitgleiche Entwicklung auf, sondern zeigen versetzt ihre Aktivitätshöhepunkte. Verschiedene Stadien der Entwicklung stehen unter der Herrschaft einer jeweils unterschiedlichen »leitenden« erogenen Zone; die auf dieser Beobachtung basierende Phasenlehre ist zugleich Kernstück einer psychoanalytischen Theorie der normalen Entwicklung wie einer Konzeption von Neurosen und Perversionen als Entwicklungshemmung (s. 2.6).

Die erste dieser Phasen ist die orale, mit Mund- und Lippenschleimhaut als leitender erogener Zone. Deren lustvolle Reizung geschieht zunächst mit der Nahrungsaufnahme, also am fremden Objekt, später zunehmend autoerotisch in Form des Lutschens an eigenen Körperteilen. Die folgende Phase, die anal-sadistische, kennt bereits fremde Objekte (zur Befriedigung des sadistischen oder Bemächtigungstriebes); im Wesentlichen geschieht der Lustgewinn aber wiederum autoerotisch, beispielsweise durch schmerzhaft-lustvolle Rückhaltung der Exkremente (s. oben).

Die phallische Phase, die beim Knaben mit der ödipalen zusammenfällt, beim Mädchen aber mit einem präödipalen Stadium (s. unten), hat als leitende erogene Zone die Glans penis, also die Eichel beziehungsweise das ihr entsprechende Organ, die Klitoris. Deswegen ist es auch nicht korrekt, hier von einer genitalen Phase zu sprechen; diese Bezeichnung ist von Freud für den Zeitabschnitt der endgültigen Sexualorganisation in der Pubertät und danach reserviert (1940a; GW XVII, S. 76 f.).

Eine regelrechte Theorie der Objektwahl wird erst relativ spät entwickelt und zwar einerseits in Zusammenhang mit dem Narzissmuskonzept und den Überlegungen zu den Schicksalen der Ichlibido, andererseits bei Betrachtung des Ödipuskomplexes und der Bedingungen seiner Entstehung und Auflösung.

Die Theorie des Narzissmus, der Ichliebe (in psychoanalytischer Terminologie: der libidinösen Besetzung des eigenen Ich) formuliert Freud genauer in »Zur Einführung des Narzissmus« (1914c). Narzissmus (ursprünglich in der Sexualpathologie als Bezeichnung einer Perversion gebraucht) wird dort in anderer, übertragener Bedeutung verwendet, nämlich zur Bezeichnung eines in einem gewissen Entwicklungsstadium normalen Zustandes von ausschließlicher Liebe zur eigenen Person[12].

Freud geht von einer mehr oder weniger konstanten Libidomenge aus, die sich im Frühstadium zunächst ausschließlich auf das eigene Ich richtet (primärer Narzissmus), im Laufe der weiteren Entwicklung aber zu einem gewissen Grade auf andere Objekte übergeht; da dieser Prozess jederzeit reversibel ist, kann (i. Allg. mit pathologischen Folgen) der ursprüngliche Verteilungszustand eintreten (sekundärer Narzissmus):

> »Wir bilden so die Vorstellung einer ursprünglichen Libidobesetzung des Ichs, von der später an die Objekte abgegeben wird, die aber, im Grunde genommen, verbleibt und sich zu den Objektbesetzungen verhält wie der Körper eines Protoplasmatierchens zu den von ihm ausgeschickten Pseudopodien. [...] Die Emanationen dieser Libido, die Objektbesetzungen, die ausgeschickt und wieder zurückgezogen werden können, wurden uns allein auffällig. Wir sehen auch im groben einen Gegensatz zwischen der Ichlibido und der Objektlibido. Je mehr die eine verbraucht, desto mehr verarmt die andere.« (1914c; GW X, S. 140 f.)

Die Unklarheiten und Schwierigkeiten dieses Modells seien nur angedeutet (für Genaueres; s. Köhler, 2007, S. 80 ff.). Verwirrend ist zunächst, dass das Ich sowohl als Quelle wie als Empfänger der Libido gesehen wird, somit vollständige Libidozurückhaltung zugleich mit kompletter Besetzung einhergeht. Damit zusammen hängt die noch größere Unklarheit, wie das Ich, welches mit Libido besetzt wird, überhaupt definiert ist: als undifferenzierter Ich-Es-Verband, wie er nach der Geburt auftritt oder als hochdifferenzierte psychische Struktur, die sich erst im Laufe langer Entwicklung ausbildet. Nur im zweiten Fall könnte es den anderen Objekten gegenübergestellt werden und mit ihnen um Libidobesetzungen konkurrieren. Im ersten Fall wäre Narzissmus einfach mit einem Zustand der Selbstgenügsamkeit identisch, einem inneren Rückzug, welcher bereits in die allerfrühesten Stadien der Kindheit verlegt werden könnte. Unklar ist zudem die Zuordnung des Narzissmus zu den anderen Stufen der Sexualentwicklung. Nicht immer eindeutig, sieht Freud ihn als zeitgleich mit der autoerotischen Phase der Sexualbetätigung an (1916–17a; GW XI, S. 431).

Das Stadium des primären Narzissmus wird zunehmend von Objektwahlen abgelöst, wobei gewisse Anteil der libidinösen Ichbesetzung erhalten bleiben und auch wieder vergrößert werden können. Diese zärtlichen Liebesregungen, durchmischt mit sinnlich-körperlichen Bedürfnissen, betreffen zunächst alle nur denkbaren Personen, Erwachsene wie Kinder, konzentrieren sich aber zunehmend auf die Eltern.

Freud hatte früh auf die Bedeutung des Ödipuskomplexes hingewiesen; eine eigentliche Theorie dazu entwickelte er aber erst spät, aufbauend einerseits auf Beobachtungen, welche eine regelrechte phallische Phase der Sexualbetätigung und die Annahme von Kastrationsängsten nahelegen, andererseits basierend auf Überlegungen zu Identifizierungsprozessen und Über-Ich-Bildung im Rahmen einer Auflösung der ödipalen Situation. Mit der Einsicht, der Verlauf des Ödipuskomplexes hänge eng mit dem der phallischen Phase zusammen und diese wiederum mit Phantasien zur Kastration, ist die lange angenommene vollständige Entsprechung bei Knaben und Mädchen nicht mehr haltbar. Die letzten sexualtheoretischen Arbeiten beschäftigen sich eingehend mit dem Verlauf der phallischen Phase sowie dem weiblichen Ödipuskomplex und entwickeln die Vorstellung einer präödipalen Mutterbindung des Mädchens als Vorläufer der eigentlichen ödipalen Situation.

Bei der Darstellung unterscheidet Freud zwischen dem Ödipuskomplex von Neurotikern, wie er in der Analyse rekonstruiert wird und wo sich durch »Rückphantasieren« Vergrößerungen und Verzerrungen der tatsächlichen infantilen Situation ergeben, und jenem, der durch unmittelbare Beobachtung an Kindern gefunden wird und manches nur angedeutet erkennen lässt. Mit Entschiedenheit wehrt er sich jedoch dagegen, den Ödipuskomplex nur als Artefakt der psychoanalytischen Situation aufzufassen: »Aber es wäre ein vergebliches Bemühen, wenn wir das Ganze des Ödipuskomplexes durch Rückphantasieren erklären und auf spätere Zeiten beziehen wollten. Der infantile Kern und auch mehr oder weniger vom Beiwerk bleibt bestehen, wie ihn die direkte Beobachtung des Kindes bestätigt.« (1916–17a; GW XI, S. 348) Letztere liefert das bekannte Bild, aber eben ohne große Dramatik:

> »Nun, man sieht leicht, daß der kleine Mann die Mutter für sich alleine haben will, die Anwesenheit des Vaters als störend empfindet, unwillig wird, wenn dieser sich Zärtlichkeiten gegen die Mutter erlaubt, seine Zufriedenheit äußert, wenn der Vater verreist oder abwesend ist. Häufig gibt er seinen Gefühlen direkten Ausdruck in Worten, verspricht der Mutter, daß er sie heiraten wird. Man wird meinen, das sei wenig im Vergleich zu den Taten des Ödipus, aber es ist tatsächlich genug, es ist im Keime dasselbe.« (1916–17a; GW XI, S. 344)

Anders als bei Analysen erwachsener Neurotiker, die spätere Gefühle in die Erinnerung der infantilen Situation vermischten, sei der Hass gegen den Vater bei Betrachtung des kindlichen Verhaltens nicht leicht zu erkennen: »Dasselbe Kind« gebe

»gleichzeitig bei anderen Gelegenheiten eine große Zärtlichkeit für den Vater« kund; allein solche ambivalente Gefühlseinstellungen, so Freud, »die beim Erwachsenen zum Konflikt führen würden, vertragen sich beim Kind eine lange Zeit ganz gut miteinander, wie sie später im Unbewussten dauernd nebeneinander Platz finden.« (1916–17a; GW XI, S. 344)[13] Der sexuelle Charakter stehe außer Zweifel: »Zeigt der Kleine die unverhüllteste sexuelle Neugierde für seine Mutter, verlangt er, nachts bei ihr zu schlafen, drängt sich zur Anwesenheit bei ihrer Toilette auf oder unternimmt gar Verführungsversuche, wie es die Mutter so oft feststellen [...] kann, so ist die erotische Natur der Bindung an die Mutter doch gegen jeden Zweifel gesichert.«

Noch 1917 nimmt Freud diesbezügliche Entsprechung bei den Geschlechtern an. Für das kleine Mädchen gestalteten sich die Verhältnisse mit den »notwendigen Abänderungen« ähnlich: »Die zärtliche Anhänglichkeit an den Vater, das Bedürfnis, die Mutter als überflüssig zu beseitigen und ihre Stelle einzunehmen, eine bereits mit den Mitteln der späteren Weiblichkeit arbeitende Koketterie ergeben gerade beim kleinen Mädchen ein reizvolles Bild, welches uns an den Ernst und die möglichen schweren Folgen hinter dieser infantilen Situation vergessen lässt.« (1916–17a; GW XI, S. 345)

Die Annahme einer regelrechten phallischen Phase der Sexualentwicklung, welche zeitlich (beim Knaben) mit dem Ödipuskomplex zusammenfällt, veranlasst Freud, Entstehung und Auflösung dieser ödipalen Situation genauer zu betrachten, womit sich auch ein anatomisch bedingter geschlechtsspezifischer Verlauf erkennen lässt.

Beim Knaben bestimmt das zeitliche Zusammentreffen mit der phallischen Phase der Sexualentwicklung wesentlich das Schicksal des Ödipuskomplexes. Leitende erogene Zone ist in dieser Periode die Eichel, die autoerotische Sexualbetätigung geschieht in masturbatorischer Reizung dieser Körperregion und zwar in Verbindung mit Vorstellungen und Regungen, die der ödipalen Einstellung zur Mutter entspringen. In diese Zeit fällt weiter eine Periode ausgiebiger Sexualforschung mit Erstellung infantiler Sexualtheorien. Eine davon beschäftigt sich mit dem Penis, der zunächst konstitutionell bei allen angenommen wird, auch weiblichen Personen.

Diese Konstellation: Ödipuskomplex mit zugehöriger Sexualerregung, masturbatorische Betätigung der phallischen Phase sowie intensive intellektuelle Beschäftigung mit dem Penis, enthält zugleich die Bedingungen für ihre Auflösung, das Ende der autoerotischen Sexualbetätigung und die Aufgabe der ödipalen Wünsche. Ursache dafür sind Kastrationsängste: Diese treten nach Freud auf Grund von Masturbationsverboten auf und werden dann besonders stark, wenn der Knabe – welcher dieses Glied allen Personen zuschreibt – die Penislosigkeit von weiblichen Kindern realisiert. Im gewissermaßen idealtypischen Fall sieht der Vorgang so aus:

»Die Mutter hat sehr wohl verstanden, daß die sexuelle Erregung des Knaben ihrer eigenen Person gilt. Irgendeinmal besinnt sie sich darauf, daß es nicht recht ist, sie gewähren zu lassen. Sie glaubt das Richtige zu tun, wenn sie ihm die manuelle Beschäftigung mit dem Glied verbietet. Das Verbot nützt wenig, bringt höchstens eine Modifikation in der Art der Selbstbefriedigung zustande. Endlich greift die Mutter zum schärfsten Mittel, sie droht, daß sie ihm das Ding wegnehmen wird, mit dem er ihr trotzt. Gewöhnlich schiebt sie die Ausführung der Drohung dem Vater zu, um sie schreckhafter und glaubwürdiger zu machen. Sie wird es dem Vater sagen und er wird das Glied abschneiden. Merkwürdigerweise wirkt diese Drohung nur, wenn auch vorher und nachher eine andere Bedingung erfüllt ist. An sich erscheint es dem Knaben allzu unvorstellbar, daß etwas derartiges geschehen könnte. Aber wenn er sich bei dieser Drohung an den Anblick eines weiblichen Genitales erinnern kann oder kurz nachher ein solches Genitale zu Gesicht bekommt, ein Genitale, dem das über alles geschätzte Stück wirklich fehlt, dann glaubt er an den Ernst dessen, was er gehört hat, und erlebt, indem er unter den Einfluss des Kastrationskomplexes gerät, das stärkste Trauma seines jungen Lebens.« (1940a; GW XVII, S. 116 f.)

Dass der geschilderte Vorgang in Wirklichkeit kaum zu beobachten ist, die Kastrationsdrohung vielleicht nur ein Phantasieprodukt darstellt, welches in der Analyse neurotischer Personen zu Tage kommt, realisiert Freud natürlich. Er weist auf das nicht seltene Vorkommen solcher Strafdrohungen hin, konzediert jedoch bereitwillig, es sei »in hohem Grade unwahrscheinlich, daß die Kastrationsdrohung so oft an die Kinder ergeht, als sie in den Analysen der Neurotiker vorkommt.« Er meint: »Wir sind damit zufrieden zu verstehen, daß sich das Kind eine solche Drohung aufgrund von Andeutungen, mit Hilfe des Wissens, daß die autoerotische Befriedigung verboten ist, und unter dem Eindruck seiner Entdeckung des weiblichen Genitales in der Phantasie zusammensetzt.« (1916–17a; GW XI, S. 384)[14] Diese tatsächlichen oder aus Andeutungen in der Phantasie zusammengesetzten Drohungen bereiten der Sexualaktivität der phallischen Phase (und damit dem Ödipuskomplex) ein Ende, mit einer wichtigen Folge: Auf Grund komplizierter Identifikationsprozesse mit den Eltern, insbesondere dem Vater, entsteht als »Erbe« des Ödipuskomplexes das Über-Ich.

Anders liegen die Verhältnisse beim Mädchen, allein deshalb, weil auch für dieses die Mutter das erste Liebesobjekt ist, und zur Ausbildung des Ödipuskomplexes daher erst ein Objektwechsel stattfinden muss. War Freud lange stillschweigend von Parallelität der infantilen Sexualentwicklung ausgegangen, führte er schließlich in zwei späten Schriften, nämlich »Über die weibliche Sexualität« (1931b) sowie in der 33. Vorlesung »Die Weiblichkeit« aus der *Neuen Folge der Vorlesungen zur Einführung in die Psychoanalyse* (1933a) das Konzept der präödipalen Mutterbindung des Mädchens als Vorläufer des eigentlichen Ödipuskomplexes ein (für Zusammenfassung der Hauptgedanken; s. Köhler 2000, S. 329 ff.; knapper Köhler 2007, S. 89 ff.). Da diese komplizierten Überlegungen für die kultur- und religionspsychologischen Schriften keine Bedeutung haben, wird nicht genauer darauf eingegangen. Angedeutet sei nur, dass beim Mädchen nach Freud die phallische Phase nicht mit der des Ödipuskomplexes zusammen fällt; mit Beendigung der phallischen Sexualaktivität (der Klitorismasturbation) durch die Entdeckung der Kastration beginnt erst die ödipale Situation, welche – was die autoerotische Betätigung angeht – schon weitgehend asexuell ist.

Auf das abrupte Ende des Ödipuskomplexes und der phallischen Phase beim Knaben folgt die »sexuelle Latenzperiode« (deren Beginn beim Mädchen angesichts der oben geschilderten Bedingungen weniger genau festzulegen ist). Die sexuellen Energien werden in dieser Periode auf andere, nicht-sexuelle Ziele umgeleitet, sie werden »sublimiert«. Insbesondere dienen die den Sexualtrieben entzogenen Kräfte dazu, Mechanismen zu entwickeln, welche die Sexualität dann selbst in ihrem Wirken regulieren: »Während dieser Periode totaler oder bloß partieller Latenz werden die seelischen Mächte aufgebaut, die später dem Sexualtrieb als Hemmnisse in den Weg treten und gleichwie Dämme seine Richtung beengen werden (der Ekel, das Schamgefühl, die ästhetischen und moralischen Idealanforderungen).« (1905d; GW V, S. 78)

Mit der Pubertät setzt das durch die Latenzperiode unterbrochene Sexualleben wieder ein (zweizeitiger Ansatz der Sexualentwicklung), wobei es einerseits in wichtigen Aspekten auf dem infantilen Sexualleben aufbaut, andererseits durch die in der Latenzphase erworbenen Gegenkräfte bestimmt wird. Dies gilt zunächst für die Partnerwahl, die auf Grund der mittlerweile entstandenen Inzestscheu[15] nicht mehr die infantilen Objekte betrifft, und sich dennoch an der kindlichen Situation orientiert: Als Objekte der zärtlichen Sexualströmung behalten die Eltern ihre Rolle, die sie im Ödipuskomplex einnahmen, bis weit in die Pubertät. Das körperlich-sexuelle Interesse muss sich jedoch anderen Personen zuwenden. Letztere Strömung greift insofern aber auf die frühen Objekte zurück, als die Partner am Vorbild der ödipalen ausgewählt werden. Die zärtlichen Regungen werden schließlich auf lange Sicht idealerweise auf jene Personen transferiert, auf die sich schon die sinnlichen Interessen gerichtet haben. Die in der Pubertät hinzutretende »mächtige« sinnliche Strömung, schreibt Freud, »versäumt es anscheinend niemals, die früheren Wege zu gehen und nun mit weit stärkeren Libidobeträgen die Objekte der primären infantilen Wahl zu besetzen. Aber da sie dort auf die unterdessen aufgerichteten Hindernisse der Inzestschranke stößt, wird sie das Bestreben äußern, von diesen real ungeeigneten Objekten möglichst bald den Übergang zu anderen, fremden Objekten zu finden, mit denen sich ein reales Sexualleben durchführen lässt.« Er fügt hinzu: »Diese fremden Objekte werden immer noch nach dem Vorbild [...] der infantilen gewählt werden, aber sie werden mit der Zeit die Zärtlichkeit an sich ziehen, die an die früheren gekettet war. Der Mann wird Vater und Mutter verlassen – nach der biblischen Vorschrift – und seinem Weibe nachgehen, Zärtlichkeit und Sinnlichkeit sind dann beisammen.« (1912d; GW VIII, S. 80 f.)[16] Diese zielgehemmten libidinösen Bindungen spielen in Freuds Theorie der Kulturentwicklung eine wichtige Rolle (s. 4.2 und 5.2).

Die körperliche Sexualbetätigung in der Pubertät knüpft an Verhaltensweisen der frühen Kinderjahre an. Nicht alle in jener Zeit zu findenden Partialtriebe werden jedoch unverändert in die Erwachsenensexualität übernommen; manche sind durch die dazwischen liegende Latenzphase mit dem Aufbau diverser Hemmmechanismen stark modifiziert oder gar vollständig unterdrückt worden, speziell »die koprophilen, das heißt die mit den Exkrementen zusammenhängenden Lustregungen der Kindheit.« (1910a; GW VIII, S. 47 f.) Andere Partialtriebe werden neu belebt, etwa der orale, aber insofern modifiziert, als sie sich nun hinsichtlich ihrer Triebziele untereinander koordinieren und dem Primat der Genitalien unterordnen, d. h. bei Vorbereitung und Ausführung des genitalen Sexualaktes mitwirken; gleichzeitig stellt sich die Sexualität, da die Keimdrüsen voll entwickelt sind, in den »Dienst der Fortpflanzung«. Die einzelnen Partialtriebe wirken bei der Vorbereitung der genitalen Vereinigung mit: Reizung erogener Zonen bringt, wie in der Kindheit, bei der Sexualbetätigung des Erwachsenenalters Lustempfindung. Während es sich allerdings seinerzeit um einen isolierten Akt gehandelt hatte, führt dieser später zu einem ersten Lustgewinn (Vorlust) und somit zu einer Steigerung der sexuellen Erregung, was i. Allg. die Handlung bis zur Vereinigung mit den entsprechenden Effekten der Endlust vorantreibt.

Während der erwachsene Mann weitgehend auf die Entwicklungen der phallischen Phase zurückgreifen kann, alle Triebe schon einmal aktiv waren und die wesentlichen erogenen Zonen bereits »entdeckt« sind, gestalten sich die Verhältnisse bei der Frau sehr viel komplizierter. Nach Freuds Auffassung spielt ihre leitende erogene Zone des Erwachsenenalters, die Vaginalschleimhaut, in der infantilen Sexualität keine Rolle; in der phallischen Phase nimmt diese Funktion allein die Klitoris ein. Diese »männliche Sexualität« wurde bei der Ausbildung des Ödipuskomplexes unterdrückt; später muss sie bis zu einem gewissen Grade aktiviert werden (aber wiederum nicht zu sehr), damit die Klitoris die Erregung an die Scheide weitergeben kann.

2.5 Die Trieblehre

Die erste Triebsystematik unterscheidet zwischen »den Trieben, welcher der Sexualität, der Gewinnung sexueller Lust, dienen, und den anderen, welche die Selbsterhaltung des Individuums zum Ziele haben, den Ichtrieben.« (1910i; GW VIII, S. 97 f.) Auch hier gebraucht Freud den Begriff des Sexualtriebes in erweitertem Sinne, indem er ihn in mehrere Teiltriebe zerlegt, die zunächst von ihrem Bezug zu Genitalien und Fortpflanzung gelöst werden (s. 2.4). Die Sexualtriebe, schreibt er, »sind zahlreich, entstammen vielfältigen organischen Quellen, betätigen sich zunächst unabhängig voneinander und werden erst spät zu einer mehr oder minder vollkommenen Synthese zusammengefasst.« Das Ziel, fährt er fort, »das jeder von ihnen anstrebt, ist die Erreichung der Organlust; erst nach vollzogener Synthese treten sie in den Dienst der Fortpflanzungsfunktion, womit sie dann als Sexualtriebe allgemein kenntlich werden.« (1915c; GW X, S. 218) Die Ichtriebe, die der Selbsterhaltung dienen und deshalb auch als »Selbsterhaltungstriebe« bezeichnet werden, charakterisiert der Autor nicht genauer, nennt lediglich »Hunger und Durst« als wichtigste Repräsentanten.

Die Begründung dieses Triebdualismus wird erst später, in »Zur Einführung des Narzissmus« (1914c), nachgetragen, wo diese Zweiteilung bereits wieder verwischt wird. Freud führt als Argumente für die Aufstellung zweier grundlegender Triebarten zunächst ihre Zweckmäßigkeit bei der Beschreibung der Neurosenentstehung an, weiter die Übereinstimmung mit den triebtheoretischen Vorstellungen des Alltagsverstandes und schließlich biologische Begründungen: Dabei verweist er – insofern nicht konsequent, als er Sexualität definitorisch von Fortpflanzung abtrennt – auf die Gegebenheit der Arterhaltung einerseits, der Selbsterhaltung andererseits:

> »Das Individuum führt wirklich eine Doppelexistenz als sein Selbstzweck und als Glied in einer Kette, der es gegen, jedenfalls ohne seinen Willen dienstbar ist. Es hält selbst die Sexualität für eine seiner Absichten, während eine andere Betrachtung zeigt, daß es nur ein Anhängsel an sein Keimplasma ist, dem es seine Kräfte gegen eine Lustprämie zur Verfügung stellt, der sterbliche Träger einer – vielleicht – unsterblichen Substanz, wie ein Majoratsherr nur der jeweilige Träger einer ihn überdauernden Institution. Die Sonderung der Sexualtriebe von den Ichtrieben würde nur diese doppelte Funktion des Individuums spiegeln.« (1914c; GW X, S. 143)

Angesichts der Schwierigkeit, die Gültigkeit des augenblicklichen Triebmodells nicht eindeutig mit psychoanalytischen Mitteln belegen zu können, zudem keine Unterstützung von anderen Disziplinen, speziell der Biologie, zu erhalten, betont Freud dessen Vorläufigkeit: Er wolle »ausdrücklich zugestehen, daß die Annahme gesonderter Ich- und Sexualtriebe, also die Libidotheorie, zum wenigsten auf psychologischem Grunde ruht, wesentlich biologisch gestützt ist.« Er werde also auch »konsequent genug sein, diese Annahme fallen zu lassen, wenn sich aus der psychoanalytischen Arbeit selbst eine andere Voraussetzung über die Triebe als die besser verwertbare erheben würde.«

Im zweiten Triebmodell, welches auf Grund der Beobachtungen zum Narzissmus, der Liebe zum eigenen Ich, erstellt wird, ist der fundamentale Gegensatz zwischen Sexual- und Selbsterhaltungstrieben der ersten Freudschen Triebsystematik bis zu einem gewissen Grade aufgehoben[17]. Zunächst scheint es sich beim Narzissmuskonzept nur um eine Erweiterung des Sexualbegriffes zu handeln: Den Komponenten des Sexualtriebes, welche auf fremde Objekte gerichtet sind, werden solche beigestellt, die sich das eigene Ich zum Objekt nehmen. Es ergibt sich aber durch die klinische Beobachtung, dass die Ichlibido, die auf die eigene Person zentrierte Kraft der Sexualtriebe, der auf andere Personen gerichteten Objektlibido entgegenwirkt, dass also innerhalb der Sexualstrebungen gewissermaßen ein Kampf um das geeignete Objekt stattfindet. Der eigentliche Triebantagonismus wird daher innerhalb der Sexualtriebe lokalisiert, wobei als Sonderfall der früher als wesentlich angesehene Dualismus zwischen Sexual- und Ichtrieben auftritt. Die Selbsterhaltungstriebe, die in der ersten Triebsystematik klar als nicht-sexuell den Sexualtrieben gegenübergestellt wurden, werden nun konzeptuell mit der Ichlibido verknüpft: »Die Selbsterhaltungstriebe waren also auch libidinöser Natur, es waren Sexualtriebe, die anstatt der äußeren Objekte das eigene Ich zum Objekt genommen hatten. [...] Nun hieß man die Libido der Selbsterhaltungstriebe narzisstische Libido [...].« (1923a; GW XIII, S. 231)

Dieses zweite Triebmodell birgt Unklarheiten. Die zärtliche Besetzung des eigenen Ichs oder fremder Personen kann nicht adäquat mit dem Triebbegriff erfasst werden (es handelt sich hier im allgemeinen Sprachgebrauch eher um Affekte). Auch liegt mit Sexualisierung der Selbsterhaltungstriebe nun ein rein monistisches Modell vor mit verschiedenen Erscheinungsformen des alleinigen Sexualtriebes.

Die Konzeption von Eros (Lebenstrieb) und Todestrieb als Basis der dritten, wiederum streng dualistischen Triebsystematik wird in *Jenseits des Lustprinzips* (1920g) entwickelt, einer der originellsten, zugleich aber umstrittensten Schriften Freuds[18].

Ausgangspunkt der Theoriebildung ist das Phänomen des Wiederholungszwangs, abgeleitet aus Beobachtungen, die der Annahme des universellen Lustprinzips offenbar widersprechen: Heraufbeschwören unangenehmer Erinnerungen in Träumen oder im Rahmen der analytischen Therapie, das in den Biographien mancher Personen ins Auge springende regelrechte Aufsuchen von Unglück: »Angesichts solcher Beobachtungen aus dem Verhalten in der Übertragung und aus dem Schicksal der Menschen«, so Freud, »werden wir den Mut zur Annahme finden, daß es im Seelenleben wirklich einen Wiederholungszwang gibt, der sich über das Lustprinzip hinaussetzt.« (1920g; GW XIII, S. 21) Dieser Wiederholungszwang veranlasst weitere Betrachtungen über das Wesen der Triebe. Sie nehmen Ausgang von dessen gewissermaßen »triebhaftem« Charakter und führen auf die Frage, auf welche Art das »Triebhafte« mit dem »Zwang zur Wiederholung« zusammenhänge. Die Antwort führt Freud zu einer neuen Wesensbestimmung der Triebe: Man sei hiermit (mit Erkenntnis des ihnen immanenten Zwangs zur Wiederholung) vielleicht einem allgemeinen Charakter der Triebe »auf die Spur gekommen«: »Ein Trieb wäre also ein dem belebten Organischen innewohnender Drang zur Wiederherstellung eines früheren Zustandes, welches dies Belebte unter dem Einflusse äußerer Störkräfte aufgeben musste, eine Art von organischer Elastizität, oder wenn man will, die Äußerung der Trägheit im organischen Leben.« (1920g; GW XIII, S. 38) Ähnlich mehr als ein Jahrzehnt später: Die Triebe enthüllten sich als »Bestreben, einen früheren Zustand wiederherzustellen«. Freud folgert: »Wir können annehmen, vom Moment an, da ein solcher einmal erreichter Zustand gestört worden, entsteht ein Trieb, ihn neu zu schaffen, und bringt Phänomene hervor, die wir als Wiederholungszwang bezeichnen können.« (1933a; GW XV, S. 113)

Aus dem angenommenen konservativen Charakter der Triebe, Früheres wiederherstellen zu wollen, folgert Freud, das Ziel des Lebens sei die Wiederherstellung des Ursprungszustandes, also des Todes: »Wenn wir es als ausnahmslose Erfahrung annehmen dürfen, daß alles Lebende aus inneren Gründen stirbt, ins Anorganische zurückkehrt, so können wir nur sagen: Das Ziel alles Lebens ist der Tod, und zurückgreifend: Das Leblose war früher da als das Lebende.« (1920g; GW XIII, S. 40)

Nun geht die Argumentation über zu den Lebenstrieben, die insbesondere in Form der Sexualtriebe in Erscheinung treten: Diese seien die »eigentlichen Lebenstriebe«; dadurch, »daß sie der Absicht der anderen Triebe, welche durch die Funktion zum Tode führt«, entgegenwirkten, deute »sich ein Gegensatz zwischen ihnen und den übrigen an.« (1920g; GW XIII, S. 42) Bei diesen Lebenstrieben wird es aber schwer, ebenfalls den konservativen Charakter nachzuweisen, der – als generelles Triebmerkmal angenommen – zur Annahme von Todestrieben veranlasst hatte. Hier muss Freud sich nun in die geradezu mystische Vorstellung retten, ein ursprünglich vorhandenes organisches Leben sei einst zerstückelt worden, um dann mittels der Lebenstriebe (Eros) die verlorene Einheit wiederzugewinnen (1920g; GW XIII, S. 62 f.).

> »Auf Grund theoretischer, durch die Biologie gestützter Überlegungen supponierten wir einen Todestrieb, dem die Aufgabe gestellt ist, das organische Lebende in den leblosen Zustand zurückzuführen, während der Eros das Ziel verfolgt, das Leben durch immer weitergreifende Zusammenfassung der in Partikel zersprengten lebenden Substanz zu komplizieren, natürlich es dabei zu erhalten. Beide Triebe benehmen sich dabei im strengsten Sinne konservativ, indem sie die Wiederherstellung eines durch die Entstehung des Lebens gestörten Zustandes anstreben.« (1923b; GW XIII, S. 268 f.)[19]

Die Schwäche der Beweisführung ist evident: Unter der Voraussetzung einer generell konservativen Natur der Triebe wird einerseits die Existenz eines Todestriebes gefolgert, andererseits lässt sich bei den antagonistischen Lebenstrieben der rückwärtsgerichtete Charakter nicht (oder nur unter unwahrscheinlichen, später fallen gelassenen Zusatzhypothesen) zeigen. Das Todestriebkonzept hat, wie Freud konstatiert (1930a; GW XIV, S. 478), keineswegs einhelligen Beifall unter den Analytikern gefunden. Er selbst sah zunächst seine Überlegungen noch als lediglich interessanten Gedankengang an: »Man könnte mich fragen, ob und inwieweit ich selbst von den hier entwickelten Annahmen überzeugt bin. Meine Antwort würde lauten, daß ich weder selbst überzeugt bin, noch bei anderen um Glauben für sie werbe. Richtiger: ich weiß nicht, wie weit ich an sie glaube.« (1920g; GW XIII, S. 63 f.) Ein Jahrzehnt später zeigt er eine diesbezüglich sehr viel gefestigtere Position:

> »Ich hatte die hier entwickelten Auffassungen anfangs nur versuchsweise vertreten, aber im Laufe der Zeit haben sie eine solche Macht über mich gewonnen, daß ich nicht mehr anders denken kann. Ich meine, sie sind theoretisch ungleich brauchbarer als alle

möglichen anderen, sie stellen jene Vereinfachung ohne Vernachlässigung oder Vergewaltigung der Tatsachen dar, nach der wir in der wissenschaftlichen Arbeit streben.« (1930a; GW XIV, S. 478 f.)

Das dritte Triebmodell schafft einen neuen Gegensatz, nämlich zwischen Lebenstrieb (Eros, zuweilen Liebestrieb genannt) und Todestrieb. Unter Eros werden jetzt die in der ersten Systematik antagonistisch konzipierten Sexual- und Selbsterhaltungstriebe subsumiert. Der Todestrieb, in begrifflicher Unschärfe von Freud oft auch Destruktionstrieb genannt, wird diesen nach Vereinigung und Weiterentwicklung strebenden Trieben als Tendenz zur Auflösung gegenübergestellt: »Theoretische Spekulation«, lasse »die Existenz von zwei Grundtrieben vermuten [...], dem Trieb zur immer weiter strebenden Vereinigung, dem Eros, und dem zur Auflösung des Lebenden führenden Destruktionstrieb.« (1926f; GW XIV, S. 302) Etwas detaillierter heißt es im *Abriss der Psychoanalyse*: »Nach langem Zögern und Schwanken haben wir uns entschlossen, nur zwei Grundtriebe anzunehmen, den Eros und den Destruktionstrieb. (Der Gegensatz von Selbsterhaltungs- und Arterhaltungstrieb sowie der andere von Ichliebe und Objektliebe fällt noch innerhalb des Eros.)« (1940a; GW XVII, S. 71)

Hauptrepräsentanten des Eros bleiben die Sexualtriebe, allerdings unter einer Sichtweise, die wieder vornehmlich die Fortpflanzungs- und Arterhaltungsfunktion der Sexualität betont. Libido, lange ausschließlich zur Bezeichnung des Sexualbedürfnisses gebraucht, bekommt nun die Bedeutung eines eher dunklen Dranges nach vereinigender Weiterentwicklung: »Die Kraftäußerung des Eros wird in der Psychoanalyse Libido genannt.« (1926f; GW XIV, S. 302)

Das auf Grund biologischer Überlegungen gewonnene Todestriebkonzept liefert – was in die späteren kulturtheoretischen Schriften wesentlich eingeht – eine neue Sichtweise des Aggressions- oder Destruktionstriebes. Letzteren hatte Freud, im Gegensatz zu einigen seiner Anhänger, zunächst nicht als eigenen Trieb auffassen wollen: Er könne sich »nicht entschließen, einen besonderen Aggressionstrieb neben oder gleichberechtigt mit den uns vertrauten Selbsterhaltungs- und Sexualtrieben anzunehmen« (1909b; GW VII, S. 371). Diese Ansicht revidiert er gründlich: »Warum haben wir selbst so lange Zeit gebraucht, ehe wir uns zur Anerkennung eines Aggressionstriebes entschlossen, warum nicht Tatsachen, die offen zu Tage liegen und jedermann bekannt sind, ohne Zögern für die Theorie verwertet?« (1933a; GW XV, S. 110) Dieser ist demnach ein nach außen gewandter Todestrieb: »Die einen Triebe [...] verfolgten das Ziel, das lebende Wesen zum Tode zu führen, verdienten darum den Namen der ›Todestriebe‹ und würden [...] nach außen gewendet, als Destruktions- oder Aggressionstendenzen zum Vorschein kommen.« (1923a; GW XIII, S. 232 f.) Während der eigentliche, nach innen gerichtete Todestrieb nur in seltenen Fällen in Erscheinung tritt, ist seine nach außen gewandte Komponente so auffällig, dass Freud oft Todes- und Destruktionstrieb begrifflich gleichsetzt: »Ich habe Selbst- und Arterhaltung unter den Begriff des Eros zusammengefasst und ihm den geräuschlos arbeitenden Todes- oder Destruktionstrieb gegenübergestellt.« (1925d; GW XIV, S. 84)

Das Unbehagen in der Kultur (1930a) enthält eine übersichtliche Darstellung von der Entwicklung der psychoanalytischen Trieblehre – allerdings teilweise in Abweichung von früheren terminologischen Festlegungen. Zuerst sei eine Unterscheidung zwischen Ich- und Objekttrieben erfolgt. Erstere wollten das Einzelwesen erhalten, letztere die Art[20]. Für die Energie der letzteren, und nur dafür, sei der Name Libido eingeführt worden. Somit, erläutert Freud, »lief der Gegensatz zwischen den Ichtrieben und den aufs Objekt gerichteten ›libidinösen‹ Trieben der Liebe im weiteren Sinne.« Nachträglich thematisiert er die Schwierigkeit, die man in der Einordnung eines »sadistischen« Triebes hatte:

> »Einer von diesen Objekttrieben, der sadistische, tat sich zwar dadurch hervor, daß sein Ziel so gar nicht liebevoll war, auch schloss er sich offenbar in manchen Stücken den Ichtrieben an, konnte seine nahe Verwandtschaft mit den Bemächtigungstrieben ohne libidinöse Absicht nicht verbergen, aber man kam über diese Unstimmigkeit hinweg; der Sadismus gehörte doch offenbar zum Sexualleben, das grausame Spiel konnte das zärtliche ersetzen.« (1930a; GW XIV, S. 476 f.)

Trotz dieser Unsicherheit stand die Unterteilung der Triebe und ihre Rolle bei der Neurosenentstehung prinzipiell nicht in Zweifel: »Die Neurose erschien als der Ausgang eines Kampfes zwischen dem Interesse der Selbstbewahrung und den Anforderungen der Libido, ein Kampf, in dem das Ich gesiegt hatte, aber um den Preis schwerer Leiden und Verzichte.« Zwar, so Freud, klinge diese Aussage »auch heute nicht wie ein längst überwundener Irrtum.« Doch sei »eine Abänderung unerlässlich« geworden, als die psychoanalytische Forschung »vom Verdrängten zum Verdrängenden, von den Objekttrieben zum Ich« fortgeschritten sei. Er erläutert: »Entscheidend wurde hier die Einführung des Begriffes Narzissmus, d. h. die Einsicht, daß das Ich selbst mit Libido besetzt ist, sogar deren ursprüngliche Heimstätte sei und gewissermaßen ihr Hauptquartier bleibe. Diese narzisstische Libido wendet sich den Objekten zu, wird so zur Objektlibido und kann sich in narzisstische Libido zurückverwandeln.«

»Den nächsten Schritt«, so Freud, »machte ich in ›Jenseits des Lustprinzips‹ (1920), »als mir der konservative Charakter des Trieblebens zuerst auffiel.« Nämlich:

> »Ausgehend von Spekulationen über den Anfang des Lebens und von biologischen Parallelen zog ich den Schluss, es müsse außer dem Trieb, die lebende Substanz zu erhalten und zu immer größeren Einheiten zusammenzufassen, einen anderen, ihm gegensätzlichen, geben, der diese Einheiten aufzulösen und in den uranfänglichen, anorganischen Zustand zurückzuführen strebe. Also außer dem Eros einen Todestrieb; aus dem Zusammen- und Gegeneinanderwirken dieser beiden ließen sich die Phänomene des Lebens erklären.« (1930a; GW XIV, S. 478)

Es sei nicht leicht gewesen, »die Tätigkeit dieses angenommenen Todestriebs aufzuzeigen.« Hier habe die Idee weiter geführt, daß »sich ein Anteil des Triebes gegen die Außenwelt wende und dann als Trieb zur Aggression und Destruktion zum Vorschein komme.« Ausführungen über Triebvermischungen folgt eine neue Sicht des Triebpaares Sadismus/Masochismus: »Im längst als Partialtrieb der Sexualität bekannten Sadismus hätte man eine derartige besonders starke Legierung des Liebensstrebens mit dem Destruktionstrieb vor sich, wie in seinem Widerpart, im Masochismus, eine Verbindung der nach innen gerichteten Destruktion mit der Sexualität, durch welche die sonst unwahrnehmbare Strebung eben auffällig und fühlbar wird.« (GW XIV, S. 478) Als Aggressionstrieb geht der Destruktionstrieb in die Kulturtheorie ein (5.2).

2.6 Die Theorie der Neurosenentstehung

Die Bedingungen der Neurosenentstehung (Fixierung, Regression, innere Versagung) sind in diesem Kontext eher von untergeordneter Bedeutung. Wichtig – um die Analogie mit religiösen und Tabugebräuchen in ihren Feinheiten zu verstehen – ist hingegen die Tatsache, dass die neurotischen Symptome der Abwehr verpönter Wünsche[21] (hier regressiver, also auf die Infantilzeit zurückgehender Sexualwünsche) dienen und dass dabei sowohl die Abwehr wie die gleichzeitige (entstellte) Erfüllung des verdrängten Bedürfnisses gelingt: »Die Symptome der Neurosen sind durchwegs [...] entweder Ersatzbefriedigung irgendeines sexuellen Strebens oder Maßnahmen zu ihrer Verhinderung, in der Regel Kompromisse von beiden, wie sie nach den für das Unbewusste geltenden Gesetzen zwischen Gegensätzen zustande kommen.« (1940a; GW XVII, S. 112) Die Mechanismen entsprechen in Details jenen bei der Traumbildung: Werden über die Prozesse der Traumarbeit (speziell mittels Verdichtung und Verschiebung, teils auch durch Symboldarstellung) die Wünsche der latenten Traumgedanken so umgewandelt, dass sie im manifesten Traum unter Entstellung erfüllt – in der Regel unter Entstellung – zum Vorschein kommen, befriedigt sich im Symptom, unkenntlich für den Erkrankten selbst, der verworfene Sexualwunsch: »Das Symptom stellt wie der Traum etwas als erfüllt dar, eine Befriedigung nach Art der infantilen, aber durch äußerste Verdichtung kann diese Befriedigung in eine einzige Sensation oder Innervation gedrängt, durch extreme Verschiebung auf eine kleine Einzelheit des ganzen libidinösen Komplexes eingeschränkt sein.« (1916–17a; GW XI, S. 381).

Anmerkungen zu Kapitel 2

1. Damit ergibt sich unmittelbar, dass Traumdeutung nur unter Mitarbeit des Träumers geleistet werden kann; wenn überhaupt, ist nämlich ausschließlich dieser in der Lage, die eigenen Assoziationsbildungen aufzulösen.
2. Explizit diesem Thema widmet sich »Über den Gegensinn der Urworte« (1910e).
3. Dieser Vorgang entspricht den Anspielungen in den Unterhaltungen des Alltagslebens, wo eine vordergründige Aussage eine andere, bedeutsamere, vertritt; letztere kann jedoch, sofern das Sprachspiel gelungen ist, vom Gesprächspartner rekonstruiert werden. Im Traum gehen diese Verschiebungen so weit, dass selbst der Träumer ohne mühevolle Analyse seine eigenen Anspielungen nicht mehr versteht.
4. Weiter können die Wünsche von Reizen ausgehen (z. B. Durst), die auf den Träumer während des Schlafes einwirken. Daraus resultieren die so genannten Bequemlichkeitsträume, in ihrem Aufbau leicht zu erkennen und daher wichtiger Beleg für die Theorie von der Wunscherfüllungsfunktion des Traumes.
5. Der Angsttraum, gerne als Gegenargument gebraucht, widerspricht der Wunscherfüllungstheorie keineswegs: Eine Ursache für Angst- und Unlustträume ist die Tatsache antagonistischer Interessen innerhalb ein und derselben Person; die nicht genügend entstellte Erfüllung eines unbewussten (verdrängten) Wunsches kann dem System des Vorbewussten Unlust bereiten (1916–17a; GW XI, S. 220 ff.; zu weiteren Erklärungen von Angstträumen; s. Köhler 2000, S. 209 ff.).
6. Freud verwendet, oft ohne weitere Spezifikation, unbewusst einmal im deskriptiven, einmal im eigentlichen, also dynamischen Sinne. Obgleich sich die Bedeutung zumeist aus dem Zusammenhang ergibt, bietet diese inkonsistente Terminologie eine Verständnisschwierigkeit, welche an sich vermeidbar wäre.

   Wir verwenden hier unbewusst ausschließlich im dynamischen Sinne, also in der Bedeutung von nicht (oder nur unter großem Aufwand) bewusstseinsfähig, vorbewusst im Sinne von (weitgehend spontan) bewusstseinsfähig.
7. Lexikalische Wiedergabe lässt befremdend erscheinen, was in Freuds Schriften in der Regel sehr stringent abgeleitet wird, so die Eigenschaften des Systems *Ubw* aus der Tatsache, dass es das Relikt eines primitiven, in der ersten Zeit der Ontogenese bestehenden (allein nicht lebensfähigen) psychischen Apparats ist.
8. Das Ichideal, gewisse Zeit mit dem Über-Ich gleich gesetzt, stellt später – neben dem Gewissen – als weitere Funktion der neuen Instanz dar: »Es [scil. das Über-Ich] ist auch der Träger des Ichideals, an dem das Ich sich misst, dem es nachstrebt, dessen Anspruch auf immer weitergehende Vervollkommnung es zu erfüllen bemüht ist.« (1933a; GW XV, S. 71).
9. Streng genommen müsste man Verdrängung allgemeiner definieren (nämlich als Entzug psychischer Besetzung), denn auch das System *Ubw* (bzw. das Es) ist zur Verdrängung fähig (und treibt dies, da von einem unmodifizierten Lustprinzip gesteuert, im extremen Maße). Im Kontext der kultur- und religionspsychologischen Schriften genügt die einfachere Definition von Verdrängung als Abschiebung ins Unbewusste.
10. Die Wiederkehr des Verdrängten zeigt sich etwa bei Ersatzbildungen entfallener Namen, wie in der *Psychopathologie des Alltagslebens* (1901b) demonstriert. Auch Be-

richte von Patienten und – in unserem Kontext von besonderer Bedeutung – historische Texte lassen oft noch erkennen, welche Auslassungen an ihnen vorgenommen wurden.

11. Die zweite der Begriffserweiterungen ist weniger leicht zu begründen; sie nimmt nämlich als Ergebnis vorweg, was erst die Forschung liefern kann, die enge entwicklungsgeschichtliche Beziehung von im weitesten Sinne liebevollen Regungen mit Impulsen, die aus direktem körperlichen Sexualinteresse resultieren: »Die andere der angeblichen Erweiterungen rechtfertigt sich durch den Hinweis auf die psychoanalytische Untersuchung, welche zeigt, daß all diese zärtlichen Gefühlsregungen ursprünglich vollsexuelle Strebungen waren, die dann ›zielgehemmt‹ oder ›sublimiert‹ worden sind.« (1925d; GW XIV, S. 64). In jedem Falle scheint es sinnvoll, diese beiden gut unterscheidbaren Aspekte der Sexualität, das körperliche Sexualinteresse einerseits und die seelischen Regungen andererseits, mittels verschiedener Bezeichnungen (z. B. körperlich-sinnlich und seelisch-zärtlich) begrifflich zu trennen.

12. Freud gibt diverse Ableitungen: Perversionen als Übersteigerung einzelner Komponenten normalen Sexualverhaltens ansehend und als Entwicklungshemmungen begreifend, versucht er, entsprechendes Verhalten in einem frühen Kindheitsstadium aufzufinden: »Man sagt sich dann alsbald, wenn es eine solche Fixierung der Libido an den eigenen Leib und die eigene Person anstatt an ein Objekt gibt, so kann dies kein ausnahmsweises und kein geringfügiges Vorkommnis sein.« Es sei »vielmehr wahrscheinlich, daß dieser Narzissmus der allgemeine und ursprüngliche Zustand ist, aus welchem sich erst später die Objektliebe herausbildete, ohne daß darum der Narzissmus zu verschwinden brauchte.« (1916–17a; GW XI, S. 431)

    Zudem hat die häufige Feststellung solchen Verhaltens (etwa bei Homosexuellen) zur Konzeption einer in einem gewissen Entwicklungsstadium normalen Liebe zum eigenen Ich geführt: »Narzissmus in diesem Sinne wäre keine Perversion, sondern die libidinöse Ergänzung zum Egoismus des Selbsterhaltungstriebes, von dem jedem Lebewesen mit Recht ein Stück zugeschrieben wird.« (1914c; GW X, S. 138 f.)

    Eigentlicher Anlass für die Entwicklung des Narzissmuskonzepts war jedoch die Betrachtung der Schizophrenie. Der Mangel an libidinösen Regungen bei solchen Patienten, sowohl gegenüber realen Objekten als auch phantasierten, wird in Beziehung zum bei diesem Krankheitsbild zu findenden Größenwahn gesetzt: »Er ist wohl auf Kosten der Objektlibido entstanden. Die der Außenwelt entzogene Libido ist dem Ich zugeführt worden, so daß ein Verhalten entstand, welches wir Narzissmus heißen können.« Und weiter: »Der Größenwahn selbst ist aber keine Neuschöpfung, sondern [...] die Vergrößerung eines Zustandes, der schon vorher bestanden hatte. Somit werden wir dazu geführt, den Narzissmus, der durch Einbeziehung der Objektbesetzungen entsteht, als einen sekundären aufzufassen, welcher sich über einen primären, durch mannigfache Einflüsse verdunkelten, aufbaut.« (1914c; GW X, S. 140)

13. Ambivalenz, die Zwiespältigkeit der Gefühle, sieht Freud generell als charakteristisch für die frühe psychische Entwicklung an (sowohl beim Individuum wie in der Menschheitsgeschichte): In *Totem und Tabu* ist der zweite Aufsatz betitelt: »Das Tabu und die Ambivalenz der Gefühlsregungen«.

14. Dass sich solche Vorstellungen, etwa die der Kastrationsdrohung, in dieser Einförmigkeit finden lassen, wird mittels so genannter »Urphantasien« erklärt: In den Urzeiten der menschlichen Familie sei das Phantasierte möglicherweise einmal Realität gewesen

und vom phantasierenden Kind die »Lücken der individuellen Wahrheit« mit »prähistorischer Wahrheit« aufgefüllt worden (1916–17a; GW XI, S. 386).

15. Dass diese „Inzestscheu“ mühsam erworben werden muss, eigentlich geradezu widernatürlich ist, illustriert Freud im ersten Aufsatz von *Totem und Tabu*.
16. Von der Partnerwahl nach Vorbild der frühen Fremdobjekte (dem Anlehnungstypus) unterscheidet Freud eine zweite Form, die ebenfalls auf ein infantiles Liebesobjekt zurückgreift, das eigene Ich: »Wir haben, besonders deutlich bei Personen, deren Libidoentwicklung eine Störung erfahren hat, wie bei Perversen und Homosexuellen, gefunden, daß sie ihr späteres Liebesobjekt nicht nach dem Vorbild der Mutter wählen, sondern nach dem ihrer eigenen Person.« Sie suchten »sich selbst als Liebesobjekt«, zeigten den »narzisstisch zu nennenden Typus der Objektwahl.« (1914c; GW X, S. 154)
17. Zwar lässt auch das zweite, letztlich nicht dualistische Triebmodell eine Beschreibung psychischer Dynamik zu; diese spielt sich nun aber innerhalb des Sexualtriebes ab: »[A]nstatt von einem Konflikt zwischen Sexualtrieben und Ichtrieben sprach man besser vom Konflikt zwischen Ichlibido und Objektlibido, oder, da die Natur der Triebe dieselbe war, zwischen den Objektbesetzungen und dem Ich.« (1923a; GW XIII, S. 231) Insofern ändert sich an der wesentlichen psychoanalytischen Terminologie und an der Auffassung seelischer Vorgänge wenig; der Triebbegriff verschwindet jedoch kurzfristig weitgehend aus dem psychoanalytischen Sprachgebrauch.
18. Freud kommentiert selbst, er habe in den Arbeiten der letzten Jahre »der lange niedergehaltenen Neigung zur Spekulation freien Lauf gelassen und dort auch eine neue Lösung des Triebproblems ins Auge gefasst.« (1925d; GW XIV, S. 84)
19. Später verwirft er die Idee, auch bei Lebenstrieben den rückwärtsgerichteten Charakter zu finden: Wenn man annehme, »daß das Lebende später als das Leblose gekommen und aus ihm entstanden« sei, so füge »sich der Todestrieb der erwähnten Formel, daß ein Trieb die Rückkehr zu einem früheren Zustand« anstrebe. Jedoch: »Für den Eros (oder Liebestrieb) können wir eine solche Anwendung nicht durchführen. Es würde voraussetzen, daß die lebende Substanz einmal eine Einheit war, die dann zerrissen wurde und nun die Wiedervereinigung anstrebt.« (1940a; GW XVII, S. 71)
20. In den ersten triebtheoretischen Arbeiten unterscheidet Freud zwischen den der Erhaltung des Individuums dienenden Ichtrieben und den nach Lust strebenden Sexualtrieben, die erst sekundär in den Dienst der Fortpflanzung träten; ein regelrechter Fortpflanzungstrieb wird anfangs nicht angenommen.
21. Eine illustrative Passage aus *Eine Kindheitserinnerung des Leonardo da Vinci* (1910c) lautet: »Der Schutz gegen neurotische Erkrankung, den die Religion ihren Gläubigen gewährt, erklärt sich leicht daraus, daß sie ihnen den Elternkomplex abnimmt, an dem das Schuldbewusstsein des einzelnen wie der ganzen Menschheit hängt, und ihn für sie erledigt, während der Ungläubige mit dieser Aufgabe allein fertig werden muss.« (GW VIII, S. 195) Und in *Massenpsychologie und Ich-Analyse* heißt es: »Auch wer das Schwinden der religiösen Illusionen in der heutigen Kulturwelt nicht bedauert, wird zugestehen, daß sie den durch sie Gebundenen den stärksten Schutz gegen die Gefahr der Neurose boten, so lange sie selbst noch in Kraft waren.« (1921c; GW XIII, S. 159)

3 Überblick zu Freuds kultur- und gesellschaftstheoretischen Schriften; kleinere Arbeiten zu Kultur und Gesellschaft

Im aus skizzierten Gedanken bestehenden Manuskript N, das Freud im Mai 1897 an seinen Freund W. Fließ schickte, findet sich unter »Definition von ›Heilig‹« die Überlegung: »›Heilig‹ ist, was darauf beruht, daß die Menschen zugunsten der größeren Gemeinschaft ein Stück ihrer sexuellen und Perversionsfreiheit geopfert haben. Der Abscheu vor dem Inzest [...] beruht darauf, daß infolge der sexuellen Gemeinschaft [...] die Familienmitglieder dauernd zusammenhalten und des Anschlusses an Fremde unfähig werden. Er ist also antisozial – Kultur besteht in diesem fortschreitenden Verzicht.« (1985c; S. 269)[1] Die These, dass Kultur auf Verzicht (speziell Triebverzicht) basiert, welche hier so beiläufig erscheint, wird sich durch Freuds Schriften (nicht nur seine kulturtheoretischen) ziehen und zur Erklärung unterschiedlichster Phänomene herangezogen werden[2]. Explizit heißt es 1905 in den *Drei Abhandlungen zur Sexualtheorie*, dass durch Sublimierung (d. h. Verzicht auf die Ausübung des Sexualtriebes und Verwendung dieser Energien auf andere Ziele) »mächtige Komponenten für alle kulturellen Leistungen« bereitgestellt würden (1905d; GW V, S. 79).

Der Aufsatz »Die ›kulturelle‹ Sexualmoral und die moderne Nervosität« (1908d) gibt Freud zum ersten Male Gelegenheit, dieses Thema aus psychoanalytischer Sicht genauer zu behandeln. Obwohl die Arbeit nicht eigentlich zum Verständnis der Kulturentwicklung beiträgt – vielmehr die Rückwirkung von Kultur auf das individuelle Sexualleben zum Gegenstand hat – sei sie hier etwas ausführlicher referiert; es handelt sich nämlich um eine ausgezeichnete Einführung in die psychoanalytische Sexualtheorie (speziell hinsichtlich der Komplexität des Sexualtriebes und seiner Beziehung zur Fortpflanzung) und in das Konzept der Sublimierung.

Ausgangspunkt ist eine Schrift mit dem Titel »Sexualethik«, in welcher der Autor v. Ehrenfels eine »natürliche« und eine »kulturelle Sexualmoral« unterscheidet; Befolgung der letzteren, so gibt Freud v. Ehrenfels wieder, sporne die Menschen »zu intensiver und produktiver Kulturarbeit« an – während unter der Herrschaft der »natürlichen Sexualmoral« ein »Menschenstamm sich andauernd bei Gesundheit und Lebenstüchtigkeit« zu erhalten vermöge. In dieser Schrift werden diverse Schäden der »kulturellen Sexualmoral« aufgezählt (u. a. eine doppelbödige Moral), Gedanken, denen Freud beistimmt, jedoch als ergänzungsbedürftig betrachtet: »Unter den der kulturellen Sexualmoral zur Last gelegten Schädigungen«, erläutert er, »vermisst nun der Arzt die eine, deren Bedeutung hier ausführlich erörtert werden soll. Ich meine die auf sie zurückzuführende Förderung der modernen, das heißt in unserer gegenwärtigen Gesellschaft sich rasch ausbreitenden Nervosität.« (1908d; GW VII, S. 144 f.) Er weist auf zahlreiche Autoren hin, die eine Zunahme nervöser Erkrankungen konstatierten und dies mit der Kulturentwicklung in Verbindung brachten – allerdings ohne seiner Auffassung nach die Zusammenhänge befriedigend erklären zu können: »Ich habe an diesen [...] Lehren auszusetzen, nicht daß sie irrtümlich sind, sondern daß sie sich unzulänglich erweisen, die Einzelheiten in der Erscheinung der nervösen Störungen aufzuklären, und daß sie gerade das bedeutsamste der ätiologisch wirksamen Momente außer acht lassen.« Fasse man »die eigentlichen Formen des nervösen Krankseins ins Auge«, so reduziere »sich der schädigende Einfluss der Kultur im Wesentlichen auf die schädliche Unterdrückung des Sexuallebens der Kulturvölker (oder Schichten) durch die bei ihnen herrschende ›kulturelle‹ Sexualmoral.« (S. 148)

Er führt aus, dass die »eigentlichen Neurosen« (die er sonst »Aktualneurosen« nennt) durch »gewisse schädliche Einflüsse des Sexuallebens« erzeugt werden und die »Psychoneurosen« von »der Wirksamkeit unbewusster (verdrängter) Vorstellungskomplexe« sexuellen Inhalts abhängen; dann kommt er auf das eigentliche Thema »der wachsenden Nervosität« und ihren Zusammenhang mit der »kulturellen Sexualmoral«. Dabei wird zum ersten Mal genauer die These vom Triebverzicht als Fundament der Kultur erläutert:

> »Unsere Kultur ist ganz allgemein auf der Unterdrückung von Trieben aufgebaut. Jeder einzelne hat ein Stück seines Besitzes, seiner Machtvollkommenheit, der aggressiven und vindikativen Neigungen seiner Persönlichkeit abgetreten; aus diesen Beiträgen ist der gemeinsame Kulturbesitz an materiellen und ideellen Gütern entstanden. Außer der Lebensnot sind es wohl die aus der Erotik abgeleiteten Familiengefühle, welche die einzelnen Individuen zu diesem Verzichte bewogen haben. Der Verzicht ist ein im Laufe der Kulturentwicklung progressiver gewesen; die einzelnen Fortschritte desselben wurden von der Religion sanktioniert; das Stück Triebbefriedigung, auf das man verzichtet hatte, wurde der Gottheit zum Opfer gebracht; das so erworbene Gemeingut für ›heilig‹ erklärt. Wer kraft seiner unbeugsamen Konstitution diese Triebunterdrückung nicht mitmachen kann, steht der Gesellschaft als ›Verbrecher‹, als ›outlaw‹ gegenüber, insofern nicht seine soziale Position und seine hervorragenden Fähigkeiten ihm gestatten, sich als großer Mann, als ›Held‹ durchzusetzen.« (GW VII, S. 149 f.)

Die Kritik an dieser Situation ist unüberhörbar und wird noch deutlicher, wenn eine spezielle Form des Triebverzichts zur Sprache kommt, die auf sexuellem Gebiet. Nach psychoanalytischer Auffassung bestehe der Sexualtrieb aus mehreren Komponenten und diene ursprünglich nicht den Zwecken der Fortpflanzung, sondern habe »bestimmte Arten der Lustgewinnung« zum Ziel (nicht nur an den Genitalien, sondern auch anderen erogenen Zonen); Freud schildert die Entwicklung vom Autoerotismus zur Objektliebe und von der Autonomie der erogenen Zonen zur späteren Unterordnung »unter das Primat der in den Dienst der Fortpflanzung gestellten Genitalien.« Dabei wird auf Besonderheiten des menschlichen Sexualtriebes hingewiesen, nämlich dass dieser beim Menschen möglicherweise stärker sei als bei Tieren (in jedem Falle geringere Periodizität zeige) und in spezieller Weise zur Kulturentwicklung beitrage:

> »Er [scil. der Sexualtrieb] stellt der Kulturarbeit außerordentlich große Kraftmengen zur Verfügung, und dies zwar infolge der bei ihm besonders ausgeprägten Eigentümlichkeit, sein Ziel verschieben zu können, ohne wesentlich an Intensität abzunehmen. Man nennt diese Fähigkeit, das ursprünglich sexuelle Ziel gegen ein anderes, nicht mehr sexuelles, aber psychisch mit ihm verwandtes, zu vertauschen, die Fähigkeit zur Sublimierung. Im Gegensatze zu dieser Verschiebbarkeit, in welcher sein kultureller Wert besteht, kommt beim Sexualtrieb auch besonders hartnäckige Fixierung vor, durch die er unverwertbar wird und gelegentlich zu den so genannten Abnormitäten entartet. Die ursprüngliche Stärke des Sexualtriebes ist wahrscheinlich bei den einzelnen Individuen verschieden groß; sicherlich schwankend ist der von ihm zur Sublimierung geeignete Betrag. Wir stellen uns vor, daß es zunächst durch die mitgebrachte Organisation entschieden ist, ein wie großer Anteil des Sexualtriebes sich beim einzelnen als sublimierbar und verwertbar erweisen wird; außerdem gelingt es den Einflüssen des Lebens und der intellektuellen Beeinflussung des seelischen Apparats, einen weiteren Anteil zur Sublimierung zu bringen. Ins Unbegrenzte fortzusetzen ist dieser Verschiebungsprozess aber sicherlich nicht, so wenig wie die Umsetzung der Wärme in mechanische Arbeit bei unseren Maschinen. Ein gewisses Maß direkter sexueller Befriedigung scheint für die allermeisten Organisationen unerlässlich, und die Versagung dieses individuell variablen Maßes straft sich durch Erscheinungen, die wir infolge ihrer Funktionsschädlichkeit und ihres subjektiven Unlustcharakters zum Kranksein rechnen müssen.« (GW VII, S. 150 f.)[3]

Auf diesem Hintergrund wird nun die Haltung der Kultur zur Sexualität analysiert: »Mit Bezug auf diese Entwicklungsgeschichte des Sexualtriebes« ließen sich »drei Kulturstufen« unterscheiden: »Eine erste, auf welcher die Betätigung des Sexualtriebes auch über die Ziele der Fortpflanzung hinaus frei ist; eine zweite, auf welcher alles am Sexualtrieb unterdrückt ist bis das, was der Fortpflanzung dient, und eine dritte, auf welcher nur die legitime Fortpflanzung als Sexualziel zugelassen wird.« Dieser »dritten Stufe« entspreche »unsere gegenwärtige ›kulturelle‹ Sexualmoral.« (GW VII, S. 152)

Selbst auf dieser zweiten (im Vergleich zu jetzigen noch milderen) Stufe der Sexualmoral könne »eine Anzahl von Personen« deren Anforderungen nicht genügen. »Bei ganzen Reihen von Individuen«, erläutert Freud, »hat sich die erwähnte Entwicklung des Sexualtriebes vom Autoerotismus zur Objektliebe mit dem Ziel der Vereinigung der Genitalien nicht korrekt und nicht genug durchgreifend vollzogen, und aus diesen Entwicklungsstörungen ergeben sich zweierlei schädliche Abweichungen von der normalen, das heißt kulturförderlichen Sexualität [...].« Er nennt neben »Personen mit überstarkem und unhemmbarem Sexualtrieb« die »verschiedenen Gattungen der Perversen«, bei denen »eine infantile Fixierung auf ein vorläufiges Sexualziel das Primat der Fortpflanzungsfunktion aufgehalten« habe sowie »die Homosexuellen oder Invertierten, bei denen auf noch nicht ganz aufgeklärte Weise das Sexualziel vom entgegengesetzten Geschlecht abgelenkt« worden sei. Der Autor fügt hinzu: »Wenn die Schädlichkeit dieser beiden Arten von Entwicklungsstörung geringer ausfällt, als man hätte erwarten können, so ist diese Erleichterung gerade auf die komplexe Zusammensetzung des Sexualtriebes zurückzuführen, welche auch dann noch eine brauchbare Endgestaltung des Sexuallebens ermöglicht, wenn ein oder mehrere Komponenten des Triebes sich von der Entwicklung ausgeschlossen haben.« Die »Konstitution der von der Inversion Betroffenen, der Homosexuellen«, zeichne »sich sogar häufig durch eine besondere Eignung des Sexualtriebes zur kulturellen Sublimierung« aus (GW VII, S. 152 f.)[4].

Bei »allgemein schwachem Sexualtrieb« gelinge »den Perversen die völlige Unterdrückung jener Neigungen, welche sie in Konflikt mit der Moralforderung ihrer Kulturstufe« brächten. »Aber dies«, so der Kommentar, »bleibt auch, ideell betrachtet, die einzige Leistung, die ihnen gelingt, denn für diese Unterdrückung ihrer sexuellen Triebe verbrauchen sie die Kräfte, die sie sonst an die Kulturarbeit wenden würden.« Bei »intensiverem, aber perversem Sexualtrieb« seien »zwei Fälle des Ausgangs« möglich: »Der erste [...] ist der, daß die Betroffenen pervers bleiben und die Konsequenzen ihrer Abweichung vom Kulturniveau zu tragen haben.« Bei Weitem interessanter sei der zweite Fall: Unter »dem Einflusse der Erziehung und der sozialen Anforderungen« werde zwar »eine Unterdrückung der perversen Triebe erreicht«, aber »eine Art von Unterdrückung, die eigentlich keine solche« sei, die »besser als ein Misslingen der Unterdrückung bezeichnet werden« könne: »Die gehemmten Sexualtriebe äußern sich zwar dann nicht als solche: darin besteht der Erfolg – aber sie äußern sich auf andere Weisen, die für das Individuum genau ebenso schädlich sind und es für die Gesellschaft ebenso unbrauchbar machen wie die unveränderte Befriedigung jener unterdrückten Triebe: darin liegt dann der Misserfolg des Prozesses, der auf die Dauer den Erfolg mehr als bloß aufwiegt.« Präzisierend: »Die Ersatzerscheinungen, die hier infolge der Triebunterdrückung auftreten, machen das aus, was wir als Nervosität, spezieller als Psychoneurosen [...] beschreiben.« Die Neurotiker, fügt er hinzu, »sind jene Klasse von Menschen, die es bei widerstrebender Organisation unter dem Einflusse der Kulturanforderungen zu einer nur scheinbaren und immer mehr missglückenden Unterdrückung ihrer Triebe bringen, und die darum ihre Mitarbeiterschaft an den Kulturwerken nur mit großem Kräfteaufwand, unter innerer Verarmung, aufrecht erhalten oder zeitweise als Kranke aussetzen müssen.« (GW VII, S. 153 f.)

»Die Erfahrung lehrt«, so das Resümee, »daß es für die meisten Menschen eine Grenze gibt, über die hinaus ihre Konstitution der Kulturanforderung nicht folgen kann. Alle die edler sein wollen, als ihre Konstitution es ihnen gestattet, verfallen der Neurose; sie hätten sich wohler befunden, wenn es ihnen möglich geblieben wäre, schlechter zu sein.« (GW VII, S. 154) Freuds Kritik ist überdeutlich: »Es ist eine der offenkundigen sozialen Ungerechtigkeiten, wenn der kulturelle Standard von allen Personen die nämliche Führung des Sexuallebens fordert, die den einen dank ihrer Organisation mühelos gelingt, während sie den anderen die schwersten psychischen Opfer auferlegt, eine Ungerechtigkeit freilich, die meist durch Nichtbefolgung der Moralvorschriften vereitelt wird.« (S. 155)

Es folgt die Darstellung der dritten Kulturstufe, bei der, anders als bei der zweiten, nicht nur »jede so genannte perverse Sexualbetätigung verpönt« ist (welche Folgen oben geschildert wurden), sondern auch der »normal genannte Sexualverkehr« nicht mehr frei zugelassen ist; vieles Gesagte lässt sich übertragen, allerdings bei quantitativ sehr unterschiedlichen Verhältnissen: Es sei »leicht, den Erfolg vorherzusagen«, der »sich einstellen« werde, wenn man »die Sexualfreiheit« weiter einschränke und »die Kulturanforderung auf das Niveau der dritten Stufe« erhöhe, »also jede andere Sexualbetätigung als die in legitimer Ehe« verpöne: »Die Zahl der Starken, die sich in offenen Gegensatz zur Kulturforderung stellen, wird in außerordentlichem Maße vermehrt werden, und ebenso die Zahl der Schwächeren, die sich in ihrem Konflikte zwischen dem Drängen der kulturellen Einflüsse und dem Widerstande ihrer Konstitution in neurotisches Kranksein – flüchten.« (GW VII, S. 155)

Drei »hier entspringende Fragen« versucht Freud nun eingehender zu beantworten: »1.) welche Aufgabe die Kulturforderung der dritten Stufe an den einzelnen stellt, 2.) ob die zugelassene legitime Sexualbefriedigung eine annehmbare Entschädigung für den sonstigen Verzicht zu bieten vermag, 3.) in welchem Verhältnisse die etwaigen Schädigungen durch diesen Verzicht zu dessen kulturellen Ausnützungen stehen.« (GW VII, S. 155) Nur seine Überlegungen zum dritten Punkt seien etwas ausführlicher referiert. Die Antworten auf die anderen Fragen berühren eher klinische Sachverhalte und werden nur insofern auszugsweise wiedergegeben, als sie die diesbezüglich ungewöhnlich liberale Haltung des Begründers der Psychoanalyse illustrieren; berücksichtigt man den zeitlichen Hintergrund, wäre Freud geradezu als Eiferer zu bezeichnen.

Die sexuelle Abstinenz hält er – entgegen Meinungen vieler Kollegen – für schädlich: »Wer in die Bedingtheit nervöser Erkrankung einzudringen versteht, verschafft sich bald die Überzeugung, daß eine Zunahme der nervösen Erkrankungen in unserer Gesellschaft von der Steigerung der sexuellen Einschränkung herrührt.« (GW VII, S. 157) »Sexualverkehr in legitimer Ehe« könne keineswegs »eine volle Entschädigung für die Einschränkung vor der Ehe« bieten; er malt ein düsteres Szenario:

»Wir erinnern vor allem daran, daß unsere kulturelle Sexualmoral auch den sexuellen Verkehr in der Ehe selbst beschränkt, indem sie den Eheleuten den Zwang auferlegt, sich mit einer meist sehr geringen Anzahl von Kinderzeugungen zu begnügen. Infolge dieser Rücksicht gibt es befriedigenden Sexualverkehr in der Ehe nur durch einige Jahre, natürlich noch mit Abzug der zur Schonung der Frau aus hygienischen Gründen erforderten Zeiten. Nach diesen drei, vier oder fünf Jahren versagt die Ehe, insofern sie die Befriedigung der sexuellen Bedürfnisse versprochen hat; denn alle Mittel, die sich bisher zur Verhütung der Konzeption ergeben haben, verkümmern den sexuellen Genuss, stören die feinere Empfindlichkeit beider Teile oder wirken selbst krankmachend; mit der Angst vor den Folgen des Geschlechtsverkehres schwindet zuerst die körperliche Zärtlichkeit der Ehegatten füreinander, in weiterer Folge meist auch die seelische Zuneigung, die bestimmt war, das Erbe der anfänglichen stürmischen Leidenschaft zu übernehmen. Unter der seelischen Enttäuschung und körperlichen Entbehrung, die so das Schicksal der meisten Ehen wird, finden sich beide Teile auf den früheren Zustand vor der Ehe zurückversetzt, nur um eine Illusion verarmt und von neuem auf ihre Festigkeit, den Sexualtrieb zu beherrschen oder abzulenken, angewiesen.« (S. 157)[5]

Männer, fährt er fort, bedienten sich dann »recht häufig des Stückes Sexualfreiheit, welches ihnen »auch von der strengsten Sexualordnung, wenn nur stillschweigend und widerwillig« eingeräumt werde; »die für den Mann in unserer Gesellschaft geltende ›doppelte‹ Sexualmoral«, meint Freud, »ist das beste Eingeständnis, daß die Gesellschaft selbst, welche die Vorschriften erlassen hat, nicht an deren Durchführbarkeit glaubt.« Frauen erkrankten erfahrungsgemäß »unter den Enttäuschungen der Ehe an schweren und das Leben dauernd trübenden Neurosen.« Die Ehe habe »unter den heutigen kulturellen Bedingungen« längst aufgehört, »das Allheilmittel gegen die nervösen Leiden des Weibes zu sein.« Bemerkenswert unverblümt konstatiert Freud:

»Das Heilmittel gegen die aus der Ehe entspringende Nervosität wäre vielmehr die eheliche Untreue; je strenger eine Frau erzogen ist, je ernsthafter sie sich der Kulturforderung unterworfen hat, desto mehr fürchtet sie aber diesen Ausweg, und im Konflikte zwischen ihren Begierden und ihrem Pflichtgefühl sucht sie ihre Zuflucht wiederum – in der Neurose. Nichts anderes schützt ihre Tugend so sicher wie die Krankheit.« (S. 158)

Zur dritten Frage, ob der durch den sexuellen Verzicht gewonnene kulturelle Gewinn nicht die angeführten Schäden aufwiege, erklärt sich Freud zwar »für unfähig, Gewinn und Verlust hier richtig gegeneinander abzuwägen«, führt aber einiges »zur Einschätzung der Verlustseite« an: »Abstinenz weit über das zwanzigste Lebensjahr hinaus« sei »für den jungen Mann nicht mehr unbedenklich« und führe »zu anderen Schädigungen«, auch wo sie »nicht zur Nervosität« führe. Bei einigen wenigen möge »der Kampf mit dem mächtigen Triebe« zwar den Charakter stählen, jedoch: » [I]n der weitaus größeren Mehrheit der Fälle zehrt der Kampf gegen die Sinnlichkeit die verfügbare Energie des Charakters auf und dies gerade zu einer Zeit, in welcher der junge Mann all seiner Kräfte bedarf, um sich seinen Anteil und Platz in der Gesellschaft zu erobern.« (GW VII, S. 159) »Die Unterdrückung«, nimmt Freud einen neuen Gedanken auf, »ist sehr oft zu weit gegangen und hat das unerwünschte Resultat ergeben, daß der Sexualtrieb nach seiner Freilassung dauernd geschädigt erscheint.« Darum, meint er, sei »oft volle Abstinenz während der Jugendzeit nicht die beste Vorbereitung für die Ehe beim jungen Manne« und fügt hinzu: »Die Frauen ahnen dies und ziehen unter ihren Bewerbern diejenigen vor, die sich schon bei anderen Frauen als Männer bewährt haben.« (S. 160)

Drastisch seien die Folgen vorehelicher Enthaltsamkeit bei Frauen:

> »Ganz besonders greifbar sind die Schädigungen, welche durch die strenge Forderung der Abstinenz bis zur Ehe am Wesen der Frau hervorgerufen werden. Die Erziehung nimmt die Aufgabe, die Sinnlichkeit des Mädchens bis zu seiner Verehelichung zu unterdrücken, offenbar nicht leicht, denn sie arbeitet mit den schärfsten Mitteln. Sie untersagt nicht nur den sexuellen Verkehr, setzt hohe Prämien auf die Erhaltung der weiblichen Unschuld, sondern sie entzieht das reifende weibliche Individuum auch der Versuchung, indem sie es in Unwissenheit über alles Tatsächliche der ihm bestimmten Rolle erhält und keine Liebesregung, die nicht zur Ehe führen kann, bei ihm duldet. Der Erfolg ist, daß die Mädchen, wenn ihnen das Verlieben plötzlich von den elterlichen Autoritäten gestattet wird, die psychische Leistung nicht zustande bringen und ihrer eigenen Gefühle unsicher in die Ehe gehen. Infolge der künstlichen Verzögerung der Liebesfunktion bereiten sie dem Manne, der all sein Begehren für sie aufgespart hat, nur Enttäuschungen; mit ihren seelischen Gefühlen hängen sie noch den Eltern an, deren Autorität die Sexualunterdrückung bei ihnen geschaffen hat, und im körperlichen Verhalten zeigen sie sich frigid, was jeden höherwertigen Sexualgenuss beim Manne verhindert. Ich weiß nicht, ob der Typus der anästhetischen Frau auch außerhalb der Kulturerziehung vorkommt, halte es aber für wahrscheinlich. Jedenfalls wird er durch die Erziehung geradezu gezüchtet, und diese Frauen, die ohne Lust empfangen, zeigen dann wenig Bereitwilligkeit, des öfteren mit Schmerzen zu gebären. So werden durch die Vorbereitung zur Ehe die Zwecke der Ehe selbst vereitelt; wenn dann die Entwicklungsverzögerung bei der Frau überwunden ist und auf der Höhe ihrer weiblichen Existenz die volle Liebesfähigkeit bei ihr erwacht, ist ihr Verhältnis zum Ehemanne längst verdorben; es bleibt ihr als Lohn für ihre bisherige Gefügigkeit die Wahl zwischen ungestilltem Sehnen, Untreue oder Neurose.« (GW VII, S. 160 f.)[6]

Als weitere Konsequenz dieser Praktik für die weibliche Psyche wird mangelnde Gelegenheit zur geistigen Entfaltung auf Grund eines »Denkverbots« angeführt: »Die Erziehung versagt ihnen die intellektuelle Beschäftigung mit den Sexualproblemen, für die sie doch die größte Wissbegierde mitbringen, schreckt sie mit der Verurteilung, daß solche Wissbegierde unweiblich und Zeichen sündiger Veranlagung sei. Damit sind vom Denken überhaupt abgeschreckt, wird das Wissen für sie entwertet.« Er glaube nicht, dass »der biologische Gegensatz zwischen intellektueller Arbeit und Geschlechtstätigkeit den ›physiologischen Schwachsinn‹ der Frau« erkläre, wie »Moebius es in seiner vielfach widersprochenen Schrift dargetan« habe. Dagegen meine er, »daß die unzweifelhafte Tatsache der intellektuellen Inferiorität so vieler Frauen auf die zur Sexualunterdrückung erforderliche Denkhemmung zurückzuführen ist.« (GW VII, S. 162)

Freud geht nun auf die Masturbation und »ähnliche Befriedigungen« ein, die »an die autoerotischen Sexualtätigkeiten der frühen Lebens« anknüpften. Er hält sie für schädlich, allerdings nicht aus den so häufig angeführten medizinischen Gründen: »Aber gerade dieser Beziehung [scil. zu den autoerotischen Sexualpraktiken] wegen sind diese Ersatzmittel zur sexuellen Befriedigung keineswegs harmlos; sie disponieren zu den zahlreichen Formen von Neurosen und Psychosen, für welche die Rückbildung des Sexuallebens zu seinen infantilen Formen die Bedingung ist.« (GW VII, S. 162) Auch die sexuellen Surrogathandlungen in vorehelichen Beziehungen, jene »so genannten perversen Arten des Verkehrs zwischen beiden Geschlechtern, bei denen andere Körperstellen die Rolle der Genitalien« übernähmen, werden als bedenklich angesehen: »Diese Betätigungen können aber nicht so harmlos beurteilt werden wie analoge Überschreitungen im Liebesverkehre, sie sind ethisch verwerflich, da sie die Liebesbeziehungen zweier Menschen aus einer ernsten Sache zu einem bequemen Spiele ohne Gefahr und ohne seelische Beteiligung herabwürdigen.« Und eine weitere Folge »der Erschwerung des normalen Sexuallebens« führt er an, nämlich die »Ausbreitung homosexueller Befriedigung.« Zu allen jenen, die »schon nach ihrer Organisation Homosexuelle« seien oder »in der Kindheit« dazu würden, komme »noch die große Zahl jener, bei denen in reiferen Jahren wegen der Absperrung des Hauptstromes der Libido der homosexuelle Seitenarm breit geöffnet« würde (S. 163).

Freud fasst zusammen: »Alle diese unvermeidlichen und unbeabsichtigten Konsequenzen der Abstinenzforderung treffen in dem einen Gemeinsamen zusammen, daß sie die Vorbereitung für die Ehe gründlich verderben, die doch nach der Absicht der kulturellen Sexualmoral die alleinige Erbin der sexuellen Strebungen werden sollte.« Und nach Erläuterung dieser Zusammenhänge konstatiert er: »Es ist wirklich für den Uneingeweihten ganz unglaublich, wie selten sich normale Potenz beim Manne und wie häufig sich Frigidität bei der weiblichen Hälfte der Ehepaare findet, die unter der Herrschaft unserer kulturellen Sexualmoral stehen, mit welchen Entsagungen, oft für beide Teile, die Ehe verbunden ist und worauf das Eheleben, das so sehnsüchtig erstrebte Glück, sich einschränkt.« Dies fördere nicht nur die erwähnte Entwicklung von Neurosen, sondern wirke auf die Kinder zurück – was dann »den Anschein einer erblichen Übertragung« gebe, sich aber »bei schärferem Zusehen in die Wirkung mächtiger infantiler Eindrücke« auflöse:

> »Die von ihrem Manne unbefriedigte neurotische Frau ist als Mutter überzärtlich und überängstlich gegen das Kind, auf das sie ihr Liebesbedürfnis überträgt, und weckt in demselben die sexuelle Frühreife. Das schlechte Einverständnis zwischen den Eltern reizt dann das Gefühlsleben des Kindes auf, lässt es im zartesten Alter Liebe, Hass und Eifersucht intensiv empfinden. Die strenge Erziehung, die keinerlei Betätigung des so früh geweckten Sexuallebens duldet, stellt die unterdrückende Macht bei, und dieser Konflikt in diesem Alter enthält alles, was es zur Verursachung der lebenslangen Nervosität bedarf.« (GW VII, S. 165)

Nach der Mahnung, Neurosen in ihrer Schwere als subjektives Leid nicht zu unterschätzen, kommt als weiterer Gesichtspunkt, »daß die Neurose, soweit sie reicht und bei wem immer sie sich findet, die Kulturabsicht zu vereiteln weiß und somit eigentlich die Arbeit der unterdrückten kulturfeindlichen Seelenkräfte besorgt, so daß die Gesellschaft nicht einen mit Opfern erkauften Gewinn, sondern gar keinen Gewinn verzeichnen darf, wenn sie die Gefügigkeit gegen ihre weitgehenden Vorschriften mit der Zunahme der Nervosität bezahlt.« (GW VII, S. 166) Abschließend kommt Freud, einen weiten Bogen schlagend, auf die »Kulturentwicklung« und ihre Ziele zurück:

> »Nehmen wir noch hinzu, daß mit der Einschränkung der sexuellen Betätigung bei einem Volke ganz allgemein eine Zunahme der Lebensängstlichkeit und der Todesangst einhergeht, welche die Genussfähigkeit der einzelnen stört und ihre Bereitwilligkeit, für irgendwelche Ziele den Tod auf sich zu nehmen, aufhebt, welche sich in der verminderten Neigung zur Kinderzeugung äußert, und dieses Volk oder diese Gruppe von Menschen vom Anteile an der Zukunft ausschließt, so darf man wohl die Frage aufwerfen, ob unsere ›kulturelle‹ Sexualmoral der Opfer wert ist, welche sie uns auferlegt, zumal, wenn man sich vom Hedonismus nicht genug frei gemacht hat, um nicht ein gewisses Maß von individueller Glücksbefriedigung unter die Ziele unserer Kulturentwicklung aufzunehmen.« (GW VII, S. 167)

Die Arbeit »Zeitgemäßes über Krieg und Tod« (1915b) wurde im zweiten Jahr des 1. Weltkrieges verfasst. Dazu muss man wissen, dass Freud – nicht als Einziger – anfänglich diesem Krieg keineswegs ablehnend gegenüber stand (»meine ganze Libido gehört Österreich-Ungarn«), aber recht bald eine kritisch-distanzierende Haltung einnahm, veranlasst sicher nicht zuletzt durch die Niederlagen der Mittelmächte (d. h. Österreich-Ungarn und Deutschland) und die schwindende Hoffnung auf ein baldiges Kriegsende. Der erste Abschnitt widmet sich daher Reflexionen über den Krieg allgemein und speziell den augenblicklich herrschenden. Der zweite Abschnitt greift im Wesentlichen auf Gedankengänge aus *Totem und Tabu* zurück: Kultur entstehe aus Triebabwehr; jedoch seien diese ursprünglichen Impulse nur bedingt zu unterdrücken und verschafften sich nicht zuletzt im Krieg ihre Durchbrüche. Der erste Teil, »Die Enttäuschung des Krieges«, beginnt mit den Worten:

> »Von dem Wirbel der Kriegszeit gepackt, einseitig unterrichtet, ohne Distanz von den großen Veränderungen, die sich bereits vollzogen haben oder zu vollziehen beginnen, und ohne Witterung der sich gestaltenden Zukunft, werden wir selbst irre an der Bedeutung der Eindrücke, die sich uns aufdrängen, und an dem Werte der Urteile, die wir bilden. Es will uns scheinen, als hätte noch niemals ein Ereignis so viel kostbares Gemeingut der Menschheit zerstört, so viele der klarsten Intelligenzen verwirrt, so gründlich das Hohe erniedrigt. Selbst die Wissenschaft hat ihre leidenschaftslose Unparteilichkeit verloren; ihre aufs tiefste verbitterten Diener suchen ihr Waffen zu entnehmen, um einen Beitrag zur Bekämpfung des Feindes zu leisten.« (1915b; GW X, S. 324)

Die große Enttäuschung sei es gewesen, dass ein Krieg – möglicherweise unter bestimmten Umständen nicht immer vermeidbar – auch hier in Europa möglich sei: »Von den großen weltbeherrschenden Nationen weißer Rasse, denen die Führung des Menschengeschlechtes zugefallen ist, die man mit der Pflege weltumspannender Interessen beschäftigt wusste, deren Schöpfungen die technischen Fortschritte in der Beherrschung der Natur wie die künstlerischen und wissenschaftlichen Kulturwerte sind, von diesen Völkern hatte man erwartet, daß sie es verstehen würden, Misshelligkeiten und Interessenskonflikte auf anderem Wege zum Austrage zu bringen.« Freud fügt hinzu, dass in jeder dieser Nationen »hohe sittliche Normen für den Einzelnen aufgestellt« worden seien, welche von ihm eine »ausgiebige Selbstbeschränkung, einen weitgehenden Verzicht auf Triebbefriedigung« verlangten. »Der Kulturstaat«, konstatiert er, »hielt diese sittlichen Normen für die Grundlage seines Bestandes, er schritt ernsthaft ein, wenn man sie anzutasten wagte [...]. Es war also anzunehmen, daß er sie selbst respektieren wolle und nichts gegen sie zu unternehmen gedenke, wodurch er der Begründung seiner eigenen Existenz widersprochen hätte.« Auch wäre eigentlich zu erwarten gewesen, dass die »großen Völker« so viel »Verständnis für ihre Gemeinsamkeiten und so viel Toleranz für ihre Verschiedenheiten« erworben hätten, dass »›fremd‹ und ›feindlich‹ nicht mehr wie im klassischen Altertume für sie zu einem Begriffe verschmelzen« würden (GW X, S. 325 f.).

Nach einem wehmütigen Abgesang auf ein gemeinschaftliches Europa mit der Vorstellung einer in Form von Reisen allen zugänglichen Landschaft und gemeinsam bewunderten Schätzen, kommt der Autor auf das Ende dieser Illusion zurück: »Der Genuss der Kulturgemeinschaft wurde gelegentlich durch Stimmen gestört, welche warnten, daß infolge altüberkommener Differenzen Kriege auch unter den Mitgliedern derselben unvermeidlich wären. Man wollte nicht daran glauben, aber wie stellte man sich einen solchen Krieg vor, wenn es dazu kommen sollte?« Wenn, meint er, dann wären dabei wenigstens elementare Regeln eingehalten worden (Schonung der

Verwundeten, »Rücksichten für den nicht kriegführenden Teil der Bevölkerung«); dieser Krieg hätte zwar »immer noch genug des Schrecklichen und schwer zu Ertragenden« enthalten, »aber er hätte die Entwicklung ethischer Beziehungen zwischen den Großindividuen der Menschheit, den Völkern und Staaten, nicht unterbrochen.« Der Krieg, »an den wir nicht glauben wollten«, sei nun ausgebrochen und habe die »Enttäuschung« gebracht:

> »Er ist nicht nur blutiger und verlustreicher als einer der Kriege vorher, infolge der mächtig vervollkommneten Waffen des Angriffes und der Verteidigung, sondern mindestens ebenso grausam, erbittert, schonungslos wie irgend ein früherer. Er setzt sich über alle Einschränkungen hinaus, zu denen man sich in friedlichen Zeiten verpflichtet, die man das Völkerrecht genannt hatte, anerkennt nicht die Vorrechte des Verwundeten und des Arztes, die Unterscheidung des friedlichen und des kämpfenden Teiles der Bevölkerung, die Ansprüche des Privateigentums. Er wirft nieder, was ihm im Wege steht, in blinder Wut, als sollte es keine Zukunft und keinen Frieden unter den Menschen nach ihm geben. Er zerreißt alle Bande der Gemeinschaft unter den miteinander ringenden Völkern und droht eine Erbitterung zu hinterlassen, welche eine Wiederanknüpfung derselben für lange Zeit unmöglich machen wird.« (GW X, S. 329)[7]

Nach weiteren Bemerkungen über die Staaten, welche sich in diesen Kriegszeiten über Normen hinweg setzten, deren Einhaltung sie von ihren Bürgern streng verlangten, lautet die Zusammenfassung: »Zweierlei in diesem Kriege hat unsere Enttäuschung rege gemacht: die geringe Sittlichkeit der Staaten nach außen, die sich nach innen als die Wächter der sittlichen Normen gebärden, und die Brutalität im Benehmen der Einzelnen, denen man als Teilnehmer an der höchsten menschlichen Kultur ähnliches nicht zugetraut hat.« (GW X, S. 331)

An die zweite Aussage schließen sich psychologische Überlegungen an, nämlich durch welchen Prozess »ein einzelner Mensch zu einer höheren Stufe von Sittlichkeit« gelange. Eine denkbare Antwort sei, dass hier ein »Entwicklungsvorgang« vorliege, und man werde wohl annehmen, »diese Entwicklung bestehe darin, daß die bösen Neigungen des Menschen in ihm ausgerottet und unter dem Einflusse von Erziehung und Kulturumgebung durch Neigungen zum Guten ersetzt« würden. Wer mit Freuds Diktion vertraut ist, merkt sofort, dass der Autor diesen Satz für bestenfalls bedingt zutreffend hält. In Wirklichkeit gebe es keine »›Ausrottung‹ des Bösen.«

Die »psychologische – im strengeren Sinne die psychoanalytische Untersuchung« – zeige vielmehr, »daß das tiefste Wesen des Menschen aus Triebregungen« bestehe, die »elementarer Natur, bei allen Menschen gleichartig« seien und »auf die Befriedigung ursprünglicher Bedürfnisse« zielten. Die Triebregungen seien »an sich weder gut noch böse.« Er schildert allgemein die möglichen Entwicklungswege der Triebe bis zum Erwachsenenalter (u. a. Hemmung, Verschiebung von Objekt und Ziel, Reaktionsbildung, also Mobilisierung entgegengesetzter Impulse). Auf das letzte dieser »Triebschicksale« wird besonders hingewiesen: »Reaktionsbildungen gegen gewisse Triebe täuschen die inhaltliche Verwandtschaft derselben vor, als ob aus Egoismus – Altruismus, aus Grausamkeit – Mitleid geworden wäre.« Das Ergebnis:

> »Erst nach Überwindung all solcher ›Triebschicksale‹ stellt sich das heraus, was man den Charakter eines Menschen nennt, und was mit ›gut‹ und ›böse‹ bekanntlich nur sehr unzureichend klassifiziert werden kann. Der Mensch ist selten im Ganzen gut oder böse, meist ›gut‹ in dieser Relation, ›böse‹ in einer anderen oder ›gut‹ unter solchen äußeren Bedingungen, unter anderen entschieden ›böse‹. Interessant ist die Erfahrung, daß die kindliche Präexistenz starker ›böser‹ Regungen oft geradezu die Bedingung wird für eine besonders deutliche Wendung des Erwachsenen zum ›Guten‹. Die stärksten kindlichen Egoisten können die hilfreichsten und aufopferungsfähigsten Bürger werden; die meisten Mitleidsschwärmer, Menschenfreunde, Tierschützer haben sich aus kleinen Sadisten und Tierquälern entwickelt.« (GW VII, S. 332 f.)

Bei an den der Umwandlung der »bösen« egoistischen in die »guten« altruistischen Triebe beteiligten Faktoren[9] isoliert Freud zunächst einen inneren, das Liebesbedürfnis: »Durch die Zumischung der erotischen Komponenten werden die eigensüchtigen Triebe in soziale verwandelt. Man lernt das Geliebtwerden als einen Vorteil schätzen, wegen dessen man auf andere Vorteile verzichten darf.« Als zweiter, äußerer Faktor komme der »Zwang der Erziehung« hinzu; letztere vertrete »die Ansprüche der kulturellen Umgebung« und werde dann »durch die direkte Einwirkung des Kulturmilieus« fortgesetzt. »Kultur ist« – und hier präsentiert Freud, weder zum ersten noch zum letzten Mal, seine diesbezügliche Hauptthese – »durch Verzicht auf Triebbefriedigung gewonnen worden und fordert von jedem neu Ankommenden, daß er denselben Triebverzicht leiste.« Diese beiden Formen von Zwang hängen zusammen:

> »Während des individuellen Lebens findet eine beständige Umsetzung von äußerem Zwange in inneren Zwang statt. Die Kultureinflüsse leiten dazu an, daß immer mehr von den eigensüchtigen Strebungen durch erotische Zusätze in altruistische, soziale verwandelt werden. Man darf endlich annehmen, daß aller innerer Zwang, der sich in der Entwicklung des Menschen geltend macht, ursprünglich, d. h. in der Menschheitsgeschichte, nur äußerer Zwang war. Die Menschen, die heute geboren werden, bringen ein Stück Neigung (Disposition) zur Umwandlung der egoistischen Triebe als ererbte Organisation mit, die auf leichte Anstöße hin diese Umwandlung durchführt. Ein anderes Stück dieser Triebumwandlung muss im Leben selbst geleistet werden. In solcher Art steht der einzelne Mensch nicht nur unter Einwirkung seines gegenwärtigen Kulturmilieus, sondern unterliegt auch dem Einflusse der Kulturgeschichte seiner Vorfahren.« (GW X; S. 333 f.)

»Heißen wir«, sagt Freud, hier einen neuen und zweifellos prägnanten Begriff einführend, »die einem Menschen zukommende Fähigkeit zur Umbildung der egoistischen Triebe unter dem Einflusse der Erotik seine Kultureignung, so können wir aussagen, daß dieselbe aus zwei Anteilen besteht, einem angeborenen und einem im Leben erworbenen, und daß das Verhältnis der beiden zueinander und zu dem unverwandelt gebliebenen Anteile des Trieblebens ein sehr variables ist.« (GW X, S. 334)

In ausholender Argumentation wird auf einen wenig überraschenden Sachverhalt hingewiesen: Durch diverse Prämien, welche die Gesellschaft für förderliches Verhalten zur Verfügung stelle, zeigten viele Handlungsweisen, die nicht wirklich ihren Triebanlagen entsprächen: »Die Kulturgesellschaft, die die gute Handlung fordert und sich um die Triebbegründung derselben nicht kümmert, hat also eine große Anzahl zum Kulturgehorsam gewonnen, die dabei nicht ihrer Natur folgen.« Dies schaffe ein Klima von Triebunterdrückung, Reaktionsbildungen mit neurotischen Erkrankungen und Unwahrhaftigkeit. Pointiert formuliert: »Es ist unleugbar, daß unsere gegenwärtige Kultur die Ausbildung dieser Art von Heuchelei in außerordentlichem Umfange begünstigt. Man könnte die Behauptung wagen, sie sei auf solcher Heuchelei aufgebaut und müsste sich tiefgreifende Abänderungen gefallen lassen, wenn es die Menschen unternehmen würden, der psychologischen Wahrheit nachzuleben.« Freud fügt hinzu: »Es gibt also ungleich mehr Kulturheuchler als wirklich kulturelle Menschen, ja man kann den Standpunkt diskutieren, ob ein gewisses Maß von Kulturheuchelei nicht zur Aufrechterhaltung der Kultur unerlässlich sei, weil die bereits organisierte Kulturneigung der heute lebenden Menschen vielleicht für diese Leistung nicht zureichen würde.« Auf Grund dieser Überlegungen lässt sich der Leserschaft auch ein »Trost« anbieten, nämlich dass »unsere Kränkung und schmerzliche Enttäuschung wegen des unkulturellen Benehmens unserer Weltmitbürger in diesem Kriege unberechtigt« gewesen seien: »Sie beruhten auf einer Illusion, der wir uns gefangen gaben. In Wirklichkeit sind sie nicht so tief gesunken, wie wir fürchten, weil sie gar nicht so hoch gestiegen waren, wie wir's von ihnen glaubten.« (S. 335 f.)

Nun wird der Sachverhalt von anderer Seite beleuchtet, nämlich dass im Laufe der seelischen Entwicklung nichts wirklich verloren gehe: »Man kann den nicht zu vergleichenden Sachverhalt nichts anders beschreiben als durch die Behauptung, daß jede frühere Entwicklungsstufe neben der späteren, die aus ihr geworden ist, erhalten bleibt; die Sukzession bedingt eine Koexistenz mit, obwohl es doch dieselben Materialien sind, an denen die ganze Reihenfolge von Veränderungen abgelaufen sind.« Somit: »Der frühere seelische Zustand mag sich jahrelang nicht geäußert haben, er bleibt doch soweit bestehen, daß er eines Tages wiederum die Äußerungsform der seelischen Kräfte werden kann, und zwar die einzige, als ob alle späteren Entwicklungen rückgängig gemacht worden wären.« Das »primitive Seelische«, so der Schluss, sei »im vollsten Sinne unvergänglich.« (GW X, S. 337) Aus dieser pessimistischen Beschreibung folgt dann immerhin ein verhalten optimistischer Ausblick:

»Es kann also auch die Triebumbildung, auf welcher unsere Kultureignung beruht, durch Einwirkungen des Lebens – dauernd oder zeitweilig – rückgängig gemacht werden. Ohne Zweifel gehören die Einflüsse des Krieges zu den Mächten, welche solche Rückbildung erzeugen können, und darum brauchen wir nicht allen jenen, die sich gegenwärtig unkulturell benehmen, die Kultureignung abzusprechen, und dürfen erwarten, daß sich ihre Triebveredlung in ruhigeren Zeiten wieder herstellen wird.« (S. 338)

Freud widmet seine Analyse danach einem anderen »Symptom« bei »unseren Weltbürgern«; er meine »die Einsichtslosigkeit, die sich bei den besten Köpfen« zeige, »ihre Verstocktheit, Unzugänglichkeit gegen die eindringlichsten Argumente, ihre kritiklose Leichtgläubigkeit für die anfechtbarsten Behauptungen.« Diese Erscheinung sei »noch leichter zu erklären und weit weniger bedenklich als die vorhin gewürdigte« [scil. das Verlassen aller Formen des zivilisierten Umgangs]. »Menschenkenner und Philosophen« hätten »uns längst belehrt«, daß wir Unrecht daran täten, »unsere Intelligenz als selbständige Macht zu schätzen und ihre Abhängigkeit vom Gefühlsleben zu übersehen.« Unser Intellekt »könne nur verlässlich arbeiten, wenn er den Einwirkungen anderer Gefühlsregungen entrückt sei; im gegenteiligen Falle benehme er sich einfach wie ein Instrument zu Händen eines Willens und liefere das Resultat, das ihm von diesem aufgetragen sei.« Die »psychoanalytische Erfahrung« habe »diese Behauptung womöglich noch unterstrichen«: »Sie kann alle Tage zeigen, daß sich die scharfsinnigsten Menschen plötzlich einsichtslos wie Schwachsinnige benehmen, sobald die verlangte Einsicht einem Gefühlswiderstand bei ihnen begegnet, aber auch alles Verständnis wieder erlangen, wenn dieser Widerstand überwunden ist.« (GW X, S. 339)

Diese realistische Einsicht in die Beschränkung des Einzelnen sei nun aber erst recht auf die großen Gemeinschaften zu übertragen:

»Wenn wir solcher Art unsere uns entfremdeten Mitbürger wieder verstehen, werden wir die Enttäuschung, die uns die Großindividuen der Menschheit, die Völker, bereitet haben, um vieles leichter ertragen, denn an diese dürfen wir nur weit bescheidenere Ansprüche stellen. Dieselben wiederholen vielleicht die Entwicklung der Individuen und treten uns heute noch auf sehr primitiven Stufen der Organisation, der Bildung höherer Einheiten, entgegen. Dementsprechend ist das erziehliche Moment des äußeren Zwanges zur Sittlichkeit, welches wir beim Einzelnen so wirksam fanden, bei ihnen kaum noch nachweisbar.« (GW X, S. 339 f.)

Man habe gehofft, »die großartige, durch Verkehr und Produktion hergestellte Interessengemeinschaft« werde »den Anfang eines solchen Zwanges ergeben«, allein »es scheine«, die Völker gehorchten »ihren Leidenschaften derzeit weit mehr als ihren Interessen.« Es sei gerade so, »als ob sich alle sittlichen Erwerbungen der Einzelnen auslöschten«, wenn man »eine Mehrheit oder gar Millionen Menschen« zusammen nehme, und »nur die primitivsten, ältesten und rohesten, seelischen Einstellungen« übrig blieben.[9] An »diesen bedauerlichen Verhältnissen« könnten vielleicht späte Entwicklungen« etwas ändern. »Etwas mehr Wahrheit und Aufrichtigkeit allerseits, in den Beziehungen der Menschen zueinander und zwischen ihnen und den sie Regierenden« dürfte aber »auch für diese Umwandlung die Wege ebnen.« (GW X; S. 340)

Zu Beginn hatte Freud von der Verwirrung des Einzelnen in diesen Zeiten gesprochen und als Ursachen einerseits die Enttäuschung des Krieges angeführt, andererseits die »veränderte Einstellung zum Tode«, zu welcher uns dieser, wie alle andere Kriege, nötige. Im zweiten Teil, überschrieben »Unser Verhältnis zum Tode« wird dieser Punkt genauer behandelt. Dieses, welches durch den Krieg so gestört sei, sei »kein aufrichtiges« gewesen, beginnen die Überlegungen, die zunächst wenig Überraschendes bieten: »Wenn man uns anhörte, so waren wir natürlich bereit zu vertreten, daß der Tod der notwendige Ausgang alles Lebens sei, daß jeder von uns der Natur einen Tod schulde und vorbereitet sein müsse, die Schuld zu bezahlen, kurz, daß der Tod natürlich sei, unableugbar und unvermeidlich.« In Wirklichkeit, meint Freud, »pflegten wir uns aber zu benehmen, als ob es anders wäre. Wir haben die unverkennbare Tendenz gezeigt, den Tod beiseite zu schieben, ihn aus dem Leben zu eliminieren.« (GW X, S. 341) Der »Kulturmensch« werde es vermeiden, vor einem zum Tode Bestimmten dieses Thema anzuschneiden, werde »den Tod eines anderen auch nicht gern in seine Gedanken einsetzen«; am wenigsten werde er »sich gestatten, an den Tod des anderen zu denken, wenn mit diesem Ereignis ein Gewinn an Freiheit, Besitz, Stellung verbunden« sei. Wenn tatsächlich ein Todesfall eintrete, verrieten wir durch unsere Kommentare »unser Bestreben, den Tod von einer Notwendigkeit zu einer Zufälligkeit herabzudrücken.« Dem »Verstorbenen selbst« brächten »wir ein besonderes Verhalten entgegen, fast wie eine Bewunderung für einen, der etwas sehr Schweres zustande gebracht« habe. »Wir stellen«, so weiter, »die Kritik gegen ihn ein, sehen ihm sein etwaiges Unrecht nach [...] und finden es gerechtfertigt, daß man ihm in der Leichenrede und auf dem Grabsteine das Vorteilhafteste nachrühmt. Die Rücksicht auf den Toten, deren er doch nicht mehr bedarf, steht uns über der Wahrheit, den meisten von uns gewiss auch über der Rücksicht für den Lebenden.« (S. 342)

Dieses Verhältnis zum Tode, fährt er fort, habe »aber eine starke Wirkung« auf unser Leben:

> »Das Leben verarmt, es verliert an Interesse, wenn der höchste Einsatz in den Lebensspielen, eben das Leben selbst, nicht gewagt werden darf. [...] Unsere Gefühlsbindungen, die unerträgliche Intensität unserer Trauer, machen uns abgeneigt, für uns und die unsrigen Gefahren aufzusuchen. Wir getrauen uns nicht, eine Anzahl von Unternehmungen in Betracht zu ziehen, die gefährlich, aber eigentlich unerlässlich sind wie Flugversuche, Expeditionen in ferne Länder, Experimente mit explodierbaren Substanzen. Uns

> lähmt dabei das Bedenken, wer der Mutter den Sohn, der Gattin den Mann, den Kindern den Vater ersetzen soll, wenn ein Unglück geschieht.« (GW X, S. 343)

Der Krieg müsse »diese konventionelle Behandlung des Todes hinwegfegen.« Der Tod lasse sich jetzt »nicht mehr verleugnen.« Die Menschen, stürben »wirklich, auch nicht mehr einzeln, sondern viele, oft Zehntausende an einem Tage.« Es sei auch »kein Zufall« mehr: »Es scheint freilich noch zufällig, ob diese Kugel den einen trifft oder den anderen; aber diesen anderen mag leicht eine zweite Kugel treffen, die Häufung macht dem Eindruck des Zufälligen ein Ende.« Jedoch: »Das Leben ist freilich wieder interessant geworden, es hat seinen vollen Inhalt wieder bekommen.«

Im Weiteren wird nicht untersucht, wie sich durch diese neue Situation das Verhältnis zum Tode bei denjenigen verändert hat, die »selbst im Kampf ihr Leben preisgeben«, sondern bei jenen anderen, »die zu Hause geblieben sind und nur zu erwarten haben, einen ihrer Lieben an den Tod durch Verletzung, Krankheit oder Infektion zu verlieren«. Die »Verwirrung« und die »Lähmung unserer Leistungsfähigkeit«, unter denen wir litten, seien »wesentlich mitbestimmt durch den Umstand«, dass wir »unser bisheriges Verhältnis zum Tode nicht aufrecht halten« könnten und »ein neues noch nicht gefunden« hätten. Vielleicht, so Freud, »hilft es uns dazu, wenn wir unsere psychologische Untersuchung auf zwei andere Beziehungen zum Tode richten, auf jene, die wir dem Urmenschen, dem Menschen der Vorzeit, zuschreiben dürfen, und jene andere, die in jedem von uns noch erhalten ist, aber sich unsichtbar für unser Bewusstsein in tieferen Schichten unseres Seelenlebens verbirgt.« (S. 344 f.)

Der Urmensch, so Freuds Rekonstruktion, habe »sich in sehr merkwürdiger Weise zum Tode« eingestellt, »gar nicht einheitlich, vielmehr recht widerspruchsvoll.« Denn: »Er hat einerseits den Tod ernst genommen, ihn als Aufhebung des Lebens anerkannt und sich seiner in diesem Sinne bedient, anderseits aber auch den Tod geleugnet [...].« Er habe nämlich zum Tode des anderen, des Fremden, des Feindes, eine »radikal andere Stellung« eingenommen als zu seinem eigenen: »Der Tod des anderen war ihm recht, galt ihm als Vernichtung des Verhassten, und der Urmensch hatte kein Bedenken, ihn herbeizuführen.« (S. 345)[10]. Der »eigene Tod« sei dem Urmenschen »gewiss ebenso unvorstellbar und unwirklich« gewesen, »wie heute jedem von uns.« In einem Fall müsse sich jedoch ein Konflikt zwischen diesen gegensätzlichen Einstellungen ergeben haben, nämlich beim Tode eines Angehörigen oder Freundes:

> »Da mußte er in seinem Schmerz die Erfahrung machen, daß man auch selbst sterben könne, und sein ganzes Wesen empörte sich gegen dieses Zugeständnis; jeder dieser Lieben war ja doch auch ein Stück des eigenen, geliebten Ichs. Anderseits war ihm ein solcher Tod doch auch recht, denn in jeder der geliebten Personen stak auch ein Stück Fremdheit. Das Gesetz der Gefühlsambivalenz, das heute noch unsere Gefühlsbeziehun-

> gen zu den von uns geliebtesten Personen beherrscht, galt in Urzeiten gewiss noch uneingeschränkter. Somit waren diese geliebten Verstorbenen doch auch Fremde und Feinde gewesen, die einen Anteil von feindseligen Gefühlen bei ihm hervorgerufen hatten.« (GW X, S. 346 f.)

Nicht jeder beliebige Todesfall, meint Freud in Abhebung von Spekulationen der Philosophen, habe also den Urmenschen dazu veranlasst, »sich den Kopf über die Rätsel des Lebens und Todes« zu zerbrechen, »sondern der Gefühlskonflikt beim Tode geliebter und dabei auch fremder und gehasster Personen.« Es folgen – in Anlehnung an Ausführungen im zweiten Kapitel von *Totem und Tabu* – anregende Überlegungen:

> »Aus diesem Gefühlskonflikt wurde zunächst die Psychologie geboren. Der Mensch konnte den Tod nicht mehr von sich ferne halten, da er ihn in dem Schmerz um den Verstorbenen verkostet hatte, aber er wollte ihn doch nicht zugestehen, da er sich selbst nicht tot vorstellen konnte. So ließ er sich auf Kompromisse ein, gab den Tod auch für sich zu, bestritt ihm aber die Bedeutung der Lebensvernichtung, wofür ihm beim Tode des Feindes jedes Motiv gefehlt hatte. An der Leiche der geliebten Person ersann er die Geister, und sein Schuldbewußtsein ob der Befriedigung, die der Trauer beigemengt war, bewirkte, daß diese erstgeschaffenen Geister böse Dämonen wurden, vor denen man sich ängstigen musste. Die Veränderungen des Todes legten ihm die Zerlegung des Individuums in einen Leib und eine – ursprünglich mehrere – Seelen nahe; in solcher Weise ging sein Gedankengang dem Zersetzungsprozeß, den der Tod einleitet, parallel. Die fortdauernde Erinnerung an den Verstorbenen wurde die Grundlage der Annahme anderer Existenzformen, gab ihm die Idee eines Fortlebens nach dem anscheinenden Tode.« (GW X, S. 347 f.)

Diese »Seelen« der Verstorbenen seien ursprünglich als schattenhafte Existenzen aufgefasst worden, erst später durch die Religionen zu »wertvolleren, vollgültigen« erhoben worden, was das durch den Tod abgeschlossene Leben »zu einer bloßen Vorbereitung« herabdrückte. »Es war dann nur konsequent«, kommentiert Freud, »wenn man auch das Leben in die Vergangenheit verlängerte, die früheren Existenzen, die Seelenwanderung und Wiedergeburt ersann, alles in der Absicht, dem Tode seine Bedeutung als Aufhebung des Lebens zu rauben. So frühzeitig hat die Verleugnung des Todes [...] ihren Anfang genommen.« (GW X, S. 348)

»An der Leiche der geliebten Person«, so die weiteren Überlegungen, »entstanden nicht nur die Seelenlehre, der Unsterblichkeitsglaube und eine mächtige Wurzel des menschlichen Schuldbewusstseins, sondern auch die ersten ethischen Gebote. Das erste und bedeutsamste Verbot des erwachenden Gewissens lautete: **Du sollst nicht töten.**« Es sei »als Reaktion gegen die hinter der Trauer versteckte Hassbefriedigung am geliebten Toten gewonnen« und »endlich auch den Feind ausgedehnt«

worden. »An letzterer Stelle« jedoch werde »es vom Kulturmenschen nicht mehr verspürt«: »Wenn das wilde Ringen dieses Krieges seine Entscheidung gefunden hat, wird jeder der siegreichen Kämpfer froh in sein Heim zurückkehren, zu seinem Weibe und Kindern, unverweilt und ungestört durch Gedanken an die Feinde, die er im Nahkampfe oder durch die fernwirkende Waffe getötet hat.« (GW X, S. 348 f.)[11]

Abwegig sei es, »aus der Frühzeitigkeit und Eindringlichkeit des Mordverbotes« auf starke ethische Regungen zu schließen, welche »uns eingepflanzt« sein müssten. Im Gegenteil: »Ein so starkes Verbot kann sich nur gegen einen ebenso starken Impuls richten. Was keines Menschen Seele begehrt, braucht man nicht zu verbieten, es schließt sich von selbst aus.« Freud setzt unerbittlich hinzu: »Gerade die Betonung des Gebotes: Du sollst nicht töten, macht uns sicher, daß wir von einer unendlich langen Generationsreihe von Mördern abstammen, denen die Mordlust, wie vielleicht noch uns selbst, im Blute lag.« Die »ethischen Bestrebungen« seien »ein Erwerb der Menschheitsgeschichte«; in »leider sehr wechselndem Ausmaße« seien »sie dann zum ererbten Besitze der heute lebenden Menschheit geworden.« (GW X, S. 349 f.)

Der Autor wendet sich nun dem »Unbewussten im eigenen Seelenleben« zu und fragt, wie sich dieses zum »Problem des Todes« verhalte. Die Antwort müsse lauten: »fast genau so wie der Urmensch.« Er erläutert:

> »In dieser wie in vielen anderen Hinsichten lebt der Mensch der Vorzeit ungeändert in unserem Unbewussten fort. Also unser Unbewußtes glaubt nicht an den eigenen Tod, es gebärdet sich wie unsterblich. Was wir unser ›Unbewußtes‹ heißen, die tiefsten, aus Triebregungen bestehenden Schichten unserer Seele, kennt überhaupt nichts Negatives, keine Verneinung – Gegensätze fallen in ihm zusammen – und kennt darum auch nicht den eigenen Tod, dem wir nur einen negativen Inhalt geben können. Dem Todesglauben kommt also nichts Triebhaftes in uns entgegen.« (GW X, S. 350)[12]

Andererseits, konstatiert der Autor, »anerkennen wir den Tod für Fremde und Feinde und verhängen ihn über sie ebenso bereitwillig und unbedenklich wie der Urmensch.« Zwar führe das Unbewusste die Tötung nicht aus, wünsche sie bloß, was jedoch keinen wesentlichen Unterschied mache: »Aber es wäre unrecht, diese psychische Realität im Vergleiche zur faktischen so ganz zu unterschätzen.« So seien wir auch selbst, lautet das Resümee, wenn man uns nach unseren unbewussten Wunschregungen beurteile, »wie die Urmenschen eine Rotte von Mördern.« Freud fügt hinzu: »Es ist ein Glück, daß alle diese Wünsche nicht die Kraft besitzen, die ihnen die Menschen in Urzeiten noch zutrauten; in dem Kreuzfeuer der gegenseitigen Verwünschungen wäre die Menschheit längst zugrunde gegangen, die besten und weisesten der Männer darunter wie die schönsten und holdesten Frauen.« (GW X, S. 351)

Wie beim Urmensch in der Realität, stießen bei uns im Unbewussten im Falle des Todes eines Verwandten oder Freundes »die beiden entgegensetzten Einstellungen gegen den Tod« zusammen und gerieten in Konflikt, also »die eine, welche ihn als Lebensvernichtung anerkennt, und die andere, die ihn als unwirklich verleugnet.« Diese Lieben seien »uns einerseits ein innerer Besitz, Bestandteile unseres eigenen Ichs, anderseits auch teilweise Fremde, ja Feinde.« Freud fügt hinzu: »Den zärtlichsten und innigsten unserer Liebesbeziehungen hängt mit Ausnahme ganz weniger Situationen ein Stückchen Feindseligkeit an, welches den unbewussten Todeswunsch anregen kann.« (GW X, S. 353) Resümierend: » [U]nser Unbewusstes ist gegen die Vorstellung des eigenen Todes ebenso unzugänglich, gegen den Fremden ebenso mordlustig, gegen die geliebte Person ebenso zwiespältig (ambivalent) wie der Mensch der Urzeit.« Wie weit hätten »wir uns aber in der konventionell-kulturellen Einstellung gegen den Tod von diesem Urstande entfernt.« (S. 354)

Der Krieg – und damit kommt Freud auf das Thema des Aufsatzes zurück – streife »uns die späteren Kulturauflagerungen ab« und lasse »den Urmenschen in uns wieder zum Vorschein« kommen: »Er zwingt uns wieder, Helden zu sein, die an den eigenen Tod nicht glauben können; er bezeichnet uns die Fremden als Feinde, deren Tod man herbeiführen oder herbeiwünschen soll; er rät uns, uns über den Tod geliebter Personen hinwegzusetzen.« Der Krieg aber, setzt sich die Argumentation fort, sei »nicht abzuschaffen«; solange »die Existenzbedingungen der Völker so verschieden und die Abstoßungen unter ihnen so heftig« seien, werde es Kriege geben müssen. Angesichts dieser Situation wirft Freud eine Frage auf, welche er sogleich bejahend beantwortet:

> »Wäre es nicht besser, dem Tode den Platz in der Wirklichkeit und in unseren Gedanken einzuräumen, der ihm gebührt, und unsere unbewusste Einstellung zum Tode, die wir bisher so sorgfältig unterdrückt haben, ein wenig mehr hervorzukehren? Es scheint das keine Höherleistung zu sein, eher ein Rückschritt in manchen Stücken, eine Regression, aber es hat den Vorteil, der Wahrhaftigkeit mehr Rechnung zu tragen und uns das Leben wieder erträglicher zu machen. Das Leben zu ertragen, bleibt ja doch die erste Pflicht aller Lebenden. Die Illusion wird wertlos, wenn sie uns darin stört.« (GW X, S. 354 f.)

Der Autor schlägt abschließend vor, den alten Spruch: Si vis pacem, para bellum, zeitgemäß so abzuändern: »Si vis vitam, para mortem. Wenn du das Leben aushalten willst, richte dich auf den Tod ein.«

1921 erscheint mit *Massenpsychologie und Ich-Analyse* (1921c) eine gesellschaftstheoretische Schrift; sie untersucht die psychologischen Veränderungen, welche Individuen durchmachen, sobald sie sich zu Massen zusammenschließen (leichte Beeinflussbarkeit, Verminderung intellektueller Fähigkeiten, Unfähigkeit zum Verzicht auf unmittelbare Wunschbefriedigung). Freud erklärt dies mittels Annahmen seiner Libidotheorie und arbeitet die Identifikation von Individuen mit einem Führer und (und damit auch untereinander) als Faktor der Massenbildung heraus (s. 4.2).

Die 1930 erschienene Schrift *Das Unbehagen in der Kultur* (1930a) greift im weitesten Sinne die Thematik von »Die ›kulturelle‹ Sexualmoral und die moderne Nervosität« (1908d) auf. Anders als dort wird nun von einer regelhaften Aggression der Individuen untereinander ausgegangen und die Prozesse, die im Laufe der Kulturentwicklung diese aggressiven Impulse durchmachen, untersucht. Der Wert der Arbeit dürfte weniger in den eher beiläufigen und unsystematisch präsentierten Gedanken über die Kultur liegen; bedeutsamer ist die Präzisierung der Trieblehre, wobei der Aggressionstrieb als Abkömmling und Hauptvertreter des Todestriebs genauer eingeführt und seine Beziehung zu Gewissen und Schuldgefühl geklärt wird (s. 5.2).

Auf Anregung einer Internationalen Kommission für Geistige Zusammenarbeit setzten sich 1932 Einstein und Freud in einem veröffentlichten Briefwechsel mit dem Thema »Warum Krieg« auseinander; in seinem Brief fragt Einstein – nachdem er selbst Gedanken zur möglichen Verhütung von Kriegen dargelegt hat – seinen Korrespondenzpartner: »Gibt es eine Möglichkeit, die psychische Entwicklung der Menschen so zu leiten, daß sie den Psychosen des Hasses und des Vernichtens gegenüber widerstandsfähiger werden?« (1933b; Vorwort der Herausgeber; GW XVI, S. 12) Freud fasste in den Sommermonaten des Jahres 1932 seine Antwort ab und war danach offenbar froh, »die langweilige und sterile Diskussion mit Einstein« beendet zu haben (nach Jones Bd. 3, S. 210). Tatsächlich ist der psychoanalytische Gehalt der Arbeit gering, sodass deren Wiedergabe hier auf das Nötigste beschränkt wird.

In dem mit »Lieber Herr Einstein« überschriebenen Brief betont Freud zunächst, weitgehend dessen Ansichten beizustimmen; dann beleuchtet er einige angesprochene Punkte genauer, zunächst die Rolle der Gewalt im Zusammenleben der Menschen. Sie sei das ursprüngliche Mittel gewesen, Interessenkonflikte zu entscheiden (in frühen Stadien in Form von roher Muskelgewalt, später mit den auf Grund geistiger Überlegenheit entwickelten besseren Waffen); »Endabsicht des Kampfes« bleibe die nämliche: » [D]er eine Teil soll durch die Schädigung, die er erfährt, und durch die Lähmung seiner Kräfte gezwungen werden, seinen Anspruch oder Widerspruch aufzugeben.« Dieses Ziel werde am gründlichsten erreicht, wenn man den Gegner töte, wobei zugleich eine später zu diskutierende »triebhafte Neigung« befriedigt werde. Zuweilen ziehe man aus pragmatischen Gründen die Schonung des Feindes vor, habe aber »von nun an mit der lauernden Rachsucht des Besiegten zu rechnen«, gebe »ein Stück seiner eigenen Sicherheit auf.« (1933b; GW XVI, S. 14 f.)

Von diesem ursprünglichen Zustand, der »Herrschaft der größeren Macht, der rohen oder intellektuell gestützten Gewalt«, führte schließlich ein Weg zum »Recht«:

> »Er führte über die Tatsache, daß die größere Stärke des Einen wettgemacht werden konnte durch die Vereinigung mehrerer Schwachen. […] Gewalt wird gebrochen durch Einigung, die Macht dieser Geeinigten stellt nun das Recht dar im Gegensatz zur Gewalt

> des Einzelnen. Wir sehen, das Recht ist die Macht einer Gemeinschaft. Es ist noch immer Gewalt, bereit sich gegen jeden Einzelnen zu wenden, der sich ihr widersetzt, arbeitet mit denselben Mitteln, verfolgt dieselben Zwecke; der Unterschied liegt wirklich nur darin, daß es nicht mehr die Gewalt eines Einzelnen ist, die sich durchsetzt, sondern die der Gemeinschaft.« (GW XVI, S. 15)

Diese Einigung müsse aber »eine beständige, dauerhafte« sein; die Gemeinschaft müsse u. a. Vorschriften erlassen und Organe bestimmen, welche »über die Einhaltung der Vorschriften – Gesetze« wachten und »die Ausführung der rechtmäßigen Gewaltakte« besorgten. Und nun kommt zum ersten Male die psychologische Betrachtung ins Spiel: »In der Anerkennung einer solchen Interessensgemeinschaft stellen sich unter den Mitgliedern einer geeinigten Menschengruppe Gefühlsbindungen her, Gemeinschaftsgefühle, in denen ihre eigentliche Stärke beruht.« Damit, resümiert Freud, »ist alles Wesentliche bereits gegeben: die Überwindung der Gewalt durch Übertragung der Macht an eine größere Einheit, die durch Gefühlsbindungen ihrer Mitglieder zusammengehalten wird.« (GW XVI, S. 16)

Kompliziert werde der Sachverhalt jedoch dadurch, dass »die Gemeinschaft von Anfang an ungleich mächtige Elemente« umfasse, »Männer und Frauen, Eltern und Kinder« und »bald infolge von Krieg und Unterwerfung Siegreiche und Besiegte«. Das »Recht der Gemeinschaft« werde »dann zum Ausdruck der ungleichen Machtverhältnisse in ihrer Mitte«, die Gesetze würden »von und für die Herrschenden gemacht werden und den Unterworfenen wenig Rechte einräumen.« Auf Grund der resultierenden Spannungen könne »sich das Recht dann allmählich den neuen Machtverhältnissen anpassen« oder es komme – falls die herrschende Klasse nicht bereit sei, »dieser Änderung Rechnung zu tragen« – »zu Auflehnung, Bürgerkrieg, also zur zeitweiligen Aufhebung des Rechts und zu neuen Gewaltproben«, nach »deren Ausgang eine neue Rechtsordnung« eingesetzt werde[13].

Innerhalb eines Gemeinwesen sei gewisse Wahrscheinlichkeit für die Lösung solcher Interessenskonflikte gegeben, »zwischen einem Gemeinwesen und einem oder mehreren anderen, zwischen größeren und kleineren Einheiten, Stadtgebieten, Landschaften, Stämmen, Völkern, Reichen« würden solche Konflikte, wie die Menschheitsgeschichte lehre, »fast immer durch die Kraftprobe des Krieges entschieden.« Nachdem er einige der Menschheitsentwicklung förderliche Kriege[14] genannt hat, konstatiert Freud zunächst: »So paradox es klingt, man muss doch zugestehen, der Krieg wäre kein ungeeignetes Mittel zur Herstellung des ersehnten ›ewigen‹ Friedens, weil er imstande ist, jene großen Einheiten zu schaffen, innerhalb deren eine starke Zentralgewalt weitere Kriege unmöglich macht.« Gleich jedoch korrigiert er sich:

> »Aber er taugt doch nicht dazu, denn die Erfolge der Eroberung sind in der Regel nicht dauerhaft; die neu geschaffenen Einheiten zerfallen wieder, meist infolge des mangeln-

> den Zusammenhalts der gewaltsam geeinigten Teile. Und außerdem konnte die Eroberung bisher nur partielle Einigungen, wenn auch von größerem Umfang, schaffen, deren Konflikte die gewaltsame Entscheidung erst recht herausforderten. So ergab sich als die Folge all dieser kriegerischen Anstrengungen nur, daß die Menschheit zahlreiche, ja unaufhörliche Kleinkriege gegen seltene, aber um so mehr verheerende Großkriege eintauschte.« (GW XVI, S. 18)

Nach einigen sehr zeitgebundenen politischen Anmerkungen (etwa zum Völkerbund) und Betonung der Tatsache, dass augenblicklich keine gemeinsame Idee vorhanden sei, um einen Zusammenhalt der Völker zu schaffen, geht Freud auf einen weiteren Punkt in Einsteins Brief über: »Sie verwundern sich darüber, daß es so leicht ist, die Menschen für den Krieg zu begeistern, und vermuten, daß etwas in ihnen wirksam ist, ein Trieb zum Hassen, der solcher Verhetzung entgegenkommt.« Hier könne er »uneingeschränkt« beistimmen: »Wir glauben an die Existenz eines solchen Triebes und haben uns gerade in den letzten Jahren bemüht, seine Äußerungen zu studieren.« Er skizziert dann seine zuvor in *Das Unbehagen in der Kultur* (1930a) entwickelte Theorie eines selbständigen Destruktions- oder Aggressionstriebes als spezielle Form des Todestriebes (s. 5.2): »Wir nehmen an, daß die Triebe des Menschen nur von zweierlei Art sind, entweder solche, die erhalten oder vereinigen wollen – wir heißen sie erotische [...] oder sexuelle [...] – und andere, die zerstören und töten wollen; wir fassen diese als Aggressionstrieb oder Destruktionstrieb zusammen.« Allerdings macht er schnell der Hoffnung ein Ende, damit eine simple Erklärung für den Krieg beizustellen; Handlungen seien in der Regel nur aus Triebvermischungen zu erklären, entsprechend auch die hier zur Aufklärung anstehende:

> »Wenn also die Menschen zum Krieg aufgefordert werden, so mögen eine ganze Anzahl von Motiven in ihnen zustimmend antworten, edle und gemeine [...]. Die Lust an der Aggression und Destruktion ist gewiss darunter; ungezählte Grausamkeiten der Geschichte und des Alltags bekräftigen ihre Existenz und ihre Stärke. Die Verquickung dieser destruktiven Strebungen mit anderen, erotischen und ideellen, erleichtert natürlich deren Befriedigung. Manchmal haben wir, wenn wir von den Gräueltaten der Geschichte hören, den Eindruck, die ideellen Motive hätten den destruktiven Gelüsten nur als Vorwände gedient, andere Male, z. B. bei den Grausamkeiten der heiligen Inquisition, meinen wir, die ideellen Motive hätten sich im Bewusstsein vorgedrängt, die destruktiven ihnen eine unbewusste Verstärkung gebracht. Beides ist möglich.« (S. 21 f.)

Nach weiteren Exkursen zur psychoanalytischen Triebtheorie kommt eine unzweideutige Folgerung[15]: »Aus dem Vorstehenden entnehmen wir für unsere Zwecke soviel, daß es keine Aussicht hat, die aggressiven Neigungen der Menschen abschaffen zu wollen.« Immerhin kann er »eine Formel für die indirekten Wege zur Bekämpfung des Krieges« angeben: »Wenn die Bereitwilligkeit zum Krieg ein Ausfluss des Destruktionstriebs ist, so liegt es nahe, gegen sie den Gegenspieler dieses Triebes, den Eros, anzurufen.« Alles, was »Gefühlsbindungen unter den Menschen« herstelle, müsse »dem Krieg entgegenwirken.« Er nennt hier »Beziehungen zu einem Liebesobjekt« (wobei er Liebe im erweiterten Sinne meint; s. 2.4) sowie Gefühlsbindungen durch Identifizierung: »Alles was bedeutsame Gemeinsamkeiten unter den Menschen herstellt, ruft solche Gemeingefühle, Identifizierungen, hervor. Auf ihnen ruht zum guten Teil der Aufbau der menschlichen Gesellschaft.« (GW XVI, S. 23)

Wieder folgen eher allgemeine, nicht von psychoanalytischen Einsichten gespeiste Bemerkungen, die jedoch deutlich Freud als weitgehend illusionslosen Denker erkennen lassen: »Es ist ein Stück der angeborenen und nicht zu beseitigenden Ungleichheit der Menschen, daß sie in Führer und in Abhängige zerfallen.« Die letzteren, konstatiert er, »sind die übergroße Mehrheit, sie bedürfen einer Autorität, welche für sie Entscheidungen fällt, denen sie sich meist bedingungslos unterwerfen.« Hier, »wäre anzuknüpfen, man müsste mehr Sorge als bisher aufwenden, um eine Oberschicht selbständig denkender, der Einschüchterung unzugänglicher, nach Wahrheit ringender Menschen zu erziehen, denen die Lenkung der unselbständigen Massen zufallen würde.« (GW XVI, S. 24) Nach Andeutung weiterer vager, von ihm selbst schnell verworfener Utopien, resümiert er: »Sie sehen, es kommt nicht viel dabei heraus, wenn man bei dringenden praktischen Aufgaben den weltfremden Theoretiker heranzieht. Besser, man bemüht sich in jedem einzelnen Fall, der Gefahr zu begegnen mit den Mitteln, die eben zur Hand sind.«

Eine letzte Frage wird aufgeworfen und wieder unbestimmt beantwortet: »Warum empören wir uns so sehr gegen den Krieg, Sie und ich und viele andere, warum nehmen wir ihn nicht hin wie eine andere der vielen peinlichen Notlagen des Lebens? Er scheint doch naturgemäß, biologisch wohl begründet, praktisch kaum vermeidbar.« Er gibt zunächst eine »politisch korrekte« Begründung: »Die Antwort wird lauten, weil jeder Mensch ein Recht auf sein eigenes Leben hat, weil der Krieg viele hoffnungsvolle Menschenleben vernichtet, den einzelnen Menschen in Lagen bringt, die ihn entwürdigen, ihn zwingt, andere zu morden, was er nicht will, kostbare materielle Werte, Ergebnis von Menschenarbeit, zerstört, und anderes mehr.« Als weiteres, heute eher befremdendes Argument führt er an, dass »der Krieg in seiner gegenwärtigen Gestaltung keine Gelegenheit« mehr gebe, »das alte heldische Ideal zu erfüllen« und »daß ein zukünftiger Krieg infolge der Vervollkommnung der Zerstörungsmittel die Ausrottung eines oder vielleicht beider Gegner bedeuten« würde. Das, konstatiert Freud, »ist alles wahr und scheint so unbestreitbar, daß man sich nur verwundert, wenn das Kriegführen noch nicht durch allgemeine Übereinkunft verworfen ist.« Dann kommt aber die rhetorische Wende: Man könne »über einzelne dieser Punkte« diskutieren: »Es ist fraglich, ob die Gemeinschaft nicht auch ein Recht auf das Leben des Einzelnen haben soll; man kann nicht alle Arten von Krieg in gleichem Maße verdammen; solange es Reiche und Nationen gibt, die zur rücksichtslosen Vernichtung anderer bereit sind, müssen diese anderen zum Krieg gerüstet sein.« (GW XVI, S. 25)

Schnell bricht der Autor jedoch wieder diese Gedanken ab: »Aber wir wollen über all das rasch hinweggehen, das ist nicht die Diskussion, zu der Sie mich aufgefordert haben.« Er »ziele auf etwa anderes« hin: » [I]ch glaube, der Hauptgrund, weshalb wir uns gegen den Krieg empören, ist, daß wir nicht anders können. Wir sind Pazifisten, weil wir es aus organischen Gründen sein müssen.« Wir hätten es »dann leicht, unsere Einstellung durch Argumente zu rechtfertigen.« Die Kulturentwicklung, so die Begründung, sei ein organischer Prozess, u. a. mit körperlichen Veränderungen – sehr anschaulich vergleicht Freud dies mit der »Domestikation gewisser Tierarten«; zudem gingen auffällige und unzweideutige »psychische Veränderungen« mit dem Kulturprozess einher (zu denen die Existenz von Kriegen in Widerspruch stehe):

> »Sie bestehen in einer fortschreitenden Verschiebung der Triebziele und Einschränkung der Triebregungen. Sensationen, die unseren Vorahnen lustvoll waren, sind für uns indifferent oder selbst unleidlich geworden; es hat organische Begründungen, wenn unsere ethischen und ästhetischen Idealforderungen sich geändert haben. Von den psychologischen Charakteren der Kultur scheinen zwei die wichtigsten: die Erstarkung des Intellekts, der das Triebleben zu beherrschen beginnt, und die Verinnerlichung der Aggressionsneigung mit all ihren vorteilhaften und gefährlichen Folgen. Den psychischen Einstellungen, die uns der Kulturprozess aufnötigt, widerspricht nun der Krieg in der grellsten Weise, darum müssen wir uns gegen ihn empören, wir vertragen ihn einfach nicht mehr, es ist nicht bloß eine intellektuelle und affektive Abneigung, es ist bei uns Pazifisten eine konstitutionelle Intoleranz, eine Idiosynkrasie gleichsam in äußerster Vergrößerung. Und zwar scheint es, daß die ästhetischen Erniedrigungen des Krieges nicht viel weniger Anteil an unserer Auflehnung haben als seine Grausamkeiten.« (S. 26)[16]

Vielleicht, meint er, sei es »keine utopische Hoffnung«, dass »der Einfluss dieser beiden Momente, der kulturellen Einstellung und der berechtigten Angst vor den Wirkungen eines Zukunftskrieges, dem Kriegführen in absehbarer Zeit ein Ende setzen« würde. Er schließt mit dem Resümee: »Alles, was die Kulturentwicklung fördert, arbeitet auch gegen den Krieg« und grüßt Einstein herzlich, dabei um Verzeihung bittend, wenn seine Ausführungen diesen »enttäuscht« hätten (GW XVI, S. 26 f.).

Soweit das kurze Referat jener Freud'schen Schrift, deren Lektüre man auch getrost unterlassen könnte, ohne wesentliche psychoanalytische Einsichten zu versäumen. Sie führt lediglich vor Augen, welche Berühmtheit Freud mittlerweile erlangt hat, um zu einem solchen Beitrag aufgefordert zu werden.

Anmerkungen zu Kapitel 3

1. Passagen dieser an Fließ zur Durchsicht gesandten Manuskripte sind oft im Stenogrammstil verfasst und kryptisch. Dies gilt insbesondere für den angefügten Halbsatz (mit dem das Manuskript auch endet): »Dagegen der Übermensch.« (1985c, S. 269)
2. Sicher hat Freud nicht als erster diese Einsicht gehabt, sie aber auf jeden Fall populär gemacht und eingehender ausgeführt. Schließlich beschäftigt sich die Psychoanalyse als einzige der bedeutsamen psychologischen Theorien mit den Trieben und ihren Modifikationen auf Grund diverser individueller und gesellschaftlicher Gegebenheiten.
3. Weiter betont er, dass während der geschilderten Entwicklung »ein Anteil der vom eigenen Körper gelieferten Sexualerregung als unbrauchbar für die Fortpflanzungsfunktion gehemmt und im günstigen Fall der Sublimierung zugeführt« werde. Die »für die Kulturarbeit verwertbaren Kräfte« würden so »zum großen Teile durch die Unterdrückung der so genannt perversen Anteile der Sexualerregung gewonnen.« (GW VII, S. 151) Was er meint (aber hier nicht ausführt) sind die analen und koprophilen Sexualstrebungen, deren Sublimierung in der Individualgenese Eigenschaften des »analen Charakters« bedingen soll; in der Kulturentwicklung führt Freud u. a. die Tendenz zur Reinlichkeit auf solche speziellen Sublimierungen zurück (s. 5.2).
   Was die unterschiedliche Fähigkeit zur Sublimierung angeht, so könne – meint Freud – dies die Psychoanalyse nicht aufklären: „Verdrängungsneigung sowie Sublimierungsfähigkeit sind wir genötigt, auf die organischen Grundlagen des Charakters zurückzuführen, über welche erst sich das seelische Gebäude erhebt." (1910c; GW VIII, S. 209)
4. Große Fähigkeit zur Sublimierung nimmt Freud bei Leonardo da Vinci an, den er als „Homosexuellen" einstuft, welcher allerdings diese Neigung nie körperlich ausgelebt haben dürfte (1910c, GW VIII, S. 139; s. dazu Köhler 2014).
5. Es sei daran erinnert, dass 1908, bei der Abfassung dieses Aufsatzes, nur mechanische Möglichkeiten der Empfängnisverhütung vorlagen (Kondome, Coitus interruptus); die Methode nach Ogino und Knaus wurde erst um 1930 entwickelt, hormonelle Kontrazeption in den 60er Jahren eingeführt.
6. Was Freud hier anspricht, dürfte leidvolle Erfahrung seiner klinischen Praxis gewesen sein. Sicher nicht ohne Grund findet sich am Anfang der Schrift »Bruchstück einer Hysterie-Analyse« (1905e) die Bemerkung: »In dieser einen Krankengeschichte [...] werden nun sexuelle Beziehungen mit aller Freimütigkeit erörtert, die Organe und Funktionen des Geschlechtslebens bei ihren richtigen Namen genannt, und der keusche Leser kann sich aus meiner Darstellung die Überzeugung holen, daß ich mich nicht gescheut habe, mit einer jugendlichen weiblichen Person über solche Themata in solcher Sprache zu verhandeln.« (1905e; GW V, S. 165 f.)
7. Dabei hat er offenbar v. a. das Verhalten der Kriegsgegner im Auge, denn er schreibt (in aller Zurückhaltung): »Wir leben in der Hoffnung, eine unparteiische Geschichtsschreibung werde den Nachweis erbringen, daß gerade diese Nation, die, in deren Sprache wir schreiben, für deren Sieg unsere Lieben kämpfen, sich am Wenigsten gegen die Gesetze der menschlichen Gattung vergangen habe, aber wer darf in solcher Zeit als Richter auftreten in eigener Sache?« (GW X, S. 329)

8. Obwohl er mittlerweile ein zweites Triebmodell mit dem Gegensatz Ichlibido – Objektlibido entwickelt hat, geht Freud hier zur Explikation zwischen den der Selbsterhaltung dienenden Ich-Trieben und den Lustgewinn anstrebenden Sexualtrieben aus.
9. Die Veränderung der Individuen, wenn sie sich zu größeren Einheiten zusammenschließen, wird in *Massenpsychologie und Ich-Analyse* (1921c) untersucht. Dort hebt Freud die Regression auf frühere Verhaltensstufen hervor.
10. Freud weist auf die im vierten Kapitel entwickelte Hypothese hin, dass der Urmensch zunächst in von einem übermächtigen Oberhaupt beherrschten Horden gelebt habe; Beendigung dieses Zustandes durch den gemeinschaftlichen Mord an diesen »Urhordenvater« sei dann der Ursprung des Schuldgefühls und der Entstehung der Religion gewesen. Wir kommen auf diese These wiederholt zurück (s. dazu 8.2, 9.2 sowie).
11. Er macht, hier Gedanken aus *Totem und Tabu* wiederholend, folgende Anmerkung:

> »Es ist bemerkenswert, daß sich die primitiven Völker, die noch auf der Erde leben und dem Urmenschen gewiss näher stehen als wir, in diesem Punkte anders verhalten – oder verhalten haben, solange sie noch nicht den Einfluss unserer Kultur erfahren hatten. Der Wilde – Australier, Buschmann, Feuerländer – ist keineswegs ein reueloser Mörder; wenn er als Sieger vom Kriegspfade heimkehrt, darf er sein Dorf nicht betreten und sein Weib nicht berühren, ehe er seine kriegerischen Mordtaten durch oft langwierige und mühselige Bußen gesühnt hat. Natürlich liegt die Erklärung aus seinem Aberglauben nahe; der Wilde fürchtet noch die Geisterrache der Erschlagenen. Aber die Geister der erschlagenen Feinde sind nichts anderes als der Ausdruck seines bösen Gewissens ob seiner Blutschuld; hinter diesem Aberglauben verbirgt sich ein Stück ethischer Feinfühligkeit, welches uns Kulturmenschen verloren gegangen ist.« (GW X, S. 349; s. auch 8.2)

12. Nach Entwicklung der Todestriebtheorie in *Jenseits des Lustprinzips* (1920g) wäre diese Formulierung nicht mehr haltbar.
13. Freud fügt hinzu: »Es gibt noch eine andere Quelle der Rechtsänderung, die sich nur in friedlicher Weise äußert, das ist die kulturelle Wandlung der Mitglieder des Gemeinwesens, aber die gehört in einen Zusammenhang, der erst später berücksichtigt werden kann.« (GW XVI, S. 17)
14. »So haben«, konstatiert er, »die Eroberungen der Römer den Mittelmeerländern die kostbare pax romana gegeben. Die Vergrößerungslust der französischen Könige hat ein friedlich geeinigtes, blühendes Frankreich geschaffen.« (GW XVI, S. 17 f.)
15. Ironisierend merkt er an: »Es soll in glücklichen Gegenden der Erde, wo die Natur alles, was der Mensch braucht, überreichlich zur Verfügung stellt, Volksstämme geben, deren Leben in Sanftmut verläuft, bei denen Zwang und Aggression unbekannt sind. Ich kann es kaum glauben, möchte gern mehr über diese Glücklichen erfahren.« (GW XVI, S. 23)
16. Einige Jahre zuvor hatte Freud in »Zeitgemäßes über Krieg und Tod« (1915b) die kulturelle Entwicklung angesichts der Fakten des Krieges als oberflächlich dargestellt; ob er seine Meinung änderte oder jene Sichtweise vertrat, welche sein Korrespondenzpartner und die den Briefwechsel initiierenden Institutionen von ihm erwarteten, ist schwer zu entscheiden. Letztere These würde durch Freuds Bemerkung gestützt, er hoffe nicht, für diese Arbeit den Nobelpreis zu bekommen (nach Jones Bd. 3, S. 210).

4 *Massenpsychologie und Ich-Analyse*

4.1 Entstehungsgeschichte

Der Beginn der Abfassung fällt in das Jahr 1919, wobei Freud gleichzeitig an seiner Schrift *Jenseits des Lustprinzips* arbeitete. Etwa im Mai 1920 waren größere Partien fertig gestellt, wobei dann inhaltliche Schwierigkeiten die endgültige Abfassung um noch fast ein Jahr verzögerten; Ende März 1921 wurde das Manuskript zum Druck übersandt; es erschien Anfang August 1921 (dargestellt nach Jones Bd. 3, S. 59 f.).

4.2 Inhalt

Die ersten beiden Kapitel enthalten Definitionen sowie ein Resümee von Gustave Le Bon's *Psychologie der Massen*[1], eines Werkes, welches Freud beifällig erwähnt und welches ihn offenbar zu eigenen Überlegungen angeregt hat. »Der Gegensatz von Individual- und Sozial- oder Massenpsychologie«, so beginnt die Schrift, »der uns auf den ersten Blick als sehr bedeutsam erscheinen mag, verliert bei eingehender Betrachtung sehr viel von seiner Schärfe.« (1921c; GW XIII, S. 73) Erstere könne nämlich nur selten von den Beziehungen des Individuums zu anderen absehen; Individualpsychologie sei »daher von Anfang an auch gleichzeitig Sozialpsychologie in diesem erweiterten aber durchaus berechtigtem Sinne.« Von Sozial- oder Massenpsychologie[2] (im engeren Sinne) spreche man nur dann, wenn von den Beziehungen des Einzelnen zu einer einzigen oder wenigen Personen abgesehen werde und seine Beeinflussung »durch eine große Anzahl von Personen« zur Untersuchung komme: »Die Massenpsychologie«, erläutert Freud, »behandelt also den einzelnen Menschen als Mitglied eines Stammes, eines Volkes, einer Kaste, eines Standes, einer Institution oder als Bestandteil eines Menschenhaufens, der sich zu einer gewissen Zeit für einen bestimmten Zweck zur Masse organisiert.« (S. 74) Dabei gehe man zur Erklärung dieser neuen Phänomene von einem eigenen, nicht weiter zerlegbaren, einem »sozialen« Trieb aus. Hier schon dieses Konzept ablehnend (das er später ausführlicher kritisieren wird), deutet er den Gang und das Ergebnis der späteren Untersuchung an: Möglicherweise sei der soziale Trieb »kein ursprünglicher und unzerlegbarer« und »die Anfänge seiner Bildung« könnten »in einem engeren Kreis, wie etwa dem der Familie« gefunden werden.

Das zweite Kapitel widmet sich mit ausführlichen Textwiedergaben und Kommentaren der von Le Bon gegebenen Schilderung der »Massenseele«, wobei zunächst die spezifische Fragestellung der Massenpsychologie herausgearbeitet wird:

> »Machen wir uns den Sachverhalt nochmals klar: Wenn die Psychologie, welche die Anlagen, Triebregungen, Motive, Absichten eines einzelnen Menschen bis zu seinen Handlungen und in die Beziehungen zu seinen Nächsten verfolgt, ihre Aufgabe restlos gelöst und alle diese Zusammenhänge durchsichtig gemacht hätte, dann fände sie sich plötzlich vor einer neuen Aufgabe, die sich ungelöst vor ihr erhebt. Sie müsste die überraschende Tatsache erklären, daß dies ihr verständlich gewordene Individuum unter einer bestimmten Bedingung ganz anders fühlt, denkt und handelt, als von ihm zu erwarten stand, und diese Bedingung ist die Einreihung in eine Menschenmenge, welche die Eigenschaft einer ›psychologischen Masse‹ erworben hat. Was ist nun eine ›Masse‹, wodurch erwirbt sie die Fähigkeit, das Seelenleben des Einzelnen so entscheidend zu beeinflussen, und worin besteht die seelische Veränderung, die sie dem Einzelnen aufnötigt?« (GW XIII, S. 76)

Die Beantwortung dieser drei Fragen, fährt der Autor fort, sei die »Aufgabe einer theoretischen Massenpsychologie« und schlägt vor, dabei von der dritten auszugehen: »Es ist die Beobachtung der veränderten Reaktion des Einzelnen, welche der Massenpsychologie den Stoff liefert; jedem Erklärungsversuch muss ja die Beschreibung des zu Erklärenden vorausgehen.« (GW XIII, S. 77) Nun lässt er »Le Bon zu Worte kommen« und führt zunächst das von diesem beobachtete und als extrem sonderbar herausgehobene Phänomen an, nämlich dass die in verschiedener Hinsicht heterogenen Individuen »durch den bloßen Umstand ihrer Umformung zur Masse« eine »Kollektivseele« besäßen, vermöge deren sie, zitiert Freud seinen Gewährsmann, »in ganz anderer Weise fühlen, denken und handeln, als jedes von ihnen für sich fühlen, denken und handeln würde.« Es gebe, setzt sich das Zitat fort, »Ideen und Gefühle, die nur bei den zu Massen verbundenen Individuen auftreten oder sich in Handlungen umsetzen.« Die Veränderung des Individuums in der Masse beschreibt Le Bon in Ausdrücken, welche, so Freud, »mit den Grundvoraussetzungen unserer Tiefenpsychologie in guter Übereinstimmung stehen.« Insbesondere weist Le Bon darauf hin, dass das »bewusste Geistesleben« nur »einen recht geringen Teil neben dem unbewussten Seelenleben« darstelle[3], dass unsere »bewussten Akte« sich »aus einem, besonders durch Vererbungseinflüsse geschaffenen, unbewussten Substrat« herleiten. »In der Masse«, setzt Freud das Zitat fort, »verwischen sich die individuellen Erwerbungen der Einzelnen, und damit verschwindet deren Eigenart. Das rassenmäßige Unbewusste tritt hervor, das Heterogene versinkt im Homogenen.« Weiter versucht Le Bon, die Entwicklung neuer Eigenschaften des Individuums in der Situation der Massenbildung zu erklären, u. a. dadurch, dass es »schon durch die Tatsache der

Menge ein Gefühl unüberwindlicher Macht« erlange und – in der nun eingetretenen Anonymität – Trieben frönen könnte, die »es allein notwendig gezügelt hätte.« Freud hält diese Beobachtung für korrekt, aber – hier zeigt sich sein Ansatz, nicht neue Konzepte einzuführen, sondern möglichst viel auf psychoanalytische Begrifflichkeiten und Annahmen zurückzuführen – auch in anderer Form interpretierbar:

> »Wir brauchten von unserem Standpunkt weniger Wert auf das Auftauchen neuer Eigenschaften zu legen. Es genügte uns zu sagen, das Individuum komme in der Masse unter Bedingungen, die ihm gestatten, die Verdrängungen seiner unbewussten Triebregungen abzuwerfen. Die anscheinend neuen Eigenschaften, die es dann zeigt, sind eben die Äußerungen dieses Unbewussten, in dem ja alles Böse der Menschenseele in der Anlage enthalten ist; das Schwinden des Gewissens oder Verantwortlichkeitsgefühls unter diesen Umständen macht unserem Verständnis keine Schwierigkeit.« (GW XIII, S. 79)

Als weitere Erklärung führt Le Bon das Moment der »Ansteckung« in der Masse an, von ihm selbst als »unerklärliches Phänomen« bezeichnet; als wichtigste Ursache der für die Entwicklung neuer Eigenschaften der Individuen in der Masse betrachtet er die erhöhte Suggestibilität (von der die genannte Ansteckung »übrigens nur eine Wirkung« sei); Le Bon vergleicht dies mit den Handlungen eines Hypnotisierten, kann aber keine weitere Aufklärung des Phänomens beibringen. Freud fasst in einem weiteren Zitat die beschriebenen »Hauptmerkmale des in der Masse befindlichen Individuums« zusammen: »Schwund der bewussten Persönlichkeit, Vorherrschaft der unbewussten Persönlichkeit, Orientierung der Gedanken und Gefühle in derselben Richtung durch Suggestion und Ansteckung, Tendenz zur unverzüglichen Verwirklichung der suggerierten Ideen.« Das Individuum sei »nicht mehr es selbst«, es »sei ein willenloser Automat« geworden (GW XIII, S. 81).

Zum ersten Male wird nun deutlichere Kritik an Le Bon geübt: Dieser betrachte das Verhalten des Individuums in der Masse tatsächlich als einen hypnotischen Zustand, wobei ein wesentliches Bestimmungsstück fehle: »Es muss uns als eine empfindliche Unvollständigkeit berühren, daß eines der Hauptstücke dieser Angleichung, nämlich die Person, welche für die Masse den Hypnotiseur ersetzt, in der Darstellung Le Bons nicht erwähnt wird.« Immerhin, meint Freud, versöhnlicher und die psychoanalytische Sichtweise des Phänomens vorbereitend, »unterscheidet er von diesem im Dunkeln gelassenen Einfluss die ansteckende Wirkung, die die Einzelnen aufeinander ausüben, durch welche die ursprüngliche Suggestion verstärkt wird.« (S. 81)

Auf eine weitere wichtige Veränderung des Individuums weist Le Bon hin: Durch die »bloße Zugehörigkeit zu einer organisierten Masse« steige »der Mensch mehrere Stufen auf der Zivilisationsleiter« herab: »In seiner Vereinzelung war er vielleicht ein gebildetes Individuum, in der Masse ist er ein Barbar, das heißt ein Triebwesen. Er besitzt die Spontaneität, die Heftigkeit, die Wildheit und auch den Enthusiasmus und Heroismus primitiver Wesen.« (zitiert nach GW XIII, S. 81 f.)

Freud verlässt nun die Charakterisierung des Einzelnen und wendet sich Le Bons Beschreibung der »Massenseele« zu; es sei »kein Zug darin, dessen Ableitung und Unterbringung dem Psychoanalytiker Schwierigkeiten bereiten würde.« Le Bon, ergänzt er, weise »uns selbst den Weg«, indem er »auf die Übereinstimmung mit dem Seelenleben der Primitiven und der Kinder« hinweise[4]. »Die Masse«, gibt Freud[5] Le Bons Auffassung (jetzt vergleichsweise frei) wieder, »ist impulsiv, wandelbar und reizbar.« Sie werde »ausschließlich vom Unbewussten geleitet« (im Sinne von Nichtbewusstem). Und weiter: »Die Impulse, denen die Masse gehorcht, können je nach Umständen edel oder grausam, heroisch oder feige sein, jedenfalls aber sind sie so gebieterisch, daß nicht das persönliche, nicht einmal das Selbstinteresse zur Geltung kommt.« Nichts sei bei ihr »vorbedacht«; wenn sie »auch die Dinge leidenschaftlich« begehre, »so doch nie für lange«, sie sei »unfähig zu einem Dauerwillen.« Sie vertrage »keinen Aufschub zwischen ihrem Begehren und der Verwirklichung des Begehrten.« Zudem: »Sie hat das Gefühl der Allmacht, für das Individuum in der Masse schwindet der Begriff des Unmöglichen.« Und als weitere Charakterisierung:

> »Die Masse ist außerordentlich beeinflussbar und leichtgläubig, sie ist kritiklos, das Unwahrscheinliche existiert für sie nicht. Sie denkt in Bildern, die einander assoziativ hervorrufen, wie sie sich beim Einzelnen in Zuständen des freien Phantasierens einstellen, und die von keiner verständigen Instanz an der Übereinstimmung mit der Wirklichkeit gemessen werden. Die Gefühle der Masse sind stets sehr einfach und sehr überschwänglich. Die Masse kennt also weder Zweifel noch Ungewissheit.
>
> Sie geht sofort zum Äußersten, der ausgesprochene Verdacht wandelt sich bei ihr sogleich in unumstößliche Gewissheit, ein Keim von Antipathie wird zum wilden Hass. [...] Selbst zu allen Extremen geneigt, wird die Masse auch nur durch übermäßige Reize erregt. Wer auf sie wirken will, bedarf keiner logischen Abmessung seiner Argumente, er muss in den kräftigsten Bildern malen, übertreiben und immer das Gleiche wiederholen.« (GW XIII, S. 82 f.)

Zum ersten Mal – für Freud zu vordergründig (s. unten) – kommt Le Bon auf die die Masse steuernde Autorität (den »Führer«): Da »die Masse betreffs des Wahren oder Falschen nicht im Zweifel« sei und »dabei das Bewusstsein ihrer großen Kraft« habe, sei sie »ebenso intolerant wie autoritätsgläubig.« Zur Erläuterung: »Sie respektiert die Kraft und lässt sich von der Güte, die für sie nur eine Art von Schwäche bedeutet, nur mäßig beeinflussen. Was sie von ihren Helden verlangt, ist Stärke, selbst Gewalttätigkeit.« Sie wolle »beherrscht und unterdrückt werden und ihren Herrn fürchten.« Im Grunde »durchaus konservativ«, habe sie »tiefen Abscheu vor allen Neuerungen und Fortschritten und unbegrenzte Ehrfurcht vor der Tradition.« (GW XIII, S. 83 f.)

Ein interessanter Abschnitt widmet sich der »Sittlichkeit der Massen«: Im »Beisammensein der Massenindividuen« entfielen »alle sittlichen Hemmungen« und würden »alle grausamen, brutalen, destruktiven Instinkte«, die »als Überbleibsel der Urzeit« im Einzelnen schlummerten, »zur freien Triebbefriedigung« geweckt. Aber die Massen seien »auch unter dem Einfluss der Suggestion hoher Leistungen von Entsagung, Uneigennützigkeit, Hingebung an ein Ideal fähig.« Während »der persönliche Vorteil beim isolierten Individuum so ziemlich die einzige Triebfeder« darstelle, sei er »bei den Massen sehr selten vorherrschend«, sodass man »von einer Versittlichung des Einzelnen durch die Masse« sprechen könne: »Während die intellektuelle Leistung der Masse immer tief unter der des Einzelnen steht, kann ihr ethisches Verhalten dies Niveau ebenso hoch überragen, wie tief darunter stehen.« (GW XIII, S. 84)

Freud arbeitet sodann Züge in Le Bons Schilderung heraus, aus denen sich die Berechtigung ergibt, »die Massenseele mit der Seele des Primitiven zu identifizieren« und die deshalb unter psychoanalytischen Gesichtspunkten von besonderem Interesse sind, zunächst jenen: »Bei den Massen können die entgegengesetztesten Ideen nebeneinander bestehen und sich miteinander vertragen, ohne dass sich aus deren logischem Widerspruch ein Konflikt ergäbe.« Freud fügt hinzu: »Dasselbe ist aber im unbewussten Seelenleben der Einzelnen, der Kinder und der Neurotiker der Fall, wie die Psychoanalyse längst nachgewiesen hat.« (GW XIII, S. 84)[6]

Ferner unterliege »die Masse der wahrhaft magischen Macht von Worten«, die »in der Massenseele die furchtbarsten Stürme hervorrufen und sie auch besänftigen« könnten. »Mit Vernunft und Argumenten«, könne »man gegen gewisse Worte und Formeln nicht ankämpfen.« Man spreche sie »mit Andacht« vor den Massen aus, »und sogleich werden die Mienen respektvoll und die Köpfe neigen sich. Von vielen werden sie als Naturkräfte oder als übernatürliche Mächte betrachtet.« Hierzu Freuds Verweis (s. 8.2): »Man braucht sich dabei nur an die Tabu der Namen bei den Primitiven, an die magischen Kräfte, die sich ihnen an Namen und Worte knüpfen, zu erinnern.« (GW XIII, S. 85)[7] Weiteres lässt sich psychoanalytisch interpretieren:

> »Und endlich: Die Massen haben nie den Wahrheitsdurst gekannt. Sie fordern Illusionen, auf die sie nicht verzichten können. Das Irreale hat bei ihnen stets den Vorrang vor dem Realen, das Unwirkliche beeinflusst sie fast ebenso stark wie das Wirkliche. Sie haben die sichtliche Tendenz, zwischen beiden keinen Unterschied zu machen […].
>
> Diese Vorherrschaft des Phantasielebens haben wir als bestimmend für die Psychologie der Neurosen aufgezeigt. Wir fanden, für die Neurotiker gelte nicht die gemeine objektive, sondern die psychische Realität. Ein hysterisches Symptom gründe sich auf Phantasie, anstatt auf die Wiederholung wirklichen Erlebens, ein zwangsneurotisches Schuldbewusstsein auf die Tatsache eines bösen Vorsatzes, der nie zur Ausführung gekommen. Ja, wie im Traum [...] tritt in der Seelentätigkeit der Masse die Realitätsprüfung zurück gegen die Stärke der affektiv besetzten Wunschregungen.« (S. 85 f.)

So begeistert sich Freud von Le Bons Schilderung der Massenseele zeigt, so enttäuscht ist er von dessen Darstellung des die Masse Führenden: Danach suche sich jede Masse instinktiv eine Person, unter deren Autorität sie sich stellen könne; Kriterium für solche Eignung sei das Prestige (entweder erworben durch »Namen, Reichtum, Ansehen« oder durch unbestimmt gelassene Persönlichkeitseigenschaften); Freud, der seine Explikation der Massenphänomene auf die Identifikation mit einer Person gründen wird (s. unten), vermerkt: »Man gewinnt nicht den Eindruck, daß bei Le Bon die Rolle der Führer und die Betonung des Prestiges in richtigen Einklang mit der so glänzend vorgetragenen Schilderung der Massenseele gebracht worden ist.« (GW XIII, S. 87)

Nach dieser Wiedergabe von Freuds Zusammenfassung der Le Bon'schen Thesen – die insofern recht ausführlich ausfallen musste, als diese bereits eine erhebliche Verdichtung darstellt – kann das nächste Kapitel, überschrieben »Andere Würdigungen des kollektiven Seelenlebens«, vergleichsweise rasch resümiert werden. Es widmet sich weiteren Auffassungen von der Psychologie der Massen, die insofern hier wenig bedeutsam sind, als Freud seine Überlegungen mehr oder weniger ausschließlich auf Le Bons Darstellung gründet[8]. Erwähnt sei nur, dass die oben gegebene eher kritische Sicht der Masse und ihrer psychologischen Eigenheiten keineswegs von allen Autoren geteilt wird, insbesondere der Massenseele auch durchaus schöpferische Qualitäten zugesprochen werden müssen (wie es sich im Volkslied oder der Folklore zeigt). Tatsächlich hatte Le Bon bei seiner Beschreibung offenbar nur »Massen kurzlebiger Art« vor Augen, etwa die Zusammenrottungen im Rahmen der französischen Revolution, während es auch länger bestehende und höher organisierte Zusammenschlüsse gibt, für die andere Charakterisierungen gelten[9].

Die nächsten Kapitel von *Massenpsychologie und Ich-Analyse* unternehmen nun zu erklären, was Le Bon und andere Massenpsychologen nur deskriptiv angingen bzw. mit ad hoc-Konzepten (wie Herdentrieb) zu erledigen versuchten. Wie in fast allen seinen Schriften zu Gesellschaft, Kultur und Religion sucht Freud, am Individuum entwickelte psychoanalytische Einsichten für das Verständnis kollektiver Prozesse nutzbar zu machen; dies betrifft zunächst die erstaunlichen Veränderungen, welche das Individuum in seinem Verhalten zeigt, wenn es als Mitglied einer Masse handelt. Zunächst werden die wichtigsten Auffälligkeiten wiederholt:

> »Wir sind von der Grundtatsache ausgegangen, daß ein Einzelner innerhalb einer Masse durch den Einfluss derselben eine oft tiefgreifende Veränderung seiner seelischen Tätigkeit erfährt. Seine Affektivität wird außerordentlich gesteigert, seine intellektuelle Leistung merklich eingeschränkt, beide Vorgänge offenbar in der Richtung einer Angleichung an die anderen Massenindividuen; ein Erfolg, der nur durch Aufhebung der jedem Einzelnen eigentümlichen Triebhemmungen und durch den Verzicht auf die ihm besonderen Ausgestaltungen seiner Neigungen erreicht werden kann. Wir haben gehört, daß

> diese oft unerwünschten Wirkungen durch eine höhere ›Organisation‹ der Massen wenigstens teilweise hintangehalten werden, aber der Grundtatsache der Massenpsychologie, den beiden Sätzen von der Affektsteigerung und der Denkhemmung in der primitiven Masse, ist dadurch nicht widersprochen worden. Unser Interesse geht nun dahin, für diese seelische Wandlung des Einzelnen in der Masse die psychologische Erklärung zu finden.« (GW XIII, S. 95)

Die von den Autoren gegebene Erklärung der in Massen auftretenden Suggestion bzw. dort besonders ausgeprägten Tendenz zur Nachahmung hält Freud für unzureichend, da letztere selbst wiederum etwas Erklärungsbedürftiges darstelle: »Aber über das Wesen der Suggestion, das heißt über die Bedingungen, unter denen sich Beeinflussungen ohne zureichende logische Begründung herstellen, hat sich eine Aufklärung nicht ergeben.« Anstatt dessen, erklärt er, »werde ich den Versuch machen, zur Aufklärung der Massenpsychologie den Begriff der **Libido** zu verwenden, der uns beim Studium der Psychoneurosen so gute Dienste geleistet hat.« (GW XIII, S. 97) Libido, erläutert er, bezeichne die »Energie solcher Triebe«, welche »mit all dem zu tun« hätten, was man »als Liebe zusammenfassen« könne. Er präzisiert: »Den Kern des von uns Liebe Geheißenen bildet natürlich, was man gemeinhin Liebe nennt und was die Dichter besingen, die Geschlechtsliebe mit dem Ziel der geschlechtlichen Vereinigung.« Aber, fügt er hinzu, »wir trennen davon nicht ab, was auch sonst an dem Namen Liebe Anteil hat, einerseits die Selbstliebe, anderseits die Eltern- und Kindesliebe, die Freundschaft und die allgemeine Menschenliebe, auch nicht die Hingebung an konkrete Gegenstände und an abstrakte Ideen.« (GW XIII, S. 98; s. auch 2.4 zur Rechtfertigung dieser Erweiterung). Zusammengefasst: »Wir meinen also, daß die Sprache mit dem Wort ›Liebe‹ in seinen vielfältigen Anwendungen eine durchaus berechtigte Zusammenfassung geschaffen hat, und daß wir nichts Besseres tun können, als dieselbe auch unseren wissenschaftlichen Erörterungen und Darstellungen zugrunde zu legen.« Nach einem langen Exkurs über den Gebrauch des Wortes Liebe bei Plato und dem Apostel Paulus sowie den durch die (weitgehende) Gleichsetzung von Liebe und Sexualität[10] in der Psychoanalyse hervorgerufenen Sturm der Entrüstung, kommt er auf das gestellte Problem zurück: »Wir werden es also mit der Voraussetzung versuchen, daß Liebesbeziehungen (indifferent ausgedrückt: Gefühlsbindungen) auch das Wesen der Massenseele ausmachen.« (S. 100)

Die ersten Anwendungen dieses Konzepts erfolgen nun nicht an den von Le Bon beschriebenen spontanen und instabilen Massen[11], sondern an zwei »hochorganisierten, dauerhaften, künstlichen Massen«, nämlich der Kirche, der »Gemeinschaft der Gläubigen« (wobei Freud explizit die katholische Kirche zum Muster nimmt) und dem Heer. Für beide gelte, bei aller sonstigen Verschiedenheit, »die nämliche Vorspiegelung (Illusion), daß ein Oberhaupt« da sei – in der katholischen Kirche Christus, in der Armee der Feldherr –, das »alle Einzelnen der Masse mit der gleichen

Liebe« liebe. An dieser Illusion hänge alles: »[L]ieße man sie fallen, so zerfielen sofort, soweit der äußere Zwang es gestattete, Kirche wie Heer.« Von Christus werde »diese gleiche Liebe ausdrücklich« ausgesagt: »Was ihr getan habt einem unter diesen meinen geringsten Brüdern, das habt ihr mir getan.« Freud fährt fort:

> »Er [scil. Christus] steht zu den Einzelnen der gläubigen Masse im Verhältnis eines gütigen älteren Bruders, ist ihnen ein Vaterersatz: Alle Anforderungen an die Einzelnen leiten sich von dieser Liebe Christi ab. Ein demokratischer Zug geht durch die Kirche, eben weil vor Christus alle gleich sind, alle den gleichen Anteil an seiner Liebe haben. Nicht ohne tiefen Grund wird die Gleichartigkeit der christlichen Gemeinde mit einer Familie beschworen und nennen sich die Gläubigen Brüder in Christo, das heißt Brüder durch die Liebe, die Christus für sie hat. Es ist nicht zu bezweifeln, daß die Bindung jedes Einzelnen an Christus auch die Ursache ihrer Bindung untereinander ist.« (GW XIII, S. 102)

Ähnliches gelte für das Heer: »[D]er Feldherr ist der Vater, der alle seine Soldaten gleich liebt, und darum sind sie Kameraden untereinander.« Anders als die Kirche bestehe das Heer »aus einem Stufenbau« von solchen Massen: »Jeder Hauptmann ist gleichsam der Feldherr und Vater seiner Abteilung, jeder Unteroffizier der seines Zuges.« Nach zwei Exkursen[12] fasst Freud die Ergebnisse zusammen und bereitet die weiteren Gedankenschritte vor – nämlich die Heranziehung des Konzeptes der Identifizierung (s. unten): »Merken wir an, daß in diesen beiden künstlichen Massen jeder Einzelne einerseits an den Führer (Christus, Feldherrn), anderseits an die anderen Massenindividuen libidinös gebunden ist. Wie sich diese beiden Bindungen zueinander verhalten, ob sie gleichartig oder gleichwertig sind und wie sie psychologisch zu beschreiben wären, das müssen wir einer späteren Untersuchung vorbehalten.« (GW XIII, S. 104)

Freud betont dabei einen wichtigen, schon bei der Darstellung des Le Bon'schen Konzepts herausgearbeiteten Punkt, der ihn bei der Erklärung der Massenphänomene in eine andere Richtung (und weiter) führen wird, nämlich die Tatsache, daß Massen im allgemeinen Fall auch eine führende Autorität aufweisen:

> »Wir getrauen uns aber jetzt schon eines leisen Vorwurfes gegen die Autoren, daß sie die Bedeutung des Führers für die Massen nicht genügend gewürdigt haben, während uns die Wahl des Untersuchungsobjekts in eine günstigere Lage gebracht hat. Es will uns scheinen, als befänden wir uns auf dem richtigen Weg, der die Haupterscheinung der Massenpsychologie, die Unfreiheit des Einzelnen in der Masse, aufklären kann. Wenn für jeden Einzelnen eine so ausgiebige Gefühlsbindung nach zwei Richtungen besteht, so wird es uns nicht schwer werden, aus diesem Verhältnis die beobachtete Veränderung und Einschränkung seiner Persönlichkeit abzuleiten.« (GW XIII, S. 104)

Aus den Situationen der Zersetzung der genannten Massen, speziell der militärischen in Form der Panik, werden weitere Belege abgeleitet, dass »das Wesen einer Masse« in »den in ihr vorhandenen libidinösen Bindungen« bestehe, Thesen, die den Gedankengang ohne Not störend unterbrechen, hier auch nicht referiert werden sollen[13].

Das nächste Kapitel, überschrieben »Weitere Aufgaben und Arbeitsrichtungen« nennt weitere Fragestellungen der Massenpsychologie, deren Untersuchung Freud aber entweder verschiebt oder gar nicht aufnimmt[14] und widmet sich einem neuen Gedanken (der jedoch letztlich die schon entwickelte Theorie der libidinösen Bindung der Massenelemente ausformuliert und plausibler erscheinen lässt); es ist die Auflösung der Unterschiede innerhalb einer Masse durch den Vorgang der Identifizierung.

Ausgangspunkt der Überlegungen sind die regelmäßig beobachteten feindseligen Gefühle zwischen libidinös gebundenen Personen, was Freud aber nicht – wie später in *Das Unbehagen in der Kultur* (1930a) – durch einen Aggressionstrieb[15] erklärt, sondern durch einen libidinösen Bindungen an andere Personen entgegenstehenden Narzissmus: »In den unverhüllt hervortretenden Abneigungen und Abstoßungen gegen nahestehende Fremde können wir den Ausdruck einer Selbstliebe, eines Narzissmus, erkennen, der seine Selbstbehauptung anstrebt und sich so benimmt, als ob das Vorkommen einer von seinen individuellen Ausbildungen eine Kritik derselben und eine Ausforderung, sie umzugestalten, mit sich brächte.« (GW XIII, S. 111)[16]

Durch Zusammenfindung zur Masse verschwänden aber alle diese im Narzissmus begründeten Intoleranzen: »Solange die Massenbildung anhält oder soweit sie reicht, benehmen sich die Individuen, als wären sie gleichförmig, dulden sie die Eigenart des anderen, stellen sich ihm gleich und verspüren kein Gefühl der Abstoßung gegen ihn.« Als Erklärung werden die zuvor schon als konstituierendes Moment der Massenbildung erkannten libidinösen Bindungen angeführt: »Eine solche Einschränkung des Narzissmus kann nach unseren theoretischen Anschauungen nur durch ein Moment erzeugt werden, durch libidinöse Bindung an andere Personen. Die Selbstliebe findet nur in der Fremdliebe, Liebe zu Objekten, eine Schranke.« (GW XIII, S. 112)[17] Das wird als Bestätigung der bisherigen Argumentation aufgefasst: »Wenn also in der Masse Einschränkungen der narzisstischen Eigenliebe auftreten, die außerhalb derselben nicht wirken, so ist dies ein zwingender Hinweis darauf, daß das Wesen der Massenbildung in neuartigen libidinösen Bindungen der Massenmitglieder aneinander besteht.«

Letzteres bedarf aber selbst der Erklärung: Welcher Art seien »diese Bindungen in der Masse«? Um die Verfolgung direkter Sexualziele, wie von der Psychoanalyse beim Studium libidinöser Bindungen typischerweise beobachtet, gehe es dabei offenbar nicht; sondern: »Wir haben es hier mit Liebestrieben zu tun, die, ohne darum minder energisch zu wirken, doch von ihren ursprünglichen Zielen abgelenkt sind.« Dieses Phänomen ist der psychoanalytischen Beobachtung nicht neu: »Nun haben wir bereits im Rahmen der gewöhnlichen sexuellen Objektbesetzungen Erscheinungen bemerkt, die einer Ablenkung des Triebes von seinem Sexualziel entsprechen. Wir haben sie als Grade von Verliebtheit beschrieben und erkannt, daß sie eine gewisse Beeinträchtigung des Ichs mit sich bringen.« (GW XIII, S. 113) Es bietet sich somit an, diese Erscheinungen der Verliebtheit genauer zu studieren, »in der begründeten Erwartung, an ihnen Verhältnisse zu finden, die sich auf die Bindungen in den Massen übertragen lassen.« Dies führt Freud aber nicht sofort aus, sondern verschiebt es auf ein späteres Kapitel. Relativ unvermittelt kündigt er statt dessen einen anderen Gedankengang an, nämlich genauere Beschäftigung mit Identifizierungen[18], von der Psychoanalyse erkannten »anderen Mechanismen der Gefühlsbindung«.

Das Kapitel »Die Identifizierung« beginnt mit einer Darstellung des männlichen Ödipuskomplexes und seiner Vorgeschichte: Der »kleine Knabe« lege »ein besonderes Interesse für seinen Vater an der Tag«, er habe den Wunsch, so zu werden und zu sein »wie er«, er möchte »in allen Stücken an seine Stelle« treten. »Sagen wir es ruhig: er nimmt den Vater zu seinem Ideal.« Dieses Verhalten vertrage »sich sehr wohl mit den Ödipuskomplex«, den es vorbereiten helfe (GW XIII, S. 115)[19] Gleichzeitig »mit dieser Identifizierung mit dem Vater«, vielleicht sogar vorher, habe der Knabe begonnen, »eine richtige Objektbesetzung der Mutter nach dem Anlehnungstypus« vorzunehmen; somit: »Er zeigt [...] dann zwei psychologisch verschiedene Bindungen, zur Mutter eine glatt sexuelle Objektbesetzung, zum Vater eine vorbildliche Identifizierung. Die beiden bestehen eine Weile nebeneinander, ohne gegenseitige Beeinflussung oder Störung.« Aus dem »Zusammenströmen« dieser Bindungen entstehe der »normale Ödipuskomplex«: »Der Kleine merkt, daß ihm der Vater bei der Mutter im Wege steht; seine Identifizierung nimmt jetzt eine feindselige Tönung an und wird mit dem Wunsch identisch, den Vater auch bei der Mutter zu ersetzen.« Es sei leicht, »den Unterschied einer solchen Vateridentifizierung von einer Vaterobjektwahl in einer Formel« auszusprechen: »Im ersten Fall ist der Vater das, was man **sein**, im zweiten das, was man **haben** möchte.« Identifizierung sei »darum bereits vor jeder sexuellen Objektwahl möglich«; sie strebe danach, »das eigene Ich ähnlich zu gestalten wie das andere zum ›Vorbild‹ genommene« (S. 115 f.) Nach geistreichen, hier zu weit führenden Gedanken[20] fasst Freud die für die Anwendung auf die Massenpsychologie wichtigen Punkte zur Identifizierung zusammen, nämlich dass sie »die ursprünglichste Form der Gefühlsbindung an ein Objekt« sei, »zum Ersatz für eine libidinöse Objektbindung« werden könne und schließlich, dass sie »bei jeder neu wahrgenommenen Gemeinsamkeit mit einer Person«, die »nicht Objekt der Sexualtriebe« sei, entstehen könne (S. 118).

Nur scheinbar nimmt Freud die Erklärung massenpsychologischer Phänomene wieder auf: »Wir ahnen bereits, daß die gegenseitige Bindung der Massenindividuen von der Natur einer solchen Identifizierung durch eine wichtige affektive Gemeinsamkeit ist, und können vermuten, diese Gemeinsamkeit liege in der Art der Bindung an den Führer.« (GW XIII, S. 118) Vorher folgen aber wieder mehrere jener Exkurse, welche die Schrift so schwer lesbar machen und ihre bemerkenswerten Aussagen oft untergehen lassen[21]. Eine daraus zu extrahierende wichtige und für das Verständnis der Massenseele verwertbare Aussage ist die, dass sich in unserem Ich im Laufe der Entwicklung eine Instanz entwickle (das »Ichideal«), »welches sich vom anderen Ich absondern und in Konflikte mit ihm geraten« könne. Diese sei »der Erbe des ursprünglichen Narzissmus«, in dem »das Ich sich selbst genügt« habe. Allmählich, so weiter, »nehme sie aus den Einflüssen der Umgebung die Anforderungen auf, die diese an das Ich stelle, denen das Ich nicht immer nachkommen könne, so daß der Mensch, wo er mit seinem Ich nicht zufrieden sein kann, doch seine Befriedigung in dem aus dem Ich differenzierten Ichideal finden dürfe.« (GW XIII, S. 121)

Nun erst – nach jenen ausgiebigen Überlegungen zur Identifizierung – kommt Freud auf das Thema der Verliebtheit (der von den sexuellen Sexualzielen abgedrängten libidinösen Impulse) zurück, was wichtige Phänomene bei der Massenbildung verständlich machen soll. Er erklärt zunächst noch einmal die Genese der »zielgehemmten« Sexualtriebe aus voll sinnlichen Impulsen, und zwar einerseits aus der periodischen Wiederkehr des Sexualbedürfnisses, andererseits aus dem Schicksal der infantilen Sexualstrebungen, welche sich von voll sinnlich-sexuellen Impulsen in zärtliche Neigungen verwandeln müssten[22]. Studium dieser beiden Komponenten während der Geschlechtsreife führt dann zu jenen überraschenden Einsichten, die auch zum Verständnis der »Massenseele« beitragen. Die feinsinnigen Überlegungen – anders kann sie kaum nennen – seien nur insoweit referiert, als sie sich auf den letzteren Punkt beziehen. »Mit der Pubertät«, beginnt Freud, »setzen bekanntlich neue, sehr intensive Strebungen nach den direkten [scil. sinnlichen] Sexualzielen ein. In ungünstigen Fällen bleiben sie als sinnliche Strömung von den fortdauernden ›zärtlichen‹ Gefühlsrichtungen geschieden.« Man habe dann, erläutert er, »das Bild vor sich, dessen beide Ansichten [...] so gerne idealisiert« würden: »Der Mann zeigt schwärmerische Neigungen zu hochgeachteten Frauen, die ihn aber zum Liebesverkehr nicht reizen, und ist nur potent gegen andere Frauen, die er nicht ›liebt‹, geringschätzt oder selbst verachtet.« Häufiger indes, so der Gedankengang, »gelingt dem Heranwachsenden ein gewisses Maß von Synthese der unsinnlichen, himmlischen und der sinnlichen, irdischen Liebe, und ist sein Verhältnis zum Sexualobjekt durch das Zusammenwirken von ungehemmten mit zielgehemmten Trieben gekennzeichnet.« (S. 123)

Folgende, im ersten Augenblick wenig bemerkenswert scheinende Beobachtung führt zu neuen psychoanalytischen Konzepten: »Im Rahmen dieser Verliebtheit ist uns von Anfang an das Phänomen der Sexualüberschätzung aufgefallen, die Tatsache, daß das geliebte Objekt eine gewisse Freiheit von der Kritik genießt, daß alle seine Eigenschaften höher eingeschätzt werden als die ungeliebter Personen oder als zu einer Zeit, da es nicht geliebt wurde.« (GW XIII, S. 123 f.) Auch die Bezeichnung dieser Verhaltensweise als Idealisierung ist nicht originell, allerdings sind es die daran geknüpften metapsychologischen Überlegungen:

> »Das Bestreben, welches hier das Urteil fälscht, ist das der Idealisierung. Damit ist uns aber die Orientierung erleichtert; wir erkennen, daß das Objekt so behandelt wird wie das eigene Ich, daß also in der Verliebtheit ein größeres Maß narzisstischer Libido auf das Objekt überfließt. Bei manchen Formen der Liebeswahl wird es selbst augenfällig, daß das Objekt dazu dient, ein eigenes, nicht erreichtes Ichideal zu ersetzen. Man liebt es wegen der Vollkommenheiten, die man fürs eigene Ich angestrebt hat und die man sich nun auf diesem Umweg zur Befriedigung seines Narzissmus verschaffen möchte.« (GW XIII, S. 124)

Beleuchtungen des Liebeslebens[23] auf dem Hintergrund dieses Konzepts folgt eine metapsychologische Darstellung von Verliebtheit mit verbundener Sexualüberschätzung und Idealisierung: »Die ganze Situation lässt sich restlos in eine Formel zusammenfassen: Das Objekt hat sich an die Stelle des Ichideals gesetzt.« (GW XIII, S. 125)

Nun stellt sich die Aufgabe, die im vorigen Kapitel explizierte Identifizierung in Beziehung zur gerade beschriebenen Verliebtheit mit Sexualüberschätzung und Idealisierung zu setzen. Lange Überlegungen führen zu folgender Unterscheidung: Im Falle der Identifizierung werde das Objekt an die Stelle des Ichs gesetzt, im zweiten Fall an die des Ichideals[24]. Anschließend werden die Beziehungen zwischen Verliebtheit und Hypnose[25] erörtert, wobei hier nur das für das Verständnis massenpsychologischer Phänomene wesentliche Ergebnis resümiert sei: Die »hypnotische Beziehung« sei »eine Massenbildung zu zweien.« Die Gleichsetzung wird sogar noch weiter getrieben: »Die Hypnose ist kein gutes Vergleichsobjekt mit der Massenbildung, weil sie vielmehr mit ihr identisch ist. Sie isoliert uns aus dem komplizierten Gefüge der Masse ein Element, das Verhalten des Massenindividuums zum Führer.« (GW XIII, S. 126 f.) Allerdings führt dies insofern kaum weiter, als Freud selbst ausdrücklich konzediert, dass an der Hypnose noch vieles »als unverstanden, als mystisch« anzuerkennen sei. Somit überrascht die Aussage:

> »Durch die bisherigen Erörterungen sind wir aber voll darauf vorbereitet, die Formel für die libidinöse Konstitution einer Masse anzugeben. Wenigstens einer solchen Masse, wie wir sie bisher betrachtet haben, die also einen Führer hat und nicht durch allzu viel ›Organisation‹ sekundär die Eigenschaften eines Individuums erwerben konnte. Eine solche primäre Masse ist eine Anzahl von Individuen, die ein und dasselbe Objekt an die Stelle ihres Ichideals gesetzt und sich infolgedessen in ihrem Ich miteinander identifiziert haben.« (GW XIII, S. 128)[26]

Unmittelbar danach schränkt sich Freud bereits wieder ein: »Wir werden uns nur kurze Zeit der Illusion freuen, durch diese Formel das Rätsel der Masse gelöst zu haben.« Alsbald muss uns, erklärt er, »die Mahnung beunruhigen, daß wir ja im Wesentlichen die Verweisung auf das Rätsel der Hypnose angenommen haben, an dem so vieles unerledigt ist.« Ein »anderer Einwand«, fügt er hinzu, zeige uns »den weiteren Weg.« Wir »dürfen uns sagen«, beginnt die Argumentation, »die ausgiebigen affektiven Bindungen, die wir in der Masse erkennen, reichen voll aus, um einen ihrer Charaktere zu erklären, den Mangel an Selbständigkeit und Initiative beim Einzelnen, die Gleichartigkeit seiner Reaktion mit der aller anderen, sein Herabsinken zum Massenindividuum sozusagen.« Wichtiges bleibt jedoch nach wie vor ungeklärt:

> »Aber die Masse zeigt, wenn wir sie als Ganzes ins Auge fassen, mehr; die Züge von Schwächung der intellektuellen Leistung, von Ungehemmtheit der Affektivität, die Unfähigkeit zur Mäßigung und zum Aufschub, die Neigung zur Überschreitung aller Schranken in der Gefühlsäußerung und zur vollen Abfuhr derselben in der Handlung, dies und alles Ähnliche [...] ergibt ein unverkennbares Bild von Regression der seelischen Tätigkeit auf eine frühere Stufe, wie wir sie bei Wilden oder bei Kindern zu finden nicht erstaunt sind. Eine solche Regression gehört insbesondere zum Wesen der gemeinen Massen [...].« (GW XIII, S. 129)

Wir erhalten so, fährt Freud fort, »den Eindruck eines Zustandes, in dem die vereinzelte Gefühlsregung und der persönliche intellektuelle Akt des Individuums zu schwach sind, um sich allein zur Geltung zu bringen, und durchaus auf Bekräftigung durch gleichartige Wiederholung von Seiten der anderen warten müssen.« Wir würden daran erinnert, »wie viel von diesen Phänomenen der Abhängigkeit zur normalen Konstitution der menschlichen Gesellschaft« gehöre, »wie wenig Originalität und persönlicher Mut« sich in ihr finde, wie sehr »jeder einzelne durch die Einstellungen einer Massenseele beherrscht« werde, die »sich als Rasseneigentümlichkeiten, Standesvorurteile, öffentliche Meinung und dergleichen« kund gäben (GW XIII, S. 130).

Er untersucht nun, wieweit diese Phänomene durch die in der Literatur vertretene These eines angeborenen, als primär angenommenen (d. h. nicht auf andere Triebe reduzierbaren) Herdentriebes oder Herdeninstinktes erklärt werden. Dieser zufolge fühle sich der Einzelne unvollständig, wenn er allein sei; »Widerspruch gegen die Herde« sei soviel »wie Trennung von ihr« und werde »darum angstvoll gemieden.«

Die Herde lehne »aber alles Neue, Ungewohnte ab.« Die Sprache, so gibt Freud den Hauptvertreter[27] dieser Theorie wieder, »verdanke ihre Bedeutung ihrer Eignung zur gegenseitigen Verständigung in der Herde, auf ihr beruhe zum großen Teil die Identifizierung der Einzelnen miteinander.« (GW XIII, S. 130 f.) An dieser Auffassung übt er Kritik in verschiedener Hinsicht: Zum einen nehme »sie auf die Rolle des Führers in der Masse zu wenig Rücksicht«, während wir »doch eher zum gegenteiligen Urteil« neigten, »daß das Wesen der Masse bei Vernachlässigung des Führers nicht zu begreifen sei.« Er fügt hinzu: »Der Herdeninstinkt lässt überhaupt für den Führer keinen Raum, dieser kommt nur so zufällig zur Herde hinzu, und im Zusammenhange damit steht, daß von diesem Trieb auch kein Weg zu einem Gottesbedürfnis führt; es fehlt der Hirt zur Herde.« (S. 132) Zum anderen hält Freud den Herdentrieb keineswegs für primär, sondern für weiter zerlegbar. Zusammenschluss zu Gemeinschaften und Identifikation erfolge nämlich nicht zuletzt aus dem gegenseitigen Neid[28]: »Wenn man schon selbst nicht der Bevorzugte sein kann, so soll doch wenigstens keiner von allen bevorzugt werden.« Er zeigt dies schon an den Kindern und konstatiert dann: »Was man später in der Gesellschaft als Gemeingeist [...] wirksam findet, verleugnet nicht seine Abkunft vom ursprünglichen Neid. Keiner soll sich hervortun wollen, jeder das gleiche sein und haben.« (S. 133) Zur Erklärung der Massenbildung müsse weder die Annahme eines primären Herdentriebes gemacht werden noch könne auf die Existenz einer Führungsperson verzichtet werden:

> »Das soziale Gefühl ruht also auf der Umwendung eines erst feindseligen Gefühls in eine positiv betonte Bindung von der Natur einer Identifizierung. Soweit wir den Hergang bis jetzt durchschauen können, scheint sich diese Umwendung unter dem Einfluss einer gemeinsamen zärtlichen Bindung an eine außer der Masse stehende Person zu vollziehen. Unsere Analyse der Identifizierung erscheint uns selbst nicht als erschöpfend, aber unserer gegenwärtigen Absicht genügt es, wenn wir auf den Zug, daß die konsequente Durchführung der Gleichstellung gefordert wird, zurückkommen. Wir haben bereits bei der Erörterung der beiden künstlichen Massen, Kirche und Armee, gehört, ihre Voraussetzung sei, daß sie alle von einem, dem Führer, in gleicher Weise geliebt werden. Nun vergessen wir aber nicht, daß die Gleichheitsforderung der Masse nur für die Einzelnen derselben, nicht für den Führer gilt. Alle Einzelnen sollen einander gleich sein, aber alle wollen sie von ihm beherrscht werden. Viele Gleiche, die sich miteinander identifizieren können, und ein einziger, ihnen allen Überlegener, das ist die Situation, die wir in der lebensfähigen Masse verwirklicht finden.« (GW XIII, S. 134 f.)

Und mit einem Bonmot leitet Freud auf den nächsten Gedankengang über: »Getrauen wir uns also, die Aussage **Trotters**, der Menschen sei ein **Herdentier**, dahin zu korrigieren, er sei vielmehr ein **Hordentier**, ein Einzelwesen einer von einem Oberhaupt angeführten Horde.« (GW XIII, S. 135) Er kommt dabei auf eine etwa ein Jahrzehnt zuvor in *Totem und Tabu* (1912–13a) dargelegte, zunächst zur Erklärung des totemistischen Systems, im Weiteren zum Verständnis von Religion entwickelte Hypothese zurück, dass – nach einer Annahme Darwins – die Frühmenschen anfangs in Horden mit einem mächtigen Oberhaupt (»Urhodenvater«) lebten (s. dazu 8.2); dies wird nun auch zur Verständlichmachung der in Menschenmassen zu beobachtenden Phänomene herangezogen:

> »Die menschlichen Massen zeigen uns wiederum das vertraute Bild des überstarken Einzelnen inmitten einer Schar von gleichen Genossen, das auch in unserer Vorstellung von der Urhorde enthalten ist. Die Psychologie dieser Masse, wie wir sie aus den oft erwähnten Beschreibungen kennen, – der Schwund der bewussten Einzelpersönlichkeit,

die Orientierung von Gedanken und Gefühlen nach gleichen Richtungen, die Vorherrschaft der Affektivität und des unbewussten Seelenlebens, die Tendenz zur unverzüglichen Ausführung auftauchender Absichten, – das alles entspricht einem Zustand von Regression zu einer primitiven Seelentätigkeit, wie man sie gerade der Urhorde zuschreiben möchte.« (GW XIII, S. 137)[29]

Die Masse, lautet der Schluss, »erscheint uns so als ein Wiederaufleben der Urhorde. So wie der Urmensch in jedem Einzelnen virtuell enthalten ist, so kann sich aus einem beliebigen Menschenhaufen die Urhorde wieder herstellen; soweit die Massenbildung die Menschen habituell beherrscht, erkennen wir den Fortbestand der Urhorde in ihr.« (GW XIII, S. 137)[30] Eine Sonderstellung war die des »Vaters, Oberhauptes, Führers«: »Die Einzelnen der Masse waren gebunden, wie wir sie heute finden, aber der Vater der Urhorde war frei. Seine intellektuellen Akte waren auch in der Vereinzelung stark und unabhängig, sein Wille bedurfte nicht der Bekräftigung anderer.« Die libidinösen Verhältnisse in dieser Urhordensituation stellten sich so dar: Das Ich dieses Vaters dürfte »wenig libidinös gebunden« gewesen sein: »[E]r liebte niemand außer sich, und die anderen nur, insoweit sie seinen Bedürfnissen dienten.« Dies finde Entsprechung in der Situation der Masse: »Noch heute bedürfen die Massenindividuen der Vorspiegelung, daß sie in gleicher und gerechter Weise vom Führer geliebt werden, aber der Führer selbst braucht niemand anderen zu lieben, er darf von Herrennatur sein, absolut narzisstisch, aber selbstsicher und selbständig.« (S. 138)

Und ein weiterer interessanter Aspekt: Der »Urvater« (der ja über alle Weibchen seiner Horde verfügte) »hatte seine Söhne an der Befriedigung ihrer direkten sexuellen Strebungen verhindert, er zwang sie zur Abstinenz und infolgedessen zu den Gefühlsbindungen an ihn und aneinander, die aus den Strebungen der gehemmten Sexualziele hervorgehen konnten.« Er zwang sie, so die Folgerung, »sozusagen in die Massenpsychologie« [unmissverständlicher wohl wieder: zu einem massentypischen Verhalten]. »Seine sexuelle Eifersucht und Intoleranz« seien »in letzter Linie die Ursache der Massenpsychologie geworden.« (GW XIII, S. 138 f.)

Gelegenheit, individuelles Verhalten zu entwickeln, hatte nach diesem Modell nur der Nachfolger des Urvaters bei dessen Tod, »wahrscheinlich ein jüngster Sohn, der bis dahin Massenindividuum gewesen war wie ein anderer.« Für diesen, erläutert Freud, »war auch die Möglichkeit der sexuellen Befriedigung gegeben und damit der Austritt aus den Bedingungen der Massenpsychologie eröffnet. Die Fixierung der Libido an das Weib, die Möglichkeit der Befriedigung ohne Aufschub und Aufspeicherung machte der Bedeutung zielgehemmter Sexualstrebungen ein Ende und ließ den Narzissmus immer zur gleichen Höhe ansteigen.« (GW XIII, S. 139)[31]

Es folgen erneute Erörterungen zum Wesen der Hypnose, welche in diesem Kontext wenig von Bedeutung sind; jedoch führt das Ergebnis dieser Überlegungen auf ein eingangs formuliertes Problem der Psychologie der Masse zurück, nämlich ihre leichte Beeinflussbarkeit: »Durch seine Maßnahmen«, fasst Freud zusammen, »weckt also der Hypnotiseur beim Subjekt ein Stück von dessen archaischer Erbschaft, die [...] im Verhältnis zum Vater eine individuelle Wiederbelebung erfuhr, die Vorstellung von einer übermächtigen und gefährlichen Persönlichkeit, gegen die man sich nur passiv-masochistisch einstellen konnte, an die man seinen Willen verlieren musste, und mit der allein zu sein, ›ihr unter die Augen zu treten‹ ein bedenkliches Wagnis schien.« Er fügt hinzu: »Nur so etwa können wir uns das Verhältnis eines Einzelnen der Urhorde zum Urvater vorstellen.« (GW XIII, S. 142) Als Anwendung:

> »Der unheimliche, zwanghafte Charakter der Massenbildung, der sich in ihren Suggestionserscheinungen zeigt, kann also wohl mit Recht auf ihre Abkunft von der Urhorde zurückgeführt werden. Der Führer der Masse ist noch immer der gefürchtete Urvater, die Masse will immer noch von unbeschränkter Gewalt beherrscht werden, sie ist im höchsten Grade autoritätssüchtig, hat nach Le Bons Ausdruck den Durst nach Unterwerfung. Der Urvater ist das Massenideal, das an Stelle des Ichideals das Ich beherrscht. Die Hypnose hat ein gutes Anrecht auf die Bezeichnung: eine Masse zu zweit; für die Suggestion erübrigt die Definition einer Überzeugung, die nicht auf Wahrnehmung und Denkarbeit, sondern auf erotische Bindung gegründet ist.« (GW XIII, S. 142)

Damit sind die Ausführungen zur Psychologie der Massen weitgehend beendet. Im letzten Kapitel »Eine Stufe im Ich« folgen vornehmlich klinische Überlegungen und metapsychologische Vertiefungen der vorgetragenen Annahmen, die zielsicher das zwei Jahre später in *Das Ich und das Es* (1923b) neue Modell des psychischen Apparates vorbereiten (s. Anmerkung 18). Die Nachträge bringen entweder nicht unmittelbar auf massenpsychologische Fragestellungen bezogene Gedanken oder Überlegungen, die bereits in Anmerkungen (etwa 22, 25 und 31) referiert wurden.

Massenpsychologie und Ich-Analyse ist sicher keine der schlechtesten Schriften Freuds, obwohl er selbst die dort vorgebrachten Überlegungen als »fast banal« bezeichnete (s. Jones Bd. 3, S. 124). Zwar hat man nach Lektüre nicht unbedingt das Gefühl, dass hier alle aufgeworfenen Fragen restlos geklärt sind (zumal der Autor diesbezüglich selbst mehrfach Zweifel äußert), und zudem basiert die Beweisführung auf nur schwer belegbaren Annahmen (speziell zur Darwinschen Urhorde). Immerhin wurden die massenpsychologischen Phänomene mit psychoanalytischen Begriffen teilweise recht treffend beschrieben. Zudem vergegenwärtige man sich den diesbezüglichen Erkenntnisstand vor Freud: Le Bon war letztlich völlig im Deskriptiven geblieben, andere Autoren hatten neue Konzepte eingeführt, welche die Zahl der Begrifflichkeiten vermehren, aber nicht Rückführung auf Bekanntes leisten. Freud hat – um es zurückhaltend zu formulieren – massenpsychologische Phänomene unter den Gesichtspunkt der psychoanalytischen Libidotheorie gebracht und – Gültigkeit der Annahmen vorausgesetzt – auf ihre historischen Wurzeln zurückgeführt[32].

Anmerkungen zu Kapitel 4

1. Gustave Le Bon (1841–1931) war Soziologe und Sozialpsychologe. Sein bekanntestes Werk *Psychologie des foules* erschien 1895 und kam unter dem Titel *Psychologie der Massen* 1908 in deutscher Übersetzung heraus.
2. Freud setzt anscheinend Massenpsychologie und Sozialpsychologie weitgehend gleich. Zwar war das Interesse an Massen sicher ein wesentlicher Ausgangspunkt zur Entwicklung der Sozialpsychologie gegen Ende des 19. Jahrhunderts; heute befasst sich letztere v.a. mit den Prozessen innerhalb kleinerer Gruppen, während die Massenpsychologie eine (an Bedeutung verlierende) sozialpsychologische Subdisziplin darstellt.
3. Es wäre jedoch abwegig, Le Bon als Vordenker der Psychoanalyse mit ihrer Betonung des unbewussten Seelenlebens zu sehen. Das Unbewusste war schon lange zuvor Gegenstand der wissenschaftlichen Diskussion, worauf Freud, etwa in der *Traumdeutung* (1900a; GW II/III, S. 616 ff.), nachdrücklich hinweist. Die wesentliche psychoanalytische Neukonzeption war, dass wichtige Teile des Unbewussten aus (in der individuellen Historie) verdrängten Inhalten bestehen, deren Bearbeitung bestimmten Besonderheiten (Primärvorgängen) gehorcht. In einer Fußnote (1921c; GW XIII, S. 79) merkt Freud auch an, dass »der Begriff des Verdrängten« bei Le Bon fehle.
4. Ob Freud bei Abfassung von *Totem und Tabu* in den Jahren 1911 und 1912, wo er die Gemeinsamkeiten im Seelenleben der Wilden und der Neurotiker (zudem der Kinder) herausarbeitete, Le Bons Werk schon vorliegen hatte, ist nicht bekannt; als Anregung dürfte es keine Rolle gespielt haben (s. dazu 8.1).
5. Dabei macht er interessante Anmerkungen unter psychoanalytischen Gesichtspunkten: Bezüglich des in der Masse zu konstatierenden Gefühls der Allmacht weist er auf den Aufsatz »Animismus, Magie und Allmacht der Gedanken« in *Totem und Tabu* hin, wo er genau dieses unkritische Gefühl der Allmacht bei den »Primitiven« heraushebt (s. 8.2). Denken in assoziativ einander hervorrufenden Bildern, das unkontrollierte, weder Sicherheit noch Zweifel kennende Phantasieren finden ihre Analogie im Traumerleben, ebenso die in der Masse zu beobachtende extreme Steigerung der Gefühlsregungen.
6. In einer Fußnote illustriert er dies an den ambivalenten Gefühlsregungen beim kleinen Kind. Generell sei dann erinnert, dass das ursprüngliche, primitive psychische System, welche beim Erwachsenen als System *Ubw* (bzw. Es) weiterexistiert, die logischen Denkgesetze nicht kennt, insbesondere nicht den Satz des Widerspruchs (1915e; GW X, S. 286; 1933a; GW XV, S. 80 f.; s. auch 2.3).
7. Auf das Namenstabu wird genauer in 8.2 über *Totem und Tabu* eingegangen; zur Illustration hier jedoch schon ein Beispiel: Als eines »der befremdendsten, aber auch lehrreichsten« Tabugebräuche der Trauer »bei den Primitiven«, nennt Freud das Verbot, »den Namen des Verstorbenen auszusprechen.« Es werde in der Regel streng gehandhabt: »So gilt es bei manchen südamerikanischen Stämmen als die schwerste Beleidigung des Überlebenden, den Namen des verstorbenen Angehörigen vor ihnen auszusprechen, und die darauf gesetzte Strafe ist nicht geringer als die für eine Mordtat selbst festgesetzte.« (1912–13a; GW IX, 69 f.)
8. Es ist jene Situation, die bereits bei der Abfassung von *Totem und Tabu* (1912–13a) vorlag, nämlich dass Freud aus der Fülle des angebotenen Materials eine Auswahl treffen musste und sich dabei jene Beschreibungen der Phänomene heraussuchte, die sich

am besten der psychoanalytischen Interpretation anboten. Der Vorwurf der Willkür ist hier insofern allerdings weniger begründet, als Freud sich mit Le Bons *Psychologie der Massen* auf das Standardwerk in dieser Disziplin bezog.

9. Man muss Freud vorhalten, sich bei der Analyse der Phänomene in erster Linie auf Le Bons Beschreibung der spontan sich bildenden Massen zu berufen, während er gleichzeitig teilweise hoch organisierte, historisch gewachsene Menschenvereinigungen (etwa Kirche und Heer) im Auge hat.
10. Es sei daran erinnert, dass Freud kurz zuvor in *Jenseits des Lustprinzips* (1920g) ein neues Triebmodell präsentiert hatte mit dem Dualismus Eros und Todestrieb, wobei die Sexualtriebe eine Untergruppe des ersteren darstellen. So schreibt er: »Diese Liebestriebe werden nun in der Psychoanalyse a potiori und von ihrer Herkunft her Sexualtriebe geheißen. [...] Wer die Sexualität für etwas die menschliche Natur Beschämendes und Erniedrigendes hält, dem steht es ja frei, sich der vornehmeren Ausdrücke Eros und Erotik zu bedienen.« (GW XIII, S. 99)
11. Im Anschluss an andere Autoren unterscheidet Freud flüchtige und dauerhafte Massen, homogene und nicht homogene, natürliche und künstliche (»die zu ihrem Zusammenhalt auch einen äußeren Zwang erfordern«), primitive und »gegliederte, hoch organisierte« Massen; er selbst schlägt eine weitere Unterscheidung vor, nämlich zwischen »führerlosen Massen und solchen mit Führern« (GW XIII, S. 101).
12. Hier geht es zunächst um den selbst formulierten und in seiner Beantwortung auf später verschobenen Einwand, in dieser »Auffassung der libidinösen Struktur der Armee« hätten »die Ideen des Vaterlandes, des nationalen Ruhmes« und andere, die »für den Zusammenhalt der Armee so bedeutsam« seien, keinen Platz gefunden. Der zweite Exkurs illustriert die Bedeutung der libidinösen Bindungen im Heer: »Die Vernachlässigung dieses libidinösen Faktors in der Armee [...] scheint [...] auch eine praktische Gefahr. Der preußische Militarismus [...] hat dies vielleicht im großen Weltkrieg erfahren müssen.« Die »Kriegsneurosen«, so der Autor, »welche die deutsche Armee zersetzten, sind ja großenteils als Protest des Einzelnen gegen die ihm in der Armee zugemutete Rolle erkannt worden und [...] man darf behaupten, daß die lieblose Behandlung des gemeinen Mannes durch seine Vorgesetzten obenan unter den Motiven der Erkrankung stand.« (GW XIII, S. 103) Bei »besserer Würdigung dieses Libidoanspruches« hätten die Versprechungen der Kriegsgegner »nicht so leicht Glauben gefunden.« Man vergleiche dazu die in Kapitel 3 referierte Schrift „Zeitgemäßes über Krieg und Tod" (1915b), wo Freud die Schuld am 1. Weltkrieg keineswegs einseitig der deutsch-österreichischen Allianz zuschreibt.
13. Wenigstens in einer Anmerkung sei Freuds Darstellung von der Zersetzung der militärischen Struktur angedeutet. Bei der Panik, meint er, hätten die »gegenseitigen Bindungen« aufgehört und »eine riesengroße, sinnlose Angst« werde frei; dabei stehe es – meint er in Erwiderung auf einen nahe liegenden Einwand – »eben zur Erklärung, warum die Angst so riesengroß« geworden sei. »Die Größe der Gefahr«, stellt er klar, »kann nicht beschuldigt werden, denn dieselbe Armee, die jetzt der Panik verfällt, kann ähnlich große und größere Gefahr tadellos bestanden haben, und es gehört zum Wesen der Panik, daß sie nicht im Verhältnis zur drohenden Gefahr steht, oft bei den nichtigsten Anlässen ausbricht.« Er versucht dies psychoanalytisch zu erklären:

»Wenn der Einzelne in panischer Angst für sich selbst zu sorgen unternimmt, so bezeugt er damit die Einsicht, daß die affektiven Bindungen aufgehört haben, die bis dahin die Gefahr für ihn herabsetzten. Nun, da er der Gefahr allein entgegensteht, darf er sie allerdings höher einschätzen. Es verhält sich also so, daß die panische Angst die Lockerung der libidinösen Struktur der Masse voraussetzt, und in berechtigter Weise auf sie reagiert, nicht umgekehrt, daß die Libidobindungen an der Angst vor der Gefahr zugrunde gegangen wären.« (GW XIII, S. 105)

14. Hier nennt er u. a. die Klärung des Unterschieds zwischen »Massen, die einen Führer haben« und »führerlosen Massen« und formuliert in diesem Zusammenhang die Frage: »Ob nicht die Massen mit Führer die ursprünglicheren und vollständigeren sind, ob in den anderen der Führer nicht durch eine Idee, ein Abstraktum ersetzt sein kann, wozu ja schon die religiösen Massen mit ihrem unaufzeigbaren Oberhaupt die Überleitung bilden, ob nicht eine gemeinsame Tendenz, ein Wunsch, an dem eine Vielheit Anteil nehmen kann, den nämlichen Ersatz leistet.« (GW XIII, S. 109)
15. Es sei daran erinnert, dass Freud für lange Zeit nicht von einem selbständigen Aggressionstrieb ausgeht (s. auch 2.5), sondern erst später diesen als nach außen gerichtete Form des Todestriebes identifiziert. Obwohl das Todestrieb-Konzept bei der Abfassung von *Massenpsychologie und Ich* schon entwickelt war, versucht er hier noch, Feindseligkeit zwischen Individuen (und Massen von Individuen) auf andere Weise zu erklären.
16. Es sei »unverkennbar«, konstatiert Freud, dass sich in diesem Verhalten der Menschen eine »Hassbereitschaft, eine Aggressivität« kundgebe, »deren Herkunft unbekannt« sei, und »der man einen elementaren Charakter zusprechen möchte.« (GW XIII, S. 111) Und indem er in einer Fußnote auf seine Schrift *Jenseits des Lustprinzips* hinweist, deutet er schon Wege an, einen solchen »Aggressionstrieb« theoretisch zu begründen (was dann in *Das Unbehagen in der Kultur* [1930a] nachgetragen wird; s. Kapitel 5).
17. Die schiere Interessensgemeinschaft, ohne libidinöse Bindungen ihrer Glieder, könne keine solch »bleibende Einschränkung des Narzissmus« bewirken, da »diese Toleranz nicht länger« anhalte als der »unmittelbare Vorteil«, den man »aus der Mitarbeit des anderen« ziehe. Allerdings sei es die Regel, dass in einer zunächst aus pragmatischen Gründen geschlossenen Gemeinschaft sich libidinöse Bindungen entwickelten.
18. Der Begriff der Identifizierung taucht bis dahin bestenfalls beiläufig in Freuds Werk auf. Indem er hier dessen genauere Explikation versucht, entwickelt er ein für die späte Theoriebildung fundamentales Konzept: Es gestattet befriedigendere Darstellungen der Vorgänge bei der Auflösung des Ödipuskomplexes sowie der Bildung des Über-Ichs und stellt damit einen wesentlichen Schritt zum zweiten topischen Modell dar, das bald darauf in *Das Ich und das Es* (1923b) explizit eingeführt wird. Weniger in der Beleuchtung von Massenphänomenen als in diesem Schritt zu neuen metapsychologischen Modellvorstellungen dürfte die wesentliche Bedeutung von *Massenpsychologie und Ich-Analyse* liegen. Das letzte Kapitel, überschrieben »Eine Stufe im Ich« (GW XIII, S. 144–149), beschäftigt sich dann so gut wie gar nicht mehr mit Massenpsychologie, sondern treibt – womit sich der zweite Teil des Aufsatztitels rechtfertigt – »Ich-Analyse«, untersucht etwa das Verhältnis zwischen Ich und Ich-Ideal im Normalzustand, bei der Depression sowie in Episoden der Manie.

19. Bei Lektüre späterer Arbeiten, etwa »Der Untergang des Ödipuskomplexes« (1924d), bildet sich vornehmlich der Eindruck, dass die Identifizierung mit dem Vater erst nach dem Ödipuskomplex einsetze; korrekter ist sicher, dass diese Vateridentifizierung schon vorher bestanden hat und sich nach Auflösung des Ödipuskomplexes noch erheblich verstärkt.
20. Es handelt sich einerseits um metapsychologische und triebtheoretische Überlegungen, andererseits um Herleitung der unten gegebenen Charakteristika der Identifizierung, indem ihre Bedeutung u. a. bei der neurotischen Symptombildung betrachtet wird.
21. Dies betrifft die Rolle der Identifikation (in diesem Falle der Mutteridentifikation) bei der Genese der männlichen Homosexualität, weiter Beobachtungen zur Objektintrojektion bei der Melancholie. Resultat der Überlegungen ist die Annahme einer vom Ich abzutrennenden, weiteren seelischen Instanz, die sich den Interessen des Ichs gegenüberstellen kann und von Freud hier noch undeutlich mit Ichideal bezeichnet wird (wofür er dann einige Jahre später in 1923b den Begriff Über-Ich einführt).
22. »In einer Reihe von Fällen« sei »die Verliebtheit nichts anderes als Objektbesetzung von seiten der Sexualtriebe zum Zwecke der direkten Sexualbefriedigung«, welche auch »mit der Erreichung dieses Zieles« erlösche; das sei das, was man »die gemeine, sinnliche Liebe« heiße. »Aber wie bekannt«, setzt der Autor hinzu, »bleibt die libidinöse Situation selten so einfach. Die Sicherheit, mit der man auf das Wiedererwachen des eben erloschenen Bedürfnisses rechnen konnte, muss wohl das nächste Motiv gewesen sein, dem Sexualobjekt eine dauernde Besetzung zuzuwenden, es auch in den begierdefreien Zwischenzeiten zu ›lieben‹.« (GW XIII, S. 122) Aus der »sehr merkwürdigen Entwicklungsgeschichte des menschlichen Liebeslebens« komme ein »zweites Moment« hinzu:

    »Das Kind hatte in der ersten, mit fünf Jahren meist schon abgeschlossenen Phase in einem Elternteil ein erstes Liebesobjekt gefunden, auf welches sich alle seine Befriedigung heischenden Sexualtriebe vereinigt hatten. Die dann eintretende Verdrängung erzwang den Verzicht auf die meisten dieser kindlichen Sexualziele und hinterließ eine tiefgreifende Modifikation des Verhältnisses zu den Eltern. Das Kind blieb fernerhin an die Eltern gebunden, aber mit Trieben, die man ›zielgehemmte‹ nennen muss. Die Gefühle, die es von nun an für diese geliebten Personen empfindet, werden als ›zärtliche‹ bezeichnet. Es ist bekannt, daß im Unbewussten die früheren ›sinnlichen‹ Strebungen mehr oder minder stark erhalten bleiben, so daß die ursprüngliche Vollströmung in gewissem Sinne weiterbesteht.« (GW XIII, S. 122 f.)

    Freud hält diesen Gedanken für so wichtig und zugleich so schwierig, dass er ihn in den Nachträgen noch einmal aufgreift: Was von der »ersten Liebesgestaltung des Kindes« nach dem Beginn der Latenzzeit erübrige, zeige »sich uns als rein zärtliche Gefühlsbindung«, die »denselben Personen« gelte, aber »nicht mehr als ›sexuell‹ bezeichnet werden« solle. Er fügt hinzu: »Die Psychoanalyse, welche die Tiefen des Seelenlebens durchleuchtet, hat es nicht schwer, aufzuweisen, daß auch die sexuellen Bindungen der ersten Kinderjahre noch fortbestehen, aber verdrängt und unbewusst. Sie gibt uns den Mut zu behaupten, daß überall, wo wir ein zärtliches Gefühl begegnen, dies der Nachfolger einer voll›sinnlichen‹ Objektbindung an die betreffende Person oder ihr Vorbild (ihre Imago) ist.« (GW XIII, S. 155)

23. Bei extremer Sexualüberschätzung und Verliebtheit könnten »die auf direkte Sexualbefriedigung drängenden Strebungen« ganz zurück gedrängt werden, wie es »zum Beispiel regelmäßig bei der schwärmerischen Liebe des Jünglings« geschehe; das Ich werde »immer anspruchsloser, bescheidener, das Objekt immer großartiger, wertvoller«; es gelange »schließlich in den Besitz der gesamten Selbstliebe des Ichs«, sodass »dessen Selbstaufopferung zur natürlichen Konsequenz« werde.

    Und eine weitere treffende Bemerkung zur »unglücklichen, unerfüllbaren Liebe«, welche die Ableitung der zielgehemmten Sexualtriebe mit der resultierenden Sexualüberschätzung aus den sinnlichen Bestrebungen plausibler erscheinen lässt:

    > »Dies ist besonders leicht bei unglücklicher, unerfüllbarer Liebe der Fall, da bei jeder sexuellen Befriedigung doch die Sexualüberschätzung immer wieder eine Herabsetzung erfährt. Gleichzeitig mit dieser ›Hingabe‹ des Ichs an das Objekt, die sich von der sublimierten Hingabe an eine abstrakte Idee schon nicht mehr unterscheidet, versagen die dem Ichideal zugeteilten Funktionen gänzlich. Es schweigt die Kritik, die von dieser Instanz ausgeübt wird; alles, was das Objekt tut und fordert, ist recht und untadelhaft. Das Gewissen findet keine Anwendung auf alles, was zugunsten des Objekts geschieht; in der Liebesverblendung wird man reuelos zum Verbrecher.« (GW XIII, S. 124 f.)

24. »Der Unterschied der Identifizierung von der Verliebtheit in ihren höchsten Ausbildungen, die man Faszination, verliebte Hörigkeit« heiße, sei nun leicht zu beschreiben: »Im ersten Fall hat sich das Ich um die Eigenschaften des Objekts bereichert […]; im zweiten Fall ist es verarmt, hat sich dem Objekt hingegeben, dasselbe an die Stelle seines wichtigsten Bestandteiles gesetzt.« Gleich muss er sich aber korrigieren und eine andere Beschreibung versuchen: »Im Falle der Identifizierung ist das Objekt verloren gegangen oder aufgegeben worden; es wird dann im Ich wieder aufgerichtet, das Ich verändert sich partiell nach dem Vorbild des verlorenen Objekts. Im anderen Falle ist das Objekt erhalten geblieben und wird als solches von Seiten und auf Kosten des Ichs überbesetzt.« Erst der letzte Ansatz scheint ihn schließlich dann zufrieden zu stellen: »[E]s kann uns die Einsicht aufdämmern, daß eine andere Alternative das Wesen dieses Sachverhalts in sich fasst, nämlich ob das Objekt an die Stelle des Ichs oder des Ichideals gesetzt wird.« (GW XIII, S. 125 f.)
25. Dass sich Freud überhaupt hier so ausführlich mit dem Thema Hypnose befasst, hat sicher zum einen historische Gründe: Bekanntlich hatte die Psychoanalyse als Forschungsinstrument von der Hypnose ihren Ausgang genommen (s. dazu Köhler 2000, S. 77 ff.), und das Rätsel der dabei ablaufenden Prozesse ließ ihren Begründer zeitlebens nicht los; zum anderen hatte u. a. Le Bon besonders die ungewöhnliche Suggestibilität der Massen betont und den Vergleich mit Hypnose angeführt.

    In einem der Nachträge werden explizit Verliebtheit, Hypnose und Massenbildung unter dem Gesichtspunkt der Libidotheorie verglichen: Die Verliebtheit beruhe »auf dem gleichzeitigen Vorhandensein von direkten und zielgehemmten Sexualstrebungen, wobei das Objekt einen Teil der narzisstischen Ichlibido« auf sich ziehe. Die Hypnose teile »mit der Verliebtheit die Einschränkung auf diese beiden Personen«, aber sie beruhe »durchaus auf zielgehemmten Sexualstrebungen« und setze »das Objekt an die Stelle des Ichideals.« Und schließlich: »Die Masse vervielfältigt diesen Vorgang, sie stimmt mit der Hypnose in der Natur der sie zusammenhaltenden Triebe und in der Ersetzung des Ichideals durch das Objekt überein, aber sie fügt die Identifizierung mit anderen Individuen hinzu, die vielleicht ursprünglich durch die gleiche Beziehung zum Objekt ermöglicht wurde.« (GW XIII, S. 160)

26. Diese zentrale Aussage ist zumindest als schlecht expliziert und erst recht unzureichend abgeleitet; bezeichnenderweise muss Freud im Text direkt anschließend eine erste Relativierung vornehmen.

27. Es handelt sich um den Engländer W. Trotter, der offenbar mit der psychoanalytischen Theorie vertraut war, denn Freud referiert u. a.: »Vom Herdeninstinkt lässt Trotter auch die verdrängenden Kräfte ausgehen, welche die Psychoanalyse im Ich aufgezeigt hat, und folgerichtig gleicherweise die Widerstände, auf welche der Arzt in der psychoanalytischen Behandlung stößt.« (GW XIII, S. 131)

28. Er führt ein illustratives Beispiel an:

> »Man denke an die Schar von schwärmerisch verliebten Frauen und Mädchen, die den Sänger oder Pianisten nach seiner Produktion umdrängen. Gewiss läge es jeder von ihnen nahe, auf die andere eifersüchtig zu sein, allein angesichts ihrer Anzahl und der damit verbundenen Unmöglichkeit, das Ziel ihrer Verliebtheit zu erreichen, verzichten sie darauf, und anstatt sich gegenseitig die Haare auszuraufen, handeln sie wie eine einheitliche Masse, huldigen dem Gefeierten in gemeinsamen Aktionen und wären froh, sich in seinen Lockenschmuck zu teilen. Sie haben sich, ursprünglich Rivalinnen, durch die gleiche Liebe zu dem nämlichen Objekt miteinander identifizieren können.« (GW XIII, S. 133)

29. In einer Fußnote heißt es ergänzend:

> »Für die Urhorde muss insbesondere gelten, was wir vorhin in der allgemeinen Charakteristik der Menschen beschrieben haben. Der Wille des Einzelnen war zu schwach, er getraute sich nicht der Tat. Es kamen gar keine anderen Impulse zustande als kollektive, es gab nur einen Gemeinwillen, keinen singulären. Die Vorstellung wagte es nicht, sich in Willen umzusetzen, wenn sie sich nicht durch die Wahrnehmung ihrer allgemeinen Verbreitung gestärkt fand.« (GW XIII, S. 137; Fußnote 1)

30. »Die Psychologie der Masse« [unmissverständlicher wohl: die Verhaltensweise der Masse], schließt Freud, sei »die älteste Menschenpsychologie«; was wir »unter Vernachlässigung aller Massenreste als Individualpsychologie isoliert« hätten, habe »sich erst später, allmählich und sozusagen immer noch nur partiell aus der alten Massenpsychologie hervorgehoben.« (GW XIII, S. 137)

31. Einer der Nachträge zu *Massenpsychologie und Ich-Analyse* beschäftigt sich genauer mit der Rolle der »direkten Sexualstrebungen«, welche der »Massenbildung« ungünstig seien: »Die beiden zum Zweck der Sexualbefriedigung aufeinander angewiesenen Personen demonstrieren gegen den Herdentrieb, das Massengefühl, indem sie die Einsamkeit aufsuchen. Je verliebter sie sind, desto vollkommener genügen sie einander. Die Ablehnung des Einflusses der Masse äußert sich als Schamgefühl.« (GW XIII, S. 157) Zur Illustration dieses Sachverhalts werden noch einmal die zu Beginn des Textes als prototypisch eingeführten Massen herangezogen: »In den großen, künstlichen Massen, Kirche und Heer, ist für das Weib als Sexualobjekt kein Platz. Die Liebesbeziehung zwischen Mann und Weib bleibt außerhalb dieser Organisationen.« (S. 158) Und den Sachverhalt noch einmal herausstreichend: »Die direkten Sexualstrebungen erhalten auch für das sonst in der Masse aufgehende Einzelwesen ein Stück individueller Betä-

tigung. Wo sie überstark werden, zersetzen sie jede Massenbildung. Die katholische Kirche hatte die besten Motive, ihren Gläubigen die Ehelosigkeit zu empfehlen und ihren Priestern das Zölibat aufzuerlegen […]«. (S. 158 f.) In diesem Zusammenhang findet sich die erhellende Bemerkung: »In gleicher Weise durchbricht die Liebe zum Weibe die Massenbindungen der Rasse, der nationalen Absonderung und der sozialen Klassenordnung und vollbringt damit kulturell wichtige Leistungen.« (S. 159)

Und schließlich trägt dies auch zum Verständnis der Neurosen bei: Psychoanalytische Untersuchungen hätten ergeben, dass die Symptome der Psychoneurosen von verdrängten direkten oder unvollständig zielgehemmten Strebungen ausgingen. »Diesem Verhältnis entspricht«, fügt Freud hinzu, »daß die Neurose asozial macht, den von ihr Betroffenen aus den habituellen Massenbildungen heraushebt. Man kann sagen, die Neurose wirkt in ähnlicher Weise zersetzend auf die Masse wie die Verliebtheit.« Und als direkte Anwendung dieser Erkenntnis:

> »Dafür kann man sehen, daß dort, wo ein kräftiger Anstoß zur Massenbildung erfolgt ist, die Neurosen zurücktreten und wenigstens für eine Zeitlang schwinden können. Man hat auch mit Recht versucht, diesen Widerstreit von Neurose und Massenbildung therapeutisch zu verwerten. Auch wer das Schwinden der religiösen Illusionen in der heutigen Kulturwelt nicht bedauert, wird zugestehen, daß sie den durch sie Gebundenen den stärksten Schutz gegen die Gefahr der Neurose boten, so lange sie selbst noch in Kraft waren. Es ist auch nicht schwer, in all den Bindungen an mystisch-religiöse oder philosophisch-mystische Sekten und Gemeinschaften den Ausdruck von Schiefheilungen mannigfaltiger Neurosen zu erkennen.« (GW XIII, S. 159)

32. Wesentliche Schwierigkeit bei der Lektüre ist, dass Freud nicht – wie beispielsweise besonders gelungen in *Totem und Tabu* – bekannte Konzepte zur neuen Betrachtung alter Phänomene anwendet, sondern anhand des Gegenstands neue Konzepte (wie das der Identifizierung und des Ichideals) überhaupt erst einführt. Wäre *Massenpsychologie und Ich-Analyse* nicht zwei Jahre vor, sondern erst nach der Arbeit *Das Ich und das Es* (1923b) erschienen, wären die Gedankengänge sehr viel leichter nachzuvollziehen gewesen.

5 *Das Unbehagen in der Kultur*

5.1 Entstehungsgeschichte

Hierzu ist wenig bekannt. Offenbar wurde die Abfassung im Sommer 1929 begonnen und rasch beendet, sodass das Buch noch im November in Druck gegeben wurde und spätestens im Januar 1930 mit einer Auflage von 12.000 Exemplaren erschien; es war schnell vergriffen – man denke an die lange Zeit, bis die 600 Exemplare der *Traumdeutung* abgesetzt waren. Freud selbst war offensichtlich mit dem Werk unzufrieden, denn in einem Brief an Lou Andreas-Salomé vom 28. Juli 1929 heißt es offenherzig:

> »Sie [scil. die Arbeit] handelt von Kultur, Schuldgefühl, Glück und ähnlichen hohen Dingen und kommt mir, gewiss mit Recht, sehr überflüssig vor, zum Unterschied von früheren Arbeiten, hinter denen doch immer irgendein Drang steckte. Was sollte ich aber tun? Man kann doch nicht den ganzen Tag rauchen und Karten spielen, im Gehen bin ich nicht mehr ausdauernd, und das meiste, was man lesen kann, interessiert mich nicht mehr. Ich schrieb, und die Zeit verging mir dabei ganz angenehm. Ich habe die banalsten Wahrheiten während dieser Arbeit entdeckt.« (zitiert nach Jones Bd. 3, S. 519)

Im Text selbst heißt es ausgesprochen selbstkritisch: »Ich habe bei keiner Arbeit so stark die Empfindung gehabt wie diesmal, dass ich allgemein Bekanntes darstelle, Papier und Tinte, in weiterer Folge Setzerarbeit und Druckerschwärze aufbiete, um eigentlich selbstverständliche Dinge zu erzählen.« (1930a; GW XIV, S. 476)

Mir scheint es das am meisten überschätzte Buch Freuds. Während man bei seinen anderen Werken klare Hypothesen vorfindet – die man für begründet halten mag oder nicht – lässt sich hier schwer überhaupt eine Kernaussage angeben; es handelt sich um sprachlich brillante, feinsinnige Aussagen zu unterschiedlichsten Themen, mit Genuss zu lesen, aber – im Vergleich zu seinen sonstigen Arbeiten – eher inhaltsleer.

5.2 Inhalt

Die Schrift beginnt mit gedanklichen Nachträgen zu *Die Zukunft einer Illusion* (1927c), welche an anderer Stelle kurz resümiert werden (s. Kap. 9, Anmerkung 24). Auch das zweite Kapitel enthält Gedanken[1], die entweder nur indirekt das Thema der Kulturentwicklung betreffen oder – sollten sie es tun – an späterer Stelle wiederholt werden. Erst in Kapitel III beginnen die eigentlichen Ausführungen zur Kultur.

Zunächst konstatiert Freud jenes Unbehagen, das er für bedeutsam genug hält, um es in den Titel der Arbeit aufzunehmen. Angeführtes wiederholend (s. Anmerkung 1) nennt er die »drei Quellen«, aus denen »unser Leiden« komme, nämlich »die Übermacht der Natur, die Hinfälligkeit unseres eigenen Körpers und die Unzulänglichkeit der Einrichtungen, welche die Beziehungen der Menschen zueinander in Familie, Staat und Gesellschaft regeln.« Bei den ersten beiden hält er sich nicht lange auf; unser Urteil könne diesbezüglich »nicht lange schwanken«: »[E]s zwingt uns zur Anerkennung dieser Leidensquellen und zur Ergebung ins Unvermeidliche. Wir werden die Natur nie vollkommen beherrschen, unser Organismus, selbst ein Stück dieser Natur, wird immer ein vergängliches, in Anpassung und Leistung beschränktes Gebilde bleiben.« Jedoch: »Von dieser Erkenntnis geht keine lähmende Wirkung aus; im Gegenteil, sie weist unserer Tätigkeit die Richtung. Können wir nicht alles Leiden aufheben, so doch manches, und anderes lindern, mehrtausendjährige Erfahrung hat uns davon überzeugt.« Zur »dritten, zur sozialen Leidensquelle« verhielten wir uns hingegen anders: »Diese wollen wir überhaupt nicht gelten lassen, können nicht einsehen, warum die von uns selbst geschaffenen Einrichtungen nicht vielmehr Schutz und Wohltat für uns alle sein sollten.« (GW XIV, S. 444 f.)

Bei der Betrachtung dieses Sachverhalts werde man u. a. mit einer »erstaunlichen« Behauptung konfrontiert: »Sie lautet, einen großen Teil der Schuld an unserem Elend trage unsere sogenannte Kultur; wir wären viel glücklicher, wenn wir sie aufgeben und in primitive Verhältnisse zurückfinden würden.« Erstaunlich sei sie, so Freud, »weil – wie immer man den Begriff Kultur bestimmen mag – es doch feststeht, dass alles, womit wir uns gegen die Bedrohung aus den Quellen des Leidens zu schützen versuchen, eben der nämlichen Kultur zugehört.« (GW XIV, S. 445)

Er versucht nun, die Quellen dieser »Kulturfeindlichkeit« aufzudecken, ohne allerdings wirklich zu einer Lösung zu kommen[2] und muss schließlich konstatieren: »Es scheint festzustehen, dass wir uns in unserer heutigen Kultur nicht wohlfühlen, aber es ist sehr schwer, sich ein Urteil darüber zu bilden, ob und inwieweit die Menschen früherer Zeiten sich glücklicher gefühlt haben und welchen Anteil ihre Kulturbedingungen daran hatten.« Das Glück sei »etwas durchaus Subjektives«, meint er, und fährt fort:

> »Wir mögen noch so sehr vor gewissen Situationen zurückschrecken, der des antiken Galeerensklaven, des Bauern im 30jährigen Krieg, des Opfers der heiligen Inquisition, des Juden, der das Pogrom erwartet, es ist uns doch unmöglich, uns in diese Personen einzufühlen, die Veränderungen zu erraten, die ursprüngliche Stumpfheit, allmähliche Abstumpfung, Einstellung der Erwartungen, gröbere und feinere Weisen der Narkotisierung in der Empfänglichkeit für Lust- und Unlustempfindungen herbeigeführt haben. Im Falle äußerster Leidmöglichkeit werden auch bestimmte seelische Schutzvorrichtungen in Tätigkeit versetzt.« (GW XIV, S. 448)

Es scheine ihm »unfruchtbar, diese Seite des Problems weiter zu verfolgen«, meint Freud und widmet sich nun dem Kulturbegriff. In Wiederholung einer in *Die Zukunft einer Illusion* (1927c) gegebenen Definition bezeichnet er mit »Kultur« die »ganze Summe der Leistungen und Einrichtungen«, in denen »sich unser Leben von dem unserer tierischen Ahnen« entferne und die »zwei Zwecken« dienten, nämlich »dem Schutz des Menschen gegen die Natur und der Regelung der Beziehungen der Menschen untereinander.« Es folgen gewisse Konkretisierungen: »Als kulturell anerkennen wir alle Tätigkeiten und Werte, die dem Menschen nützen, indem sie ihm die Erde dienstbar machen, ihn gegen die Gewalt der Naturkräfte schützen u. dgl.« Die ersten kulturellen Taten, erläutert er, »waren der Gebrauch von Werkzeugen, die Zähmung des Feuers, der Bau von Wohnstätten.« (GW XIV, S. 448 f.)[3] Weiter macht er die wenig überraschende Anmerkung, dass der Mensch »mit all seinen Werkzeugen« seine Organe vervollkommne (z. B. mit der Brille die »Mängel der Linse in seinem Auge« korrigiere) und hebt die Bedeutung dieser Errungenschaften hervor: »Es klingt nicht nur wie ein Märchen, es ist direkt die Erfüllung aller – nein, der meisten – Märchenwünsche, was der Mensch durch seine Wissenschaft und Technik auf dieser Erde hergestellt hat, in der er zuerst als ein schwaches Tierwesen auftrat und in die jedes Individuum seiner Art wiederum als hilfloser Säugling [...] eintreten muss.« All diesen Besitz dürfe der Mensch als »Kulturerwerb« ansprechen.

Kultur, und damit wird ein neuer Gedankengang eingeleitet, hat aber nicht nur den in der obigen Definition herausgehobenen Aspekt der Nützlichkeit: Neben der »Ausnützung der Erde durch den Menschen und dem Schutz desselben vor den Naturkräften« seien weitere Anforderungen an sie zu stellen. Wir begrüßen es ebenso als »kulturell«, erläutert der Autor, »wenn wir sehen, dass sich die Sorgfalt der Menschen auch Dingen zuwendet, die ganz und gar nicht nützlich sind, eher unnütz erscheinen, z. B. wenn die in einer Stadt als Spielplätze und Luftreservoir notwendigen Gartenflächen auch Blumenbeete tragen, oder wenn die Fenster der Wohnungen mit Blumentöpfen geschmückt sind.« Wir merken bald, so das Ergebnis dieser Überlegung, »das Unnütze, dessen Schätzung wir von der Kultur erwarten, ist die Schönheit; wir fordern, dass der Kulturmensch die Schönheit verehre, wo sie ihm in der Natur begegnet, und sie herstelle an Gegenständen, soweit seiner Hände Arbeit es vermag.« (GW XIV, S. 451 f.) Weiter verlangten wir, »die Zeichen von Reinlichkeit und Ordnung zu sehen.« Wir denken, meint er, »nicht hoch von der Kultur einer englischen Landstadt zur Zeit Shakespeares, wenn wir lesen, dass ein hoher Misthaufen vor der Türe seines väterlichen Hauses in Stratford lagerte.« Unsauberkeit jeder Art scheine »uns mit Kultur unvereinbar«; auch »auf den menschlichen Körper« dehnten wir »die Forderung der Reinlichkeit« aus, hörten beispielsweise »mit Erstaunen, welch üblen Geruch die Person des Roi Soleil zu verbreiten pflegte.« Und, nach einigen Worten zur Bedeutung der Ordnung, fasst Freud zusammen:

»Schönheit, Reinlichkeit und Ordnung nehmen offenbar eine besondere Stellung unter den Kulturanforderungen ein. Niemand wird behaupten, dass sie ebenso lebenswichtig seien wie die Beherrschung der Naturkräfte und andere Momente, die wir noch kennen lernen sollen, und doch wird niemand gern sie als Nebensächlichkeiten zurückstellen wollen. Dass die Kultur nicht allein auf Nutzen bedacht ist, zeigt schon das Beispiel der Schönheit, die wir unter den Interessen der Kultur nicht vermissen wollen.« (GW XIV, S. 453)[4]

Bestes Kennzeichen einer Kultur sei aber »die Schätzung und Pflege der höheren psychischen Tätigkeiten, der intellektuellen, wissenschaftlichen und künstlerischen Leistungen«, die führende Rolle, »welche den Ideen im Leben der Menschen eingeräumt« werde. Unter diesen Ideen stünden »obenan die religiösen Systeme«, daneben »die philosophischen Spekulationen« und »was man die Idealbildungen der Menschen heißen« könne, »ihre Vorstellungen von einer möglichen Vollkommenheit der einzelnen Person, des Volkes, der ganzen Menschheit und die Anforderungen, die sie auf Grund solcher Vorstellungen« erhöben« (GW XIV, S. 453)[5].

Sich dem letzten, »gewiss nicht unwichtigsten Charakterzug einer Kultur« zuwendend, nämlich in welcher Weise »die Beziehungen der Menschen zueinander« geregelt seien, eröffnet Freud eine schwierige Diskussion. Es werde »hier besonders schwer, sich von bestimmten Idealforderungen frei zu halten und das, was überhaupt kulturell ist, zu erfassen.« Er fährt fort: »Vielleicht beginnt man mit der Erklärung, das kulturelle Element sei mit dem ersten Versuch, diese sozialen Beziehungen zu regeln, gegeben. Unterbliebe ein solcher Versuch, so wären diese Beziehungen der Willkür des Einzelnen unterworfen, d. h. der physisch Stärkere würde sie im Sinne seiner Interessen und Triebregungen entscheiden.« Die Macht dieser Gemeinschaft stelle sich nun als »Recht« der Macht des Einzelnen entgegen, welche als »rohe Gewalt« verurteilt werde: »Diese Ersetzung der Macht des Einzelnen durch die der Gemeinschaft ist der entscheidende kulturelle Schritt. Ihr Wesen besteht darin, dass sich die Mitglieder der Gemeinschaft in ihren Befriedigungsmöglichkeiten beschränken, während der Einzelne keine solche Schranke kannte.« (GW XIV, S. 454 f.)

Vom »Recht« wird die sich als »nächste kulturelle Anforderung« ergebende »Gerechtigkeit« unterschieden, also »die Versicherung, dass die einmal gegebene Rechtsordnung nicht wieder zu Gunsten eines Einzelnen durchbrochen werde.« Der weitere Schritt der kulturellen Entwicklung sei schließlich, dass dieses Recht nicht mehr »der Willensausdruck einer kleinen Gemeinschaft« sei, welche »sich zu anderen und vielleicht umfassenderen solchen Massen wieder wie ein gewalttätiges Individuum« verhalte. Das »Endergebnis«, meint Freud, »soll ein Recht sein, zu dem alle – wenigstens alle Gemeinschaftsfähigen – durch ihre Triebopfer beigetragen haben und das keinen – wiederum mit der gleichen Ausnahme – zum Opfer der rohen Gewalt werden lässt.« (GW XIV, S. 455)[6]

Die Charakterisierung der Kulturentwicklung führt er jetzt weiter, indem er sich deren Mechanismen zuwendet und damit zum ersten Male eine psychoanalytische Sichtweise einnimmt: Die Kulturentwicklung setzt er mit Veränderungen an den menschlichen Triebanlagen in Verbindung, wobei er – was sich in speziell in *Totem und Tabu* als so fruchtbar erwiesen hat – psychoanalytische Erkenntnisse am Individuum auf Kollektive überträgt. »Einige dieser Triebe« würden »in solcher Weise aufgezehrt«, dass »an ihrer Stelle« etwas auftrete, was »beim Einzelindividuum als Charaktereigenschaft« beschrieben würde. »Das merkwürdigste Beispiel dieses Vorganges« hätte man »an der Analerotik des jugendlichen Menschen« gefunden:

»Sein ursprüngliches Interesse an der Exkretionsfunktion, ihren Organen und Produkten wandelt sich im Lauf des Wachstums in die Gruppe von Eigenschaften um, die uns als Sparsamkeit, Sinn für Ordnung und Reinlichkeit bekannt sind, die, an für sich wertvoll und willkommen, sich zu auffälliger Vorherrschaft steigern können und dann das ergeben, was man den Analcharakter heißt.« (GW XIV, S. 456)[7] Auf die kollektive Entwicklung übertragen: »Nun haben wir gefunden, dass Ordnung und Reinlichkeit wesentliche Kulturansprüche sind, obgleich ihre Lebensnotwendigkeit nicht gerade einleuchtet, ebenso wenig wie ihre Eignung als Genussquellen.« Somit: »An dieser Stelle musste sich uns die Ähnlichkeit des Kulturprozesses mit der Libidoentwicklung des Einzelnen zuerst aufdrängen.« Nun kommt Freud allgemein auf die Triebsublimierung (die Verschiebung eines Triebzieles) und ihre Bedeutung für die Ausbildung von Kultur zu sprechen: »Die Triebsublimierung ist ein besonders hervorstechender Zug der Kulturentwicklung, sie macht es möglich, dass höhere psychische Tätigkeiten, wissenschaftliche, künstlerische, ideologische, eine so bedeutende Rolle im Kulturleben spielen.« (S. 457)[8] Schließlich formuliert Freud eine seiner wesentlichen Thesen zur Kulturentwicklung, die schon lange vorher, so in den *Drei Abhandlungen zur Sexualtheorie* (1905d) und in »Die ›kulturelle‹ Sexualmoral und die moderne Nervosität« (1908d) aufgestellt wurde, nämlich dass Kultur wesentlich auf Triebverzicht basiert und damit erhebliche Anforderungen an das Individuum stellt:

> »Drittens endlich, und das scheint das Wichtigste, ist es unmöglich zu übersehen, in welchem Ausmaß die Kultur auf Triebverzicht aufgebaut ist, wie sehr sie gerade die Nichtbefriedigung (Unterdrückung, Verdrängung oder sonst etwas?) von mächtigen Trieben zur Voraussetzung hat. Diese ›Kulturversagung‹ beherrscht das große Gebiet der sozialen Beziehungen der Menschen; wir wissen bereits, sie ist die Ursache der Feindseligkeit, gegen die alle Kulturen zu kämpfen haben. Sie wird auch an unsere wissenschaftliche Arbeit schwere Anforderungen stellen, wir haben da viel Aufklärung zu geben. Es ist nicht leicht zu verstehen, wie man es möglich macht, einem Trieb eine Befriedigung zu entziehen. Es ist gar nicht so ungefährlich; wenn man es nicht ökonomisch kompensiert, kann man sich auf ernste Störungen gefasst machen.« (GW XIV, S. 457)

Im gleichen konzeptuellen Rahmen noch, nämlich die Kulturentwicklung in ähnlicher Weise zu betrachten wie die »normale Reifung des Individuums«, wendet sich der Autor einem anderen Problem zu, stellt die Frage, »welchen Einflüssen die Kulturentwicklung ihren Ursprung dankt, wie sie entstanden ist und wodurch ihr Lauf bestimmt wurde.« Freud setzt hinzu: »Diese Aufgabe ist übergroß, man darf seine Verzagtheit eingestehen.« (GW XIV, S. 458) Er könne nur das Wenige präsentieren, was er »erraten« habe. Unterbrochen von zahlreichen Exkursen – die in dieser Wiedergabe entweder weggelassen oder in den Anmerkungen untergebracht werden – versucht er eine Rekonstruktion prähistorischer Gesellschaftsverhältnisse, wie er es mit bemerkenswerten Ergebnissen in *Totem und Tabu* (1912–13a; s. 8.2) unternommen hatte. Er geht in einem ersten historischen Stadium von einem Zusammenleben in Familien (im weiteren Sinne) aus mit sorgfältig koordinierten Arbeitsaufgaben; diese Konstellation sei u. a. mit dem Verlust der Periodizität des Sexualtriebes zu erklären:

> »Vermutlich hing die Gründung der Familie damit zusammen, dass das Bedürfnis genitaler Befriedigung nicht mehr wie ein Gast auftrat, der plötzlich bei einem erscheint und nach seiner Abreise lange nichts mehr von sich hören lässt, sondern sich als Dauermieter beim Einzelnen niederließ. Damit bekam das Männchen ein Motiv, das Weib oder allgemeiner: die Sexualobjekte bei sich zu behalten; die Weibchen, die sich von ihren hilflosen Jungen nicht trennen wollten, mussten auch in ihrem Interesse beim stärkeren Männchen bleiben.« (GW XIV, S. 458)[9]

Diese hier geschilderte frühe Familie entspricht noch der Darwin'schen Urhorde mit uneingeschränkter Willkür des »Oberhauptes und Vaters«, eine Situation, die – wie im vierten Aufsatz von *Totem und Tabu* herausgearbeitet – durch gemeinsame Beseitigung des Urhordenvaters beendet wurde. Damit entstand eine erste egalitäre Gesellschaft mit zahlreichen Einschränkungen (die »totemistische Kultur«), u. a. mit dem strengen Gebot, die Frauen der Kleingruppe sich nur von außerhalb zu besorgen (Exogamie):

> »Das Zusammenleben der Menschen war also zweifach begründet durch den Zwang zur Arbeit, den die äußere Not schuf, und durch die Macht der Liebe, die von Seiten des Mannes das Sexualobjekt im Weibe, von Seiten des Weibes das von ihr abgelöste Teilstück des Kindes nicht entbehren wollte. [...] Der erste Kulturerfolg war, dass nun auch eine größere Anzahl von Menschen in Gemeinschaft bleiben konnten. Und da beide Mächte dabei zusammenwirkten, könnte man erwarten, dass sich die weitere Entwicklung glatt vollziehen würde, zu immer besserer Beherrschung der Außenwelt wie zur weiteren Ausdehnung der von der Gemeinschaft umfassten Menschenzahl.« (GW XIV, S. 460)

Der letzte Satz deutet die (in historischer Retrospektive gerechtfertigte) Skepsis schon an, ebenso die Bemerkung: »Man versteht auch nicht leicht, wie diese Kultur auf ihre Teilnehmer anders als beglückend wirken kann.« Nach einem Exkurs über Wert und Unwert geschlechtlicher Liebe (stärkste Befriedigungserlebnisse einerseits, Abhängigkeit vom Liebesobjekt andererseits) sowie ihrer zielgehemmten Variante im Sinne einer »allgemeinen Menschen- und Weltliebe« widmet sich Freud möglichen Störungen des geschilderten Gesellschaftsmodells. »Jene Liebe, welche die Familie gründete«, betont er, »bleibt in ihrer ursprünglichen Ausprägung, in der sie auf direkte sexuelle Befriedigung nicht verzichtet [...] in der Kultur weiter wirksam.« Aber es folgt eine bedeutsame Ergänzung, nämlich dass sie »in ihrer Modifikation als zielgehemmte Zärtlichkeit« gleichfalls eine entscheidende Rolle spiele[10]. Beide, erläutert der Autor und bereitet auf mögliche Komplikationen vor, »vollsinnliche und zielgehemmte Liebe, greifen über die Familie hinaus und stellen neue Bindungen an bisher Fremde dar. Die genitale Liebe führt zu neuen Familienbildungen, die zielgehemmte zu ›Freundschaften‹, welche kulturell wichtig werden, weil sie manchen Beschränkungen der genitalen Liebe, z. B. deren Ausschließlichkeit, entgehen.« Allerdings: »[D]as Verhältnis der Liebe zur Kultur verliert im Verlaufe der Entwicklung seine Eindeutigkeit. Einerseits widersetzt sich die Liebe den Interessen der Kultur, anderseits bedroht die Kultur die Liebe mit empfindlichen Einschränkungen.« (GW XIV, S. 462; s. dazu auch Kapitel 4 über *Massenpsychologie und Ich-Analyse*)

Dieser (zunächst unklar erscheinende) Sachverhalt wird nun erläutert und begründet. Zum ersten Punkt erfolgt zunächst der Hinweis, dass die Familie vielfach nicht bereit sei, die an sie libidinös gebundenen Mitglieder für die Gesellschaft freizugeben (beispielsweise etwa die Lösung der Jugendlichen von ihrer Familie durch Pubertäts- und Aufnahmeriten unterstützt werden müsse), weiter, dass »bald die Frauen in einen Gegensatz zur Kulturströmung« träten und »ihren verzögernden und zurückhaltenden Einfluss« entfalteten. Diese sicher nicht ungeteilten Beifall findende Aussage begründet Freud so:

> »Die Frauen vertreten die Interessen der Familie und des Sexuallebens; die Kulturarbeit ist immer mehr Sache der Männer geworden, stellt ihnen immer schwierigere Aufgaben, nötigt sie zu Triebsublimierungen, denen die Frauen wenig gewachsen sind. Da der Mensch nicht über unbegrenzte Quantitäten psychischer Energie verfügt, muss er seine Aufgaben durch zweckmäßige Verteilung der Libido erledigen. Was er für kulturelle Zwecke verbraucht, entzieht er großenteils den Frauen und dem Sexualleben; das beständige Zusammensein mit Männern, seine Abhängigkeit von den Beziehungen zu ihnen entfremden ihn sogar seinen Aufgaben als Ehemann und Vater. So sieht sich die Frau durch die Ansprüche der Kultur in den Hintergrund gedrängt und tritt zu ihr in ein feindseliges Verhältnis.« (GW XIV, S. 465)

Die Einschränkungen, welche die Kultur ihrerseits auf das Sexualleben ausübt, werden wesentlich nachdrücklicher herausgearbeitet: Schon in der ersten Phase der Kulturentwicklung, dem Stadium des Totemismus, sei eine einscheidende Einschränkung des Liebenslebens erfolgt, das Verbot der inzestuösen Objektwahl, und »durch Tabu, Gesetz und Sitte« würden weitere, beide Geschlechter betreffende Einschränkungen hergestellt. Unter dem Zwang, der Sexualität psychische Energie für ihren eigenen Aufbau zu entziehen, benehme sich »die Kultur gegen die Sexualität wie ein Volksstamm oder eine Schicht der Bevölkerung«, die »eine andere ihrer Ausbeutung unterworfen« habe. Am weitesten gehe diesbezüglich die westeuropäische Kultur, die konsequenterweise schon damit einsetze, »die Äußerungen des kindlichen Sexuallebens zu verpönen«, denn »die Eindämmung der sexuellen Gelüste der Erwachsenen« habe »keine Aussicht«, wenn »ihr nicht in der Kindheit vorgearbeitet« worden sei. (GW XIV, S. 464)[11] Freuds Kritik wird immer schärfer und konkreter:

»Die Objektwahl des geschlechtsreifen Individuums wird auf das gegenteilige Geschlecht eingeengt, die meisten außergenitalen Befriedigungen als Perversionen untersagt.« Er fügt hinzu: »Die in diesen Verboten kundgegebene Forderung eines für alle gleichartigen Sexuallebens setzt sich über die Ungleichheiten in der angeborenen und erworbenen Sexualkonstitution hinaus, schneidet eine ziemliche Anzahl von ihnen vom Sexualgenuss ab und wird so die Quelle schwerer Ungerechtigkeit.« Aber selbst das, was von den genannten Ächtungen frei bleibe, »die heterosexuelle genitale Liebe«, werde »durch die Beschränkungen der Legitimität und der Einehe weiter beeinträchtigt.« Die anschließenden Worte lassen verstehen, warum Freud von Anhängern der sexuellen Liberalisierung so nachdrücklich als Gewährsmann herangezogen wird: »Die heutige Kultur gibt deutlich zu erkennen, dass sie sexuelle Beziehungen nur auf Grund einer einmaligen, unauflösbaren Bindung eines Mannes an ein Weib gestatten will, dass sie die Sexualität als selbständige Lustquelle nicht mag und sie nur als bisher unersetzte Quelle für die Vermehrung der Menschen zu dulden gesinnt ist.« (GW XIV, S. 464)[12]

Allerdings, meint Freud, seien solche Beschränkungen de facto nur für die Wenigsten wirksam gewesen; die »Kulturgesellschaft« habe sich »genötigt gesehen, viele Überschreitungen stillschweigend zuzulassen«, welche sie »nach ihren Satzungen hätte verfolgen müssen.« Gleichwohl: »Das Sexualleben des Kulturmenschen ist doch schwer geschädigt, es macht mitunter den Eindruck einer in Rückbildung befindlichen Funktion, wie unser Gebiss und unsere Kopfhaare als Organe zu sein scheinen.« Man habe »wahrscheinlich ein Recht, anzunehmen, dass seine Bedeutung als Quelle von Glücksempfindungen, also in der Erfüllung unseres Lebenszweckes, empfindlich nachgelassen« habe (GW XIV, S. 465)[13]

Es folgen weitere Überlegungen zur Libidoökonomie im Rahmen der Kulturentwicklung, insbesondere warum eine so starke – auf Kosten des individuellen Sexuallebens gehende – gehemmt libidinöse Bindung der Gesellschaftsmitglieder überhaupt nötig sei: »Uns fehlt aber die Einsicht in die Notwendigkeit, welche die Kultur auf diesen Weg drängt und ihre Gegnerschaft zur Sexualität begründet. Es muss sich um einen von uns noch nicht entdeckten störenden Faktor handeln.« (GW XIV, S. 468)

Nach einem sehr langen Exkurs[14] präsentiert Freud die Lösung: »Die Existenz dieser Aggressionsneigung«, die wir »bei uns selbst verspüren« könnten, »beim anderen mit Recht« voraussetzten, sei »das Moment«, das »unser Verhältnis zum Nächsten« störe und »die Kultur zu ihrem Aufwand« nötige. Er präzisiert:

> »Infolge dieser primären Feindseligkeit der Menschen gegeneinander ist die Kulturgesellschaft ständig vom Zerfall bedroht. Das Interesse der Arbeitsgemeinschaft würde sie nicht zusammenhalten, triebhafte Leidenschaften sind stärker als vernünftige Interessen. Die Kultur muss alles aufbieten, um den Aggressionstrieben der Menschen Schranken zu setzen, ihre Äußerungen durch psychische Reaktionsbildungen niederzuhalten. Daher also das Aufgebot von Methoden, die die Menschen zu Identifizierungen und zielgehemmten Liebesbeziehungen antreiben sollen, daher die Einschränkung des Sexuallebens und daher auch das Idealgebot, den Nächsten so zu lieben wie sich selbst, das sich wirklich dadurch rechtfertigt, dass nichts anderes der ursprünglichen menschlichen Natur so sehr zuwiderläuft.« (GW XIV, S. 471)[15]

Nach einer langen Darstellung von der Entwicklung der psychoanalytischen Trieblehre (vom Dualismus zwischen Ich- und Sexualtrieben bis hin zum Gegensatz zwischen Eros und Todestrieb mit dessen Unterform Aggressionstrieb; s. 2.5) kommt Freud auf die Kulturentwicklung und die auf sie wirkenden Faktoren zurück, nämlich libidinöse Bindung der Individuen einerseits, aggressive Impulse andererseits: »Für alles Weitere stelle ich mich also auf den Standpunkt, dass die Aggressionsneigung eine ursprüngliche, selbständige Triebanlage des Menschen ist, und komme darauf zurück, dass die Kultur ihr stärkstes Hindernis in ihr findet.« Er erläutert:

»Diese Menschenmengen sollen libidinös aneinander gebunden werden; die Notwendigkeit allein, die Vorteile der Arbeitsgemeinschaft werden sie nicht zusammenhalten. Diesem Programm der Kultur widersetzt sich aber der natürliche Aggressionstrieb der Menschen, die Feindseligkeit eines gegen alle und aller gegen einen.« Weit ausholend: »Und nun, meine ich, ist uns der Sinn der Kulturentwicklung nicht mehr dunkel. Sie muss uns den Kampf zwischen Eros und Tod, Lebenstrieb und Destruktionstrieb zeigen, wie er sich an der Menschenart vollzieht. Dieser Kampf ist der wesentliche Inhalt des Lebens überhaupt und darum ist die Kulturentwicklung kurzweg zu bezeichnen als der Lebenskampf der Menschenart.« (GW XIV, S. 481)

Nun widmet sich Freud einer neuen Frage: »Welcher Mittel bedient sich die Kultur, um die ihr entgegenstehende Aggression zu hemmen, unschädlich zu machen, vielleicht auszuschalten?« Wie schon in vielen Arbeiten zuvor, versucht er die Lösung aus dem Studium der Verhältnisse beim Individuum zu erhalten; also: Was gehe mit dem Einzelnen vor, um »seine Aggressionslust unschädlich zu machen?« Es folgt die überraschende Antwort: »Die Aggression wird introjiziert, verinnerlicht, eigentlich aber dorthin zurückgeschickt, woher sie gekommen ist, also gegen das eigene Ich gewendet.« Dieser Vorgang gehe von der Instanz des Über-Ichs aus, welche »als ›Gewissen‹ gegen das Ich dieselbe strenge Aggressionsbereitschaft ausübt, die das Ich gerne an anderen, fremden Individuen befriedigt hätte.« Dann werden die Begriffe Schuldbewusstsein (Schuldgefühl) und Strafbedürfnis eingeführt: »Die Spannung zwischen dem gestrengen Über-Ich und dem unterworfenen Ich heißen wir das Schuldbewusstsein; sie äußert sich als Strafbedürfnis.« Somit: »Die Kultur bewältigt also die gefährliche Aggressionslust des Individuums, indem sie es schwächt, entwaffnet und durch eine Instanz in seinem Inneren, wie durch eine Besatzung in der eroberten Stadt, überwachen lässt.« (GW XIV, S. 482 f.) Es folgt ein ausführlicher Exkurs über die psychoanalytische Sicht des Schuldgefühls (nämlich in einer frühen Entwicklungsstufe als Angst vor dem elterlichen Liebesverlust, später als Angst vor der menschlichen Gemeinschaft einerseits, die an die reale Stelle der Eltern tritt, vor dem Über-Ich andererseits, das bei vielen – nicht allen – die Elternautorität wirksam später ersetzen wird)[16]. In letzterem Fall benehme sich das Gewissen »um so strenger und misstrauischer, je tugendhafter der Mensch« sei, »sodass am Ende gerade, die es in der Heiligkeit am weitesten gebracht, sich der ärgsten Sündhaftigkeit« beschuldigten. Nach einem weiteren Exkurs resümiert Freud zunächst: »Wir kennen also zwei Ursprünge des Schuldgefühls, den aus der Angst vor der Autorität und den späteren aus der Angst vor dem Über-Ich.« Das erstere, fährt er fort, »zwingt dazu, auf Triebbefriedigungen zu verzichten, das andere drängt, da man den Fortbestand der verbotenen Wünsche vor dem Über-Ich nicht verbergen kann, außerdem zur Bestrafung.« Er arbeitet dann noch einmal in aller Deutlichkeit die für die späteren kulturtheoretischen Gedanken so zentrale Beziehung zwischen Über-Ich und Schuldgefühl heraus:

> »Wir sehen nun, in welcher Beziehung der Triebverzicht zum Schuldbewusstsein steht. Ursprünglich ist ja der Triebverzicht die Folge der Angst vor der äußeren Autorität; man verzichtet auf Befriedigungen, um deren Liebe nicht zu verlieren. Hat man diesen Verzicht geleistet, so ist man sozusagen mit ihr quitt, es sollte kein Schuldgefühl erübrigen. Anders ist es im Falle der Angst vor dem Über-Ich. Hier hilft der Triebverzicht nicht genug, denn der Wunsch bleibt bestehen und lässt sich vor dem Über-Ich nicht verheimlichen. Es wird also trotz des erfolgten Verzichts ein Schuldgefühl zustande kommen und dies ist ein großer ökonomischer Nachteil der Über-Ich-Einsetzung, wie man sagen kann, der Gewissensbildung. Der Triebverzicht hat nun keine voll befreiende Wirkung mehr, die tugendhafte Enthaltung wird nicht mehr durch die Sicherung der Liebe belohnt, für ein drohendes äußeres Unglück – Liebesverlust und Strafe von Seiten der äußeren Autorität – hat man ein andauerndes inneres Unglück, die Spannung des Schuldbewusstseins, eingetauscht.« (GW XIV, S. 486 f.)

Freud fasst die Entwicklung zusammen: »zunächst Triebverzicht infolge der Angst vor der Aggression der äußeren Autorität [...], dann Aufrichtung der inneren Autorität, Triebverzicht infolge der Angst vor ihr, Gewissensangst. Im zweiten Falle Gleichwertung von böser Tat und böser Absicht, daher Schuldbewusstsein, Strafbedürfnis.« Nach nochmaliger Behandlung der Frage, wie Unterdrückung aggressiver Impulse (also ein Triebverzicht) die Strenge des Gewissens vermehren kann[17], werden die kollektiv-psychologischen und kulturtheoretischen Überlegungen wieder aufgenommen. Ausgangspunkt ist die geschilderte Ausbildung des Über-Ichs in der Ontogenese: Einerseits entsteht es durch Identifikation mit den Eltern (speziell dem Vater), andererseits wird es – wie ausgeführt – durch jede Unterdrückung aggressiver Impulse (die nach innen, gegen das Ich gewendet werden) in seiner Strenge verstärkt. Dies versucht Freuds durch eine phylogenetische Annahme[18] zu erklären, nämlich die These von der Ermordung des (gleichzeitig geliebten und gehassten) Urhordenvaters durch seine Söhne[19] und das daraus resultierende Schuldgefühl (bzw. die Reue):

> »Diese Reue war das Ergebnis der uranfänglichen Gefühlsambivalenz gegen den Vater, die Söhne hassten ihn, aber sie liebten ihn auch; nachdem der Hass durch die Aggression befriedigt war, kam in der Reue über die Tat die Liebe zum Vorschein, richtete durch Identifizierung mit dem Vater das Über-Ich auf, gab ihm die Macht des Vaters wie zur Bestrafung für die gegen ihn verübte Tat der Aggression, schuf die Einschränkungen, die eine Wiederholung der Tat verhüten sollten. Und da die Aggressionsneigung gegen den Vater sich in den folgenden Geschlechtern wiederholte, blieb auch das Schuldgefühl bestehen und verstärkte sich von neuem durch jede unterdrückte und dem Über-Ich übertragene Aggression.« (GW XIV, S. 492)

Und nun kommt eher beiläufig jene schlecht vorbereitete Aussage, die etwas später als die zentrale der Schrift (»das Endergebnis unserer Untersuchung«) bezeichnet wird, nämlich »das Schuldgefühl als das wichtigste Problem der Kulturentwicklung hinzustellen und darzutun, dass der Preis für die Kulturentwicklung in der Glückseinbuße durch die Erhöhung des Schuldgefühls bezahlt wird.« (GW XIV, S. 493 f.)[20]:

> »Nun, meine ich, erfassen wir endlich zweierlei in voller Klarheit, den Anteil der Liebe an der Entstehung des Gewissens und die verhängnisvolle Unvermeidlichkeit des Schuldgefühls. Es ist wirklich nicht entscheidend, ob man den Vater getötet oder sich der Tat enthalten hat, man muss sich in beiden Fällen schuldig finden, denn das Schuldgefühl ist der Ausdruck des Ambivalenzkonflikts, des ewigen Kampfes zwischen dem Eros und dem Destruktions- oder Todestrieb. Dieser Konflikt wird angefacht, sobald den Menschen die Aufgabe des Zusammenlebens gestellt wird; solange diese Gemeinschaft nur die Form der Familie kennt, muss er sich im Ödipuskomplex äußern, das Gewissen einsetzen, das erste Schuldgefühl schaffen. Wenn eine Erweiterung dieser Gemeinschaft versucht wird, wird derselbe Konflikt in Formen, die von der Vergangenheit abhängig

> sind, fortgesetzt, verstärkt und hat eine weitere Steigerung des Schuldgefühls zur Folge. Da die Kultur einem inneren erotischen Antrieb gehorcht, der sie die Menschen zu einer innig verbundenen Masse vereinigen heißt, kann sie dies Ziel nur auf dem Wege einer immer wachsenden Verstärkung des Schuldgefühls erreichen. Was am Vater begonnen wurde, vollendet sich in der Masse. Ist die Kultur der notwendige Entwicklungsgang von der Familie zur Menschheit, so ist unablösbar mit ihr verbunden, als Folge des mitgeborenen Ambivalenzkonflikts, als Folge des ewigen Haders zwischen Liebe und Todesstrebens, die Steigerung des Schuldgefühls vielleicht bis zu Höhen, die der Einzelne schwer erträglich findet.« (GW XIV, S. 492 f.)

Nach metapsychologischen und klinischen Exkursen (zum Verhältnis von Über-Ich und Gewissen, zur topischen Einordnung der Angst, zum Unterschied zwischen Reue und Schuldgefühl) sowie Gedanken[21] zur Analogie zwischen dem »Kulturprozess der Menschheit« und dem »Entwicklungs- oder Erziehungsprozess des einzelnen Menschen« postuliert Freud ein von der Gemeinschaft ausgebildetes Über-Ich[22] (Kultur-Über-Ich); damit lässt sich das anfangs formulierte diffuse »Unbehagen« in der Kultur, die Kritik an den von ihr erbrachten Leistungen und geforderten Einschränkungen analysieren: Die Ethik (als Zusammenfassung der Forderungen, die das Kultur-Über-Ich hinsichtlich der Beziehungen der Menschen stelle) sei als ein »therapeutischer Versuch aufzufassen, als Bemühung, durch ein Gebot des Über-Ichs zu erreichen, was bisher durch sonstige Kulturarbeit nicht zu erreichen war.« Insbesondere gehe es darum, »das größte Hindernis der Kultur, die konstitutionelle Neigung der Menschen zur Aggression gegeneinander« wegzuräumen und »gerade darum«, so Freud, »wird uns das wahrscheinlich jüngste der kulturellen Über-Ich-Gebote besonders interessant, das Gebot: Liebe deinen Nächsten wie dich selbst.« In der Neurosentherapie sei man sehr oft genötigt, das Über-Ich zu bekämpfen, welches sich »in der Strenge seiner Gebote und Verbote zu wenig um das Glück des Ichs« kümmere, »indem es die Widerstände gegen die Befolgung, die Triebstärke des Es und die Schwierigkeiten der realen Umwelt nicht genügend in Rechnung« bringe. »Ganz ähnliche Einwendungen« ließen sich gegen »die ethischen Forderungen des Kultur-Über-Ichs« erheben:

> »Auch dies kümmert sich nicht genug um die Tatsachen der seelischen Konstitution des Menschen, es erlässt ein Gebot und fragt nicht, ob es dem Menschen möglich ist, es zu befolgen. Vielmehr, es nimmt an, dass dem Ich des Menschen alles psychologisch möglich ist, was man ihm aufträgt, dass dem Ich die unumschränkte Herrschaft über sein Es zusteht. Das ist ein Irrtum, und auch bei den sogenannt normalen Menschen lässt sich die Beherrschung des Es nicht über bestimmte Grenzen steigern. Fordert man mehr, so erzeugt man beim Einzelnen Auflehnung oder Neurose oder macht ihn unglücklich. Das Gebot ›Liebe deinen Nächsten wie dich selbst‹ ist die stärkste Abwehr der menschlichen Aggression und ein ausgezeichnetes Beispiel für das unpsychologische Vorgehen des

> Kultur-Über-Ichs. Das Gebot ist undurchführbar; eine so großartige Inflation der Liebe kann nur deren Wert herabsetzen, nicht die Not beseitigen.« (GW XIV, S. 503 f.)

Wer in der Kultur eine solche (nicht durchführbare) Vorschrift einhalte, setze »sich nur in Nachteil gegen den«, der sich über sie hinaussetze. »Wie gewaltig« müsse »das Kulturhindernis der Aggression sein, wenn die Abwehr derselben ebenso unglücklich machen« könne »wie die Aggression selbst«! Die »natürliche Ethik« habe hier nichts zu bieten »außer der narzisstischen Befriedigung, sich für besser halten zu dürfen, als die anderen« es seien. Und an seine Religionskritik in *Die Zukunft einer Illusion* anknüpfend, sagt er: »Die Ethik, die sich an die Religion anlehnt, lässt hier ihre Versprechungen eines besseren Jenseits eingreifen. Ich meine, solange sich die Tugend nicht schon auf Erden lohnt, wird die Ethik vergeblich predigen.« (GW XIV, S. 504)

Der Frage, ob man nicht »zur Diagnose berechtigt« sei, dass »manche Kulturen, – oder Kulturepochen, – möglicherweise die ganze Menschheit – unter dem Einfluss der Kulturstrebungen ›neurotisch‹ geworden« seien und welche therapeutischen Vorschläge (analog zur Behandlung der Neurosen) dazu gemacht werden könnten, weicht Freud zwar nicht gerade aus, beantwortet sie aber wenig eindeutig[23], um dann zu abschließenden Feststellungen zu kommen. Hier ist seine Position, wie so häufig, keineswegs dogmatisch, sondern vorsichtig-ausgewogen (um nicht zu sagen: unbestimmt): »Eine Wertung der menschlichen Kultur zu geben«, liege ihm »aus den verschiedensten Motiven sehr ferne.« Er kommentiert dann die möglichen Positionen:

> »Ich habe mich bemüht, das enthusiastische Vorurteil von mir abzuhalten, unsere Kultur sei das Kostbarste, was wir besitzen oder erwerben können, und ihr Weg müsse uns notwendigerweise zu Höhen ungeahnter Vollkommenheit führen. Ich kann wenigstens ohne Entrüstung den Kritiker anhören, der meint, wenn man die Ziele der Kulturstrebung und die Mittel, deren sie sich bedient, ins Auge fasst, müsse man zu dem Schlusse kommen, die ganze Anstrengung sei nicht der Mühe wert, und das Ergebnis könne nur ein Zustand sein, den der Einzelne unerträglich finden muss. Meine Unparteilichkeit wird mir dadurch leicht, dass ich über all diese Dinge sehr wenig weiß, mit Sicherheit nur das eine, dass die Werturteile der Menschen unbedingt von ihren Glückswünschen geleitet werden, also ein Versuch sind, ihre Illusionen mit Argumenten zu stützen. Ich verstünde es sehr wohl, wenn jemand den zwangsläufigen Charakter der menschlichen Kultur hervorheben und z. B. sagen würde, die Neigung zur Einschränkung des Sexuallebens oder zur Durchsetzung des Humanitätsideals auf Kosten der natürlichen Auslese seien Entwicklungsrichtungen, die sich nicht abwenden und nicht ablenken lassen, und denen man sich am Besten beugt, wie wenn es Naturnotwendigkeiten wären. Ich kenne auch die Einwendung dagegen, dass solche Strebungen, die man für unüberwindbar hielt, oft im Laufe der Menschheitsgeschichte beiseite geworfen und durch andere ersetzt worden sind.« (GW XIV, S. 506)

»So sinkt mir«, kommentiert er, »der Mut, vor meinen Mitmenschen als Prophet aufzustehen« und er beuge sich »dem Vorwurf«, dass er ihnen keinen Trost zu bringen wisse. Er kommt, wenig substanziell Neues beibringend, dann endgültig zum Schluss:

> »Die Schicksalsfrage der Menschenart scheint mir zu sein, ob und in welchem Maße es ihrer Kulturentwicklung gelingen wird, der Störung des Zusammenlebens durch den menschlichen Aggressions- und Selbstvernichtungstrieb Herr zu werden. In diesem Bezug verdient gerade die gegenwärtige Zeit ein besonderes Interesse. Die Menschen haben es jetzt in der Beherrschung der Naturkräfte so weit gebracht, dass sie es mit deren Hilfe leicht haben, einander bis auf den letzten Mann auszurotten. Sie wissen das, daher ein gut Stück ihrer gegenwärtigen Unruhe, ihres Unglücks, ihrer Angststimmung. Und nun ist zu erwarten, dass die andere der beiden ›himmlischen Mächte‹, der ewige Eros, eine Anstrengung machen wird, um sich im Kampf mit seinem ebenso unsterblichen Gegner zu behaupten. Aber wer kann den Erfolg und Ausgang voraussehen?« (GW XIV, S. 506)

Anmerkungen zu Kapitel 5

1. Die Überlegungen gehen von der Frage aus, »was die Menschen selbst durch ihr Verhalten als Zweck und Absicht ihres Lebens erkennen lassen, was sie vom Leben fordern, in ihm erreichen wollen.« Die nicht überraschende Antwort, dass sie »nach dem Glück« strebten, »glücklich werden und so bleiben« wollten, führt auf die zur Verfügung stehenden Mechanismen, zum einen Schmerz und Unlust zu vermeiden, zum anderen sich das Erlebnis »starker Lustgefühle« zu verschaffen. Letztlich gehe es v. a. um Lösung der erstgenannten Aufgabe, d. h. Unglück zu vermeiden, das in verschiedener Form an den Menschen herantrete: »Von drei Seiten droht das Leiden, vom eigenen Körper her, der, zu Verfall und Auflösung bestimmt, sogar Angst und Schmerz als Warnsignale nicht entbehren kann, von der Außenwelt, die mit übermächtigen, unerbittlichen, zerstörenden Kräften gegen uns wüten kann, und endlich aus der Beziehung zu anderen Menschen.« Freud fügt hinzu: »Das Leiden, das aus dieser Quelle stammt, empfinden wir vielleicht schmerzlicher als jedes andere; wir sind geneigt, es als eine gewissermaßen überflüssige Zutat anzusehen, obwohl es nicht weniger schicksalsmäßig unabwendbar sein dürfte als das Leiden anderer Herkunft.« (GW XIV; S. 434 f.)

   Dann werden Methoden der Vermeidung von Unlust aus den genannten Quellen diskutiert: Gegen jene, welche »aus menschlichen Beziehungen erwachsen«, sei der nahe liegende Schutzmechanismus die »gewollte Vereinsamung«; gegen die gefürchtete Außenwelt sei der beste Weg, als ein »Mitglied der menschlichen Gemeinschaft mit Hilfe der von der Wissenschaft geleiteten Technik zum Angriff auf die Natur« überzugehen und »sie menschlichem Willen« zu unterwerfen. Von den Mitteln zur Verhütung des vom eigenen Organismus ausgehenden Leides nennt Freud die chemische Methode der Beeinflussung, die »Intoxikation« und macht Anmerkungen zur mutmaßlichen Existenz körpereigener, die Empfindungen verändernder Stoffe.

Erst dann folgen psychoanalytische Betrachtungen, nämlich zur Unlust, welche aus versagten Triebbedürfnissen resultiert: Als Linderungsmittel nennt Freud Beherrschung des Trieblebens im Sinne des Realitätsprinzips (dabei »eine unleugbare Herabsetzung der Genussmöglichkeiten« konzedierend) sowie Libidoverschiebung, besonders in Form der Sublimierung. Hier muss er konstatieren, dass die dabei erzielte Lust hinsichtlich ihrer Intensität »im Vergleich mit der aus der Sättigung grober, primärer Triebregungen« gedämpft sei, außerdem nur wenige Personen eine solche Sublimierungsfähigkeit besäßen (GW XIV, S. 437 f.). Weiter nennt er das Phantasieleben als Möglichkeit des Lustgewinnes und erwähnt in diesem Zusammenhang Genuss an Werken der Kunst, nicht ohne hinzuzufügen: »Doch vermag die milde Narkose, in die uns die Kunst versetzt, nicht mehr als eine flüchtige Entrückung aus den Nöten des Lebens herbeizuführen und ist nicht stark genug, um reales Elend vergessen zu machen.« (S. 439)

Weitere Überlegungen, so zum Glücksgewinn in Form der »geschlechtlichen Liebe« sowie zum Wesen der Schönheit, seien hier nicht referiert. Anzumerken ist jedoch, dass Freud zwar nicht grundsätzlich neue weitreichende Gedanken entwickelt, jedoch – wie so oft in seinen eher populärwissenschaftlichen Werken – gute Einführungen in psychoanalytische Konzepte gibt.

2. Er meint, dass schon beim Sieg des Christentums (mit der durch seine Lehre »vollzogenen Entwertung des irdischen Lebens«) ein »solcher kulturfeindlicher Faktor« beteiligt gewesen sein müsse, weiter, dass die Kulturfeindlichkeit Nahrung erhalten habe, als man die »primitiven Völker und Stämme« mit ihrem (scheinbar) einfachen, bedürfnisarmen und glücklichen Leben kennen gelernt habe. (Freud hält diese Auffassung für dezidiert falsch: »[I]n vielen Fällen hatte man irrtümlich ein Maß von Lebenserleichterung, das der Großmut der Natur und der Bequemlichkeit in der Befriedigung der großen Bedürfnisse zu danken war, der Abwesenheit von verwickelten kulturellen Anforderungen zugeschrieben.«) Eine gewisse Rechtfertigung der Kulturfeindlichkeit – muss er implizit zugeben – hat auch die Psychoanalyse zu verantworten (wenngleich er dies in einem Missverständnis begründet sieht; s. dazu 1916–17a; GW XI, S. 448 f.):

> »Man fand, dass der Mensch neurotisch wird, weil er das Maß von Versagung nicht ertragen kann, das ihm die Gesellschaft im Dienste ihrer kulturellen Ideale auferlegt, und man schloss daraus, dass es eine Rückkehr zu Glücksmöglichkeiten bedeutete, wenn diese Anforderungen aufgehoben oder sehr herabgesetzt würden.« (GW XIV, S. 446).

Am eingehendsten diskutiert wird das »Moment der Enttäuschung«, dass nämlich trotz großer Fortschritte in Naturwissenschaft und Technik »das Maß von Lustbefriedigung«, welches die Menschen vom Leben erwarteten, ihrer Auffassung nach sich nicht erhöht habe, dass sie »nach ihren Empfindungen« dadurch nicht glücklicher gemacht worden seien. In diesem Punkt bezieht Freud selbst nicht klar Position oder spielt zumindest zweideutig den Advocatus diaboli der Kulturpessimisten; zunächst konstatiert er – wie man es von ihm erwarten würde: »Bedeutet es nichts, dass es der Medizin gelungen ist, die Sterblichkeit der kleinen Kinder, die Infektionsgefahr der gebärenden Frau so außerordentlich herabzusetzen, ja die mittlere Lebensdauer des Kulturmenschen um eine beträchtliche Anzahl von Jahren zu verlängern?« Wenig später führt er jedoch, ohne auf dessen Wertigkeit einzugehen, ein gewichtiges Gegenargument an:

> »Was nützt uns die Einschränkung der Kindersterblichkeit, wenn gerade sie uns die äußerste Zurückhaltung in der Kinderzeugung aufnötigt, sodass wir im ganzen doch nicht mehr Kinder aufziehen, als in den Zeiten vor der Herrschaft der Hygiene, dabei aber unser Sexualleben in der Ehe unter schwierige Bedingungen gebracht und wahrscheinlich der wohltätigen, natürlichen Auslese entgegengearbeitet haben? Und was soll uns endlich ein langes Leben, wenn es beschwerlich, arm an Freuden und so leidvoll ist, dass wir den Tod nur als Erlöser bewillkommnen können?« (GW XIV, S. 447)

3. Unter ihnen, meint Freud, rage »die Zähmung des Feuers als eine ganz außerordentliche, vorbildlose Leistung hervor« und äußert in einer Fußnote eine »phantastisch klingende« Vermutung »über den Ursprung dieser menschlichen Großtat«: Der Urmensch habe gewissermaßen eine triebhafte Neigung gehabt, das Feuer durch Urinieren auszulöschen; erst nach Aufgabe dieser Praktik habe er es »mit sich forttragen« und »in seinen Dienst zwingen« können: »Diese große kulturelle Eroberung wäre also der Lohn für den Triebverzicht.« (GW XIV, S. 449, Fußnote 1) Die kleine Schrift »Zur Gewinnung des Feuers« (1932a) greift diese Gedankengänge später noch einmal auf.
4. Natürlich sieht der Autor, dass Ordnung vor allem auch nützlich ist, Reinlichkeit zur Krankheitsverhütung beiträgt, aber: »[D]er Nutzen erklärt uns das Streben nicht ganz; es muss noch etwas anderes im Spiele sein.« (GW XIV, S. 453)
5. Bemerkenswert ist der Zusatz, den der religionskritische Freud, wenige Jahre nach Erscheinen von *Die Zukunft einer Illusion*, hier anbringt:

   > »Auch darf man sich nicht durch Werturteile über einzelne dieser religiösen, philosophischen Systeme und dieser Ideale beirren lassen; ob man die höchste Leistung des Menschengeistes in ihnen sucht oder ob man sie als Verirrungen beklagt, man muss anerkennen, dass ihr Vorhandensein, besonders ihre Vorherrschaft, einen Hochstand der Kultur bedeutet.« (GW XIV, S. 454)

6. Eine interessante Überlegung, die jedoch den Gedankengang unterbricht, sei in Form einer Anmerkung referiert: »Die individuelle Freiheit«, konstatiert Freud, »ist kein Kulturgut. Sie war am größten vor jeder Kultur, allerdings damals meist ohne Wert, weil das Individuum kaum imstande war, sie zu verteidigen.« Durch die »Kulturentwicklung« erfahre sie Einschränkungen, und die Gerechtigkeit fordere, «dass keinem diese Einschränkungen erspart« würden. Nach Bemerkungen über die Rolle des individuellen Freiheitsdranges für die Kulturentwicklung sowie den wohl nicht beseitigbaren Anspruch des Menschen auf individuelle Freiheit gegen den Willen der Masse formuliert Freud das grundlegende Problem: »Ein gut Teil des Ringens der Menschheit staut sich um die eine Aufgabe, einen zweckmäßigen, d. h. beglückenden Ausgleich zwischen diesen individuellen und den kulturellen Massenansprüchen zu finden, es ist eines ihrer Schicksalsprobleme, ob dieser Ausgleich durch eine bestimmte Ausgestaltung der Kultur erreichbar oder ob der Konflikt unversöhnlich ist.« (GW XIV, S. 455 f.)
7. »Wie das zugeht, wissen wir nicht, an der Richtigkeit dieser Auffassung ist kein Zweifel« sagt er und verweist in einer Fußnote auf seine Schrift »Charakter und Analerotik« (1908b). Dort beschreibt er, wie auch in den folgenden Passagen von *Das Unbehagen in der Kultur*, das Phänomen der Sublimierung, die Ablenkung sexueller Triebe von ihren Zielen, einen Mechanismus, der sich in der Latenzperiode entwickle und nicht zuletzt den analen Partialtrieb der Sexualität betreffe:

»Da nun die Analerotik zu jenen Komponenten des Triebes gehört, die im Laufe der Entwicklung und im Sinne unserer heutigen Kulturerziehung für sexuelle Zwecke unverwendbar werden, läge es nahe, in den bei ehemaligen Analerotikern so häufig hervortretenden Charaktereigenschaften – Ordentlichkeit, Sparsam und Eigensinn – die nächsten und konstantesten Ergebnisse der Sublimierung der Analerotik zu erkennen.« (1908b; GW VII, S. 205)

8. »Wenn man den ersten Eindruck« nachgebe, meint Freud, sei »man versucht zu sagen, die Sublimierung sei überhaupt ein von der Kultur erzwungenes Triebschicksal.« Er fügt jedoch hinzu: »Aber man tut besser, sich das noch länger zu überlegen.« (GW XIV, S. 457) Es folgen allerdings keine weiteren Ausführungen zu diesem Thema.
9. Über die Entwicklung eines zeitlich wenig schwankenden Sexualtriebes bei (wenigstens im Falle der Frau) nach wie vor gegebener Periodizität der Sexualvorgänge bringt Freud eine interessante Hypothese vor: Mit dem Zurücktreten der Geruchsreize (wohl bei Nachlassen der Geruchsfähigkeit, vielleicht wiederum als Folge des aufrechten Ganges) hätten die optischen Reize deren Funktion als Sexualstimulanzien übernommen (und entfalteten ihre Wirkung dauerhaft):

   »Das Zurücktreten der Geruchsreize scheint aber selbst Folge der Abwendung des Menschen von der Erde, des Entschlusses zum aufrechten Gang, der nun die bisher verdeckten Genitalien sichtbar und schutzbedürftig macht und so das Schämen hervorruft. Am Beginne des verhängnisvollen Kulturprozesses stünde also die Aufrichtung des Menschen. Die Verkettung läuft von hier aus über die Entwertung der Geruchsreize und die Isolierung der Periode zum Übergewicht der Gesichtsreize, Sichtbarwerden der Genitalien, weiter zur Kontinuität der Sexualerregung, Gründung der Familie und damit zur Schwelle der menschlichen Kultur. Dies ist nur eine theoretische Spekulation, aber wichtig genug, um eine exakte Nachprüfung an den Lebensverhältnissen der dem Menschen nahestehenden Tiere zu verdienen.« (GW XIV, S. 458 f., Fußnote 1)

10. Zum Verständnis muss man sich vor Augen halten, dass in der psychoanalytischen Theorie zärtliche und die sinnliche Liebe als unterschiedliche Varianten ein und desselben Triebes angesehen werden:

    »Die Nachlässigkeit der Sprache in der Anwendung des Wortes ›Liebe‹ findet eine genetische Rechtfertigung. Liebe nennt man die Beziehung zwischen Mann und Weib, die auf Grund ihrer genitalen Bedürfnisse eine Familie gegründet haben, Liebe aber auch die positiven Gefühle zwischen Eltern und Kindern, zwischen den Geschwistern in der Familie, obwohl wir diese Beziehung als zielgehemmte Liebe, als Zärtlichkeit beschreiben müssen. Die zielgehemmte Liebe war eben ursprünglich vollsinnliche Liebe und ist es im Unbewussten des Menschen noch immer.« (GW XIV, S. 462)

    Ähnlich heißt es in den *Drei Abhandlungen zur Sexualtheorie*, erst die »psychoanalytische Untersuchung« könne »nachweisen, dass sich hinter dieser Zärtlichkeit, Verehrung und Hochachtung die alten, jetzt unbrauchbar gewordenen Sexualstrebungen der infantilen Partialtriebe verbergen.« (1905d; GW V, S. 101; s. auch Köhler 2000, S. 390)
11. Verbittert merkt er an: »Nur lässt es sich auf keine Art rechtfertigen, dass die Kulturgesellschaft so weit gegangen ist, diese leicht nachweisbaren, ja auffälligen Phänomene auch zu leugnen.« (GW XIV, S. 464)

12. Schon er Vierteljahrhundert zuvor hatte Freud Ähnliches in *Der Witz und seine Beziehung zum Unbewussten* geschrieben:

 »Unter den Institutionen, die der zynische Witz anzugreifen pflegt, ist keine wichtiger, eindringlicher durch Moralvorschriften geschützt, aber dennoch zum Angriff einladender als das Institut der Ehe [...]. Kein Anspruch ist ja persönlicher als der auf sexuelle Freiheit, und nirgends hat die Kultur eine stärkere Unterdrückung zu üben versucht als auf dem Gebiete der Sexualität.« (1905c; GW VI, S. 121 f.)

13. Allerdings hält er diese Situation nicht allein für ein Resultat der Kulturentwicklung, sondern versucht in einer langen Fußnote, weitere Gründe anzugeben, so u. a. den aufrechten Gang mit einer »unleugbaren Entwertung der Geruchsreize«, speziell auch der von den Genitalien ausgehenden (GW XIV, S. 465 f., Fußnote 2).
14. Dieser Exkurs (GW XIV, S. 468 ff.) beschäftigt sich mit einer »der so genannten Idealforderungen der Kulturgesellschaft«, nämlich jener: »Du sollst den Nächsten lieben wie dich selbst«, eine Forderung, die Freud für älter als das Christentum hält. Angesichts ihrer frage man sich mit Überraschung und Befremden: »Warum sollen wir das? Was soll es uns helfen? Vor allem aber, wie bringen wir das zustande?« Und: »Wenn ich einen anderen liebe, muss er es auf irgendeine Art verdienen.« Wenn er »mir fremd« sei und »mich durch keinen eigenen Wert, keine bereits erworbene Bedeutung für mein Gefühlsleben anziehen« könne, werde es »mir schwer, ihn zu lieben.« Ich tue, meint Freud, »sogar unrecht damit, denn meine Liebe wird von all den meinen als Bevorzugung geschätzt; es ist ein Unrecht an ihnen, wenn ich den Fremden ihnen gleichstelle.« Wozu, ergänzt er, »eine so feierlich auftretende Vorschrift, wenn ihre Erfüllung nicht sich als vernünftig empfehlen kann?«

 Bei näherem Hinsehen finde man noch mehr Schwierigkeiten: »Dieser Fremde ist nur im allgemeinen nicht liebenswert, ich muss ehrlich bekennen, er hat mehr Anspruch auf meine Feindseligkeit, sogar auf meinen Hass.« Wenn es einen Nutzen bringe, ja wenn er nur »irgendeine Lust damit befriedigen« könne, trage er kein Bedenken, mich zu schädigen. Freud polemisiert unverhohlen gegen diese Vorschriften:

 »Ja, wenn jenes großartige Gebot lauten würde: Liebe deinen Nächsten wie dein Nächster dich liebt, dann würde ich nicht widersprechen. Es gibt ein zweites Gebot, das mir noch unfassbarer scheint und ein noch heftigeres Sträuben in mir entfesselt. Es heißt: Liebe deine Feinde. Wenn ich's recht überlege, habe ich unrecht, es als eine noch stärkere Zumutung abzuweisen. Es ist im Grunde dasselbe.« (S. 469)

 Und nun konstatiert der Autor, dabei auf die Annahme eines universellen Aggressionstriebes zurückkommend: »Das gern verleugnete Stück Wirklichkeit hinter alledem ist, dass der Mensch nicht ein sanftes, liebebedürftiges Wesen ist, das sich höchstens, wenn angegriffen, auch zu verteidigen vermag, sondern dass er zu seinen Triebbegabungen auch einen mächtigen Teil von Aggressionsneigung rechnen darf.« (GW XIV, S. 470)
15. Auch der Kommunismus wird kritisch in dieser ausholenden Schrift kommentiert. Seine Anhänger glaubten, »den Weg zur Erlösung vom Übel« gefunden zu haben: »Der Mensch ist eindeutig gut, seinem Nächsten wohlgesinnt, aber die Einrichtung des privaten Eigentums hat seine Natur verdorben.« Er könne nicht untersuchen, meint er, »ob die Abschaffung des privaten Eigentums zweckdienlich und vorteilhaft« sei und distanziert sich in einer Fußnote von jeglicher Sozialromantik:

>»Wer in seinen eigenen jungen Jahren das Elend der Armut verkostet, die Gleichgültigkeit und den Hochmut der Besitzenden erfahren hat, sollte vor dem Verdacht geschützt sein, dass er kein Verständnis und kein Wohlwollen für die Bestrebungen hat, die Besitzungleichheit der Menschen und was sich aus ihr ableitet, zu bekämpfen. Freilich, wenn sich dieser Kampf auf die abstrakte Gerechtigkeitsforderung der Gleichheit aller Menschen berufen will, liegt der Einwand nahe, dass die Natur durch die höchst ungleichmäßige körperliche Ausstattung und geistige Begabung der Einzelnen Ungerechtigkeiten eingesetzt hat, gegen die es keine Abhilfe gibt.« (GW XIV, S. 472, Fußnote 1)

Die »psychologische Voraussetzung« des kommunistischen Systems, stellt Freud klar, vermöge er »als haltlose Illusion zu erkennen.« Etwas später heißt es ähnlich: »Es scheint mir auch unzweifelhaft, dass eine reale Veränderung in den Beziehungen der Menschen zum Besitz hier mehr Abhilfe bringen wird jedes ethische Gebot; doch wird diese Einsicht bei den Sozialisten durch ein neuerliches idealistisches Verkennen der menschlichen Natur getrübt und für die Ausführung entwertet.« (GW XIV, S. 504)

16. »Man heißt diesen Zustand [scil. die Empfindung, etwas »Böses« getan zu haben] ›schlechtes Gewissen‹, aber eigentlich verdient er diesen Namen nicht, denn auf dieser Stufe ist das Schuldbewusstsein offenbar nur Angst vor dem Liebesverlust, ›soziale Angst‹. Beim kleinen Kind kann es niemals etwas anderes sein, aber auch bei vielen Erwachsenen ändert sich nicht mehr daran, als dass an Stelle des Vaters oder beider Eltern die größere menschliche Gemeinschaft tritt.« Freud kommentiert scharfsinnig: »Darum gestatten sie sich regelmäßig, das Böse, das ihnen Annehmlichkeiten verspricht, auszuführen, wenn sie nur sicher sind, dass die Autorität nichts davon erfährt oder ihnen nichts anhaben kann, und ihre Angst gilt allein der Entdeckung.«Weiter:

>»Eine große Änderung tritt erst ein, wenn die Autorität durch die Aufrichtung des Über-Ichs verinnerlicht wird. Damit werden die Gewissensphänomene auf eine neue Stufe gehoben, im Grunde sollte man erst jetzt von Gewissen und Schuldgefühl sprechen. Jetzt entfällt auch die Angst vor dem Entdecktwerden und vollends der Unterschied zwischen Böses tun und Böses wollen, denn vor dem Über-Ich kann sich nichts verbergen, auch Gedanken nicht.« (GW XIV, S. 484)

17. Es geht um die angedeutete These, dass das Gewissen zwar zunächst die Ursache des Triebverzichtes ist, später sich jedoch die Verhältnisse umkehren: »Jeder Triebverzicht wird nun eine dynamische Quelle des Gewissens, jeder neue Verzicht steigert dessen Strenge und Intoleranz« (GW XIV, S. 488). Dies wird durch die Annahme erklärt, dass jede nach außen unterlassene Aggression (also Verzicht auf Ausübung des Aggressionstriebes) vom Über-Ich übernommen und gegen das Ich gewendet werde, was wiederum mit der Genese des Gewissens aus der Vater-Kind-Konstellation und ihrem Vorbild in der Phylogenese (gerechtfertigte Aggression gegen den übermächtigen und »gewiss fürchterlichen« Vater in der Vorzeit) in Verbindung gebracht wird.

    Im Übrigen wird diese Aussage an späterer Stelle präzisiert: Nicht der Triebverzicht schlechthin trage zur Verstärkung der Über-Ich-Strenge und zum Schuldgefühl bei, sondern nur die Unterdrückung aggressiver Impulse; das Schicksal unterdrückter libidinöser Strebungen sei ein anderes (GW XIV, S. 498 f.).

18. Freuds prinzipieller Ansatz ist es ja, die Phylogenese durch die besser beobachtbare Ontogenese zu erklären; an dieser Stelle kehrt er den Gang der Argumentation um.

19. Die Ambivalenz im Verhältnis zum Vater (bei den Söhnen der Urhorde, bei den Kindern der heutigen Zeit) wird in *Totem und Tabu* herausgearbeitet (s. 8.2); hier ist der Gedanke zu wenig entwickelt, um die Folgerungen plausibel zu machen.
20. Die Religionen, heißt es einige Seiten später, hätten »die Rolle des Schuldgefühls in der Kultur nie verkannt.« Sie träten »auch mit dem Anspruch auf, die Menschheit von diesem Schuldgefühl, das sie Sünde heißen, zu erlösen.« (GW XIV, S. 495)
21. »Fassen wir aber die Beziehung zwischen dem Kulturprozess der Menschheit und dem Entwicklungs- oder Erziehungsprozess des einzelnen Menschen ins Auge, so werden wir uns ohne viel Schwanken dafür entschieden, dass die beiden sehr ähnlicher Natur sind, wenn nicht derselbe Vorgang an andersartigen Objekten.« Der »Kulturprozess der Menschenart« sei »natürlich eine Abstraktion von höherer Ordnung als die Entwicklung des Einzelnen, darum schwerer anschaulich zu erfassen«; »Aufspürung von Analogien« sollte auch »nicht zwanghaft übertrieben« werden; aber, fügt Freud hinzu, »bei der Gleichartigkeit der Ziele – hier die Einreihung eines Einzelnen in eine menschliche Masse, dort die Herstellung einer Masseneinheit aus vielen Einzelnen – kann die Ähnlichkeit der dazu verwendeten Mittel und der zustande kommenden Phänomene nicht überraschen.« (GW XIV, S. 499 f.) Ein wesentlicher Unterschied bestehe jedoch:

    »In der individuellen Entwicklung fällt […] der Hauptakzent meist auf die egoistische oder Glücksstrebung, die andere, ›kulturell‹ zu nennende [scil. die Anpassung des Individuums an eine Gemeinschaft], begnügt sich in der Regel mit der Rolle einer Einschränkung. Anders beim Kulturprozess; hier ist das Ziel der Herstellung einer Einheit aus den menschlichen Individuen bei Weitem die Hauptsache, das Ziel der Beglückung besteht zwar noch, aber es wird in den Hintergrund gedrängt; fast scheint es, die Schöpfung einer großen menschlichen Gemeinschaft würde am besten gelingen, wenn man sich um das Glück des Einzelnen nicht zu kümmern brauchte.« (GW XIV, S. 500)

22. »Das Über-Ich einer Kulturepoche«, meint der Autor, »hat einen ähnlichen Ursprung wie das des Einzelmenschen, es ruht auf dem Eindruck, den große Führerpersönlichkeiten hinterlassen haben, Menschen von überwältigender Geisteskraft oder solche, in denen eine der menschlichsten Strebungen die stärkste und reinste, darum oft auch einseitigste, Ausbildung gefunden hat.« Und er weist auf eine weiter gehende Analogie hin – die er in *Der Mann Moses und die monotheistische Religion* (1939a) genauer ausführen wird (s. 10.3), nämlich dass »diese Personen – häufig genug, wenn auch nicht immer – zu ihrer Lebenszeit von den anderen verspottet, misshandelt oder selbst auf grausame Art beseitigt wurden, wie ja auch der Urvater erst lange nach seiner gewaltsamen Tötung zur Göttlichkeit aufstieg.« (GW XIV, S. 501 f.)
23. »Ich könnte nicht sagen«, meint er, »dass ein solcher Versuch zur Übertragung der Psychoanalyse auf die Kulturgemeinschaft unsinnig oder zur Unfruchtbarkeit verurteilt wäre.« Er warnt jedoch: »Aber man müsste sehr vorsichtig sein, nicht vergessen, dass es sich doch nur um Analogien handelt, und dass es nicht nur bei Menschen, sondern auch bei Begriffen gefährlich ist, sie aus der Sphäre zu reißen, in der sie entstanden und entwickelt worden sind.« Auch stoße »die Diagnose der Gemeinschaftsneurosen« auf die Schwierigkeit, dass man dabei kein sicheres Kriterium für die Normalität habe; zudem: »[W]as hülfe die zutreffendste Analyse der sozialen Neurose, da niemand die Autorität besitzt, der Masse die Therapie aufzudrängen?« (GW XIV, S. 504 f.)

6 Zusammenfassung: Freuds Thesen zu Gesellschaft und Kultur

Kultur hat für Freud verschiedene Aspekte: Zum einen bedeutet sie Beherrschung der Natur in bestmöglichem Maße, zudem aber Schätzung gewisser ästhetischer Werte wie Ordnung, Reinlichkeit oder allgemein Schönheit; weiter ist seiner Auffassung nach eine Kulturgesellschaft durch Pflege künstlerischer und wissenschaftlicher Tätigkeiten charakterisiert, schließlich auch durch Recht und Gerechtigkeit, also den Schutz der Individuen vor Willkür und Gewalt, sowohl der eines Einzelnen als auch der der Gesamtgemeinschaft. Damit wird deutlich, dass Freud durchaus nicht als genereller Kulturpessimist bezeichnet werden kann; explizit schreibt er in seinem offenen Brief an Einstein, dem »Prozess der Kulturentwicklung« verdankten wir »das Beste, was wir geworden« seien (1933b; GW XVI, S. 25). Er fügt aber unmittelbar hinzu: »und ein gut Teil von dem, woran wir leiden.«

Diese Kulturkritik ergibt sich aus der psychoanalytischen Einsicht in die Charakteristika des Trieblebens. Eine Gemeinschaft, welche die oben geschilderten Leistungen vollbringen soll, kann nach Freud nicht allein ein Zweckbündnis sein, sondern muss auch affektive Bindungen aufweisen. Einem solchen Zusammenschluss mit der Konsequenz individueller Einschränkungen stehen nämlich zahlreiche Schwierigkeiten entgegen. Hier nennt Freud zunächst die egoistischen (narzisstischen) Tendenzen der Abgrenzung und fehlenden Bereitschaft zur Unterordnung; in späteren Stadien der Theoriebildung – nach der Einführung des Konzepts vom Todestrieb[1] und dem davon abgeleiteten Destruktionstrieb – geht er von einer regelrechten natürlichen Feindseligkeit der Gemeinschaftsmitglieder untereinander aus. Diese aggressiven Tendenzen müssen durch libidinöse (in späterer Terminologie: erotische) neutralisiert werden, was – so die überraschende Aussage – letztlich auf Kosten des Sexualtriebs mit seinen elementarsten Zielen geschieht.

Dazu muss man das Schicksal der schon im Kindesalter direkte sinnliche Befriedigung anstrebenden Sexualtriebe betrachten, die sich auf die nächsten Familienangehörigen richten (Ödipuskomplex), aber auf Grund der Inzestschranke eine Verwandlung in »zielgehemmte«, zärtliche Liebesregungen erfahren müssen. Die psychoanalytische Konzeption von Liebe entspricht also dem, was auch die Umgangssprache mit diesem Wort belegt, nämlich sinnliches Interesse einerseits, zärtlich-liebevolles andererseits – wobei letzteres eben seine Wurzeln in der sinnlichen Sexualität hat und auf deren Kosten an Bedeutung gewinnt. Diese zunächst auf die Familie beschränkten libidinösen Bindungen müssen nun, um die egoistischen oder gar aggressiven Strebungen zu binden, auf andere Mitglieder der Gemeinschaft ausgedehnt werden. Es sollen neue Freundschaften entstehen, welche die gemeinsame Kulturleistung erst möglich machen; folglich steht die Familie mit ihren Eigeninteressen und »inzestuösen« zärtlichen Triebimpulsen in Konflikt mit den Gemeinschaftsinteressen. Hinzu kommt ein noch bedeutenderes Moment: Die Energie für die zielgehemmten libidinösen Bestrebungen wird den direkten, sinnlich-sexuellen Impulsen entzogen. Die Zweiergemeinschaft, in der jeder alle zärtlichen Bestrebungen dem einzigen anderen zukommen lässt und ausgiebig seine körperlichen Bedürfnisse auslebt, stellt sich so als ein weiterer wesentlicher Gegner der Kulturgemeinschaft dar.

Dies wird in seiner ganzen Bedeutung erst verständlich, wenn man sich das Konzept der Sublimierung vergegenwärtigt. In der Latenzphase, der Zeit nach Aufgabe des Ödipuskomplexes, werden nicht nur sinnlich-sexuelle Impulse in zärtlich-sexuelle umgewandelt, sondern auch teilweise sublimiert, d. h. auf kulturelle Interessen gelenkt; die Energien für die Kulturarbeit werden dann ein Leben lang aus der Sublimierung sexueller Impulse gewonnen. Dies ist die zentrale kulturpsychologische These der Psychoanalyse, nämlich dass Kultur zu wesentlichen Teilen auf Triebverzicht basiert. So wird es auch verständlich, dass die Kulturgemeinschaft Vorschriften erlässt (teilweise religiös begründet), die einer unbeschränkten Ausübung des Sexualtriebes Grenzen setzen. Dort setzt Freuds wesentliche Kritik der gegenwärtigen Kultur an: dass sie auf individuelle Unterschiede keine Rücksicht nimmt und – unabhängig von Sexualkonstitution und Sublimierungsfähigkeit – von allen die gleichen sexuellen Einschränkungen verlangt, letztlich nur die genitale Befriedigung in der Ehe als legitim duldet. Die Folgen dieser »kulturellen Sexualmoral« schildert Freud sehr anschaulich, wobei er – das ist der spezifisch-psychoanalytische Beitrag zu diesem Thema – auf die Entstehung von Neurosen hinweist, die aus Unterdrückung sexueller Impulse resultieren.

Gleichzeitig verlangt die Kultur die Hemmung aggressiver Impulse, was Freud zwar nicht als schädlich kritisiert, jedoch in seinen Folgen betrachtet. Dieser Vorgang führt nicht zur Neurose (wie Unterdrückung sexueller Strebungen), sondern setzt einen anderen psychischen Prozess in Gang: Die unterdrückte Aggression wird introjiziert, gegen das eigene Ich gewendet, verstärkt die Instanz des Über-Ichs und führt zu einer Steigerung des Schuldgefühls. Dieser so einfach erscheinende Sachverhalt ist in Wirklichkeit höchst kompliziert und wird nach Freuds Auffassung nur verständlich unter gewissen historischen Annahmen. Zu Anfang der individuellen Entwicklung, meint er, gebe es nicht eigentlich das Gefühl, etwas Böses getan zu haben (Reue), sondern nur die Angst vor Strafe (zunächst im typischen Falle durch die Eltern, später durch die die Elternautorität ersetzende Gemeinschaft). Bei einigen Personen – keineswegs bei allen – werde diese Elternautorität durch das Über-Ich ersetzt; Verletzung der von dieser Instanz gesetzten Normen führt danach zum Schuldgefühl (auch dann, wenn die Tat unentdeckt bleibt). Bei Existenz eines Über-Ichs ergibt sich somit die paradoxe Situation, dass Unterdrückung aggressiver Impulse, also ein Triebverzicht, keine Befreiung schafft, sondern im Gegenteil durch die geschilderte Wendung gegen das eigene Ich das Über-Ich noch stärkt und das Schuldgefühl vergrößert.

Die zuerst in *Totem und Tabu* (1912–13a) präsentierte phylogenetische Annahme einer ursprünglich in Urhorden organisierten frühen Menschheit soll die erste Ausbildung von nicht mehr durch Willkür geregelten Gemeinschaften sowie die komplizierte Entwicklung von Über-Ich und Schuldgefühl verständlicher machen: Diese Urhorden seien – so Freud im Anschluss an andere Autoren, u. a. Darwin – von einem übermächtigen Vater beherrscht worden, der über alle Weibchen frei verfügte und die männlichen Mitglieder (die Urhordensöhne) zu sexueller Abstinenz zwang (bis sie entweder sich absonderten und selbst die Herrschaft einer anderen Urhorde übernahmen oder nach dem Tod des Urhordenvaters dessen Nachfolge antraten – was nur einem von ihnen vergönnt war). Schließlich hätten sich die Brüder zusammengetan, gemeinsam den Vater erschlagen und auf diese Weise ein egalitäres System begründet. Dazu gehörten gewisse Regeln, zum einen Einschränkung gegenseitiger aggressiver Handlungen, zum anderen Verzicht auf die bereits in der Urhorde befindlichen Weibchen (daher das Gebot, sich die weiblichen Sexualpartner von außen zu besorgen [Exogamiegebot]). Da der erschlagene Urhordenvater nicht nur gehasst, sondern auch geliebt worden war (Ambivalenz), kam nach der Tat Reue auf; in Reaktion darauf begannen sich die Söhne mit dem erschlagenen Vater zu identifizieren und ihn in Form der Über-Ich-Instanz ins eigene Ich zu übernehmen, welches nun streng die Einhaltung der gesetzten Normen überwachte. Es wurde so – hier geht Freud von der zweifelbaren Vererbbarkeit erworbener Eigenschaften aus – ein gemeinschaftliches Über-Ich geschaffen, welches sich im Laufe der Menschheitsentwicklung durch ähnliche tatsächlich oder auch nur gedanklich durchgeführte aggressive Handlungen gegen die Väter verstärkte und seine individuelle Gestaltung in jeder Person mit der Auflösung des Ödipuskomplexes erhält[2]. Es entsteht so durch die fortschreitende Kulturentwicklung mit Unterdrückung aggressiver Impulse ein zunehmend stärkeres unklares Schuldbewusstsein (unbewusstes Schuldgefühl), welche die christlichen Religionen als Erbsünde in ihre Lehre aufgenommen hätten. Der allen gemeinsame ererbte Anteil des Über-Ichs ist Grundlage eines kollektiven Normensystems (das »Kultur-Über-Ich«), welches teilweise unerfüllbare Forderungen stellt, etwa jene unrealisierbare, zur weiteren Aggressionsdämpfung etablierte, den Nächsten so zu lieben wie sich selbst. Diese Unerfüllbarkeit der kollektiven Gebote und das daraus entstehende weitere Schuldgefühl sei das, was jenes unleugbare, aber bis dato nicht hinreichende erklärte »Unbehagen« an der Kultur begründe und – zusammen mit den geforderten sexuellen Einschränkungen – Nährboden einer verbreiteten Kulturfeindlichkeit sei.

Zwei Phänomene finden besondere Beachtung in Freuds gesellschafts- und kulturpsychologischen Schriften, nämlich zum einen die in der Situation der Massenbildung festzustellende Veränderung der Verhaltensweisen, zum anderen die Tatsache des Krieges mit seiner Rückwirkung auf die Beteiligten.

Der erste Sachverhalt wird in *Massenpsychologie und Ich-Analyse* (1921c) untersucht, wobei Freud zunächst in Anlehnung an Le Bons *Psychologie der Massen* die Veränderungen des Einzelnen beschreibt, wenn er sich mit anderen zu Massen zusammenfindet. (Schwierigkeit ist allerdings, dass Le Bon speziell instabile, sich zusammenrottende Massen bei seiner Beschreibung im Auge hat, während Freud v. a. höher organisierte, stabile Massen wie Kirche und Heer analysiert.) Als besonders auffällig bei den Individuen in der Massensituation werden die Verminderung intellektueller Leistungen und des kritischen Verstands, eine erhöhte Beeinflussbarkeit, Wegfall sittlicher Hemmungen, Zunahme affektiver Reaktionen, das Nebeneinanderbestehen logisch sich ausschließender Vorstellungen und Wunschregungen sowie das Bedürfnis nach unmittelbarer Erfüllung von Wünschen und Forderungen hervorgehoben (Reaktionen, die Le Bon mit den Verhaltensweisen bei Naturvölkern, den »Wilden«, vergleicht).

Alle bis dato dafür gebrachten Erklärungen, z. B. die einer Suggestionswirkung oder eines Herdentriebes, lehnt Freud als vordergründig und unbefriedigend ab. Stattdessen versucht er, die Vorgänge in Begriffen der Libidotheorie zu beschreiben und als Regression auf die erwähnte Urhordensituation verständlich zu machen.

Als konstituierendes Element der Massenbildung sieht Freud libidinöse Bindungen zwischen ihren Elementen an, die wiederum in einer (zielgehemmten) Liebe aller zu der Führungspersönlichkeit (eventuell auch zu einer abstrakten Idee) begründet sind. In Termen der Libidotheorie sind es Identifizierungen der Individuen miteinander auf Grund der Tatsache, dass sie dasselbe Objekt an die Stelle ihres Ichideals gesetzt haben. Weniger technisch ausgedrückt: Die gemeinsame Verliebtheit (im weiten Sinne des Wortes) in eine Person, welche alle Eigenschaften besitzt, die man sich selbst wünscht, schafft den Zusammenhalt zwischen den (ansonsten möglicherweise sehr heterogenen) Elementen der Masse.

In der Masse sieht Freud eine Wiederbelebung der Urhorde, wo die Entscheidungen vom Vater, nicht von den Mitgliedern getroffen wurden, die so in einer intellektuellen Inferiorität verharren mussten und (wegen der untersagten sinnlich-sexuellen Beziehungen) zielgehemmte libidinöse Bindungen untereinander und zum Vater entwickelten. Andere Auffälligkeiten wie die Koexistenz gegensätzlicher Regungen, das Anstreben sofortiger Bedürfnisbefriedigung sowie das Ablegen von Triebhemmungen (Charakteristika, die auch das System *Ubw* bzw. das Es des psychischen Apparates kennzeichnen) sieht Freud als Regression auf einen ontogenetisch frühe Stufe, die wiederum eine phylogenetische Entsprechung in der Urhordensituation hat. Zum Krieg äußert sich Freud im Wesentlichen in zwei Schriften, nämlich »Zeitgemäßes über Krieg und Tod« (1915b) sowie im offenen Brief an Albert Einstein, betitelt »Warum Krieg?« (1933b). Die zweite Schrift, weniger einem Bedürfnis Freuds entsprungen als vielmehr Antwort auf eine offiziöse Anfrage, bringt inhaltlich wenig

Neues, rekurriert u. a. auf die Existenz eines Aggressionstriebs und geht insofern wenig über die populärwissenschaftlichen Vorstellungen jener Zeit hinaus.

In der ersten, inhaltlich ergiebigeren Arbeit erklärt Freud zunächst die Umwandlung egoistischer Triebe in soziale durch Einwirkung erotischer Komponenten (also durch den Lohn des »Geliebtwerdens«), konstatiert aber, dass, durch solche Prämien verlockt, viele Personen diese Triebumwandlungen zwar in ihrem oberflächlichen Verhalten zeigen, nicht aber tatsächlich vollzogen haben. Unter der Situation des Krieges komme dann die tatsächliche Triebstruktur wieder zum Vorschein; insofern solle man nicht glauben, dass die Brutalität des Krieges eine echte Wiederaufnahme alter Verhaltensweisen darstelle und darüber in große Enttäuschung geraten; es handelt sich nach Freuds Auffassung eher um eine Ablegung von Kulturheuchelei in der Situation des Krieges. Auch die Unzugänglichkeit für logische Argumente unter diesen Umständen habe für Psychoanalytiker nichts Rätselhaftes: Es sei eine Einsicht vieler Denker, die noch einmal von der Psychoanalyse eindrucksvoll bestätigt worden sei, dass der Intellekt nicht unabhängig von den Gefühlen arbeite, sondern in deren Diensten Argumente zu liefern verstehe.

Der Krieg verändert auch unser Verhältnis zum Tode, welcher sonst verdrängt bzw. bei tatsächlichem Eintreten im Bekanntenkreis als eine Art unangenehmer Zufälligkeit angesehen werde: Der Tod kann in der Situation des Krieges nicht mehr als zufälliges widriges Ereignis betrachtet werden, und Freud plädiert dafür, unter diesen Umständen eine realistischere diesbezügliche Haltung einzunehmen.

Anzumerken ist, dass Freud – solange gewisse Ungleichheiten nicht abgeschafft sind – Kriege für unvermeidlich hält, eine Ansicht, der er in »Warum Krieg« gerade andeutet. Zwar bezeichnet er sich darin selbst als Pazifisten, meint auch, aus »organischen Gründen«, also auf Grund von Veränderungen, welche die Kulturentwicklung an uns bewirkt habe, widerstrebe uns Krieg; die Vorschläge, welche er zur Vermeidung von Kriegen machen kann, gehen aber nicht über die bekannten, konventionellen hinaus (z. B. Einrichtung von Schiedsinstanzen zwischen den Völkern).

Anmerkungen zu Kapitel 6

1. Daran erinnert sei, dass das Konzept des Todestriebes erst in *Jenseits des Lustprinzips (1920g)* eingeführt wurde und dass die frühen kulturtheoretischen Schriften noch nicht darauf basieren.
2. Es sei angemerkt, dass Freud die phylogenetische und ontogenetische Ausbildung des Über-Ichs bei Frauen nicht thematisiert, geschweige denn weiter untersucht.

7 Allgemeines zu Freuds religionspsychologischen Schriften; kleinere Schriften zur Religion

Wie bei Freud nicht selten, äußert er auch hier erste Gedanken zu einem komplexen Thema eher beiläufig, um sie dann später in speziellen Schriften genauer auszuführen. So finden sich im 12. Kapitel der *Psychopathologie des Alltagslebens* (1901b), überschrieben mit »Determinismus, Zufalls- und Aberglauben, Gesichtspunkte«, die bemerkenswerten Worte:

> »Ich glaube in der Tat, dass ein großes Stück der mythologischen Weltauffassung, die weit bis in die modernsten Religionen hinein reicht, nichts anderes ist als in die Außenwelt projizierte Psychologie. Die dunkle Erkenntnis (sozusagen endopsychische Wahrnehmung) psychischer Faktoren und Verhältnisse des Unbewussten spiegelt sich – es ist schwer, es anders zu sagen, die Analogie mit der Paranoia muss hier zu Hilfe genommen werden – in der Konstruktion einer übersinnlichen Realität, welche von der Wissenschaft in Psychologie des Unbewussten zurückverwandelt werden soll. Man könnte sich getrauen, die Mythen vom Paradies und Sündenfall, von Gott, vom Guten und Bösen, von der Unsterblichkeit u. dgl. in solcher Weise aufzulösen, die Metaphysik in Metapsychologie umzusetzen.« (1901b; GW IV, S. 287 f.)

1907 veröffentlichte er mit »Zwangshandlungen und Religionsübungen« (1907b) die erste Arbeit, die sich explizit mit dem Thema Religion bzw. religiöser Praxis beschäftigt, allerdings auch dies nicht spontan, sondern einer Aufforderung folgend, für die erste Nummer einer neugegründeten »Zeitschrift für Religionspsychologie« einen Beitrag zu schreiben (Jones Bd. 3, S. 411). Dieser Artikel trägt nur wenig zum Verständnis von Religion bei; eher zwingt er Freud dazu, die Psychodynamik der Zwangsneurose endlich genauer zu formulieren. Das wirklich Wertvolle, was in der kleinen Schrift steckt, ist der prinzipielle Ansatz (der dann im zweiten Aufsatz aus *Totem und Tabu* zu sehr viel überzeugenderen Ergebnissen führt), nämlich angesichts der Ähnlichkeiten von Phänomenen, deren eines in seiner Genese verstanden scheint (das neurotische Symptom), die gleichen Überlegungen auf das andere anzuwenden (Religionsübungen in dieser Schrift, Tabugebräuche in *Totem und Tabu*).

Freud weist auf die Entsprechungen hin zwischen Zwangshandlungen (oft regelrecht als Zeremonielle bezeichnet) und den Verrichtungen, »durch welche der Gläubige seine Frömmigkeit« bezeuge; diese Entsprechungen hält er für mehr als oberflächlich, sodass man »aus einer Einsicht in die Entstehung des neurotischen Zeremoniells Analogieschlüsse auf die seelischen Vorgänge des religiösen Lebens wagen« dürfe (1907b; GW VII, S. 129).

Es folgt eine Beschreibung des neurotischen Zeremoniells als Ensemble von »kleinen Verrichtungen, Zutaten, Einschränkungen, die bei gewissen Handlungen des täglichen Lebens in immer gleicher oder gesetzmäßig abgeänderter Weise vollzogen« würden. »Diese Tätigkeiten, die sich bei eher banalen Anlässen (wie Ankleiden und Auskleiden oder Zubettegehen) zeigten, machten uns den Eindruck von »bloßen Formalitäten«, erschienen uns »völlig bedeutungslos.« Nun die überraschende Feststellung: »Nicht anders erscheinen sie dem Kranken selbst, und doch ist er unfähig, sie zu unterlassen, denn jede Abweichung von dem Zeremoniell straft sich durch unerträgliche Angst, die sofort die Nachholung des Unterlassenen erzwingt.« Man könne »die Ausübung eines Zeremoniells beschreiben, indem man es gleichsam durch eine Reihe ungeschriebener Gesetze« ersetze, z. B. für das »Bettzeremoniell«: »[D]er Sessel muss in solcher, bestimmter Stellung vor dem Bette stehen, auf ihm die Kleider in gewisser Ordnung gefaltet liegen; die Bettdecke muss am Fußende eingesteckt sein, das Betttuch glatt gestrichen.; die Polster müssen so und so verteilt liegen, der Körper selbst in einer genau bestimmten Lage sein; erst dann darf man einschlafen.« (GW VII, S. 130) In leichten Fällen wirke ein solches Zeremoniell wie eine »Übertreibung einer gewohnten und berechtigen Ordnung.« Aber, bemerkt Freud, »die besondere Gewissenhaftigkeit der Ausführung und die Angst bei der Unterlassung kennzeichnen das Zeremoniell als ›heilige Handlung‹. Störungen derselben werden meist schlecht vertragen; die Öffentlichkeit, die Gegenwart anderer Personen während der Vollziehung ist fast immer ausgeschlossen.«

Der Autor geht dann zu den »Zwangshandlungen« über, die er wenig klar vom Zeremoniell abtrennt; meist seien erstere aus letzterem hervorgegangen, zusätzlich aber durch gewisse Verbote und Verhinderungen charakterisiert[1]. Er weist darauf hin, dass »Zwang wie Verbote (das eine tun müssen, das andere nicht tun dürfen)« anfänglich »nur die einsamen Tätigkeiten der Menschen« beträfen und »deren soziales Verhalten lange Zeit unbeeinträchtigt« ließen; daher könnten »solche Kranke ihr Leiden durch viele Jahre als ihre Privatsache behandeln und verbergen.« (GW VII, S. 131).

Es sei leicht einzusehen, »worin die Ähnlichkeit des neurotischen Zeremoniells mit den heiligen Handlungen des religiösen Ritus« bestehe, nämlich »in der Gewissensangst bei der Unterlassung, in der vollen Isolierung von allem anderen Tun (Verbot der Störung) und in der Gewissenhaftigkeit der Ausführung im kleinen.« Jedoch, konstatiert Freud, ebenso auffällig seien die Unterscheidungen, nämlich »die größere individuelle Mannigfaltigkeit der Zeremoniellhandlungen im Gegensatze zur Stereotypie des Ritus [...], der Privatcharakter derselben im Gegensatze zur Öffentlichkeit und Gemeinsamkeit der Religionsübung.« Vor allem aber bestehe der wichtige Unterschied, dass »die kleinen Zutaten des religiösen Zeremoniells sinnvoll und symbolisch gemeint« seien, während »die des neurotischen läppisch und sinnlos« erschienen. Die Zwangsneurose liefere »hier ein halb komisches, halb trauriges Zerrbild einer Privatreligion.« (GW VII, S. 131 f.)

Nun werden psychoanalytische Erkenntnisse in den Gedankengang einbezogen: Gerade dieser letztgenannte, »einschneidendste Unterschied zwischen neurotischem und religiösem Zeremoniell« werde beseitigt, wenn man deren Untersuchungstechnik anwende; dabei werde »der Anschein, als ob Zwangshandlungen läppisch und sinnlos wären, gründlich zerstört«: Diese seien »durchwegs und in all ihren Einzelheiten sinnvoll«, stünden »im Dienste von bedeutsamen Interessen der Persönlichkeit« und brächten (direkt oder symbolisch) »fortwirkende Erlebnisse sowie affektbetonte Gedanken derselben zum Ausdrucke.« (GW VII, S. 132) Zur Erläuterung folgen Beispiele, die insofern nur bedingt überzeugend wirken, als lediglich das Ergebnis des Erkenntnisprozesses, nicht aber letzterer selbst präsentiert wird; hier deshalb nur eines:

> »Eine von ihrem Manne getrennt lebende Frau folgte beim Essen dem Zwange, das Beste stehen zu lassen, z. B. von einem Stück gebratenen Fleisch nur die Ränder zu genießen. Dieser Verzicht erklärte sich durch das Datum seiner Entstehung. Er war am Tage aufgetreten, nachdem sie ihrem Manne den ehelichen Verkehr gekündigt, d. h. aufs Beste verzichtet hatte.« (GW VII, S. 133)

Es folgt der Hinweis, dass die Zwangskranken ihre Zeremonielle oder Zwangshandlungen ausübten, ohne deren Sinn zu kennen, somit dabei unbewussten Motiven folgten und unbewusste Vorstellungen (von ihnen selbst unerkannt) in Taten umsetzten. Und hier zeigt sich eine weitere Parallele zu den Religionsübungen: Auch »der einzelne Fromme« übe in der Regel das »religiöse Zeremoniell« aus, »ohne nach dessen Bedeutung zu fragen«, und noch wesentlicher: »Die Motive, die zur Religionsübung drängen, sind aber allen Gläubigen unbekannt oder werden in ihrem Bewusstsein durch vorgeschobene Motive vertreten.« (GW VII, S. 135)

Nun werden die phänomenologisch ähnlichen Praktiken auf gemeinsame Wurzeln zurückgeführt: Für die Zwangshandlungen habe die Analyse bereits »eine Art von Einsicht in die Verursachung« ermöglicht: »Man kann sagen, der an Zwang und Verboten Leidende benimmt sich so, als stehe er unter der Herrschaft eines **Schuldbewusstseins**, von dem er nichts weiß, eines unbewussten Schuldbewusstseins also«. Dieses Schuldbewusstsein »hat seine Quelle in gewissen frühzeitigen Seelenvorgängen, findet aber eine beständige Auffrischung in der bei jedem rezenten Anlass erneuerten **Versuchung** und lässt andererseits eine immer lauernde **Erwartungsangst**, Unheilserwartung, entstehen, die durch den Begriff der **Bestrafung** an die innere Wahrnehmung der Versuchung verknüpft ist.« Zur Abwehr des erwarteten Unheils werde das Zeremoniell gebildet, wobei die bewusste Kenntnis der Zusammenhänge (Inhalt der Erwartungsangst einerseits, Anlass ihres Auftretens andererseits) verloren gehe. Auf diesem Hintergrund entstehe das Zeremoniell als »**Abwehr- oder Versicherungshandlung, Schutzmaßregel**.« Schuldbewusstsein liege aber auch den Religionsübungen zu Grunde:

> »Dem Schuldbewusstsein der Zwangsneurotiker entspricht die Beteuerung der Frommen, sie wüssten, dass sie im Herzen arge Sünder seien; den Wert von Abwehr- und Schutzmaßregeln scheinen die frommen Übungen (Gebete, Anrufungen usw.) zu haben, mit denen sie jede Tätigkeit des Tages und zumal jede außergewöhnliche Unternehmung einleiten.« (GW VII, S. 136 f.)

Als gemeinsame Wurzel von Zwangshandlungen und Religionsübungen hat sich also ein Schuldbewusstsein mit Erwartungsängsten herausgestellt, wobei beide Praktiken in dunkler Weise als Maßnahmen zur Abwehr von letztlich unklar konzipiertem Unheil zu dienen scheinen. Die Gemeinsamkeiten ließen sich aber noch weiter zurückverfolgen, wenn man nach den Quellen des Schuldbewusstseins suche. Eine »erste Tatsache« nämlich liege der Zwangsneurose immer zu Grunde: »[D]iese ist allemal die Verdrängung einer Triebregung (einer Komponente des Sexualtriebes), welche in der Konstitution der Person enthalten war, im kindlichen Leben derselben sich eine Weile äußern durfte und darauf der Unterdrückung verfiel.« (GW VII, S. 136)[2] Die Verdrängung lasse eine besondere, »auf die Ziele dieses Triebes gerichtete Gewissenhaftigkeit« entstehen; diese »psychische Reaktionsbildung[3]« aber fühle sich nicht sicher, sondern werde »von dem im Unbewussten lauernden Triebe beständig bedroht.« Der »Einfluss des verdrängten Triebes« werde »als Versuchung empfunden«, zudem entstehe – Freud folgt hier seiner später revidierten Angsttheorie – bei dieser Verdrängung Angst, welche sich als »Erwartungsangst« der Zukunft bemächtige. Der unvollkommen gelungene Verdrängungsprozess habe nichts einer Konfliktlösung Vergleichbares geliefert; es seien immer neue psychische Anstrengungen erforderlich, um dem »konstanten Andrängen des Triebes« entgegenzuwirken. In wiederum recht unbestimmter Formulierung: »Die Zeremoniell- und Zwangshandlungen entstehen so teils zur Abwehr der Versuchung, teils zum Schutze gegen das erwartete Unheil. Gegen die Versuchung scheinen die Schutzhandlungen bald nicht auszureichen; es treten dann die Verbote auf, welche die Situation der Versuchung ferne legen sollen.« (S. 136) Zudem – und hier kommt die Rede auf jene eigenartige Zweideutigkeit der neurotischen Symptome – dienten sie nicht nur der Abwehr von Triebregungen, sondern zugleich zu ihrer (entstellten) Befriedigung:

> »Zum Charakter der Zwangsneurose wie aller ähnlichen Affektionen gehört noch, dass ihre Äußerungen (Symptome, darunter die Zwangshandlungen) die Bedingung eines Kompromisses zwischen den streitenden seelischen Mächten erfüllen. Sie bringen also auch immer etwas von der Lust wieder, die sie zu verhüten bestimmt sind, dienen dem verdrängten Triebe nicht minder als den ihn verdrängenden Instanzen. Ja, mit dem Fortschritte der Krankheit nähern sich die ursprünglich eher die Abwehr besorgenden Handlungen immer mehr den verpönten Aktionen an, durch welche sich der Trieb in der Kindheit äußern durfte.« (GW VII, S. 137)

Dies versucht der Autor nun auf die Religion und die mit ihr verknüpften Praktiken zu übertragen: Auch der Religionsbildung scheine »die Unterdrückung, der Verzicht auf gewisse Triebregungen« (nicht zuletzt eigensüchtiger, sozialschädlicher Natur) zu Grunde zu liegen, was aber auch hier offensichtlich nicht restlos gelinge, zuweilen sogar mit einem Sieg der unterdrückten Triebregung ende: »Das Schuldbewusstsein in der Folge der nicht verlöschenden Versuchung, die Erwartungsangst als Angst vor göttlichen Strafen sind uns ja auf religiösem Gebiete früher bekannt geworden als auf dem der Neurose.« Zudem: »Volle Rückfälle in die Sünde sind beim Frommen sogar häufiger als beim Neurotiker und begründen eine neue Art von religiösen Betätigungen, die Bußhandlungen, zu denen man in der Zwangsneurose die Gegenstücke findet.« (GW VII, S. 137)

Nur schwer – eigentlich gar nicht – gelingt es allerdings, auch beim »religiösen Tun« die für Zwangssymptome so charakteristischen Kompromisse zwischen Triebabwehr und verkappter Triebbefriedigung aufzuzeigen, sodass es zu diesem Punkte sehr allgemein heißt: »Und doch wird man auch an diesen Zug der Neurose gemahnt, wenn man erinnert, wie häufig alle Handlungen, welche die Religion verpönt – Äußerung der von der Religion unterdrückten Triebe – gerade im Namen und angeblich zugunsten der Religion vollführt werden.« (GW VII, S. 138)[4] Zusammenfassend:

> »Nach diesen Übereinstimmungen und Analogien könnte man sich getrauen, die Zwangsneurose als pathologisches Gegenstück zur Religionsbildung aufzufassen, die Neurose als eine individuelle Religiosität, die Religion als eine universelle Zwangsneurose zu bezeichnen. Die wesentlichste Übereinstimmung läge in dem zugrunde liegenden Verzicht auf die Betätigung von konstitutionell gegebenen Trieben; der entscheidendste Unterschied in der Natur dieser Triebe, die bei der Neurose ausschließlich sexueller, bei der Religion egoistischer Herkunft sind.« (GW VII, S. 138 f.)[5]

Wieder findet sich, geradezu beiläufig, in einer thematisch anderen Arbeit, nämlich *Eine Kindheitserinnerung des Leonardo da Vinci* (1910c), in einer Anmerkung zum bemerkenswerten religiösen Skeptizismus dieses Künstlers der für die späteren religionspsychologischen Schriften zentrale Gedanke:

> »Die Psychoanalyse hat uns den intimen Zusammenhang zwischen dem Vaterkomplex und der Gottesgläubigkeit kennen gelehrt, hat uns gezeigt, dass der persönliche Gott psychologisch nichts anderes ist als ein erhöhter Vater, und führt uns täglich vor Augen, wie jugendliche Personen den religiösen Glauben verlieren, sobald die Autorität des Vaters bei ihnen zusammenbricht. Im Elternkomplex erkennen wir so die Wurzel des religiösen Bedürfnisses; der allmächtige, gerechte Gott und die gütige Natur erscheinen uns als großartige Sublimierungen von Vater und Mutter, vielmehr als Erneuerungen und Wiederherstellungen der frühkindlichen Vorstellungen von beiden. Die Religiosität

führt sich biologisch auf die lang anhaltende Hilflosigkeit und Hilfsbedürftigkeit des kleinen Menschenkindes zurück, welches, wenn es später seine wirkliche Verlassenheit und Schwäche des Lebens erkannt hat, seine Lage ähnlich wie in der Kindheit empfindet und deren Trostlosigkeit durch die regressive Erneuerung der infantilen Schutzmächte zu verleugnen sucht.« (1910c; GW VIII, S. 195)

Schon wenig später wird Freud aber diese Gedanken sehr detailliert ausführen; Anfang 1911 berichtet er vom Plan eines umfangreichen Werkes über »die Psychologie der Religion und religiöser Bindungen« (Jones Bd. 2, S. 413): Es handelt sich um die aus vier Aufsätzen bestehende Schrift *Totem und Tabu* (1912–13a), in der im Wesentlichen – genauer: im inhaltlich zentralen vierten Aufsatz »Die infantile Wiederkehr des Totemismus« – Freuds religionspsychologische Theorie ihre Ausformulierung findet, an der später, in *Die Zukunft einer Illusion* (1927c) und *Der Mann Moses und die monotheistische Religion* (1939a), letztlich nur minimale Ergänzungen vorgenommen werden. Die ersten drei Aufsätze mit der Beschreibung des Totemsystems und der darauf basierenden Verhütung inzestuöser Beziehungen, der Anführung weiterer solchen Wünschen entgegenstehender Einschränkungen, der Analyse der sich in den Tabuvorschriften und Tabuzeremonien manifestierenden Gefühlsambivalenz, schließlich der Herausarbeitung der narzisstischen Überschätzung der eigenen Denkakte (wie sie sich in der Magie zeigen), dies alles ist zwar nicht eigentlich Religionspsychologie, bereitet aber direkt auf entsprechende Theorien vor[6]. Der vierte Aufsatz zum Totemismus beinhaltet die Analyse eines Systems, welches Freud mit guten Argumenten als erste Religion (oder zumindest als deren unmittelbaren Vorläufer) ansieht. Danach zielen die mit diesem System verbundenen Vorschriften in erster Linie darauf ab, inzestuöse Gelüste unmöglich zu machen und haben ihre Wurzeln im Ödipuskomplex: In der großartigen Spekulation, in Vorzeiten hätten die Söhne den sie beherrschenden und über Frauen der Urhorde verfügenden Vater erschlagen, glaubt der Autor, die weitere Entwicklung der Religion in die uns vertrauten Formen nachzeichnen zu können: Reue über die Tat, Einsetzung eines Totemtieres als Vaterersatz, Ersetzung dessen zunächst durch Götter in Tiergestalt, schließlich eine Vermenschlichung Gottes, der als Vater im Himmel unverkennbare Eigenschaften eines infantilen Vaterbildes zeigt (strafend und beschützend, geliebt und gehasst zugleich).

Der Aufsatz »Eine Teufelsneurose im siebzehnten Jahrhundert« (1923d) widmet sich zwar einem religionspsychologischen Thema, ist aber diesbezüglich eher unergiebig[7]. Es handelt um die Interpretation einer autobiografischen Fallgeschichte (analog der des Senatspräsidenten Schreber; s. 1911c), in der die Teufelsvisionen des Malers Christoph Haitzmann aus dem Verlust durch den Tod des Vaters erklärt werden. Die allgemeine Ambivalenz dem Vater gegenüber, die sich in der gleichfalls ambivalenten

Gottesvorstellung der Menschheit manifestierte, zeigte sich in diesem Fall darin, dass nun dessen Widerpart, der Teufel, als augenfälliger Vaterersatz diente; es brauche »nicht viel analytischen Scharfsinns, um zu erraten«, dass Gott und Teufel ursprünglich identisch gewesen seien, »eine einzige Gestalt«, die »später in zwei mit entgegengesetzten Eigenschaften zerlegt« worden sei. Freud erläutert:

> »Es ist der uns wohlbekannte Vorgang der Zerlegung einer Vorstellung mit gegensinnigem – ambivalentem – Inhalt in zwei scharf kontrastierende Gegensätze. Die Widersprüche in der ursprünglichen Natur Gottes sind aber eine Spiegelung der Ambivalenz, welches das Verhältnis des Einzelnen zu seinem persönlichen Vater beherrscht. Wenn der gütige und gerechte Gott ein Vaterersatz ist, so darf man sich nicht darüber wundern, dass auch die feindselige Einstellung, die ihn hasst und fürchtet und sich über ihn beklagt, in der Schöpfung des Satans zum Ausdruck gekommen ist. Der Vater wäre also das individuelle Vorbild sowohl Gottes wie des Teufels.« (GW XIII, S. 331 f.)

Die Zukunft einer Illusion (1927c), Freud bekannteste Schrift zur Religion, geht inhaltlich nicht über *Totem und Tabu* hinaus. Das Thema wird auch nicht unter psychoanalytischen Gesichtspunkten bearbeitet; vielmehr wird die Sicht der Religion von einer Person dargestellt, deren Blick nicht durch Glauben oder religiöse Erziehung beeinflusst ist. Deutlich wird darin herausgearbeitet, dass die religiösen Lehr- und Glaubensinhalte eine Illusion darstellen, also einem Wunsch entsprungen sind: Angesichts der Hilflosigkeit gegenüber den Mächten der Natur werde die infantile Situation hergestellt, wo der Vater bestrafte, aber auch belohnte und insbesondere Schutz vor äußeren Bedrohungen bot. Freud plädiert nachdrücklich dafür, sich von dieser infantilen Situation zu lösen, gesellschaftliche Regeln nicht mehr länger religiös zu motivieren, und sich schließlich von der Hoffnung auf Trost im Jenseits frei zu machen, vielmehr zu versuchen, maximale Zufriedenheit schon auf Erden mittels der Wissenschaft zu erreichen.

Die kleine Schrift »Ein religiöses Erlebnis« (1928a) trägt weniger, als der Titel zunächst vermuten lässt, zum Verständnis der Religion bei oder geht zumindest diesbezüglich nicht über die zuvor erschienenen religionspsychologischen Arbeiten hinaus; trotzdem ist sie angesichts der einleuchtenden Deutung in diesem Zusammenhang nicht ohne Interesse. Ein amerikanischer Kollege berichtet Freud, dass beim Antlitz einer im Seziersaal liegenden alten Frau mit »liebem, entzückendem Gesicht« sich bei ihm eine Empörung gegen Gott eingestellt habe, die er aber rasch überwinden konnte:

> »›Der Gedanke blitzte in mir auf: Nein, es gibt keinen Gott; wenn es einen Gott gäbe, würde er nie gestattet haben, dass eine so liebe alte Frau […] in den Seziersaal kommt.

Als ich an diesem Nachmittage nach Hause kam, hatte ich unter dem Eindruck des Anblicks im Seziersaal bei mir beschlossen, nicht wieder in eine Kirche zu gehen. Die Lehren des Christentums waren mir auch vorher schon ein Gegenstand des Zweifels gewesen.

Aber während ich noch darüber nachsann, sprach eine Stimme in meiner Seele, ich sollte mir doch meinen Entschluss noch reiflich überlegen. Mein Geist antwortete dieser inneren Stimme: Wenn ich die Gewissheit bekomme, dass die christliche Lehre wahr und die Bibel das Wort Gottes ist, dann werde ich es annehmen.

Im Verlauf der nächsten Tage machte Gott es meiner Seele klar, dass alles, was über Jesus Christus gelehrt wird, wahr ist, und dass Jesus unsere einzige Hoffnung ist. Nach dieser so klaren Offenbarung nahm ich die Bibel als das Wort Gottes und Jesus Christus als den Erlöser meiner selbst an. Seither hat Gott sich mir noch durch viele untrügliche Zeichen geoffenbart.‹« (1928a; GW XIV, S. 393 f.)

Für die Wünsche des Kollegen, Freud möge sich gleichfalls die göttliche Wahrheit offenbaren, bedankt sich letzterer höflich, wenn auch unverkennbar ironisch (s. dazu die Anmerkung 1 in Kap. 9), womit auch die Wiedergabe des Briefwechsels abgeschlossen ist; Freud macht sich daraufhin an die psychoanalytische Deutung des religiösen Erlebnisses und stellt die Frage, warum die »Empörung« des Kollegen gegen Gott gerade bei diesem doch – im Vergleich zu anderen Gräueln auf der Welt – eher wenig schrecklichen »Eindruck im Seziersaal losbrechen« musste. Es liege nahe, so seine Erklärung, dass der Anblick der alten Frau beim jungen Kollegen Erinnerungen an die Mutter erweckt und ödipale Wünsche reaktiviert habe: »Der Anblick des nackten (oder zur Entblößung bestimmten) Leibes einer Frau, die den Jüngling an seine Mutter erinnert, weckt in ihm die aus dem Ödipuskomplex stammende Muttersehnsucht, die sich auch sofort durch die Empörung gegen den Vater vervollständigt.« Vater und Gott, ergänzt Freud, »sind bei ihm noch nicht weit auseinandergerückt, der Wille zur Vernichtung des Vaters kann als Zweifel an der Existenz Gottes bewusst werden und sich als Entrüstung über die Misshandlung des Mutterobjekts vor der Vernunft legitimieren.« (GW XIV, S. 395)[8] Wie aber der kindliche Ödipuskomplex schließlich seine Auflösung erfahren habe, sei es dieser »auf das religiöse Gebiet« verschobenen kurzfristigen Neuauflage gegangen; sie sei »einer mächtigen Gegenströmung« erlegen:

»Der Ausgang des Kampfes zeigt sich wiederum auf religiösem Gebiet; er ist der durch das Schicksal des Ödipuskomplexes vorherbestimmte: völlige Unterwerfung unter den Willen Gott-Vaters, der junge Mann ist gläubig geworden, er hat alles angenommen, was man ihn seit der Kindheit über Gott und Jesus Christus gelehrt hatte. Er hat ein religiöses Erlebnis gehabt, eine Bekehrung erfahren.« (GW XIV, S. 396)

Freuds letzte religionspsychologische Arbeit[9] ist die dreiteilige Schrift *Der Mann Moses und die monotheistische Religion* (1939a), deren Entstehungsgeschichte schon skizziert wurde und in 10.1 genauer dargestellt wird. Die ersten beiden Teile bieten interessante historische Spekulationen, nämlich dass Moses kein Israelit, sondern ein vornehmer Ägypter war, der semitische Volksstämme in Ägypten in ihr eigentliches Ursprungsland zurückzuführen versprach und sie damit zur Annahme der Aton-Religion bewegen konnte (einer kurzzeitig während der Herrschaft des Pharaos Echnaton herrschenden, dann aber gewaltsam unterdrückten streng monotheistischen Glaubenslehre, welche auf Rituale verzichtete). Zwar wurde Moses, noch auf dem Sinai, vom aufrührerischen Volk erschlagen, und diese nahmen bei der Vereinigung mit anderen Hebräern im Gelobten Land deren keineswegs monotheistischen Jahveglauben mit ihrer Vielzahl ritualisierter Gebräuche an. Im Sinne einer Wiederkehr des Verdrängten seien aber die mosaischen Lehren zunehmend deutlicher wieder im Volksglauben aufgetaucht und hätten die bemerkenswerte Vergeistigung der jüdischen Religion bewirkt; die Überlieferung habe schließlich Moses mit dem priesterlichen Stifter der Jahve-Religion zu einer Person verschmolzen und so die Untat geleugnet. Der dritte Teil der Schrift, in schwierigen Zeiten (sowohl Gesundheit wie politische Verhältnisse betreffend) verfasst und insofern wenig überzeugend gegliedert, versucht diese Gedanken mit den Überlegungen aus *Totem und Tabu* zur Entstehung der Religion aus dem Mord am Urhordenvater zu verknüpfen.

Anmerkungen zu Kapitel 7

1. Der Titel der Arbeit heißt »Zwangshandlungen und Religionsübungen«, wohingegen die zum Vergleich herangezogene klinische Auffälligkeit im Wesentlichen das oben definierte Zeremoniell ist. Die terminologische Unsicherheit dürfte zu guten Teilen darin begründet sein, dass sämtliche bis dahin von Freud veröffentlichten Kasuistiken das Störungsbild der Hysterie betreffen. Erst mit dem Fall des »Rattenmannes« (»Bemerkungen über einen Fall von Zwangsneurose«; 1909d) wird er sich eingehender mit dieser Neurosenform beschäftigen und ihre Symptomatik genauer zu definieren versuchen.
2. Freud drückt sich bemerkenswert unbestimmt aus, sei es, weil er den Lesern die Vorstellung nicht zumuten wollte, sei es, weil er sich selbst noch nicht im Klaren darüber war. Einige Jahre später, in »Die Disposition zur Zwangsneurose« (1913i), wird er diese ominöse »Komponente des Sexualtriebes« sehr genau benennen; es sind seiner Auffassung nach anal-sadistische Triebregungen.
3. Wie erwähnt, entwickelt Freud erst allmählich seine Konzeption vom Mechanismus der Zwangssymptomatik und ist in seinen Begrifflichkeiten noch wenig präzise. Reaktionsbildung wird später, in der Schrift »Die Disposition zur Zwangsneurose« (1913i) klar definiert, nämlich als Mobilisierung von Antrieben, die gegen den Triebwunsch und seine Äußerungen gerichtet sind: »Der Inhalt ihrer Zwangsneurose bestand in einem peinlichen Wasch- und Reinigungszwang und in höchst energischen Schutzmaß-

regeln gegen böse Schädigungen, welche andere von ihr zu befürchten hätten, also in Reaktionsbildungen gegen anal-erotische und sadistische Regungen.« (GW VIII, S. 446)

4. Vielleicht drückt sich der Autor hier absichtlich kryptisch aus, um Gefühle etwaiger religiöser Leser nicht zu verletzen. Sollte er damit etwa Mordexzesse aus religiösen Motiven meinen, so würde es sich allerdings sicher nicht um Kompromissanteile der unterdrückten Aggressionen in den Religionsübungen handeln, sondern um schiere Triebdurchbrüche, was zuvor als »Rückfälle in die Sünde« schon abgehandelt wurde.
5. Es ist unschwer zu erkennen, dass dieser Artikel von einer Person geschrieben wurde, die Glauben und Religiosität eher skeptisch gegenüber steht (s. Anmerkung 1 in Kap. 9). Immerhin hebt Freud zum Schluss den Nutzen der Religion für die Kulturentwicklung hervor: »Ein fortschreitender Verzicht auf konstitutionelle Triebe, deren Betätigung dem Ich primäre Lust gewähren könnte, scheint eine der Grundlagen der menschlichen Kulturentwicklung zu sein. Ein Stück dieser Triebverdrängung wird von den Religionen geleistet, indem sie den einzelnen seine Trieblust der Gottheit zum Opfer bringen lassen.« (GW VII, S. 139)
6. Jones (Bd. 2, S. 369 ff.) handelt *Totem und Tabu* im Wesentlichen unter der Rubrik »Beiträge zur Anthropologie« ab, während hier – allein, weil wir in der Gliederung einen solchen Unterpunkt nicht vorgesehen haben – diese Schrift als religionspsychologische aufgefasst werden soll, was für den vierten Aufsatz in jedem Fall zutrifft. Es hätte wenig Sinn, die einzelnen Kapitel von *Totem und Tabu* an unterschiedlichen Stellen zu resümieren.
7. Der zu Grunde liegende Text bietet gewisse Interpretationsschwierigkeiten, da er einerseits aus dem Tagebuch des Malers nach Auflösung des Teufelspakts besteht, andererseits aus Berichten von Geistlichen, die genau diesen Akt der Auflösung in der Wallfahrtskirche Mariazell (Steiermark) beschreiben, aber später datiert sind und einander teils widersprechen. Der Aufsatz ist insofern spannend zu lesen, als Freud geschickt versucht, diese Widersprüchlichkeiten aufzulösen; jedoch gerät über dieser Exegese die psychoanalytische Beleuchtung des Phänomens weitgehend in den Hintergrund.
8. Freud erklärt: »Dem Kind gilt doch in typischer Weise als Misshandlung, was der Vater im Sexualverkehr der Mutter antut.« (1928a; GW XIV, S. 395)
9. Die kleine Arbeit »Zur Gewinnung des Feuers« (1932a) wird zuweilen ebenfalls zu Freuds religionspsychologischen Schriften gezählt, trägt aber sehr wenig zum Verständnis der Religion als System von Glaubensinhalten bei. Sie befasst sich mit einem speziellen Thema der griechischen Mythologie.
   Im weiteren Sinn zu den religionspsychologischen Schriften zu zählen wäre eigentlich auch „Groß ist die Diana der Epheser“ (1911f), die allerdings gar keine psychoanalytischen Gedanken enthält. Es ist eine Darstellung, wie Ephesus immer Zentrum einer Muttergottheit darstellte (erst der Artemis-Diana, dann der Gottesmutter Maria).

8 *Totem und Tabu*

8.1 Entstehungsgeschichte

Die vier Aufsätze dieses Buches, schreibt Freud im Vorwort, entsprächen »einem ersten Versuch« von seiner Seite, »Gesichtspunkte und Ergebnisse der Psychoanalyse auf ungeklärte Probleme der Völkerpsychologie anzuwenden.« Sie enthalten, erklärt er, »also einen methodischen Gegensatz einerseits zu dem groß angelegten Werke von W. Wundt, welches die Annahmen und Arbeitsweisen der nicht analytischen Psychologie derselben Absicht dienstbar macht, und andererseits zu den Arbeiten der Züricher analytischen Schule, die umgekehrt Probleme der Individualpsychologie durch Heranziehung von völkerpsychologischem Material zu erledigen streben.« Er fügt hinzu: »Es sei gern zugestanden, dass von diesen beiden Seiten die nächste Anregung zu meinen eigenen Arbeiten ausgegangen ist.« (1912–13a; GW IX, S. 3)[1]

Mit ersten Gedanken zu diesem Thema, wenn auch noch in sehr allgemeiner Form, scheint sich Freud bereits 1909 herumgetragen zu haben, aber erst 1911 spricht er in einem Brief an E. Jones von einer Arbeit, auf die er sich festgelegt habe und die ihn wahrscheinlich einige Jahre beschäftigen werde, nämlich über »die Psychologie des religiösen Glaubens und religiöser Bindungen.« Auch der Titel »Totem und Tabu« stand in dieser Zeit offenbar schon fest. Motive für das Unternehmen kamen nach Jones einerseits – wie auch im Vorwort konstatiert – aus den Arbeiten Jungs, mit deren methodischem Ansatz Freud »unglücklich« war, andererseits aus Beobachtungen von Psychoanalytikern an kindlichen Tierphobien, in denen die Gleichsetzung von Tier und Vater leicht zu sehen war. Auch das Erscheinen von Frazers großem Opus *Totemism and Exogamy* im Jahre 1910 scheint Anregungen gegeben zu haben; in seiner eigenen Schrift bezieht Freud sich häufig beifällig auf dieses Werk.

Die erste der vier Abhandlungen, betitelt »Die Inzestscheu«, erschien zu Beginn des Jahres 1912 in der psychoanalytischen Zeitschrift *Imago*, der folgende »Das Tabu und die Ambivalenz der Gefühlsregungen« in einer späteren Ausgabe des Jahrganges. Der dritte Aufsatz »Animismus, Magie und Allmacht der Gedanken« wurde Anfang 1913 in *Imago* veröffentlicht. In dieser Zeit arbeitete Freud noch intensiv am vierten Teil »Die infantile Wiederkehr des Totemismus«, der – so erwartete der Autor – die schon lange bestehende Dissonanz mit Jung noch wesentlich vertiefen sollte. Diesem Aufsatz widmete sich Freud mit besonderer Hingabe: »Ich schreibe«, heißt es in einem Brief an Ferenczi vom Mai 1913, »jetzt am Totem mit der Empfindung, dass es mein Größtes, Bestes, vielleicht mein letztes Gutes ist. Innere Sicherheiten sagen mir, dass ich Recht habe.« (zitiert nach Jones Bd. 2, S. 416) Dieser Beitrag erschien ebenfalls in *Imago*, während gleichzeitig eine Buchausgabe aller Aufsätze vorbereitet wurde. Sie trug den Titel *Totem und Tabu*, mit dem Untertitel *Einige Übereinstimmungen im Seelenleben der Wilden und der Neurotiker* (was in *Imago* Obertitel für alle vier Aufsätze war). Das noch 1913 erschienene Buch erlebte 1920 seine zweite deutsche Auflage, zu Freuds Lebzeiten weitere; 1918 kam die erste englischsprachige Übersetzung auf den Markt, wobei schon ein Jahr später eine zweite Auflage erforderlich wurde. Übersetzungen in weitere Sprachen folgten bald.

8.2 Inhalt

Von den vier Aufsätzen bringt der erste, betitelt »Die Inzestscheu«, sicher am wenigsten überraschend Neues – wurde auch vom Autor selbst am negativsten beurteilt –, stellt aber einen guten Einstieg in Freuds Argumentationsweise dar und führt den wichtigen Begriff des Totem ein.

Das »Seelenleben« der »so genannten Wilden und halbwilden Völker«, beginnen die Ausführungen, gewinne ein besonderes Interesse für uns, »wenn wir in ihm eine gut erhaltene Vorstufe unserer eigenen Entwicklung erkennen dürfen.« Denn:

> »Wenn diese Voraussetzung zutreffend ist, so wird eine Vergleichung der ›Psychologie der Naturvölker‹, wie die Völkerkunde sie lehrt, mit der Psychologie des Neurotikers, wie sie durch die Psychoanalyse bekannt geworden ist, zahlreiche Übereinstimmungen aufweisen müssen, und wird uns gestatten, bereits Bekanntes hier und dort in neuem Licht zu sehen.« (1912–13a; GW IX, S. 5)

Für seine Vergleichung wähle er »jene Völkerstämme«, welche von den Ethnographen »als die zurückgebliebensten, armseligsten Wilden« beschrieben worden seien, nämlich »die Ureinwohner des jüngsten Kontinents, Australien, der uns auch in seiner Fauna soviel Archaisches, anderswo Untergegangenes, bewahrt« habe: »Sie bauen weder Häuser noch feste Hütten, bearbeiten den Boden nicht, halten keine Haustiere bis auf den Hund, kennen nicht einmal die Kunst der Töpferei. Sie nähren sich ausschließlich von dem Fleisch aller möglichen Tiere, die sie erlegen, und von Wurzeln, die sie graben. [...] Es ist durchaus zweifelhaft, ob man ihnen Spuren von Religion in Form der Verehrung höherer Wesen zugestehen darf.« Von »diesen armen, nackten Kannibalen«, sagt Freud, »werden wir gewiss nicht erwarten, dass sie im Geschlechtsleben in unserem Sinne sittlich seien, ihren sexuellen Trieben ein hohes Maß von Beschränkung auferlegt haben.« Nun die überraschende Feststellung: »Und doch erfahren wir, dass sie sich mit ausgesuchtester Sorgfalt und peinlicher Strenge die Verhütung inzestuöser Geschlechtsbeziehungen zum Ziele gesetzt haben. Ja ihre gesamte soziale Organisation scheint dieser Absicht zu dienen oder mit ihrer Erreichung in Beziehung gebracht worden zu sein.« (GW IX, S. 6)

Nun wird das System des Totemismus geschildert, welches sich dort »an Stelle aller fehlenden religiösen und sozialen Institutionen« finde: Die australischen Stämme zerfielen »in kleinere Sippen oder Clans«, von denen sich jeder nach seinem Totem benenne, in der Regel einem Tier, welches »in einem besonderen Verhältnis zu der ganzen Sippe« stehe:

> »Der Totem ist erstens der Stammvater der ganzen Sippe, dann aber auch ihr Schutzgeist und Helfer, der ihnen Orakel sendet, und wenn er sonst gefährlich ist, seine Kinder kennt und verschont. Die Totemgenossen stehen dafür unter der heiligen, sich selbstwirkend strafenden Verpflichtung, ihren Totem nicht zu töten (vernichten) und sich seines Fleisches (oder des Genusses, den er sonst bietet) zu enthalten. Der Totemcharakter haftet nicht an einem Einzeltier oder Einzelwesen, sondern an allen Individuen der Gattung. Von Zeit zu Zeit werden Feste gefeiert, bei denen die Totemgenossen in zeremoniösen Tänzen die Bewegungen und Eigenheiten ihres Totem darstellen oder nachahmen.« (GW IX, S. 6 f.)

Der Totem sei »entweder in mütterlicher oder in väterlicher Linie« erblich, wobei die erstere Art »möglicherweise überall die ursprüngliche« gewesen und erst später durch die letztere abgelöst worden sei[2]. Die Zugehörigkeit zum Totem sei »die Grundlage aller sozialen Verpflichtungen des Australiers«, setze sich »über die Stammenszugehörigkeit« hinaus und dränge die Blutsverwandtschaft zurück. An »Boden und Örtlichkeit« sei der Totem nicht gebunden; die Totemgenossen wohnten voneinander getrennt und mit den Angehörigen anderer Totem friedlich zusammen (GW IX, S. 7)[3].

Auf viele der geschilderten Eigenheiten des Totemismus wird Freud erst im vierten Aufsatz eingehen (und dabei das Totemtier als Ersatz für den ermordeten Vater der Urhorde ansehen; s. unten). Hier weist er besonders auf einen Aspekt hin:

> »Und nun müssen wir endlich jener Eigentümlichkeit des totemistischen Systems gedenken, wegen welcher auch das Interesse des Psychoanalytikers sich ihm zuwendet. Fast überall, wo der Totem gilt, besteht auch das Gesetz, dass Mitglieder desselben Totem nicht in geschlechtliche Beziehungen zueinander treten, also auch einander nicht heiraten dürfen. Das ist die mit dem Totem verbundene Exogamie.« (S. 8)

Übertretung dieses Gebots, auch im Falle einer nur flüchtigen Liebesbeziehung, werde in der Regel mit dem Tode bestraft. Im Falle der mütterlichen Weitergabe des Totem werde damit zunächst der Inzest des Sohnes mit der Mutter und seinen Schwestern verhindert, im Weiteren die sexuelle Vereinigung mit allen weiblichen Personen des Totemclans, also auch mit einer Anzahl von Frauen, die ihm nicht blutsverwandt seien[4]. Freud resümiert: »So zeigen denn diese Wilden einen ungewohnt hohen Grad von Inzestscheu oder Inzestempfindlichkeit, verbunden mit der von uns nicht gut verstandenen Eigentümlichkeit, dass sie die reale Blutsverwandtschaft durch die Totemverwandtschaft ersetzen.« Auf »welche Weise es dabei zum Ersatz der wirklichen Familie durch die Totemfamilie« gekommen sei, bleibe ein Rätsel, dessen Lösung vielleicht »mit der Aufklärung des Totem selbst« zusammenfalle. Freud nennt in diesem Zusammenhang eine Eigentümlichkeit im Sprachgebrauch, nämlich dass ein Mann nicht nur seinen Erzeuger »Vater« nenne, »sondern auch jeden anderen Mann, der nach den Stammesgesetzen seine Mutter heiraten und so sein Vater hätte werden können«; er nenne »Mutter« »jede andere Frau neben seiner Gebärerin, die ohne Verletzung der Stammesgesetze seine Mutter hätte werden können«; er heiße, »Brüder«, »Schwestern« nicht nur »die Kinder seiner wirklichen Eltern, sondern auch die Kinder all der genannten Personen, die in der elterlichen Gruppenbeziehung zu ihm stehen usw.« Er folgert: »Die Verwandtschaftsnamen, die zwei Australier einander geben, deuten also nicht notwendig auf eine Blutsverwandtschaft zwischen ihnen hin, wie sie es nach unserem Sprachgebrauche müssten; sie bezeichnen vielmehr soziale als physische Beziehungen.« (GW IX, S. 11 f.)[5]

Es folgt die Aufzählung einer Reihe von Sitten (nicht nur bei den australischen Totemvölkern), die ebenfalls Vorbeugung gegen den Verkehr naher Verwandter darstellten; diese würden »mit geradezu religiöser Strenge« eingehalten und erschienen in ihrer Absicht »uns kaum zweifelhaft.« So beträfen, um nur eines der zahlreichen Beispiele anzuführen, unter den Battas auf Sumatra »die Vermeidungsgebote alle nahen Verwandtschaftsbeziehungen.« Ein »Battabruder« würde sich in Gesellschaft seiner Schwester »unbehaglich fühlen, selbst wenn noch andere Personen mit anwesend« seien. Ein Vater werde »auch nicht allein im Hause mit seiner Tochter bleiben, ebenso wenig wie eine Mutter mit ihrem Sohne.« Freud zitiert einen holländischen Missionar, der »diese Sitten leider für sehr wohlbegründet« hält: »Es wird bei diesem Volke ohneweiters angenommen, dass ein Alleinsein eines Mannes mit einer Frau zu ungehöriger Intimität führen werde, und da sie vom Verkehr naher Blutsverwandter alle möglichen Strafen und üblen Folgen erwarten, tun sie recht daran, allen Versuchungen durch solche Verbote auszuweichen.« (GW IX, S. 17)

Noch mehr Beispiele werden für die Kontaktbeschränkungen zwischen Mann und Schwiegermutter[6] angeführt, etwa folgendes: »Auf den Salomons-Inseln darf der Mann von seiner Heirat an seine Schwiegermutter weder sehen noch mit ihr sprechen. Wenn er ihr begegnet, tut er nicht, als ob er sie kennen würde, sondern läuft, so schnell er kann, davon, um sich zu verstecken.« (GW IX, S. 19)

Als Erklärung wird angeführt, dass das Verhältnis zwischen Schwiegersohn und Schwiegermutter ein »ambivalentes«, also »aus widerstreitenden, zärtlichen und feindseligen Regungen« zusammengesetzt sei; die dazu vorgebrachten feinsinnigen Überlegungen – speziell zu dieser problematischen Beziehung in den zivilisierten

Gesellschaften – führen allerdings vom anthropologischen Gehalt des Textes ab und sollen daher nur in ihrem Ergebnis[7] resümiert werden: Er sehe, so der Autor, »keine Abhaltung von der Annahme, dass es gerade dieser, der inzestuöse Faktor des Verhältnisses ist, welcher die Vermeidung zwischen Schwiegersohn und Schwiegermutter bei den Wilden motiviert.« (GW IX, S. 23 f.)

Erst am Ende des Aufsatzes kommt die psychoanalytische Betrachtung zu ihrem Recht, die bis dahin wenig Gelegenheit gehabt habe, zum Verständnis der Phänomene beizutragen, denn »die Inzestscheu der Wilden« sei »längst als solche erkannt worden« und »bedürfe keiner weiteren Deutung.« Zur Würdigung dieser Inzestschranke könne jedoch die Aussage beigetragen werden, »sie sei ein exquisit infantiler Zug und eine auffällige Übereinstimmung mit dem seelischen Leben des Neurotikers.« Denn:

> »Die Psychoanalyse hat uns gelehrt, dass die erste sexuelle Objektwahl des Knaben die inzestuöse ist, den verpönten Objekten, Mutter und Schwester gilt, und hat uns auch die Wege kennen gelehrt, auf denen sich der Heranwachsende von der Anziehung des Inzests frei macht. Der Neurotiker repräsentiert uns aber regelmäßig ein Stück des psychischen Infantilismus, er hat es entweder nicht vermocht, sich von den kindlichen Verhältnissen der Psychosexualität zu befreien, oder er ist zu ihnen zurückgekehrt. [...] In seinem unbewussten Seelenleben spielen darum noch immer die inzestuösen Fixierungen der Libido eine Hauptrolle. Wir sind dahin gekommen, das vom Inzestverlangen beherrschte Verhältnis zu den Eltern für den Kernkomplex der Neurose zu erklären.« (GW IX, S. 24)

Diese Auffassung stoße »natürlich auf den allgemeinsten Unglauben der Erwachsenen und Normalen«, welche Ablehnung wohl »vor allem ein Produkt der tiefen Abneigung des Menschen gegen seine einstigen, seither der Verdrängung verfallenen Inzestwünsche« sei. Freud fügt hinzu: »Es ist uns darum nicht unwichtig, an den wilden Völkern zeigen zu können, dass sie die zur späteren Unbewusstheit bestimmten Inzestwünsche des Menschen noch als bedrohlich empfinden und der schärfsten Abwehrmaßnahmen für würdig halten.« (GW IX, S. 25)

Der zweite, wesentlich umfangreichere Aufsatz »Das Tabu und die Ambivalenz der Gefühlsregungen« hat deutlicheren Bezug zur psychoanalytischen Theorie, speziell zur Neurosenlehre. Zunächst versucht Freud, unter Bezug auf Wundts *Völkerpsychologie* und die *Encyclopedia Britannica*, das Wesen des Tabu herauszuarbeiten und einschlägige Erklärungen zu präsentieren, löst sich aber bald von diesen unverständlichen Darstellungen für eine eigene Beschreibung des Sachverhalts: »Tabu« sei ein polynesisches Wort, dessen Übersetzung uns Schwierigkeiten bereite, weil »wir den damit bezeichneten Begriff« nicht mehr besäßen. »Den alten Römern«, meint er, »war er noch geläufig, ihr sacer war dasselbe wie das Tabu der Polynesier.« (GW IX, S.

26)[8] Es bedeute einerseits »heilig, geweiht«, andererseits »unheimlich, gefährlich, verboten, unrein«; Am Tabu hafte »etwas wie der Begriff der Reserve«, es äußere sich »auch wesentlich in Verboten und Einschränkungen.« Resümierend: »Unsere Zusammensetzung ›heilige Scheu‹ würde sich oft mit dem Sinn des Tabu decken.« (S. 26)[9] Nun werden die Verbote und Einschränkungen des Tabu näher charakterisiert:

> »Die Tabubeschränkungen sind etwas anderes als die religiösen oder moralischen Verbote. Sie werden nicht auf das Gebot eines Gottes zurückgeführt, sondern verbieten sich eigentlich von selbst; von den Moralverboten scheidet sie das Fehlen der Einreihung in ein System, welches ganz allgemein Enthaltungen für notwendig erklärt und diese Notwendigkeit auch begründet. Die Tabuverbote entbehren jeder Begründung; sie sind unbekannter Herkunft; für uns unverständlich, erscheinen sie jenen selbstverständlich, die unter ihrer Herrschaft stehen.« (GW IX, S. 26 f.)

Nach einem Einschub[10] des Stichworts Tabu aus der *Encyclopedia Britannica* fährt Freud fort: »Es handelt sich also um eine Reihe von Einschränkungen, denen sich diese primitiven Völker unterwerfen; dies und jenes ist verboten, sie wissen nicht warum, es fällt ihnen auch nicht ein, danach zu fragen, sondern sie unterwerfen sich ihnen wie selbstverständlich und sind überzeugt, dass eine Übertretung sich von selbst auf die härteste Weise strafen wird.« Er erwähnt »zuverlässige Berichte«, dass »die unwissentliche Übertretung eines solchen Verbotes sich tatsächlich automatisch gestraft« habe: »Der unschuldige Missetäter, der z. B. von einem ihm verbotenen Tier gegessen hat, wird tief deprimiert, erwartet seinen Tod und stirbt dann in allem Ernst.« Angesichts seiner Bedeutung sei der nächste Abschnitt in Gänze zitiert:

> »Die Verbote betreffen meist Genussfähigkeit, Bewegungs- und Verkehrsfreiheit; sie scheinen in manchen Fällen sinnreich, sollen offenbar Enthaltungen und Entsagungen bedeuten, in anderen Fällen sind sie ihrem Inhalt nach ganz unverständlich, betreffen wertlose Kleinigkeiten, scheinen ganz von der Art eines Zeremoniells zu sein. All diesen Verboten scheint etwas wie eine Theorie zugrunde zu liegen, als ob die Verbote notwendig wären, weil gewissen Personen und Dingen eine gefährliche Kraft zu eigen ist, die sich durch Berührung mit dem so geladenen Objekt überträgt, fast wie eine Ansteckung. Es wird auch die Quantität dieser gefährlichen Eigenschaft in Betracht gezogen. Der eine oder das eine hat mehr davon als der andere, und die Gefahr richtet sich geradezu nach der Differenz der Ladungen. Das Sonderbarste daran ist wohl, dass wer es zustande gebracht hat, ein solches Verbot zu übertreten, selbst den Charakter des Verbotenen gewonnen, gleichsam die ganze gefährliche Ladung auf sich genommen hat. Diese Kraft haftet nun an allen Personen, die etwas Besonderes sind, wie Könige, Priester, Neugeborene, an allen Ausnahmszuständen, wie die körperlichen der Menstruation, der Pubertät, der Geburt, an allem Unheimlichen, wie Krankheit und Tod, und was kraft der Ansteckungs- und Ausbreitungsfähigkeit damit zusammenhängt.« (GW IX, S. 30 f.)

Es folgen weitere terminologische Klärungen: »›Tabu‹ heißt aber alles, sowohl die Personen als auch die Örtlichkeiten, Gegenstände und die vorübergehenden Zustände, welche Träger oder Quelle dieser geheimnisvollen Eigenschaft sind.« Weiter: »Tabu heißt auch das Verbot, welches sich aus dieser Eigenschaft herleitet, und Tabu heißt endlich seinem Wortsinn nach etwas, was zugleich heilig, über das Gewöhnliche erhaben, wie auch gefährlich, unrein, unheimlich umfasst.« (GW IX, S. 31) Freud konstatiert: »In diesem Wort und in dem System, das es bezeichnet, drückt sich ein Stück Seelenleben aus, dessen Verständnis uns wirklich nicht nahegerückt scheint.« Es sei aber wert, »unser Interesse an das Rätsel des Tabu« zu wenden, denn: »Es darf uns ahnen, dass das Tabu der Wilden Polynesiens doch nicht so weit von uns abliegt, wie wir zuerst glauben wollten, dass die Sitten- und Moralverbote, denen wir selbst gehorchen, in ihrem Wesen eine Verwandtschaft mit diesem primitiven Tabu haben könnten, und dass die Aufklärung des Tabu ein Licht auf den dunkeln Ursprung unseres eigenen ›kategorischen Imperativs‹ zu werfen vermöchte.« (S. 31 f.)

Nachdem er ziemlich ausführlich W. Wundts Erklärung des Tabu vorgestellt und als unbefriedigend verworfen hat (s. Anmerkung 1), nähert sich Freud unter neuem Blickwinkel dem Phänomen: »Wer von der Psychoanalyse, das heißt von der Erforschung des unbewussten Anteils am individuellen Seelenleben her an das Problem des Tabu herantritt, der wird sich nach kurzem Besinnen sagen, dass ihm diese Phänomene nicht fremd sind.« Er kenne »Personen, die sich solche Tabuverbote individuell geschaffen« hätten und sie ebenso streng befolgten »wie die Wilden die ihrem Stamme oder ihrer Gesellschaft gemeinsamen.« Wäre er nicht gewohnt, »diese vereinzelten Personen als ›Zwangskranke‹ zu bezeichnen«, würde er den »Namen ›Tabukrankheit‹ für deren Zustand angemessen finden müssen.« Von dieser Zwangskrankheit habe er »aber durch die psychoanalytische Untersuchung so viel erfahren, die klinische Ätiologie und das Wesentliche des psychischen Mechanismus«, dass er es sich »nicht versagen« könne, »das hier Gelernte zur Aufklärung der entsprechenden völkerpsychologischen Erscheinung zu verwenden.« (GW IX, S. 35 f.) Der Autor weist zunächst auf den gemeinsamen Wesenszug der scheinbar fehlenden Motivierung und der unklaren Herkunft hin: »Die nächste und auffälligste Übereinstimmung der Zwangsverbote (bei den Nervösen) mit dem Tabu besteht nun darin, dass diese Verbote ebenso unmotiviert und in ihrer Herkunft rätselhaft sind. Sie sind irgend einmal aufgetreten und müssen nun infolge einer unbezwingbaren Angst gehalten werden.« Weiter: »Eine äußere Strafandrohung ist überflüssig, weil eine innere Sicherheit (ein Gewissen) besteht, die Übertretung werde zu einem unerträglichen Unheil führen. Das Äußerste, was die Zwangskranken mitteilen können«, so Freud, »ist die unbestimmte Ahnung, es werde eine gewisse Person ihrer Umgebung durch die Übertretung zu Schaden kommen.« (S. 36 f.)

Das »Haupt- und Kernverbot« der Neurose sei wie beim Tabu das der Berührung (im weiteren Sinn): »Das Verbot erstreckt sich nicht nur auf die direkte Berührung mit dem Körper, sondern nimmt den Umfang der übertragenen Redensart: in Berührung kommen, an. Alles, was die Gedanken auf das Verbotene lenkt, eine Gedankenberührung hervorruft, ist ebenso verboten wie der unmittelbare leibliche Kontakt; dieselbe Ausdehnung findet sich beim Tabu wieder.« (GW IX, S. 37)

Weiter weist Freud auf die »großartige Verschiebbarkeit« bei den Zwangsverboten hin[11]: Sie dehnten sich »auf irgend welchen Wegen des Zusammenhanges von einem Objekt auf das andere aus« und machten auch dieses neue Objekt »unmöglich« (für ein illustratives Beispiel; s. unten). Die Charaktere der »Ansteckungsfähigkeit und der Übertragbarkeit«, die bei den Tabuverboten so auffällig waren, finden sich auch bei den zwangsneurotisch Erkrankten: »Die Zwangskranken benehmen sich so, als wären die ›unmöglichen‹ Personen und Dinge Träger einer gefährlichen Ansteckung, die bereit ist, sich auf alles Benachbarte durch Kontakt zu übertragen.« (GW IX, S. 37) Zum Beleg bringt Freud nun »zwei Beispiele von Übertragung (besser Verschiebung) des Verbotes«, das »eine aus dem Leben der Maori« (zitiert aus Frazers *The Golden Bough*), das andere aus seiner Beobachtung an einer »zwangskranken Frau«:

»›Ein Maorihäuptling wird kein Feuer mit seinem Hauch anfachen, denn sei geheiligter Atem würde seine Kraft dem Feuer mitteilen, dieses dem Topf, der im Feuer steht, der Topf der Speise, die in ihm gekocht wird, die Speise der Person, die von ihr isst, und so müsste die Person sterben, die gegessen von der Speise, die gekocht in dem Topf, der gestanden im Feuer, in das geblasen der Häuptling mit seinem heiligen und gefährlichen Hauch.‹

Die Patientin verlangt, dass ein Gebrauchsgegenstand, den ihr Mann vom Einkauf nach Hause gebracht, entfernt werde, er würde ihr sonst den Raum, in dem sie wohnt, unmöglich machen. Denn sie hat gehört, dass dieser Gegenstand in einem Laden gekauft wurde, welcher in der, sagen wir, Hirschengasse liegt. Aber Hirsch ist heute der Name einer Freundin, die in einer ferneren Stadt lebt, und die sie in ihrer Jugend unter ihrem Mädchennamen gekannt hat. Diese Freundin ist ihr heute ›unmöglich‹, tabu, und der hier in Wien gekaufte Gegenstand ist ebenso tabu wie die Freundin selbst, mit der sie nicht in Berührung kommen will.« (GW IX, S. 38)

Eine weitere Parallele sei, dass Zwangs- wie Tabuverbote durch Zwangshandlungen bzw. Zeremonielle aufgehoben würden oder dass deren Übertretung »gutgemacht« werden könne (etwa durch Abwaschen mit Wasser). Somit ergeben sich wichtige Punkte der Übereinstimmung zwischen Tabugebräuchen und zwangsneurotischen Symptomen: »1. In der Unmotiviertheit der Gebote, 2. in ihrer Befestigung durch eine innere Nötigung, 3. in ihrer Verschiebbarkeit und in der Ansteckungsgefahr durch das Verbotene, 4. in der Verursachung von zeremoniösen Handlungen, Geboten, die von den Verboten ausgehen.« (GW IX, S. 39)

Es folgt die Darstellung des psychoanalytischen Genesemodells einer auf Berührungsangst zurückgehenden Zwangskrankheit[12]: »Zu allem Anfang, in ganz früher Kinderzeit« habe eine starke Lust bestanden, die Genitalien zu berühren, die bald zu einem entsprechenden Verbot geführt habe; letzteres habe sich auf »starke innere Kräfte« (nämlich die Liebe zu den verbietenden Personen) stützen können und sei deswegen befolgt worden. Der Trieb, die Berührungslust, sei damit aber nicht aufgehoben, sondern nur verdrängt und ins Unbewusste verbannt worden; Verbot und Trieb seien so erhalten geblieben; somit: »Es war eine unerledigte Situation, eine psychische Fixierung geschaffen, und aus dem fortdauernden Konflikt von Verbot und Trieb leitet sich nun alles weitere ab.« (GW IX, S. 39) Hauptcharakter dieser Konstellation sei eine ambivalente Haltung des Individuums gegen den Trieb bzw. die Triebhandlung: »Es will diese Handlung – die Berührung – immer wieder ausführen, es verabscheut sie auch.« Die beiden Strömungen seien im Seelenleben »so lokalisiert«, dass sie nicht zusammenstoßen könnten und Ausgleich möglich wäre: »Das Verbot wird laut bewusst, die fortdauernde Berührungslust ist unbewusst, die Person weiß nichts von ihr.« Unter diesen Umständen sei der Ursprung des bewussten Verbotes – und hier ergibt sich eine entscheidende Anknüpfung an die scheinbar unbegründeten Taburegeln – der betreffenden Person unbekannt:

> »Infolge der stattgehabten Verdrängung [...] bleibt die Motivierung des bewusst gewordenen Verbots unbekannt und müssen alle Versuche scheitern, es intellektuell zu zersetzen, da diese den Punkt nicht finden, an dem sie angreifen könnten. Das Verbot verdankt seine Stärke – seinen Zwangscharakter – gerade der Beziehung zu seinem unbewussten Gegenpart, der im Verborgenen ungedämpften Lust, also einer inneren Notwendigkeit, in welche die bewusste Einsicht fehlt.« (GW IX, S. 40)

Unter »den psychologischen Bedingungen des Unbewussten« verschiebe[13] sich die Trieblust beständig, »um der Absperrung, in der sie sich befindet, zu entgehen« und suche »Surrogate für das Verbotene – Ersatzobjekte und Ersatzhandlungen – zu gewinnen.« Darum wandere auch das Verbot und dehne sich »auf die neuen Ziele der verpönten Triebregung« aus; jeden »neuen Vorstoß der verdrängten Libido« beantworte das Verbot »mit einer neuen Verschärfung.« Dies (»gegenseitige Hemmung der beiden ringenden Mächte« und »Bedürfnis nach Abfuhr«) erkläre die Zwangshandlungen: »Diese sind bei der Neurose deutlich Kompromissaktionen, in der einen Ansicht Bezeugungen von Reue, Bemühungen zur Sühne u. dgl., in der anderen aber gleichzeitig Ersatzhandlungen, welche den Trieb für das Verbotene entschädigen.« Diese Zwangshandlungen träten »immer mehr in den Dienst des Triebes« und kämen »immer näher an die ursprünglich verbotene Handlung« heran (GW IX, S. 40 f.).

Nach diesen Ausführungen unternimmt Freud den Versuch, »das Tabu zu behandeln, als wäre es von derselben Natur wie ein Zwangsverbot« seiner Kranken, schränkt aber die Möglichkeit des vollständigen Erfolgs insofern ein, als viele Tabuverbote bereits sekundäre Entstellungen erlitten haben dürften. Nach dem über die Zwangssymptome Gesagten, deren Grundlage (der verdrängte Triebwunsch) den Patienten unbekannt ist, müsste bei tatsächlicher Analogie auch der Grund der Tabuverbote nicht zu nennen sein – was als wichtiges Charakteristikum herausgearbeitet wurde. »Wir würden dann zunächst sagen, es habe keinen Sinn, die Wilden nach der wirklichen Motivierung ihrer Verbote, nach der Genese des Tabu zu fragen. Nach unserer Voraussetzung müssen sie unfähig sein, darüber etwas mitzuteilen, denn diese Motivierung sei ihnen ›unbewusst‹.« Nach dem »Vorbild der Zwangsverbote« lasse sich aber nun »die Geschichte des Tabu« folgendermaßen konstruieren: »Die Tabu seien uralte Verbote, einer Generation von primitiven Menschen dereinst von außen aufgedrängt, das heißt also doch wohl von der früheren Generation ihr gewalttätig eingeschärft. Diese Verbote haben Tätigkeiten betroffen, zu denen eine starke Neigung bestand.« Die Verbote hätten sich nun »von Generation zu Generation erhalten«, vielleicht »bloß infolge der Tradition durch elterliche und gesellschaftliche Autorität«, vielleicht aber auch, spekuliert Freud, »als ein Stück ererbten psychischen Besitzes[14]« (GW IX, S. 41 f.) Aus der »Festhaltung der Tabu«, folgert er, »ginge eines hervor, dass die ursprüngliche Lust, jenes Verbotene zu tun, auch noch bei den Tabuvölkern fortbesteht.« Und weiter: »Diese haben also zu ihren Tabuverboten eine ambivalente Einstellung; sie möchten im Unbewussten nichts lieber als sie übertreten, aber sie fürchten sich auch davor; sie fürchten sich gerade darum, weil sie es möchten, und die Furcht ist stärker als die Lust.« Er resümiert: »Grundlage des Tabu ist ein verbotenes Tun, zu dem eine starke Neigung im Unbewussten besteht.« (S. 42)[15]

Aus der Ambivalenz[16], der widersprüchlichen Haltung zum Verbot einerseits, zum vom Verbot Betroffenen andererseits, werden weitere Eigenheiten des Tabusystems erklärt: »Wir wissen, ohne es zu verstehen, wer das Verbotene tut, das Tabu übertritt, wird selbst tabu.« Wie sei aber diese Tatsache mit der anderen zusammenzubringen, »dass das Tabu nicht nur an Personen haftet, die das Verbotene getan haben, sondern auch an Personen, die sich in besonderen Zuständen befinden, an diesen Zuständen selbst und an unpersönlichen Dingen?« Was könne dies für eine »gefährliche Eigenschaft« sein, die »immer die nämliche« bleibe »unter all diesen verschiedenen Bedingungen?« Freud meint: »Nur die eine: die Eignung, die Ambivalenz des Menschen anzufachen und ihn in Versuchung zu führen, das Verbot zu übertreten.« Er erläutert:

> »Der Mensch, der ein Tabu übertreten hat, wird selbst tabu, weil er die gefährliche Eignung hat, andere zu versuchen, dass sie seinem Beispiel folgen. Er erweckt Neid; warum sollte ihm gestattet sein, was anderen verboten ist? Er ist also wirklich ansteckend, insofern jedes Beispiel zur Nachahmung ansteckt, und darum muss er selbst gemieden werden.« (GW IX, S. 43)

Das permanente oder zeitweilige Tabu eines Menschen erkläre sich aus der Tatsache, dass er sich in einem Zustand befinde, welcher geeignet sei, »die verbotenen Gelüste der anderen anzuregen, den Ambivalenzkonflikt in ihnen zu wecken.« Das wird an Beispielen erklärt: Könige oder Häuptlinge erweckten den Neid auf ihre Vorrechte, das »eben geschlechtsreif gewordene Individuum« reize durch den »neuen Genuss«, den es verspreche; darum seien »alle diese Personen und alle diese Zustände tabu«, denn der Versuchung dürfe nicht nachgegeben werden (GW IX, S. 43). Nun sei auch zu verstehen, warum sich die von verschiedenen Personen ausgehenden gefährlichen Kräfte (»Manakräfte«) voneinander abzögen, teilweise sogar einander aufheben könnten: Das Tabu eines Königs sei zu stark für einen Untertanen, jedoch könne etwa ein Minister »den unschädlichen Vermittler zwischen ihnen machen.« Der Untertan könne den Umgang mit letzterem vertragen, den er »nicht so sehr zu beneiden« brauche, dessen Stellung ihm vielleicht sogar selbst erreichbar scheine; der Minister könne seinen Neid gegen den König durch die Erwägung der eigenen Macht ermäßigen. Weiter sei klar, »wieso die Übertretung gewisser Tabuverbote eine soziale Gefahr« bedeute, die »von allen Mitgliedern der Gesellschaft gestraft oder gesühnt werden« müssten; es bestehe die »Möglichkeit der Nachahmung, in deren Folge die Gesellschaft bald zur Auflösung käme.« Dass die Berührung bei den Tabuverboten eine so wichtige Rolle spiele, erkläre sich daraus, dass diese »der Beginn jeder Bemächtigung« sei, »jedes Versuches, sich eine Person oder Sache dienstbar zu machen.« (S. 44) Die Tatsache schließlich, dass »die Übertretung eines Tabus gutgemacht werden« könne »durch eine Sühne oder Buße« (die »ja einen Verzicht auf irgend ein Gut oder eine Freiheit« bedeuteten), sieht Freud als Beweis dafür, dass »die Befolgung der Tabuvorschrift selbst ein Verzicht war auf etwas, was man gern gewünscht hätte.« Die »Unterlassung des einen Verzichts« werde »durch einen Verzicht an anderer Stelle abgelöst.« (S. 45). Resümierend[17]:

> »Fassen wir nun zusammen, welches Verständnis des Tabu sich uns aus der Gleichstellung mit dem Zwangsverbot des Neurotikers ergeben hat: Das Tabu ist ein uraltes Verbot, von außen (von einer Autorität) aufgedrängt und gegen die stärksten Gelüste der Menschen gerichtet. Die Lust, es zu übertreten, besteht in deren Unbewussten fort; die Menschen, die dem Tabu gehorchen, haben eine ambivalente Einstellung gegen das vom Tabu Betroffene. Die dem Tabu zugeschriebene Zauberkraft führt sich auf die Fähigkeit zurück, die Menschen in Versuchung zu führen; sie benimmt sich wie eine Ansteckung, weil das Beispiel ansteckend ist, und weil sich das verbotene Gelüste im Unbewussten auf anderes verschiebt. Die Sühne der Übertretung des Tabu durch einen Verzicht erweist, dass der Befolgung des Tabu ein Verzicht zugrunde liegt.« (GW IX, S. 45 f.)

Es folgen erkenntniskritische Anmerkungen, die man leicht geneigt ist zu überlesen, die jedoch entscheidend sind für die Beurteilung des Ansatzes und daher etwas genauer ausgeführt werden sollen. Der Autor hatte auf Grund gewisser phänomenologischer Ähnlichkeiten die Regeln des Tabu mit einer Zwangsneurose gleichsetzt (damit gleiche Entstehungsbedingungen sowie Entstehungsmechanismen angenommen) und dann gefolgert, dass auch dem Tabu verdrängte Wünsche zu Grunde liegen, die einst mit einem Verbot belegt wurden. Das aber muss Vermutung bleiben[18], und so sieht es auch Freud: »Die Behauptung über die Genese des Tabu, es stamme von einem uralten Verbote ab, welches dereinst von außen auferlegt worden ist, entzieht sich natürlich dem Beweise.« (GW IX, S. 46) Folglich bemüht er sich, über das hinaus, was er bereits bisher aus der Gleichsetzung an Erkenntnisgewinn gezogen hat[19], Weiteres am Tabu zu zeigen, was die Gleichsetzung rechtfertigt; dabei zieht er den argumentativ noch nicht verwendeten Kompromisscharakter heran: Analytisches Studium der Zwangssymptome habe ihre »Abstammung von **ambivalenten** Regungen oder Tendenzen« gezeigt, wobei sie »entweder gleichzeitig dem Wunsche wie dem Gegenwunsche« entsprächen oder »vorwiegend im Dienste der einen von beiden entgegengesetzten Tendenzen« stünden. »Wenn es uns nun gelänge«, so der Gedankengang, »auch an den Tabuvorschriften die Ambivalenz, das Walten entgegengesetzter Tendenzen, aufzuzeigen, oder unter ihnen einige aufzufinden, die nach der Art von Zwangshandlungen beiden Strömungen gleichzeitigen Ausdruck geben, so wäre die psychologische Übereinstimmung zwischen dem Tabu und der Zwangsneurose im nahezu wichtigsten Stücke gesichert.« (S. 47) Auf Grund hier nicht zu erörternder Eigenheiten des Quellenmaterials beschränkt sich Freuds Untersuchung auf die Tabuvorschriften, welche sich an Feinde, an Häuptlinge und an Tote knüpfen.

»Wenn wir geneigt waren, den wilden und halbwilden Völkern ungehemmte und reuelose Grausamkeit gegen ihre Feinde zuzuschreiben«, beginnen die Ausführungen zum ersten Punkt, »so werden wir mit großem Interesse erfahren, dass auch bei ihnen die Tötung eines Menschen zur Befolgung einer Reihe von Vorschriften zwingt, welche den Tabugebräuchen zugeordnet werden.« Diese Vorschriften seien »mit Leichtigkeit« in vier Gruppen zu bringen: » [S]ie fordern 1. Versöhnung des getöteten Feindes, 2. Beschränkungen und 3. Sühnehandlungen, Reinigungen des Mörders und 4. gewisse zeremonielle Vornahmen.« (GW IX, S. 47 f.) Dies wird an einer Reihe von Beispielen aus Frazers Monografie *The Golden Bough* illustriert, welche nur auszugsweise wiedergegeben seien: Als Beispiel für die Versöhnung des getöteten Feindes führt Freud Vorschriften der See-Dayaks von Sarawak (Borneo) an: Würden diese von einem Kriegszug »einen Kopf nach Hause bringen«, so werde dieser »Monate hindurch mit der ausgesuchtesten Liebenswürdigkeit behandelt und mit den zärtlichsten Namen angesprochen; die besten Bissen von ihren Mahlzeiten würden ihm in den Mund gesteckt, er werde »wiederholt gebeten, seine früheren Freunde zu hassen und seinen neuen Wirten seine Liebe zu schenken.« Freud – allerdings eingestehend, dass auch die schiere Furcht vor den Geistern der Verstorbenen diese Behandlung erklären könnte[20] – leitet dies aus den zuvor dargelegten Eigenheiten des Tabus ab und sieht darin Zeichen der Ambivalenz: »Wir erblicken in ihnen Äußerungen der Reue, der Wertschätzung des Feindes, des bösen Gewissens, ihn ums Leben gebracht zu haben.« (S. 49 f.) Als Beispiel für die weiteren Vorschriften (z. B. Beschränkungen) führt Freud u. a. Folgendes an, wo der Tabucharakter besonders auffällig wird: »Bei den Monumbos in Deutsch-Neuguinea wird jeder, der einen Feind im Kampfe getötet hat, ›unrein‹, wofür dasselbe Wort gebraucht wird, das auf Frauen während der Menstruation oder des Wochenbettes Anwendung findet. [...] Er darf niemand, nicht einmal seine eigene Frau und seine Kinder berühren; täte er es, so würden sie von Geschwüren befallen werden.« Er werde dann »rein durch Waschungen und ein besonderes Zeremoniell.« (S. 51 f.) Anderen (uneinheitlichen) anthropologischen Erklärungsversuchen dieser Gebräuche stellt Freud seinen eigenen Ansatz entgegen: »Demgegenüber betonen wir die Einheitlichkeit unserer Auffassung, wenn wir all diese Vorschriften aus der Ambivalenz der Gefühlsregungen gegen den Feind ableiten.« (S. 53)

Sodann wendet sich der Autor dem »Tabu der Herrscher« zu, zunächst konstatierend: »Das Benehmen primitiver Völker gegen ihre Häuptlinge, Könige, Priester wird von zwei Grundsätzen regiert, die einander eher zu ergänzen als zu widersprechen scheinen. Man muss sich vor ihnen hüten und man muss sie behüten.« Beides geschehe »mittels einer Unzahl von Tabuvorschriften.« Warum man sich vor den Herrschern hüten müsse, sei bereits mitgeteilt worden, weil sie nämlich »die Träger jener geheimnisvollen und gefährlichen Zauberkraft sind, die sich wie eine elektrische Ladung durch Berührung mitteilt und dem selbst nicht durch eine ähnliche Ladung Geschützten Tod und Verderben bringt.« Man vermeide also »jede mittelbare oder unmittelbare Berührung mit der gefährlichen Heiligkeit« und habe, wo solche nicht zu vermeiden sei, »ein Zeremoniell gefunden, um die gefürchteten Folgen abzuwenden.« Eine dieser Möglichkeiten sei, dass man den König selbst zur Berührung[21] veranlasse. »So trifft das Merkwürdige ein«, konstatiert Freud, »dass die Berührung des Königs das Heil- und Schutzmittel gegen die Gefahren wird, welche aus der Berührung des Königs hervorgehen.« Es handle sich, so die Vermutung, »um den Gegensatz der Passivität und der Aktivität gegen den König.« (GW IX, S. 54) Für die Gefährlichkeit der Berührung (auch indirekter, »kontagiöser« Form) werden eindrucksvolle Beispiele angeführt, etwa jenes: »Das Feuerzeug eines Maori-Häuptlings brachte einmal mehrere Personen ums Leben. Der Häuptling hatte es verloren, andere fanden es und bedienten sich seiner, um ihre Pfeifen anzuzünden. Als sie erfuhren, wessen Eigentum das Feuerzeug sei, starben sie vor Schrecken.« (S. 55)

Der größere Teil der um den Herrscher existierenden Tabuvorschriften diene jedoch zu deren Beschützung und zugleich Überwachung[22]: »Ein solcher König«, zitiert Freud die Ansichten den Anthropologen Frazer, »lebt wie eingemauert hinter einem System von Zeremoniell und Etikette, eingesponnen in ein Netz von Gebräuchen und Verboten, deren Absicht keineswegs dahin geht, seine Würde zu erhöhen, noch weniger sein Wohlbehagen zu steigern, sondern die einzig und allein bezwecken, ihn vor

Schritten zurückzuhalten, welche die Harmonie der Natur stören und so ihn, sein Volk und das ganze Weltall gleichzeitig zugrunde richten können.« (GW IX, S. 57)

Freud resümiert – bevor er eine psychoanalytische Interpretation versucht – die Beziehungen »der primitiven Menschen zu ihren Herrschern«, welche »sehr verwickelter Natur« und »nicht frei von Widersprüchen« seien: »Man räumt den Herrschern große Vorrechte ein [...]. Es sind privilegierte Personen; sie dürfen eben das tun oder genießen, was den übrigen durch das Tabu vorenthalten ist.« Im Gegensatz zu dieser Freiheit stehe aber, »dass sie durch andere Tabu« beschränkt seien, welche »auf die gewöhnlichen Individuen« nicht drückten. Ein weiterer Widerspruch sei, dass man ihnen »außerordentliche Zauberkräfte« zutraue und sich deshalb »vor der Berührung mit ihren Personen oder ihrem Eigentum« fürchte, aber auch von diesen Berührungen »die wohltätigste Wirkung« erwarte. Und ein dritter Widerspruch: Man schreibe einerseits dem Herrscher »eine so große Gewalt über die Vorgänge der Natur« zu und halte sich andererseits verpflichtet, »ihn mit ganz besonderer Sorgfalt« gegen Gefahren zu beschützen. Die Tabuetikette, der das Leben des Königs unterworfen werde, diene all diesen Absichten, nämlich seiner »Bevormundung«, »seinem Schutz vor Gefahren« und »dem Schutz der Untertanen vor der Gefahr«, die er ihnen bringe.

Die nahe liegende Erklärung »für das komplizierte und widerspruchsvolle Verhältnis der Primitiven zu ihren Herrschern«, nämlich dass aus »abergläubischen und anderen Motiven« in der Behandlung der Könige »mannigfache Tendenzen« zum Ausdruck kämen, verwirft zwar Freud nicht explizit als oberflächlich; seiner Meinung nach jedoch werde »die psychoanalytische Technik« es »gestatten, tiefer in den Zusammenhang einzudringen und Näheres über die Natur dieser mannigfaltigen Tendenzen auszusagen.« (GW IX, S. 62 f.) Es gelingt ihm nämlich, auch hier den Kompromisscharakter aufzuzeigen, der so typisch den neurotischen Symptomen zu Grunde liegt: Er sieht in den genannten Tabuvorschriften, die sich als »Übermaß von ängstlicher Sorge« darstellen, das, was die Psychoanalyse als Reaktionsbildung bezeichnet (ohne hier allerdings explizit diesen Begriff zu verwenden). Bei der Zwangsneurose sei solches »Vorkommen von Überzärtlichkeit« sehr gewöhnlich und trete überall dort auf, wo »außer der vorherrschenden Zärtlichkeit eine gegensätzlich aber unbewusste Strömung von Feindseligkeit« bestehe, also eine »ambivalente Gefühlseinstellung realisiert« werde. In einem solchen Fall, sagt Freud, »wird die Feindseligkeit überschrieen durch eine übermäßige Steigerung der Zärtlichkeit, die sich als Ängstlichkeit äußert und die zwanghaft wird, weil sie sonst ihrer Aufgabe, die unbewusste Gegenströmung in der Verdrängung zu halten, nicht genügen würde.« Übertragen auf das Verhältnis zum Herrscher: »Auf die Behandlung der privilegierten Personen angewendet, ergäbe sich die Einsicht, dass der Verehrung, ja der Vergötterung derselben im Unbewussten eine intensive feindselige Strömung entgegensteht, dass also hier, wie wir es erwartet haben, die Situation der ambivalenten Gefühlseinstellung verwirklicht ist.« (S. 63)[23]

Ein weiteres neurotisches Symptom[24] zieht Freud als Analogie heran, nämlich die außerordentliche Erhöhung der Bedeutung einer Person, die Steigerung ihrer Machtvollkommenheit ins Unermessliche, »um ihr desto eher die Verantwortlichkeit für alles Widrige« aufladen zu könne, was dem Kranken widerfahre; das Vorbild dafür liege im Verhältnis des Kindes zu seinem Vater: »Dem Vater kommt eine derartige Machtfülle in der Vorstellung des Sohnes regelmäßig zu, und es zeigt sich, dass das Misstrauen gegen den Vater mit seiner Hochschätzung innig verknüpft ist.« Bei den betrachteten völkerkundlichen Phänomenen sei es ebenso: »Eigentlich verfahren ja die Wilden mit ihren Königen nicht anders, wenn sie ihnen die Macht über Regen und Sonnenschein, Wind und Wetter zuschreiben und sie dann absetzen oder töten, weil die Natur ihre Erwartungen auf eine gute Jagd oder eine reiche Ernte enttäuscht hat.« Er folgert: »So mag uns diese zweite Analogie zwischen dem Wilden und dem Neurotiker die Einsicht ahnen lassen, wie vieles im Verhältnis des Wilden zu seinem Herrscher aus der infantilen Einstellung des Kindes zum Vater hervorgeht.« (S. 64)

Das Tabuzeremoniell selbst sieht Freud aber als die beste Legitimation für einen Vergleich von Tabuverboten mit neurotischen Symptomen. Es trage »seinen Doppelsinn und seine Herkunft von ambivalenten Tendenzen unverkennbar zur Schau«; es zeichne »nicht nur die Könige aus« und erhebe sie »über alle gewöhnlichen Sterblichen«, es mache »ihnen auch das Leben zur Qual und zur unerträglichen Bürde« und zwinge »sie in eine Knechtschaft«, die »weit ärger« sei als die ihrer Untertanen:

> »Es erscheint uns so als das richtige Gegenstück zur Zwangshandlung der Neurose, in der sich der unterdrückte Trieb und der ihn unterdrückende zur gleichzeitigen und gemeinsamen Befriedigung treffen. Die Zwangshandlung ist angeblich ein Schutz gegen die verbotene Handlung; wir möchten aber sagen, sie ist eigentlich die Wiederholung des Verbotenen. Das ›angeblich‹ wendet sich hier der bewussten, das ›eigentlich‹ der unbewussten Instanz des Seelenlebens zu. So ist auch das Tabuzeremoniell der Könige angeblich die höchste Ehrung und Sicherung derselben, eigentlich die Strafe für ihre Erhöhung, die Rache, welche die Untertanen an ihnen nehmen.« (GW IX, S. 65)

Nun wird das Tabu der Toten diskutiert, dessen Vorschriften in ähnlicher Form – speziell im Verbot, Nahrung selbst zu berühren – sich in weit entfernten Kulturkreisen finden. Es zeige eine »besondere Virulenz« und äußere sich »in den Folgen, welche die Berührung des Toten nach sich« ziehe sowie »in der Behandlung der um den Toten Trauernden.« Ein illustratives Beispiel:

> »Bei den Maori war jeder, der eine Leiche berührt oder an ihrer Grablegung teilgenommen hatte, aufs äußerste unrein und nahezu abgeschnitten von allem Verkehr mit seinen Mitmenschen, sozusagen boykottiert. Er konnte kein Haus betreten, keiner Person oder Sache nahe kommen, ohne sie mit der gleichen Eigenschaft anzustecken. Ja, er durfte nicht einmal Nahrung mit seinen Händen berühren, diese waren ihm durch ihre

> Unreinheit geradezu unbrauchbar geworden. Man stellte ihm das Essen auf den Boden hin, und es blieb ihm nichts übrig, als sich dessen mit den Lippen und Zähnen, so gut es eben ging, zu bemächtigen, während er seine Hände nach dem Rücken gebogen hielt. Gelegentlich war es erlaubt, dass eine andere Person ihn füttere, die es dann mit ausgestrecktem Arm tat, sorgsam, den Unseligen nicht selbst zu berühren, aber diese Hilfsperson war dann selbst Einschränkungen unterworfen, die nicht viel weniger drückend waren als die eigenen. [...] War aber dann die Zeit der Abschließung vorüber, und durfte der durch die Leiche Verunreinigte sich wieder unter seine Genossen mengen, so wurde alles Geschirr, dessen er sich in der gefährlichen Zeit bedient hatte, zerschlagen, und alles Zeug weggeworfen, mit dem er bekleidet gewesen war.« (GW IX, S. 66 f.)[25]

Ähnlich seien die Tabubeschränkungen der »trauernden Angehörigen, der Witwer und Witwen.« Sie sind aber nach Freuds Auffassung interessanter, weil hier die Motive der Tabu durchschimmerten, und »zwar sowohl die vorgeblichen« als auch solche, die man für die »tiefliegenden, echten« halten dürfe. Nur eines der zahlreichen Beispiele: »Im Mekeobezirk von British-Neuguinea« werde »ein Witwer aller bürgerlichen Rechte verlustig« und lebe »eine Weile wie ein Ausgestoßener«: »Er darf keinen Garten bebauen, sich nicht öffentlich zeigen, das Dorf und die Straße nicht betreten. Er schleicht wie ein wildes Tier im hohen Gras oder Gebüsch umher, und muss sich im Dickicht verstecken, wenn er jemanden, besonders aber ein Weib, herannahen sieht.« Diese letztere Andeutung mache es leicht, »die Gefährlichkeit des Witwers oder der Witwe auf die Gefahr der Versuchung zurückzuführen.« (GW IX, S. 69)

Eines »der befremdendsten, aber auch lehrreichsten« Tabugebräuche der Trauer »bei den Primitiven«, zudem weit verbreitet, sei das Verbot, »den Namen des Verstorbenen auszusprechen.« Es werde in der Regel streng gehandhabt: »So gilt es bei manchen südamerikanischen Stämmen als die schwerste Beleidigung des Überlebenden, den Namen des verstorbenen Angehörigen vor ihnen auszusprechen, und die darauf gesetzte Strafe ist nicht geringer als die für eine Mordtat selbst festgesetzte.« Bei einigen Stämmen würde dem Verstorbenen selbst ein neuer Namen gegeben, der dann ohne Scheu für ihn gebraucht werden könne, bei anderen dehne sich die Namensänderung auf alle Angehörigen des Verstorbenen aus, zuweilen sogar auf alle Mitglieder seines Stammes (GW IX, S. 69 ff.)[26].

Dieses Namentabu sei weniger befremdlich, wenn man sich klar mache, dass »für die Wilden der Name ein wesentliches Stück und ein wichtiger Besitz der Persönlichkeit« sei, dass sie »dem Worte volle Dingbedeutung« zuschrieben. »Dasselbe tun«, ergänzt Freud, »unsere Kinder, die sich darum niemals mit der Annahme einer bedeutungslosen Wortähnlichkeit begnügen, sondern konsequent schließen, wenn zwei Dinge mit gleichklingenden Namen benannt werden, so müsste damit eine tiefgehende Übereinstimmung zwischen beiden bezeichnet sein.« Die Zwangsneurotiker, so der Autor, »benehmen sich dann, wie zu erwarten stand, in betreff der Namen wie die

Kinder. Sie zeigen die volle ›Komplexempfindlichkeit‹ gegen das Aussprechen und Anhören bestimmter Worte und Namen [...], und leiten aus ihrer Behandlung des eigenen Namens eine gute Anzahl von oft schweren Hemmungen ab.« So hätte eine ihm bekannte »Tabukranke« die Vermeidung angenommen; »ihren Namen niederzuschreiben, aus Angst, er könnte in jemandes Hand geraten, der damit in den Besitz eines Stückes von ihrer Persönlichkeit gekommen wäre.« (GW IX, S. 72)

Nun wendet sich die Diskussion dem Problem zu, warum die Berührung eines Toten von einem »so strengen Tabu« betroffen sei. »Die naheliegendste Erklärung«, meint Freud, »würde auf das natürliche Grauen hinweisen, welches der Leichnam und die Veränderungen, die alsbald an ihm bemerkt werden, erregt. Daneben müsste man der Trauer um den Toten einen Platz einräumen, als Motiv für alles, was sich auf diesen Toten bezieht.« Jedoch: »Allein das Grauen vor dem Leichnam deckt offenbar nicht die Einzelheiten der Tabuvorschriften, und die Trauer kann uns niemals erklären, dass die Erwähnung des Toten ein schwerer Schimpf für dessen Hinterbliebene ist.« Die Trauer liebe es vielmehr, »sich mit dem Verstorbenen zu beschäftigen, sein Andenken auszuarbeiten und für möglichst lange Zeit zu halten.« (GW IX, S. 73)

»Für die Eigentümlichkeiten der Tabugebräuche muss etwas anderes als die Trauer verantwortlich gemacht werden«, meint Freud und kommt nun auf Dämonen oder Geister zu sprechen, welches sowohl die Betroffenen als auch W. Wundt in seiner *Völkerpsychologie* zur Erklärung heranziehen, einen Ansatz, den Freud für wenig tiefgründig, aber nicht für falsch hält. Entsprechend wirkt seine Darstellung dieser Erklärung durchaus beipflichtend: »Gerade die Tabu der Namen verraten uns dies noch unbekannte Motiv, und sagten es die Gebräuche nicht, so würden wir es aus den Angaben der trauernden Wilden selbst erfahren.« Sie machen nämlich, erläutert er, »kein Hehl daraus, dass sie sich vor der Gegenwart und der Wiederkehr des Geistes des Verstorbenen fürchten; sie üben eine Menge von Zeremonien, um ihn fernzuhalten, ihn zu vertreiben. Seinen Namen auszusprechen, dünkt ihnen eine Beschwörung, der seine Gegenwart auf dem Fuße folgen wird.« Sie täten darum »folgerichtig alles, um einer solchen Beschwörung und Erweckung aus dem Wege zu gehen.« Sie verkleideten sich, »damit der Geist sie nicht erkenne«, oder sie entstellten »seinen oder den eigenen Namen«, wüteten »gegen den rücksichtslosen Fremden«, der »den Geist durch Nennung seines Namens auf seine Hinterbliebenen« hetze. Freud konstatiert: »Es ist unmöglich, der Folgerung auszuweichen, dass sie, nach Wundts Ausdruck, an der Furcht ›vor der zum Dämon gewordenen Seele‹ leiden.« (GW IX, S. 73 f.)

Gab sich Wundt mit dieser Erklärung zufrieden (s. Anmerkung 1), Freud tut es nicht, sondern versucht, diese Dämonenfurcht wieder auf bekannte Sachverhalte zurückzuführen; dazu macht er zunächst die treffende Feststellung: »Die Voraussetzung dieser Lehre, dass das teure Familienmitglied mit dem Augenblicke seines Todes zum Dämon, von dem die Hinterbliebenen nur Feindseliges zu erwarten haben, und gegen dessen böse Gelüste sie sich mit allen Mitteln schützen, ist so sonderbar, dass man ihr zunächst den Glauben versagen wird.« Allein »so ziemlich alle maßgebenden Autoren« seien sich einig, »den Primitiven diese Auffassung zuzuschreiben.« (GW IX, S. 74) Er selbst kündigt jedoch eine »umfassendere Erklärung« dieses Sachverhalts[27] aus dem »Studium der psychoneurotischen Störungen« an: »Wenn eine Frau ihren Mann, eine Tochter ihre Mutter durch den Tod verloren hat«, führt er aus, »so ereignet es sich nicht selten, dass die Überlebende von peinigenden Bedenken, die wir ›Zwangsvorwürfe‹ heißen, befallen wird, ob sie nicht selbst durch eine Unvorsicht oder Nachlässigkeit den Tod der geliebten Person verschuldet habe.« Keine Erinnerung daran, »wie sorgfältig sie den Kranken gepflegt, keine sachliche Zurückweisung der behaupteten Verschuldung« vermöge der Qual ein Ende zu machen[28]. Die psychoanalytische Untersuchung habe gelehrt, dass »diese Zwangsvorwürfe in gewissem Sinne berechtigt und nur darum gegen Widerlegung und Einspruch gefeit« seien. »Nicht als ob die Trauernde den Tod wirklich verschuldet oder die Vernachlässigung wirklich begangen hätte«, wie es der Zwangsvorwurf behaupte; aber »es war doch etwas in ihr vorhanden, ein ihr selbst unbewusster Wunsch, der mit dem Tode nicht unzufrieden war, und der ihn herbeigeführt hätte, wenn er im Besitz der Macht gewesen wäre.« Gegen diesen unbewussten Wunsch reagiere »nun der Vorwurf nach dem Tode der geliebten Person.« Solche »im Unbewussten versteckte Feindseligkeit hinter zärtlicher Liebe« sei ein klassischer Fall »der Ambivalenz menschlicher Gefühlsregungen.« Von solcher Ambivalenz sei bei einem Menschen »bald mehr, bald weniger in der Anlage« vorgesehen; wo sie »ausgiebig angelegt« sei, werde »sie sich gerade im Verhältnis zu den allergeliebtesten Personen, da, wo man es am wenigsten erwarten würde, manifestieren.« (S. 76 f.) Freud überträgt nun diese Erkenntnisse:

> »Wir kennen nun das Moment, welche uns das vermeintliche Dämonentum der frisch verstorbenen Seelen und die Notwendigkeit, sich durch die Tabuvorschriften gegen ihre Feindschaft zu schützen, erklären kann. Wenn wir annehmen, dass dem Gefühlsleben der Primitiven ein ähnlich hohes Maß von Ambivalenz zukomme, wie wir es nach den Ergebnissen der Psychoanalyse den Zwangskranken zuschreiben, so wird es verständlich, dass nach dem schmerzlichen Verlust eine ähnliche Reaktion gegen die im Unbewussten latente Feindseligkeit notwendig wird, wie sie dort durch die Zwangsvorwürfe erwiesen wurde. Diese im Unbewussten als Befriedigung über den Todesfall peinlich verspürte Feindseligkeit hat aber beim Primitiven ein anderes Schicksal; sie wird abgewehrt, indem sie auf das Objekt der Feindseligkeit, auf den Toten, verschoben wird. Wir heißen diesen im normalen wie im krankhaften Seelenleben häufigen Abwehrvorgang eine Projektion. Der Überlebende leugnet nun, dass er je feindselige Regungen gegen den geliebten Verstorbenen gehegt hat; aber die Seele des Verstorbenen hegt sie jetzt und wird sie über die ganze Zeit der Trauer zu bestätigen bemüht sein.« (GW IX, S. 77)

Die Symptombildung ist aber damit noch nicht abgeschlossen: Der »Straf- und Reuecharakter dieser Gefühlsreaktion« werde sich, trotz der »geglückten Abwehr durch Projektion« darin äußern, dass man sich fürchte, sich Verzicht auferlege und sich Einschränkungen unterwerfe, die man »zum Teil als Schutzmaßregeln gegen den feindlichen Dämon« verkleide. Auch das Tabu der Toten ist somit nach Freud »einer ambivalenten Gefühlsregung erwachsen«, »rührt von dem Gegensatz zwischen dem bewussten Schmerz und der unbewussten Befriedigung über den Todesfall her.« Der Autor fügt hinzu: »Bei dieser Herkunft des Grolles der Geister ist es selbstverständlich, dass gerade die nächsten und früher geliebtesten Hinterbliebenen ihn am meisten zu fürchten haben.« (GW IX, S. 77 f.)

Wie die neurotischen Symptome sind die die Toten betreffenden Tabuvorschriften zweideutig: »Sie bringen einerseits durch ihren Charakter als Einschränkungen die Trauer zum Ausdruck, anderseits aber verraten sie sehr deutlich, was sie verbergen wollen, die Feindseligkeit gegen den Toten, die jetzt als Notwehr motiviert ist.« Einen Seitenhieb auf Wundt, der das Tabu auf die Furcht vor Dämonen zurückführt, kann sich Freud nicht verkneifen: »Wir haben die Dämonen zwar angenommen, aber nicht als etwas Letztes und für die Psychologie Unauflösbares gelten lassen. Wir sind gleichsam hinter die Dämonen gekommen, indem wir sie als Projektionen feindseliger Gefühle erkannten, welche die Überlebenden gegen die Toten hegen.« (S. 78 f.)

Damit sind die Vorschriften der dritten Gruppe, das Tabu der Toten betreffend[29], in so weit abgehandelt, als ihre Herkunft aus ambivalenten, teils unbewussten Impulsen plausibel gemacht wurde, sich die Vorschriften über einen psychischen Abwehrmechanismus erklären ließen und schließlich auch ihr Kompromisscharakter – analog den neurotischen Symptomen – sichtbar wurde. Freud macht weitere Bemerkungen zum Verständnis der Tabu, welche weit über dieses enge Anliegen hinaus gehen und allgemein die Entwicklung vom primitiven Seelenleben zur späteren Gestaltung des psychischen Apparats (inklusive der Genese des Gewissens) beleuchten, also tief in das Gebiet der Metapsychologie[30] führen – deshalb hier nicht wiedergegeben seien[31].

Lediglich die Erklärung der Doppelbedeutung von Tabu im Sinne von heilig einerseits, unrein andererseits sei angeführt. Wieder einmal einen kleinen Seitenhieb auf W. Wundt und dessen verschwommene Herleitung der Doppeldeutigkeit des Begriffes anbringend, meint Freud sehr selbstbewusst, geradezu überheblich:

> »Im Gegensatze hiezu leiten wir aus unseren Erörterungen mühelos ab, dass dem Worte Tabu von allem Anfang an die erwähnte Doppelbedeutung zukommt, dass es zur Bezeichnung einer bestimmten Ambivalenz dient und alles dessen, was auf dem Boden dieser Ambivalenz erwachsen ist. Tabu selbst ist ein ambivalentes Wort, und nachträglich meinen wir, man hätte aus dem festgestellten Sinne dieses Wortes allein erraten können, was sich als Ergebnis weitläufiger Untersuchung herausgestellt hat, dass das Tabuverbot als das Resultat einer Gefühlsambivalenz zu verstehen ist.« (GW IX, S. 84)

Kürzer und weniger inhaltsreich ist der dritte Aufsatz »Animismus, Magie und Allmacht der Gedanken«. Animismus beschreibt im allgemeinen Sprachgebrauch – diese Definition legt auch Freud seinen Ausführungen zu Grunde – eine bestimmte Weltanschauung, die besonders manchen »primitiven Völkern« noch heute eigen ist: Danach wird die Welt »mit einer Unzahl von geistigen Wesen« bevölkert, die ihnen »wohlwollend oder übelgesinnt« sind; die Anhänger des Animismus »schreiben diesen Geistern und Dämonen die Verursachung der Naturvorgänge zu und halten nicht nur die Tiere und Pflanzen, sondern auch die unbelebten Dinge der Welt für durch sie belebt.« Als weiteres Stück dieser »primitiven Naturphilosophie« sei zu nennen: »Die Primitiven glauben [...] an eine ›Beseelung‹ auch der menschlichen Einzelwesen. Die menschlichen Personen enthalten Seelen, welche ihren Wohnsitz verlassen und in andere Menschen einwandern können; diese Seelen sind die Träger der geistigen Tätigkeiten und bis zu einem gewissen Grade von den ›Leibern‹ unabhängig.« (GW IX, S. 94) Freud referiert dann Theorien über den Ursprung dieser Auffassungen, ohne Stellung zu beziehen; er selbst wird sich dem Sachverhalt von einem gänzlich anderen Blickwinkel nähern (s. unten). Sodann charakterisiert er den Animismus als Denksystem; dieser gebe »nicht nur die Erklärung eines einzelnen Phänomens«, sondern gestatte es, »das Ganze der Welt als einen einzigen Zusammenhang, aus einem Punkte, zu begreifen.« Die Weltanschauung[32] des Animismus sei vielleicht »die folgerichtigste und erschöpfendste«, eine, »die das Wesen der Welt restlos« erkläre (S. 96).

Es folgt die plausible Bemerkung, dass sich die Menschen wohl kaum »aus spekulativer Wissbegierde zur Schöpfung ihres ersten Weltsystems aufgeschwungen« hätten. Das »praktische Bedürfnis, sich der Welt zu bemächtigen«, müsse »seinen Anteil an der Bemühung haben.« Wir sind darum, meint Freud, »nicht erstaunt zu erfahren, dass mit dem animistischen System etwas Hand in Hand geht, eine Anweisung, wie man verfahre müsse, um der Menschen, Tiere und Dinge, respektive ihrer Geister, Herr zu werden.« (GW IX, S. 96 f.)

Das führt auf das Thema der mit dem Animismus verbundenen »Zauberei und Magie«, mit denen Freud sich nun eingehender beschäftigt[33]. Die Magie müsse »den mannigfaltigsten Absichten dienen, die Naturvorgänge dem Willen der Menschen unterwerfen, das Individuum gegen Feinde und Gefahren schützen und ihm die Macht geben, seine Feinde zu schädigen.« Das grundlegende Prinzip sei leicht zu erkennen: Eine ideelle Beziehung werde mit einer tatsächlichen gleichgesetzt[34]. Ein Beispiel:

> »Eine der verbreitetsten magischen Prozeduren, um einem Feind zu schaden, besteht darin, sich ein Ebenbild von ihm aus beliebigem Material zu machen. Auf die Ähnlichkeit kommt es dabei wenig an. Man kann auch irgend ein Objekt zu seinem Bild ›ernennen‹. Was man diesem Ebenbild antut, das stößt auch dem gehassten Urbild zu; an welcher Körperstelle man das erstere verletzt, an derselben erkrankt das letztere.« (GW IX, S. 98)

Freud berichtet danach von zahlreichen Anwendungen dieses Prinzips: So unterstützten die Priester des Ra im alten Ägypten den nächtlichen Kampf des Sonnengottes mit seinem Widersacher Apepi dadurch, dass man von letzterem im Rahmen einer Tempelzeremonie ein Bild anfertigte, es misshandelte und zerstörte. Oder man mache Regen, indem man ihn imitiere, z. B. Wasser aus großen Sieben ausgieße. Oder: »So pflegen […] in manchen Teilen Javas zur Zeit des Herannahens der Reisblüte Bauer und Bäuerin sich nachts auf die Felder zu begeben, um durch das Beispiel, das sie ihm geben, den Reis zur Fruchtbarkeit anzuregen.« Auch magische Vorsichten seien in diese erste Gruppe von Praktiken einzureihen: »Wenn ein Teil der Bewohner eines Dayakdorfes auf Wildschweinjagd ausgezogen ist, so dürfen die Zurückgebliebenen unterdes weder Öl noch Wasser mit ihren Fingern berühren, sonst würden die Jäger weiche Finger bekommen und die Beute aus ihren Händen schlüpfen lassen.« (GW IX, S. 98 ff.)

Es unterliege keinem Zweifel, was »in all diesen Beispielen als das Wirksame« betrachtet werde: »Es ist die Ähnlichkeit zwischen der vollzogenen Handlung und dem erwarteten Geschehen. […] Wenn ich will, dass es regne, so brauche ich nur etwas zu tun, was wie Regen aussieht oder an Regen erinnert.« (GW IX, S. 100) Eine andere Gruppe von magischen Handlungen basiere nicht auf dem Prinzip der Ähnlichkeit, sondern einem anderen, was durch Beispiele leicht ersichtlich sei:

> »Um einem Feinde zu schaden, kann man sich auch eines anderen Verfahrens bedienen. Man bemächtigt sich seiner Haare, Nägel, Abfallstoffe oder selbst eines Teiles seiner Kleidung und stellt mit diesen Dingen Feindseliges an. Es ist dann gerade so, als hätte man sich der Person selbst bemächtigt, und was man den von der Person herrührenden Dingen angetan hat, muss ihr selbst widerfahren. Zu den wesentlichen Bestandteilen einer Persönlichkeit gehört nach der Anschauung der Primitiven ihr Name; wenn man also den Namen einer Person oder eines Geistes weiß, hat man gewisse Macht über den Träger des Namens erworben. Daher die merkwürdigen Vorsichten und Beschränkungen im Gebrauche der Namen […]. Die Ähnlichkeit wird in diesen Beispielen offenbar ersetzt durch Zusammengehörigkeit.« (GW IX, S. 101)

Freud gibt weitere Beispiele für den Glauben an magische Wirkung auf Grund von Zusammenhörigkeit: »Eine Frau wird in der Gravidität vermeiden, das Fleisch gewisser Tiere zu genießen, weil deren unerwünschte Eigenschaften, z. B. die Feigheit, so auf das von ihr genährte Kind übergehen könnte.« Oder die Praktik, nicht (oder nicht nur) die Wunde zu behandeln, sondern v. a. das Instrument, mit dem man sich diese zugezogen habe: »Die englischen Bauern sollen noch heute nach diesem Rezept handeln, und wenn sie sich mit einer Sichel geschnitten haben, das Instrument von da an sorgfältig rein halten, damit die Wunde nicht in Eiterung gerate.« (GW IX, S. 101 f.)

Die letztere Gruppe von Praktiken werde von der ersteren (der »imitativen Magie«) als kontagiöse Magie gesondert. Was in ihnen »als wirksam gedacht« werde, sei »nicht mehr die Ähnlichkeit, sondern der Zusammenhang im Raum, die **Kontiguität**, wenigstens die vorgestellte Kontiguität, die Erinnerung an ihr Vorhandensein.« Freud kann jedoch die beiden unterschiedlichen Wirkprinzipien magischer Praktiken leicht unter eines subsumieren: »Da aber Ähnlichkeit und Kontiguität die beiden wesentlichen Prinzipien der Assoziationsvorgänge sind, stellt sich als Erklärung für all die Tollheit der magischen Vorschriften wirklich die Herrschaft der Ideenassoziation heraus.« (GW IX, S. 102 f.)[35]

Anders ausgedrückt, der Zusammenhang von Vorstellungen im Kopf würde nach dem magischen Denken ihrer tatsächlichen Anordnung in der Realität entsprechen, »psychologische Gesetze an die Stelle natürlicher« gesetzt. Diesen Denkfehler soll nun die psychoanalytische Betrachtung aufklären.

Die schwierigen Überlegungen beginnen mit der – wenig umstrittenen – Annahme, der »primitive Mensch« habe »ein großartiges Zutrauen zur Macht seiner Wünsche.« Im Grunde müsse alles, was er »auf magischem Wege« herstelle, »doch nur darum geschehen«, weil er es wolle. Vergleich mit dem Kind und seinen Verhaltensweisen angesichts eines Wunsches soll hier im Verständnis weiter führen: In einem frühen Entwicklungsstadium, wo es »motorisch noch nicht leistungsfähig« sei, befriedige dieses – so die zuerst in der *Traumdeutung* (1900a), später in »Formulierungen über die zwei Prinzipien des psychischen Geschehens« (1911b) formulierte Annahme – die Wünsche »zunächst halluzinatorisch«; in einer späteren Entwicklung werde die Befriedigung dargestellt[36]. Letzteres – und nicht die entwicklungsgeschichtlich ältere halluzinatorische Wunschbefriedigung – sei auch die Reaktion des Erwachsenen in einem Naturvolk: »Für den erwachsenen Primitiven ergibt sich ein anderer Weg. An seinem Wunsch hängt ein motorischer Impuls, der Wille, und dieser [...] wird jetzt dazu verwendet, die Befriedigung darzustellen, sodass man sie gleichsam durch motorische Halluzinationen erleben kann.« (GW IX, S. 104)[37] Wenn »Spiel und imitative Darstellung dem Kinde und dem Primitiven« genügten, so sei »dies nicht ein Zeichen von Bescheidenheit in unserem Sinne oder von Resignation infolge Erkenntnis ihrer realen Ohnmacht, sondern die wohl verständliche Folge der überwiegenden Wertung ihres Wunsches, des von ihm abhängigen Willens und der von ihm eingeschlagenen Wege.« Zunehmend bekommt nun die rituelle Handlung Eigenständigkeit:

> »Mit der Zeit verschiebt sich der psychische Akzent von den Motiven der magischen Handlung auf deren Mittel, auf die Handlung selbst. Vielleicht sagen wir richtiger, an diesen Mitteln erst wird ihm die Überschätzung seiner psychischen Akte evident. Nun hat es den Anschein, als wäre es nicht anderes als die magische Handlung, die kraft ihrer Ähnlichkeit mit dem Gewünschten dessen Geschehen erzwingt. Auf der Stufe des animistischen Denkens gibt es noch keine Gelegenheit, den wahren Sachverhalt objektiv zu

erweisen, wohl aber auf späteren, wenn alle solche Prozeduren noch gepflegt werden, aber das psychische Phänomen des Zweifels als Ausdruck einer Verdrängungsneigung bereits möglich ist. Dann werden die Menschen zugeben, dass die Beschwörungen von Geistern nichts leisten, wenn nicht der Glaube an sie dabei ist, und dass auch die Zauberkraft des Gebets versagt, wenn keine Frömmigkeit dahinter wirkt.« (S. 104 f.)[38]

Die Möglichkeit der zweiten Form von Magie, der auf der schieren Kontiguitätsassoziation basierenden kontagiösen, werde die »Wertschätzung« psychischer Akte noch steigern: »Es besteht also jetzt eine allgemeine Überschätzung der seelischen Vorgänge, das heißt eine Einstellung zur Welt, welche uns nach unseren Einsichten in die Beziehung von Realität und Denken als solche Überschätzung des letzteren erscheinen muss.« Denn: »Die Dinge treten gegen deren Vorstellungen zurück; was mit den letzteren vorgenommen wird, muss sich auch an den ersteren ereignen. Die Relationen, die zwischen den Vorstellungen bestehen, werden auch zwischen den Dingen vorausgesetzt.« (GW IX, S. 105) Freud resümiert: »Zusammenfassend können wir nun sagen: das Prinzip, welches die Magie, die Technik der animistischen Denkweise, regiert, ist das der ›Allmacht der Gedanken‹.« (S. 106)

Diese Allmacht der Gedanken führt er auf den Narzissmus zurück[39] und benutzt damit zur Erklärung der Phänomene ein psychoanalytisches Konzept, welches zur Zeit der Abfassung von *Totem und Tabu* sich gerade in Entwicklung findet, eine von Freud konzedierte Unschärfe besitzt und nicht zuletzt bei der formalen Einfügung in die psychoanalytische Theorie in »Zur Einführung des Narzissmus« (1914c) sich zur Rechtfertigung eben auf das beruft, was es hier mit diesem Konzept aufklären will[40].

Er rekapituliert die in den *Drei Abhandlungen zur Sexualtheorie* (1905d) entwickelte Theorie der infantilen Sexualtätigkeit: Eine Phase, wo die einzelnen sexuellen Partialtriebe jeder für sich für Lustgewinn arbeiteten und sich am eigenen Körper befriedigten (Stadium des Autoerotismus) werde später von der der Objektwahl abgelöst. In dieser Abfolge werde aber eine wichtige Ergänzung nötig:

»Es hat sich bei weiterem Studium als zweckmäßig, ja als unabweisbar gezeigt, zwischen diesen beiden Stadien ein drittes einzuschieben, oder, wenn man so will, das erste Stadium des Autoerotismus in zwei zu zerlegen. In diesem Zwischenstadium, dessen Bedeutsamkeit sich der Forschung immer mehr aufdrängt, haben die vorher vereinzelten Sexualtriebe sich bereits zu einer Einheit zusammengesetzt und auch ein Objekt gefunden; dies Objekt ist aber kein äußeres, dem Individuum fremdes, sondern es ist das eigene, um diese Zeit konstituierte Ich. Mit Rücksicht auf später zu beobachtende pathologische Fixierungen dieses Zustandes heißen wir das neue Stadium das des Narzissmus. Die Person verhält sich so, als wäre sie in selbst verliebt; die Ichtriebe und die libidinösen Wünsche sind für unsere Analyse noch nicht voneinander zu unterscheiden.« (GW IX, S. 109)

Auf diese erste größere Darstellung des Narzissmus, welche noch zahlreiche Ungenauigkeiten enthält und später in einigen Punkten auch verändert wird, sei hier nicht genauer eingegangen (für eine ausführliche Diskussion gewisser Widersprüche und Verschwommenheiten des an sich außerordentlich wichtigen und gut begründeten Konzepts; s. Köhler 2000, S.312 ff.) Festzuhalten ist lediglich, dass es nach psychoanalytischer Theorie ein reguläres frühes Stadium eines sexualisierten Ichinteresses gibt, und dass, trotz späterer Sexualinteressen für andere Personen (Objektbesetzungen), eine gewisse Eigenliebe nie ganz verschwindet. Freud kommt dann auf das eigentliche Thema der Arbeit zurück: »Es liegt nun nahe, die von uns aufgefundene Hochschätzung der psychischen Aktionen – die wir von unserem Standpunkt aus eine Überschätzung heißen – bei den Primitiven und Neurotikern in Beziehung zum Narzissmus zu bringen und sie als wesentliches Teilstück desselben aufzufassen« Das Denken sei »bei den Primitiven noch in hohem Maße sexualisiert[41]«; daher rühre »der Glaube an die Allmacht der Gedanken, die unerschütterliche Zuversicht auf die Möglichkeit der Weltbeherrschung und die Unzugänglichkeit gegen die leicht zu machenden Erfahrungen, welche den Menschen über seine wirkliche Stellung in der Welt belehren könnten.« (GW IX, S. 110) Es folgt ein Vergleich zwischen den zuvor beschriebenen »Entwicklungsstufen der menschlichen Weltanschauung« und »den Stadien der libidinösen Entwicklung des Einzelnen«: »Es entspricht dann zeitlich wie inhaltlich«, führt Freud aus, »die animistische Phase dem Narzissmus, die religiöse Phase jener Stufe der Objektfindung, welche durch die Bindung an die Eltern charakterisiert ist, und die wissenschaftliche Phase hat ihr volles Gegenstück in jenem Reifezustand des Individuums, welcher auf das Lustprinzip verzichtet hat und unter Anpassung an die Realität sein Objekt in der Außenwelt sucht.« (S. 111)[42]

In den letzten Überlegungen des Aufsatzes versucht Freud nun, aus der Tatsache des Animismus wiederum Aufschlüsse über das Seelenleben seiner Anhänger zu erhalten, somit über frühe Varianten psychischer Prozesse überhaupt: »Der Animismus war aber dem primitiven Menschen natürlich und selbstgewiss; er wusste, wie die Dinge der Welt sind, nämlich so wie der Mensch selbst sie verspürte.« Wir seien also darauf vorbereitet zu finden, »dass der primitive Mensch Strukturverhältnisse seiner eigenen Psyche in die Außenwelt verlegte«, und dürften »andererseits den Versuch machen, was der Animismus von der Natur der Dinge lehrt, in die menschliche Seele zurückzuversetzen.« (GW IX, S. 112) Damit kommt er nun auf den anfangs eingeführten, später aber so gut wie nicht mehr beachteten Wesenszug des Animismus, nämlich die Welt als allgemein beseelt anzusehen. Dabei vertritt er die Ansicht, die Magie sei das ursprünglichere, weil sie die Existenz von Geistern nicht zur Voraussetzung habe, während umgekehrt die Geister »zu Objekten magischer Behandlung genommen werden« könnten: »Die Voraussetzungen der Magie sind also ursprünglicher und älter als die Geisterlehre, die den Kern des Animismus bildet.« (GW IX, S. 112; ähnlich bereits in GW IX, S. 97) Während die Magie »noch alle Allmacht den Gedanken« vorbehalte, habe »der Animismus einen Teil dieser Allmacht den Geistern abgetreten und damit den Weg zur Bildung einer Religion eingeschlagen.« Was, so stellt sich die Frage, »soll nun den Primitiven zu dieser ersten Verzichtleistung bewogen haben? Kaum die Einsicht in die Unrichtigkeit seiner Voraussetzungen, denn er behält ja die magische Technik bei.« Zur Erklärung greift Freud auf die im zweiten Aufsatz herausgearbeitete Feststellung zurück, dass »die Geister und Dämonen« beim Primitiven »nichts als Projektionen seiner Gefühlsregungen« seien: »[E]r macht seine Affektbesetzungen zu Personen, bevölkert mit ihnen die Welt, und findet nun seine inneren seelischen Vorgänge außer seiner wieder.« Diese Projektionsneigung erfahre »dort eine Verstärkung«, wo »die Projektion den Vorteil einer psychischen Erleichterung« mit sich bringe[43], etwa dann, »wenn die nach Allmacht strebenden Regungen in Konflikt miteinander geraten« seien; dann könnten »sie offenbar nicht alle allmächtig werden.« Ein solcher Konflikt, meint der Autor, besonders geeignet, »die Schöpfung von Projektionsgebilden zu motivieren«, sei der schon behandelte Ambivalenzkonflikt »beim Tode eines teuern Angehörigen.« (GW IX, S. 113)[44]

Freud gibt nun aber eine zweite Herleitung für die »Projektionsschöpfungen der Seelen und Geister« und vertieft sich dazu in feine, ausgesprochen schwierige metapsychologische Gedankengänge: Nicht nur bei uns, auch beim Primitiven glaubt er, eine Einsicht in einen innerseelischen Dualismus voraussetzen zu können, nämlich in die Existenz von dem Bewusstsein zugänglichen (»präsenten«) Eindrücken und anderen, welche dies nur unter bestimmten Umständen sind (den »latenten«):

> »Was wir so, ganz ähnlich wie der Primitive, in die äußere Realität projizieren, kann kaum etwas anderes sein als die Erkenntnis eines Zustandes, in dem ein Ding den Sinnen und dem Bewusstsein gegeben, präsent ist, neben welchem ein anderer besteht, in dem dasselbe latent ist, aber wiedererscheinen kann, also die Koexistenz von Wahrnehmen und Erinnern, oder ins Allgemeine ausgedehnt, die Existenz unbewusster Seelenvorgänge neben den bewussten. Man könnte sagen, der ›Geist‹ einer Person oder eines Dinges reduziere sich in letzter Analyse auf deren Fähigkeit erinnert und vorgestellt zu werden, wenn sie der Wahrnehmung entzogen sind.« (GW IX, S. 115)

Freud beugt einem möglichen Missverständnis vor: Die Seelenvorstellung eines Animisten sei nicht mit dem wissenschaftlichen Konzept der »unbewussten Seelentätigkeit« identisch. Die »animistische Seele« vereinige vielmehr »Bestimmungen von beiden Seiten« in sich: »Ihre Flüchtigkeit und Beweglichkeit, ihre Fähigkeit, den Körper zu verlassen, dauernd oder vorübergehend von einem anderen Leibe Besitz zu nehmen«, dies seien »Charaktere, die unverkennbar an das Wesen des Bewusstseins« erinnerten[45]. Aber die Art, »wie sie sich hinter der persönlichen Erscheinung verborgen« halte, mahne an das Unbewusste; »die Unveränderlichkeit und Unzerstörbarkeit« schreibe man nicht den bewussten, sondern den unbewussten Vorgängen zu und betrachte diese auch als die »eigentlichen Träger der seelischen Tätigkeit.« (S. 115)

Schließlich verfolgt der Autor, was sich aus der Existenz eines Denksystems, wie es der Animismus sei (»die erste vollständige Theorie der Welt«), ableiten lasse. Wesen und Anspruch eines Systems ergeben sich aus der Forderung der Vereinheitlichung, aus der Aufgabe, Zusammenhang und Verständlichkeit in die Materialien der Wahrnehmung oder des Denkens zu bringen, wobei auch nicht gescheut werde, »einen unrichtigen Zusammenhang herzustellen«, wenn »infolge besonderer Umstände« der richtige nicht erfasst werden könne (GW IX, S. 117). Nachdem er solche Systembildungen mit multiplen Motivierungen[46] bei Neurotikern beschrieben hat (etwa bei den Formen des Wahns), kommt er zum Animismus zurück und auf den Aberglauben zu sprechen, mit welcher Bezeichnung man leichtfertig gewisse Rituale abtue. Aus den »Einsichten über andere psychologische Systeme« müsse man schließen, »dass die Motivierung einer einzelnen Sitte oder Vorschrift durch den ›Aberglauben‹ auch bei den Primitiven nicht die einzige und die eigentliche Motivierung« zu sein brauche und uns der Verpflichtung nicht überhebe, »nach den versteckten Motiven derselben zu suchen.« Unter der Herrschaft eines »animistischen Systems« sei es »nicht anders möglich, als dass jede Vorschrift und jede Tätigkeit eine systematische Begründung erhalte«, welche wir heute eine ›abergläubische‹ hießen. »Aberglaube«, fügt er mit berechtigtem Stolz hinzu, sei »eine der psychologischen Vorläufigkeiten«, die »vor der psychoanalytischen Forschung zergangen« seien. Er konstatiert – wieder einmal Seitenhiebe auf diverse Ethnologen und Völkerpsychologen austeilend und gleichzeitig die Ehrenrettung ihrer Untersuchungsobjekte betreibend: »Kommt man hinter diese, die Erkenntnis wie Wandschirme abwehrenden Konstruktionen, so ahnt man, dass dem Seelenleben und der Kulturhöhe der Wilden ein Stück verdienter Würdigung vorenthalten wurde.« (S. 119) Er illustriert die ethische Motivierung zahlreicher, scheinbar aus Aberglauben heraus entstandener Tabuvorschriften[47] und schließt dann mit Worten, die man nicht anders als »weitsichtig-human« bezeichnen kann:

> »Wir täuschen uns wohl nicht darüber, dass wir uns durch solche Erklärungsversuche dem Vorwurfe aussetzen, dass wir den heutigen Wilden eine Feinheit der seelischen Tätigkeiten zumuten, die weit über die Wahrscheinlichkeit hinausgeht. Allein ich meine, es könnte uns mit der Psychologie dieser Völker, die auf der animistischen Stufe stehen geblieben sind, leicht so ergehen wie mit dem Seelenleben des Kindes, das wir Erwachsene nicht mehr verstehen, und dessen Reichhaltigkeit und Feinfühligkeit wir darum so sehr unterschätzt haben.« (GW IX, S. 121)

Der vierte der Aufsätze aus *Totem und Tabu*, überschrieben »Die infantile Wiederkehr des Totemismus«, ist der weitaus interessanteste und inhaltsreichste: Indem Freud das totemistische System auf die Beseitigung des Urhordenvaters und die im Anschluss an den Mord aufgestellten sozialen Regelsysteme zurückführt, wirft er nicht nur völlig neues Licht auf ein von den Ethnologen unbefriedigend erklärtes Phänomen; er analysiert dabei zudem das erste religiöse System oder zumindest eine direkte Vorform der Religion[48] und stellt damit eine höchst originelle Sichtweise auch der monotheistischen Religionen Judentum und Christentum zur Diskussion, einen Schritt, den er explizit in einer seiner letzten Schriften unternehmen wird, nämlich in *Der Mann Moses und die monotheistische Religion* (1939a; s. 10.3). Wenn Freud die Aussage macht, er schreibe »jetzt am Totem mit der Empfindung, dass es mein Größtes, Bestes, vielleicht mein letztes Gutes ist« (s. 8.1), bezieht er sich auf eben diesen Aufsatz.

Zunächst wird, auf die Abhandlung »Die Inzestscheu« zurückgreifend, das System des Totemismus dargestellt; dabei gingen die Meinungen weit auseinander, die Autoren sähen unterschiedliche Aspekte als charakteristisch an.

Zieht man die Ausführungen im ersten Aufsatz mit heran, die mehr oder weniger als bekannt vorausgesetzt werden, so ist der Totemismus ein über verschiedene Kulturen verbreitetes System, welches bei manchen Stämmen die Stelle religiöser und sozialer Einrichtungen vertritt; die Mitglieder der Bevölkerungsgruppen zerfallen in einzelne Clans – Freud spricht in gewisser terminologischer Unschärfe von »Stämmen« –, von denen sich jeder nach seinem Totem benennt (in der Regel einem Tier); die Zugehörigkeit zu den Totemclans wird vererbt (ursprünglich wohl ausschließlich in mütterlicher Linie), sodass die gemeinsame Zugehörigkeit zum selben Totemclan nur sehr bedingt etwas über die Blutsverwandtschaft aussagt[49]; entsprechend wohnen in einem Dorf Angehörige verschiedener Totemclans nebeneinander. Freud betont die wesentlichen Bestimmungsstücke[50]: »Die Totem waren ursprünglich nur Tiere, sie galten als die Ahnen der einzelnen Stämme. Der Totem vererbte sich nur in weiblicher Linie; es war verboten, den Totem zu töten [...]; es war den Totemgenossen verboten, Sexualverkehr miteinander zu pflegen.« (GW IX, S. 130)

Wenig erstaunlich ist, dass dieses interessante und weit verbreitete Phänomen zu vielen Erklärungsversuchen angeregt hat:

> »Je unabweisbarer die Einsicht auftrat, dass der Totemismus eine regelmäßige Phase aller Kulturen gebildet habe, desto dringender wurde das Bedürfnis, zu einem Verständnis desselben zu gelangen, die Rätsel seines Wesens aufzuklären. Rätselhaft ist wohl alles am Totemismus; die entscheidenden Fragen sind die nach der Herkunft der Totemabstammung, nach der Motivierung der Exogamie (respektive des durch sie vertretenen Inzesttabu) und nach der Beziehung zwischen den beiden, der Totemorganisation und dem Inzestverbot. Das Verständnis sollte in einem ein historisches und ein psychologisches sein, Auskunft geben, unter welchen Bedingungen sich diese eigentümliche Institution entwickelt, und welchen seelischen Bedürfnissen der Menschen sie Ausdruck gegeben hatte.« (GW IX, S. 131)

Es müsse jedoch konstatiert werden, dass die Ansichten der Autoren diesbezüglich weit auseinander gingen, allein schon deshalb, weil man sich nicht einmal einig sei, welche Stücke wirklich am Totemismus als wesentlich anzusehen seien; implizit gibt auch Freud zu, bei der Auswahl des zu Grunde gelegten Materials selektiv vorgegangen zu sein. Er resümiert nun ausführlich die in der Literatur vorgebrachten Thesen zum Ursprung des Totemismus, zur Herkunft der Exogamie sowie zur logischen Beziehung zwischen Totemismus und Exogamie; diese seien hier lediglich in äußerster Verkürzung wiedergeben. Zunächst führt der Autor die von ihm als »nominalistisch« bezeichneten Theorien an, welche die Namensgebung nach dem Totem vom Bedürfnis ableiteten, sich untereinander zu unterscheiden; so könnten etwa einzelne Individuen ihrer Eigenschaften wegen nach Tieren benannt worden sein, welche Namen dann auf ihre Nachkommen übergegangen seien. Nach Anführung zahlreicher gegen diese Erklärung sprechender Argumente[51] kommt Freud zum zweiten Typus von Theorien über die Herkunft des Totem, den soziologischen; zu diesen zählt u. a. die Auffassung, bestimmte Tiere oder Pflanzen (als Handels- oder Nahrungsobjekt) hätten für einzelne Stämme (oder Unterstämme) besondere Bedeutung gehabt und letztere seien daher nach diesen benannt worden[52]. Die psychologischen Theorien schließlich leiteten die Herkunft vom Glauben an Seelen und Geister ab, verknüpften ihn mit der Seelenwanderung; so würden beispielsweise Tiere, in welche die Seelen der Verstorbenen eingingen, zum Blutsverwandten oder Ahnherrn. Was die nächsten Punkte angehe, die Herkunft der Exogamie sowie die Beziehung zwischen dieser und dem Totemismus, so sei – betont der Autor – der diesbezügliche Diskussionsstand besonders verworren. So bestehe grundlegender Dissens darüber, ob die Exogamie ein »wesentliches Stück des totemistischen Systems« sei oder ob hier nur ein zufälliges Zusammentreffen vorliege. Auch zur Herkunft der Exogamie gingen die Meinungen weit auseinander: einige führten diese Gebote auf eine natürliche Inzestscheu zurück, eine angeborene Neigung gegen den Geschlechtsverkehr mit blutsverwandten Personen, kombiniert mit einer Ahnung von der biologischen Schädlichkeit inzestuöser Beziehungen und ihrer Folgen. Demgegenüber meint Freud, und kann sich hier auf ähnliche Ansichten anderer Wissenschaftler (so Frazer) berufen, dass etwas, wovor ohnehin eine natürliche Abscheu bestehe, nicht mit solch rigorosen Verboten verhindert werden müsse; weiter kann er diesbezüglich auf die Erkenntnisse der Psychoanalyse verweisen, welche »die Annahme einer angeborenen Abneigung gegen den Inzestverkehr vollends unmöglich« machten: »Sie haben im Gegenteile gelehrt, dass die ersten sexuellen Regungen des jugendlichen Menschen regelmäßig inzestuöser Natur sind, und dass solche verdrängte Regungen als Triebkräfte der Neurosen eine kaum zu überschätzende Rolle spielen.« (GW IX, S. 150 f.) Eben so wenig hält er aber die Einsicht in die biologische Schädlichkeit als Erklärung dieser Menge von Einschränkungen ausreichend:

»Die Auffassung der Inzestscheu als eines angeborenen Instinkts muss also fallen gelassen werden. Nicht besser steht es um eine andere Ableitung des Inzestverbots, welche sich zahlreicher Anhänger erfreut, um die Annahme, dass die primitiven Völker frühzeitig bemerkt haben, mit welchen Gefahren die Inzucht ihr Geschlecht bedrohe, und dass sie darum in bewusster Absicht das Inzestverbot erlassen hätten. Die Einwendungen gegen diesen Erklärungsversuch drängen einander. Nicht nur, dass das Inzestverbot älter sein muss als alle Haustierwirtschaft, an welcher der Mensch Erfahrungen über die Wirkung der Inzucht auf die Eigenschaften der Rasse machen konnte, sondern die schädlichen Folgen der Inzucht sind auch heute noch nicht über jeden Zweifel sichergestellt und beim Menschen nur schwer nachweisbar. Ferner macht alles, was wir über die heutigen Wilden wissen, es sehr unwahrscheinlich, dass die Gedanken ihrer entferntesten Ahnen bereits mit der Verhütung von Schäden für ihre spätere Nachkommenschaft beschäftigt waren. Es klingt fast lächerlich, wenn man diesen ohne jeden Vorbedacht lebenden Menschenkindern hygienische und eugenische Motive zumuten will, wie sie noch kaum in unserer heutigen Kultur Berücksichtigung gefunden haben.« (S. 151)

Freud resümiert, sich hier dem »resignierten Ausspruch Frazers« anschließend: »Wir kennen die Herkunft der Inzestscheu nicht und wissen selbst nicht, worauf wir raten sollen. Keine der bisher vorgebrachten Lösungen des Rätsels scheint uns befriedigend.« Dann führt er aber eine weitere Erklärung an, an die seine eigenen Überlegungen anknüpfen werden: »Ich muss noch eines Versuches erwähnen, die Entstehung der Inzestscheu zu erklären, welcher von ganz anderer Art ist als die bisher betrachteten. Man könnte ihn als eine historische Ableitung bezeichnen.« (GW IX, S. 152)

Ausgangspunkt der Überlegungen ist eine Hypothese zum »sozialen Urzustand des Menschen«. Darwin, so Freud, »schloss aus den Lebensgewohnheiten der höheren Affen, dass auch der Mensch ursprünglich in kleineren Horden gelebt habe, innerhalb welcher die Eifersucht des ältesten und stärksten Männchens die sexuelle Promiskuität verhinderte.« Er belegt dies durch ein längeres Zitat aus »The Descent of Man«:

»›Wir können in der Tat, nach dem was wir von der Eifersucht aller Säugetiere wissen, von denen viele mit speziellen Waffen zum Kämpfen mit ihren Nebenbuhlern bewaffnet sind, schließen, dass allgemeine Vermischung der Geschlechter im Naturzustand äußerst unwahrscheinlich ist. ...Wenn wir daher im Strome der Zeit weit genug zurückblicken und nach den sozialen Gewohnheiten des Menschen, wie er jetzt existiert, schließen, ist die wahrscheinlichste Ansicht die, dass der Mensch ursprünglich in kleinen Gesellschaften lebte, jeder Mann mit einer Frau oder, hatte er die Macht, mit mehreren, welche er eifersüchtig gegen alle anderen Männer verteidigte. Oder er mag kein soziales Tier gewesen sein und doch mit mehreren Frauen für sich allein gelebt haben wie der Gorilla; denn alle Eingeborenen stimmen darin überein, dass nur ein erwachsenes Männchen in einer Gruppe zu sehen ist. Wächst das junge Männchen heran, so findet ein Kampf um

> die Herrschaft statt, und der stärkste setzt sich dann, indem er die anderen getötet oder vertrieben hat, als Oberhaupt der Gesellschaft fest [...]. Die jüngeren Männchen, welche hiedurch ausgestoßen sind und nun herumwandern, werden auch, wenn sie zuletzt beim Finden einer Gattin erfolgreich sind, die zu enge Inzucht innerhalb der Glieder einer und derselben Familie verhüten.‹« (GW IX, S. 152 f.)

Diese Verhältnisse der »Darwinschen Urhorde« – hier verwendet Freud zum ersten Mal den Begriff – hätten »die Exogamie der jungen Männer praktisch durchsetzen« müssen: »Jeder der Vertriebenen konnte eine ähnliche Horde gründen, in welcher dasselbe Verbot des Geschlechtsverkehrs dank der Eifersucht des Oberhaupts galt, und im Laufe der Zeit würde sich aus diesen Zuständen die jetzt als Gesetz bewusste Regel ergeben haben: Kein Sexualverkehr mit den Herdgenossen.« (GW IX, S. 153) Auch Autoren, die prinzipiell diese Beschreibung für korrekt hielten, seien uneins, ob Exogamie eine Folge des Totemismus sei oder die umgekehrte Situation vorliege.

Nach Darstellung der dazu entwickelten konkurrierenden und intellektuell unbefriedigenden Theorien präsentiert Freud seinen eigenen Ansatz: »Einen einzigen Lichtstrahl wirft die psychoanalytische Erfahrung in dieses Dunkel.« (GW IX, S. 154) Dazu geht er zunächst scheinbar weit weg auf ein anderes Gebiet, das der kindlichen Tierphobien, seine Überlegungen mit einer allgemeinen Betrachtung einleitend:

> »Das Verhältnis des Kindes zum Tiere hat viel Ähnlichkeit mit dem des Primitiven zum Tiere. Das Kind zeigt noch keine Spur von jenem Hochmut, welche dann den erwachsenen Kulturmenschen bewegt, seine eigene Natur durch eine scharfe Grenzlinie von allem anderen Animalischen abzusetzen. Es gesteht dem Tiere ohne Bedenken die volle Ebenbürtigkeit zu; im ungehemmten Bekennen zu seinen Bedürfnissen fühlt es sich wohl dem Tiere verwandter als dem ihm wahrscheinlich rätselhaften Erwachsenen.« (GW IX, S. 154)

In »diesem ausgezeichneten Einverständnis zwischen Kind und Tier« trete »nicht selten eine merkwürdige Störung« auf: »Das Kind beginnt plötzlich eine bestimmte Tierart zu fürchten und sich vor der Berührung oder dem Anblick aller einzelnen dieser Art zu schützen. Es stellt sich das klinische Bild einer **Tierphobie** her, eine der häufigsten unter den psychoneurotischen Erkrankungen dieses Alters und vielleicht die früheste Form solcher Erkrankung.« Die Phobie betreffe in aller Regel Tiere, für welche das Kind »bis dahin ein besonders lebhaftes Interesse« gezeigt habe, sie habe »mit dem Einzeltier« nichts zu tun. Die Auswahl unter den Tieren, welche »Objekte der Phobie« werden könnten, sei »unter städtischen Bedingungen« nicht groß: »Pferde, Hunde, Katzen, seltener Vögel, auffällig häufig kleinste Tiere wie Käfer und Schmetterlinge«. Manchmal, fügt Freud hinzu, »werden Tiere, die dem Kind nur aus Bilderbuch und Märchenerzählung bekannt worden sind[53], Objekte der unsinnigen und unmäßigen Angst, welche sich bei diesen Phobien zeigt; selten gelingt es einmal die Wege zu erfahren, auf denen sich eine ungewöhnliche Wahl des Angsttieres vollzogen hat.« (GW IX, S. 154 f.) Bei allen Schwierigkeiten der Analyse von Kindern hätten doch einige »auf größere Tiere gerichtete Phobien« dem Untersucher »ihr Geheimnis verraten«, welches in jedem Falle das nämliche gewesen sei: »[D]ie Angst galt im Grunde dem Vater, wenn die untersuchten Kinder Knaben waren, und war nur auf das Tier verschoben worden.« (S. 155)

Freud illustriert dies u. a. am Fall des »kleinen Hans« (»Analyse der Phobie eines fünfjährigen Knaben«; 1909b[54]): Als Folge einer Angst vor Pferden habe sich der Knabe geweigert, auf die Straße zu gehen, zudem die Befürchtung geäußert, »das Pferd werde ins Zimmer kommen, werde ihn beißen.« Als Auflösung ergab sich:

> »Nachdem man dem Knaben durch Zusicherungen die Angst vor dem Vater benommen hatte, ergab es sich, dass er gegen Wünsche ankämpfte, die das Wegsein (Abreisen, Sterben) des Vaters zum Inhalt hatten. Er empfand den Vater, wie er überdeutlich zu erkennen gab, als Konkurrenten in der Gunst der Mutter, auf welche seine keimenden Sexualwünsche in dunkeln Ahnungen gerichtet waren. Er befand sich also in jener typischen Einstellung des männlichen Kindes zu den Eltern, welche wir als den ›Ödipus-Komplex‹ bezeichnen, und in der wir den Kernkomplex der Neurosen überhaupt erkennen.« (GW IX, S. 156 f.)

Freud fügt hinzu: »Was wir neu aus der Analyse des ›kleinen Hans‹ erfahren, ist die für den Totemismus wertvolle Tatsache, dass das Kind unter solchen Bedingungen einen Anteil seiner Gefühle vom Vater weg auf das Tier verschiebt.« Und eine weitere interessante Beobachtung wird genannt: Es sei unverkennbar, dass »der kleine Hans den Pferden nicht nur Angst, sondern auch Respekt und Interesse« entgegenbringe, denn: »Sowie sich die Angst ermäßigt hat, identifiziert er sich selbst mit dem gefürchteten Tier, springt als Pferd herum und beißt nun seinerseits den Vater.« (S. 157)[55]

Aus diesen Beobachtungen an Kindern werden »als wertvolle Übereinstimmung mit dem Totemismus« zwei Züge hervorgehoben: »Die volle Identifizierung mit dem Totemtier und die ambivalente Gefühlseinstellung gegen dasselbe.« Danach ergebe sich die Berechtigung, »in die Formel des Totemismus – für den Mann – den Vater an Stelle des Totemtieres einzusetzen.« Wir merken dann, fügt Freud hinzu, »dass wir damit keinen neuen oder besonders kühnen Schritt getan haben. Die Primitiven sagen es ja selbst und bezeichnen, soweit noch heute das totemistische System in Kraft besteht, den Totem als ihren Ahnherrn und Urvater.« Man habe »nur eine Aussage dieser Völker wörtlich« genommen, mit welcher »die Ethnologen wenig anzufangen« gewusst und darum »gern in den Hintergrund gerückt« hätten. Die Psychoanalyse mahne uns, »im Gegenteile gerade diesen Punkt hervorzusuchen und an ihn den Erklärungsversuch des Totemismus zu knüpfen.« (GW IX, S. 159 f.) Das »erste Ergebnis unserer Ersetzung«, konstatiert Freud, sei sehr »merkwürdig«:

> »Wenn das Totemtier der Vater ist, dann fallen die beiden Hauptgebote des Totemismus, die beiden Tabuvorschriften, die seinen Kern ausmachen, den Totem nicht zu töten und kein Weib, das dem Totem angehört, sexuell zu missbrauchen, inhaltlich zusammen mit den beiden Verbrechen des Ödipus, der seinen Vater tötete und seine Mutter zum Weibe nahm, und mit den beiden Urwünschen des Kindes, deren ungenügende Verdrängung oder deren Wiedererweckung den Kern vielleicht aller Psychoneurosen bildet.« (GW IX, S. 160)

»Sollte diese Gleichung mehr als ein irregeleitetes Spiel des Zufalls sein«, folgert er, »so müsste sie uns gestatten, ein Licht auf die Entstehung des Totemismus in unvordenklichen Zeiten zu werfen. Mit anderen Worten, es müsste uns gelingen wahrscheinlich zu machen, dass das totemistische System sich aus den Bedingungen des Ödipuskomplexes ergeben hat [...].« (GW IX, S. 160)

Zur Bestätigung dieser Vermutung wendet sich Freud nun einem neuen Aspekt des totemistischen Systems oder – wie er jetzt zum ersten Male explizit sagt – der »Totemreligion« zu, welcher bis jetzt kaum Erwägung gefunden hat und auch bei ihm selbst in der Beschreibung ihrer wichtigsten Charakteristika (s. oben) nicht auftaucht, das Phänomen der »Totemmahlzeit« (s. auch Anmerkung 50). Dazu referiert er ausführlich die Ansichten eines Autors W. Robertson Smith, eines vielseitig interessierten und gebildeten Mannes, der u. a. alte Religionen (speziell der Semiten) auf Wesen und Ursprünge untersucht hatte und dabei zur Annahme gekommen war, dass »eine eigentümliche Zeremonie, die so genannte Totemmahlzeit, von allem Anfang an einen integrierenden Bestandteil des totemistischen Systems gebildet habe.« (GW IX, S. 161) Zu betonen ist – was an dieser Stelle von Freud nicht deutlich genug herausgestellt wird – dass es sich nicht um direkte Beobachtungen, sondern um Rekonstruktionen handelt, dass hiermit das unsicherste Fundament der Argumentation zum Ursprung des Totemismus vorliegt[56]. Robertson Smith hatte also die Hypothese vertreten, dass »das Opfer am Altar das wesentliche Stück im Ritus der alten Religion« gewesen sei, wobei – und jetzt kommt die überraschende Feststellung – das Opfer im ursprünglichen Sinne (wenigstens das Tieropfer und auch das nur in einem frühen historischen Stadium) nicht eine Darbietung an die Gottheit gewesen sei, sondern »nachweisbar« ein »Akt der Geselligkeit, eine Kommunion der Gläubigen mit ihrem Gotte.« (GW IX, S. 161 f.) »Die älteste Form des Opfers [...] war also das Tieropfer, dessen Fleisch und Blut der Gott und seine Anbeter gemeinsam genossen. Es war wesentlich, dass jeder der Teilnehmer seinen Anteil an der Mahlzeit erhalte. Ein solches Opfer war eine öffentliche Zeremonie, das Fest des ganzen Clan.« (S. 162 f.)

Diese Auffassung ergibt sich aus der Bedeutung des gemeinsamen Essens und Trinkens in alten Stammeskulturen: Es sei dort »ein Symbol und eine Bekräftigung von sozialer Gemeinschaft und von Übernahme gegenseitiger Verpflichtungen«; die gemeinsame Mahlzeit bedeute Teilhabe an der gemeinsamen Substanz, und so ergibt sich die Folgerung: »Teilte man die Mahlzeit mit seinem Gotte, so drückte es die Überzeugung aus, dass man von einem Stoff mit ihm sei. [...] Die Opfermahlzeit war also ursprünglich ein Festmahl von Stammesverwandten, dem Gesetze folgend, dass nur Stammverwandte miteinander essen.« In frühen Zeiten – so die weitere Spekulation – hätten »religiöse Skrupel« es dem einzelnen unmöglich gemacht, »ein Haustier für seinen eigenen Gebrauch zu töten.« Es leide nicht »den leisesten Zweifel«, gibt Freud seinen Gewährsmann wieder, »dass jedes Opfer ursprünglich Clanopfer war, und dass das Töten eines Schlachtopfers ursprünglich zu jenen Handlungen gehörte, die dem einzelnen verboten sind und nur dann gerechtfertigt werden, wenn der ganze Stamm die Verantwortlichkeit übernimmt.« (GW IX, S. 164 f.) Nach weiteren Überlegungen zu kollektiv vollzogenen Handlungen ergibt sich der Schluss: »Das Opfertier wurde behandelt wie ein Stammverwandter, die opfernde Gemeinde, ihr Gott und das Opfertier waren eines Blutes, Mitglieder eines Clan.«

Die mutmaßenden Rekonstruktionen – anders kann man sie kaum nennen – gehen weiter und setzen die Opfertiere in einem gewissen historischem Stadium mit den Totemtieren gleich, den unreinen und zugleich heiligen Tieren; sie seien den Göttern als Opfer dargebracht worden, denen sie heilig gewesen seien. Trotz der Scheu, welche das Leben des heiligen Tieres als eines Stammesgenossen schütze, werde es zur Notwendigkeit, »ein solches Tier von Zeit zu Zeit in feierlicher Gemeinschaft zu töten und Fleisch und Blut desselben unter die Clangenossen zu verteilen.« Das Motiv sei die Herstellung einer Verbindung zwischen den Speisenden untereinander, aber auch mit der Gottheit: »Das heilige Mysterium des Opfertodes rechtfertigt sich, indem nur auf diesem Wege das heilige Band hergestellt werden kann, welches die Teilnehmer untereinander und mit ihrem Gotte einigt.« (GW IX, S. 166 f.) Freud resümiert die wesentlichen Gedanken:

> »In ältesten Zeiten war das Opfertier selbst heilig, sein Leben unverletzlich gewesen; es konnte nur unter der Teilnahme und Mitschuld des ganzen Stammes und in Gegenwart des Gottes genommen werden, um die heilige Substanz zu liefern, durch deren Genuss die Clangenossen sich ihrer stofflichen Identität untereinander und mit der Gottheit versicherten. Das Opfer war ein Sakrament, das Opfertier selbst ein Stammesgenosse. Es war in Wirklichkeit das alte Totemtier, der primitive Gott selbst, durch dessen Tötung und Verzehrung die Clangenossen ihre Gottähnlichkeit auffrischten und versicherten.« (GW IX, S. 167)

Freud muss allerdings konzedieren, dass direkte Beobachtung von Stämmen mit totemistischer Kultur die Existenz solcher Totemmahlzeiten letztlich nicht oder bestenfalls sehr bedingt nachweisen konnte[57]. Gleichwohl hält er an dieser Annahme fest und schmückt das angenommene Zeremoniell noch dichterisch aus[58]:

»Stellen wir uns nun die Szene einer solchen Totemmahlzeit vor und statten sie noch mit einigen wahrscheinlichen Zügen aus, die bisher nicht gewürdigt werden konnten. Der Clan, der sein Totemtier bei feierlichem Anlasse auf grausame Art tötet und es roh verzehrt, Blut, Fleisch und Knochen; dabei sind die Stammesgenossen in die Ähnlichkeit des Totem verkleidet, imitieren es in Lauten und Bewegungen, als ob sie seine und ihre Identität betonen wollten. Es ist das Bewusstsein dabei, dass man eine jedem einzelnen verbotene Handlung ausführt, die nur durch die Teilnahme aller gerechtfertigt werden kann; es darf sich auch keiner von der Tötung und der Mahlzeit ausschließen. Nach der Tat wird das hingemordete Tier beweint und beklagt. Die Totenklage ist eine zwangsmäßige, durch die Furcht vor einer drohenden Vergeltung erzwungene, ihre Hauptabsicht geht dahin, wie Robertson Smith bei einer analogen Gelegenheit bemerkt, die Verantwortlichkeit für die Tötung von sich abzuwälzen.« (GW IX, S. 169 f.)

Aber, spinnt er die Szene gedanklich fort, »nach dieser Trauer folgt die lauteste Festfreude, die Entfesselung aller Triebe und Gestattung aller Befriedigungen.« Dann folgt die zur zentralen Hypothese führende Frage: »Was soll aber die Einleitung zu dieser Festesfreude, die Trauer über den Tod des Totemtieres? Wenn man sich über die Tötung des Totem, die sonst versagt ist, freut, warum trauert man auch über sie?« Nun ergibt sich die Anknüpfung an das an Kindern Festgestellte: »Die Psychoanalyse hat uns verraten, dass das Totemtier wirklich der Ersatz des Vaters ist, und dazu stimmte wohl der Widerspruch, dass es sonst verboten ist, es zu töten, und dass seine Tötung zur Festlichkeit wird, dass man das Tier tötet und es doch bedauert.« Er begründet: »Die ambivalente Gefühlseinstellung, welche den Vaterkomplex heute noch bei Kindern auszeichnet und sich oft ins Leben der Erwachsenen fortsetzt, würde sich auch auf den Vaterersatz des Totemtieres erstrecken.« (GW IX, S. 170 f.)

Nehme man die drei Thesen zusammen (Gleichsetzung des Totem mit dem Vater, Totemmahlzeit als gemeinsame rituelle Opferung eines heiligen Tieres, Urhorden mit mächtigem Vater als »Urzustand der menschlichen Gesellschaft«), ergebe sich die »Möglichkeit eines tieferen Verständnisses«, der »Ausblick auf eine Hypothese«, die »phantastisch« erscheinen möge, aber den Vorteil biete, »eine unvermutete Einheit zwischen bisher gesonderten Reihen von Phänomenen herzustellen.« Die Darwin'sche Urhorde habe »natürlich keinen Raum« für die Anfänge des Totemismus. »Ein gewalttätiger, eifersüchtiger Vater, der alle Weibchen für sich behält und die heranwachsenden Söhne vertreibt, nichts weiter.« Dieser Urzustand sei »nirgends Gegenstand der Beobachtung« geworden; was heute noch »bei gewissen Stämmen« existiere, seien Männerverbände, die »aus gleichberechtigten Mitgliedern« bestünden und den »Einschränkungen des totemistischen Systems« unterlägen. Könne »das eine aus dem anderen hervorgegangen sein und welchem Wege war es möglich?« Nach dieser geschickten Vorbereitung präsentiert er seine in der Tat gewagte, jedoch zugleich ungemein faszinierende und keineswegs so abwegig erscheinende Theorie:

> »Die Berufung auf die Feier der Totemmahlzeit gestattet uns eine Antwort zu geben: Eines Tages taten sich die ausgetriebenen Brüder zusammen, erschlugen und verzehrten den Vater und machten so der Vaterhorde ein Ende. Vereint wagten sie und brachten zustande, was dem einzelnen unmöglich geblieben wäre. (Vielleicht hatte ein Kulturfortschritt, die Handhabung einer neuen Waffe, ihnen das Gefühl der Überlegenheit gegeben.) Dass sie den Getöteten auch verzehrten, ist für den kannibalen Wilden selbstverständlich. Der gewalttätige Urvater war gewiss das beneidete und gefürchtete Vorbild eines jeden aus der Brüderschar gewesen. Nun setzten sie im Akte des Verzehrens die Identifizierung mit ihm durch, eigneten sich jeder ein Stück seiner Stärke an. Die Totemmahlzeit, vielleicht das erste Fest der Menschheit, wäre die Wiederholung und die Gedenkfeier dieser denkwürdigen, verbrecherischen Tat, mit welcher so vieles seinen Anfang nahm, die sozialen Organisationen, die sittlichen Einschränkungen und die Religion.« (GW IX, S. 171 f.)

Freud betont die allgemeine, bei Kindern wie Neurotikern sichtbar werdende Ambivalenz dem Vater gegenüber, wovon auch die »sich zusammenrottende Brüderschar« der Urhorde sicher nicht frei gewesen sei. »Sie hassten den Vater, der ihrem Machtbedürfnis und ihren sexuellen Ansprüchen so mächtig im Wege stand, aber sie liebten und bewunderten ihn auch.« Nach seiner Beseitigung »mussten sich die dabei überwältigten zärtlichen Regungen zur Geltung bringen.« Dies geschah, so der Autor, »in der Form der Reue, es entstand ein Schuldbewusstsein, welches hier mit der gemeinsam empfundenen Reue zusammenfällt. Der Tote wurde nun stärker, als der Lebende gewesen war; all dies, wie wir es noch heute an Menschenschicksalen sehen.« Die Söhne verboten sich jetzt, was der lebende Vater damals verhindert hatte:

> »Sie widerriefen die Tat, indem sie die Tötung des Vaterersatzes, des Totem, für unerlaubt erklärten, und verzichteten auf deren Früchte, indem sie sich die freigewordenen Frauen versagten. So schufen sie aus dem Schuldbewusstsein des Sohnes die beiden fundamentalen Tabu des Totemismus, die eben darum mit den beiden fundamentalen Wünschen des Ödipus-Komplexes übereinstimmen mussten. Wer dawiderhandelte, machte sich der beiden einzigen Verbrechen schuldig, welche die primitive Gesellschaft bekümmerten.« (GW IX, S. 173)[60]

Das eine der Tabu, das Inzestverbot, war im Wesentlichen nicht emotional motiviert, sondern hatte nach Freud auch »eine starke Begründung«; es galt, eine friedliche Koexistenz zu sichern und sich nicht über den Besitz von Frauen zu entzweien: »Somit blieb den Brüdern, wenn sie miteinander leben wollten, nichts übrig, als – vielleicht nach Überwindung schwerer Zwischenfälle – das Inzestverbot aufzurichten, mit welchem sie alle zugleich auf die von ihnen begehrten Frauen verzichteten, um deren wegen sie doch in erster Linie den Vater beseitigt hatten.« (GW IX, S. 174) Freud ergänzt, dass man in diesem Rahmen natürlich auch auf die gegenseitige Tötung verzichten musste: »Zum religiös begründeten Verbot, den Totem zu töten, kommt nun das soziale Verbot des Brudermordes hinzu.« Schließlich, wenn auch erst nach langer Zeit, werde »das Gebot die Einschränkung auf den Stammesgenossen abstreifen« und den »einfachen Wortlaut« annehmen: »Du sollst nicht morden.« (S. 176)

Im anderen Tabu, dem Verbot, das Totemtier zu töten, sieht der Autor den ersten Ansatz zur Errichtung eines religiösen Systems: »Bot sich dem Empfinden der Söhne das Tier als natürlicher und nächstliegender Ersatz des Vaters, so fand sich in der ihnen zwanghaften gebotenen Behandlung desselben doch mehr Ausdruck als das Bedürfnis, ihre Reue zur Darstellung zu bringen.« Denn: »Es konnte mit dem Vatersurrogat der Versuch gemacht werden, das brennende Schuldgefühl zu beschwichtigen, eine Art von Aussöhnung mit dem Vater zu bewerkstelligen.« Das totemistische System, erläutert Freud, »war gleichsam ein Vertrag mit dem Vater, indem der letztere all das zusagte, was die kindliche Phantasie vom Vater erwartete, Schutz, Fürsorge und Schonung, wogegen man sich verpflichtete, sein Leben zu ehren, das heißt die Tat an ihm nicht zu wiederholen, durch die der wirkliche Vater zugrunde gegangen war.« (GW IX, S. 174 f.)[61]

Der aus dem Schuldgefühl entspringende und seiner Bewältigung dienende Totemismus stellt demnach gewissermaßen den Prototyp der Religion dar; alle späteren erwiesen sich als Lösungsversuche desselben Problems, welchen Gedanken Freud in seiner Schrift Der Mann *Moses und die monotheistische Religion* (1939a) ausführlich verfolgen wird (s. 10.3). Auch der andere Aspekt des ambivalenten Verhältnisses des Sohnes zum Vater zeige sich in Totemritualen, nämlich in der Totemmahlzeit, die eine Erinnerung an den Triumph über den Vater darstelle und deswegen in Abständen wiederholt werde; in den »merkwürdigsten Verkleidungen und Umwendungen« tauche der Sohnestrotz in späteren Religionsbildungen wieder auf.

Die anfangs gestellte Frage, wie Totemismus und Exogamie zusammenhingen – was von den Völkerkundlern seinerzeit eher als zufälliges Zusammentreffen angesehen wurde (s. oben) –, beantwortet Freud in äußerster Eindeutigkeit: »Im Gegensatz zu den neueren und in Anlehnung an die älteren Auffassungen des totemistischen Systems heißt uns also die Psychoanalyse einen innigen Zusammenhang und gleichzeitigen Ursprung von Totemismus und Exogamie vertreten.« (GW IX, S. 176)

In zwei Punkten versucht Freud trotz aller Bedenken[62], die Entwicklung vom Totemismus zu den heutigen Religionen zu verfolgen, nämlich was das Totemopfer angeht und das »Verhältnis des Sohnes zum Vater«. Die alte Totemmahlzeit, in welcher das Totemtier unter Bezeugungen von Trauer und zugleich Freude verzehrt wird, entwickelt sich – lässt man die religionshistorische Rekonstruktion von Robertson Smith gelten – zum Opfer, das einer nun hinzugekommenen Entität, dem Stammesgott, dargebracht wird. Wie vollzieht sich dieser Schritt? Die vordergründige Hypothese, von irgendwo her sei diese Gottesidee gekommen und die alten Rituale in die neue Verehrung unter notwendigen Veränderungen eingebaut worden, lässt Freud nicht gelten. Der Gott, so die psychoanalytische Beobachtung, sei unter Erhöhung dem Vater nachgebildet worden; wenn die Gläubigen »Gott Vater nennen«, wie sie »den Totem Ahnherrn genannt haben«, rate die Psychoanalyse, solle man ihnen diesbezüglich ruhig Glauben schenken. Dann wäre aber, folgert Freud, »in der Situation des primitiven Opfers der Vater zweimal vertreten, einmal als Gott und dann als Totemopfertier [...].« (GW IX, S. 177 f.) Der Totem sei die erste Form des Vaterersatzes gewesen, »der Gott aber eine spätere[63], in welcher der Vater seine menschliche Gestalt wiedergewonnen.« Wieder sei es die »Vatersehnsucht« gewesen, die sich in den langen Zeiten nach seiner Beseitigung immer mehr gesteigert und diesen Schritt der Vermenschlichung bewirkt habe: Der Wunsch der Brüder, dem Vater gleich zu werden, »musste infolge des Druckes, welchen die Bande des Brüderclan auf jeden Teilnehmer übten, unerfüllt bleiben. Es konnte und durfte niemand mehr die Machtvollkommenheit des Vaters erreichen, nach der sie doch alle gestrebt hatten.« Die Erbitterung gegen den Vater, so Freuds Rekonstruktion, ließ nach, die Sehnsucht nach ihm wuchs, und »es konnte ein Ideal entstehen, welches die Machtfülle und Unbeschränktheit des einst bekämpften Urvaters und die Bereitwilligkeit, sich ihm zu unterwerfen, zum Inhalt hatte.« Es sei die Neigung entstanden, »in Anlehnung an die Verehrung einzelner Menschen [...] das alte Vaterbild in der Schöpfung von Göttern neu zu beleben.« (S. 179)

Die vorher angesprochene paradoxe Situation sei also tatsächlich gegeben: »In der Opferszene vor dem Stammesgott ist also der Vater wirklich zweimal enthalten, als Gott und als Totemopfertier.« Dies reflektiert aber einfach die Ambivalenz der Einstellung ihm gegenüber und gegen die beseitigende Tat: »Die Szene der Überwältigung des Vaters, seiner größten Erniedrigung, ist hier zum Material für eine Darstellung seines höchsten Triumphes geworden. Die Bedeutung, die das Opfer ganz allgemein gewonnen hat, liegt eben darin, dass es dem Vater die Genugtuung für die an ihm verübte Schmach in derselben Handlung bietet, welche die Erinnerung an diese Untat fortsetzt.« (GW IX, S. 180 f.)[64]

Ein weiterer Schritt sei dann, dass das Tier seine Heiligkeit[65] verliere, zudem die Beziehung des Opfers zur Totemfeier verloren gehe; es werde zu »einer einfachen Darbringung an die Gottheit«, welches wegen deren zunehmend höheren Stellung (als »wiedereingesetzter Vater«) schließlich nur mehr durch priesterliche Vermittlung geschehe könne; das entlaste gleichzeitig das Schuldbewusstsein der anderen noch weiter: »Das Opfer, wie es jetzt ist, fällt ganz aus ihrer Verantwortlichkeit heraus. Gott selbst hat es verlangt und angeordnet.« Das Resultat ist bemerkenswert: »Es ist die äußerste Verleugnung der großen Untat, mit welcher die Gesellschaft und das Schuldbewusstsein begann.« (GW IX, S. 181)[66]

Freud wendet sich schließlich dem Problem der Erbsünde zu, überschreitet also die zuvor selbst gesetzte enge Grenze bei der Verfolgung der weiteren Entwicklung von Vatermord, Institution des totemistischen Systems hin zu den heutigen Ausgestaltungen der Religion. Fast wörtlich Gedanken vorwegnehmend, die er ein Vierteljahrhundert später in *Der Mann und die monotheistische Religion* (1939a) detaillierter entwickeln wird, sieht er im Konzept der Erbsünde das nie verschwundene Schuldbewusstsein wegen der Tötung des Urhordenvaters. Den einzig gangbaren Weg zur »Beschwichtigung« eines solchen Schuldbewusstseins sei Christus gegangen, indem er sei eigenes Leben geopfert und dadurch die Brüderschar von der Erbsünde erlöst habe. Wenige Zeilen später findet sich eine sehr prägnante Zusammenfassung: »So bekennt sich denn in der christlichen Lehre die Menschheit am unverhülltesten zu der schuldvollen Tat der Urzeit, weil sie nun im Opfertod des einen Sohnes die ausgiebigste Sühne für sie gefunden hat.« (GW IX, S. 185)[67]

Die Ambivalenz im Sohn-Vater-Verhältnis ist damit jedoch nicht aufgehoben, und Freud beleuchtet nun – trotz der vorher sich auferlegten Beschränkungen – speziell den psychologischen Gehalt der christlichen Religion:

> »Aber nun fordert auch das psychologische Verhängnis der Ambivalenz seine Rechte. Mit der gleichen Tat, welche dem Vater die größtmögliche Sühne bietet, erreicht auch der Sohn das Ziel seiner Wünsche gegen den Vater. Er wird selbst zum Gott neben, eigentlich an Stelle des Vaters. Die Sohnesreligion löst die Vaterreligion ab. Zum Zeichen dieser Ersetzung wird die alte Totemmahlzeit als Kommunion wieder belebt, in welcher nun die Brüderschar vom Fleisch und Blut des Sohnes, nicht mehr des Vaters, genießt, sich durch diesen Genuss heiligt und mit ihm identifiziert. Unser Blick verfolgt durch die Länge der Zeiten die Identität der Totemmahlzeit mit dem Tieropfer, dem theanthropischen Menschenopfer und mit der christlichen Eucharistie und erkennt in all diesen Feierlichkeiten die Nachwirkung jenes Verbrechens, welches die Menschen so sehr bedrückte, und auf das sie doch so stolz sein mussten.« (GW IX, S. 186)[68]

Damit sind die wesentlichen religionspsychologischen Aussagen des vierten, zweifellos spekulativsten und – es sei wiederholt: interessantesten und inhaltsreichsten – Aufsatzes von *Totem und Tabu* vorgebracht; es folgen Konzessionen gewisser Unsicherheiten sowie Überlegungen zur Legitimität gemachter Voraussetzungen (etwa zur Existenz einer Massenpsyche sowie zur Weitergabe erworbener Einsichten und Verhaltensweisen, zum Schuldbewusstsein bei Neurotikern, zur Bedeutung der psychischen Realität gegenüber der faktischen), Ausführungen, die in dieser knappen Wiedergabe nicht genügend Raum haben[69]. Deshalb nur Freuds kurzes Resümee:

> »So möchte ich denn zum Schlusse dieser mit äußerster Verkürzung geführten Untersuchung das Ergebnis aussprechen, dass im Ödipus-Komplex die Anfänge von Religion, Sittlichkeit, Gesellschaft und Kunst zusammentreffen, in voller Übereinstimmung mit der Feststellung der Psychoanalyse, dass dieser Komplex den Kern aller Neurosen bildet, so weit sie bis jetzt unserem Verständnis nachgegeben haben.« (GW IX, S. 188)

Anmerkungen zu Kapitel 8

1. Wilhelm Wundts »Völkerpsychologie«, zwischen 1900 und 1920 in einer Reihe von Bänden publiziert, ist ein sehr fleißig kompilierendes Werk, das aber jegliche tiefere intellektuelle Durchdringung der Materie vermissen lässt. Freud beruft sich mehrfach auf die angeführten Fakten, ohne die dazu gegebenen psychologischen Auffassungen zu übernehmen. Beim Phänomen des »Tabu« zitiert er etwa Wundts Erklärung, dass die Quellen des Tabu da entspringen, »wo die primitivsten und zugleich dauerndsten menschlichen Triebe ihren Ursprung nehmen, in der Furcht vor der Wirkung dämonischer Mächte.« Wenig später meint Freud, »dem Eindruck vieler Leser Worte zu leihen«, wenn er »die Aufklärung Wundts als eine Enttäuschung« anspreche: Das heiße wohl nicht, »zu den Quellen der Tabuvorstellungen heruntergehen oder ihre letzten Wurzeln aufzeigen.« Denn: »Weder die Angst noch die Dämonen können in der Psychologie als letzte Dinge gewertet werden, die jeder weiteren Rückführung trotzen. Es wäre anders, wenn die Dämonen wirklich existierten; aber wir wissen ja, sie sind selbst wie die Götter Schöpfungen der Seelenkräfte des Menschen; sie sind von etwas und aus etwas geschaffen worden.« (1912–13a; GW IX, S. 33 f.)
   In einem Brief an Ferenczi aus dem Jahre 1912 schimpft Freud ganz offen über diesen Autor: » [Ich] bin wütend über Wundt. Nach 11stündiger Arbeit abends diesen Quatsch lesen zu müssen, ist eine harte Strafe.« (zitiert nach Jones Bd. 2, S. 416)
   C.G. Jung, der sich bekanntlich später mit seiner Schule abspaltete, machte den Versuch, individuelle Gegebenheiten durch Berufung auf kollektives Material (Mythen, Glaubensinhalte u. ä.) aufzuklären – während Freud es sich programmatisch vornahm, erst die Vorgeschichte des Individuums zur Erklärung auszuschöpfen. So schreibt Jung in einer Neuauflage von *Wandlungen und Symbole der Libido*: »Für mich bedeutet der Inzest nur in den allerseltensten Fällen eine persönliche Komplikation. Meist stellt er einen hochreligiösen Inhalt dar, weshalb er auch in fast allen Kosmogonien und zahlreichen Mythen eine entscheidende Rolle spielt.« Aber Freud, fügt er hinzu, »hielt an der wortwörtlichen Auffassung fest und konnte die geistige Bedeutung des Inzestes als eines Symbols nicht fassen.« (Jung 1962, S. 171, zitiert nach Wehr 1969, S. 31)
2. An späterer Stelle (GW IX, S. 128) findet sich die schärfere Formulierung, dass die Übertragung des Totem »in der Regel« durch mütterliche Vererbung geschehe und ursprünglich die väterliche Vererbung »überhaupt nicht in Geltung« gewesen sei.
3. In einer umfangreichen Anmerkung (GW IX, S. 8 f.) nennt Freud einschlägige Literatur und geht auf die Verbreitung des Totemismus ein (u. a. bei den Indianerstämmen Nordamerikas, in großen Teilen Ozeaniens und Afrikas); in diesem Kontext weist er darauf hin, dass die gegebene Charakterisierung bereits eine Vereinfachung darstelle, somit selbst die Tatsachen des Totemismus strittig seien.
4. »Die psychologische Berechtigung dieser großartigen Einschränkung, die weit über alles hinausgeht, was sich ihr bei zivilisierten Völkern an die Seite stellen lässt, ist zunächst nicht ersichtlich«, meint der Autor und fügt hinzu: »Man glaubt nur zu verstehen, dass die Rolle des Totem (Tieres) als Ahnherrn dabei sehr ernst genommen wird.« Alles, was von dem gleichen Totem abstamme, sei »blutsverwandt«, sei eine »Familie«, und in dieser Familie würden »die entferntesten Verwandtschaftsgrade als absolutes Hindernis der sexuellen Vereinigung anerkannt.« (GW IX, S. 10). Diese Tatsache wird

nicht an dieser Stelle, wohl aber im Aufsatz »Die infantile Wiederkehr des Totemismus« zur weiteren psychologischen Rückführung des Phänomens verwertet.

Erwähnt wird zudem das Phänomen der Heiratsklassen, die aus mehreren Totemsippen bestehen. Sämtliche Frauen einer Heiratsklasse, also auch eine Anzahl weiblicher Mitglieder eines fremden Totemclans, sind Männern dieser Klasse als Sexualpartner nicht zugänglich. Freud diskutiert dieses komplizierte System nicht weiter, konstatiert aber: »Für unsere Zwecke genügt der Hinweis auf die große Sorgfalt, welche die Australier sowie andere wilde Völker zur Verhütung des Inzests aufwenden. Wir müssen sagen, diese Wilden sind selbst inzestempfindlicher als wir.« Er fügt hinzu: »Wahrscheinlich liegt ihnen die Versuchung näher, sodass sie eines ausgiebigeren Schutzes gegen dieselbe bedürfen.« (GW IX, S. 15)

5. Sich auf andere Autoren berufend, sieht Freud darin einen Überrest aus den Zeiten der Gruppenehe, wo »eine gewisse Anzahl von Männern eheliche Rechte über eine gewisse Anzahl von Frauen« ausübe. »Die Kinder dieser Gruppenehe«, ergänzt er, »würden dann mit Recht einander als Geschwister betrachten, obwohl sie nicht alle von derselben Mutter geboren sind, und alle Männer der Gruppe für ihre Väter halten.« (GW IX, S. 12) Die Totemexogamie ergebe sich so als »das angemessene Mittel zur Verhütung des Gruppeninzestes.«
6. Es sei bekannt, merkt Freud sarkastisch an, »dass das Verhältnis zwischen Schwiegersohn und Schwiegermutter auch bei den zivilisierten Völkern zu den heikeln Seiten der Familienorganisation gehört. Es bestehen in der Gesellschaft der weißen Völker Europas und Amerikas zwar keine Vermeidungsgebote mehr für die beiden, aber es würde oft viel Streit und Unlust vermieden, wenn solche noch als Sitte bestünden und nicht von den einzelnen Individuen wieder aufgerichtet werden müssten.« (GW IX, S. 21)
7. Die Feindseligkeit bei letzterer resultiere u. a. aus der »Abneigung, auf den Besitz der Tochter zu verzichten«, dem »Misstrauen gegen den Fremden« sowie der Tendenz, »eine herrschende Position zu behaupten«, beim Mann aus der »Entschlossenheit, sich keinem fremden Willen mehr unterzuordnen«, der »Eifersucht gegen alle Personen, die vor ihm die Zärtlichkeit seines Weibes besaßen« und der »Abneigung dagegen, sich in der Illusion der Sexualüberschätzung stören zu lassen.« Freud erläutert geradezu gnadenlos: »Eine solche Störung geht wohl zumeist von der Person der Schwiegermutter aus, die ihn durch so viele gemeinsame Züge an die Tochter mahnt und doch all der Reize der Jugend, Schönheit und psychischen Frische entbehrt, welche ihm seine Frau wertvoll machen.« (GW IX, S. 22) Was die zärtlichen Regungen angeht, so wird darauf hingewiesen, dass für eine Frau in der Ehe »durch den frühzeitigen Ablauf der ehelichen Beziehung und die Ereignislosigkeit in ihrem Gefühlsleben« die »Gefahr der Unbefriedigung« drohe, wofür sich die alternde Mutter »durch Einfühlung in die Kinder, Identifizierung mit ihnen« schütze. Scharfsinnig analysiert der Autor:

   > »Die Einfühlung in die Tochter geht bei der Mutter leicht so weit, dass sie sich in den von ihr geliebten Mann – mitverliebt, was in grellen Fällen infolge des heftigen seelischen Sträubens gegen diese Gefühlsanlage zu schweren Formen neurotischer Erkrankung führt. Eine Tendenz zu solcher Verliebtheit ist bei der Schwiegermutter jedenfalls sehr häufig, und entweder diese selbst oder die ihr entgegenarbeitende Strebung schließen sich dem Gewühle der miteinander ringenden Kräfte in der Seele der Schwiegermutter an. Recht häufig wird gerade die unzärtliche, sadistische Kom-

ponente der Liebesregung dem Schwiegersohne zugewendet, um die verpönte, zärtliche umso sicherer zu unterdrücken.« (GW IX, S. 22 f.)

Beim Manne, den »regulärerweise« das »Bild seiner Mutter, vielleicht noch seiner Schwester« zur Objektwahl geführt habe, der sich infolge seiner Inzestscheu aber von diesen abwende, trete nun an deren Stelle die Schwiegermutter. Die erwähnte Inzestscheu mache ihm aber – mit der Folge von besonderer Reizbarkeit und Gehässigkeit – »die Ablehnung leicht.« (GW IX, S. 23)

8. In *Der Mann Moses und die monotheistische Religion* gibt Freud eine Erklärung des Begriffes »heilig«, den er etwa im Sinne von Tabu gebraucht (s. Kap.10, Anmerkung 45). Es ist bemerkenswert, wie das Wort Tabu zwei geradezu gegensätzliche Bedeutungen hat wie das lateinische sacer (heilig einerseits, verflucht anderseits). Man vergleiche hierzu Freuds kleinen Aufsatz »Über den Gegensinn der Urworte« (1910e).
9. Man merkt, wie vorsichtig sich der Autor an einen Begriff in einer fremden Sprache und aus einer fremden Kultur herantastet.
10. Freud war natürlich verpflichtet, die seinerzeit dazu vorliegenden wissenschaftlichen Arbeiten zu erwähnen, auch wenn sie ihm unfruchtbar erschienen. Nachdem fast alle diese Werke, inklusive Wilhelm Wundts großer *Völkerpsychologie*, in Vergessenheit geraten sind, können wir uns auf das beschränken, was der Autor aus ihnen tatsächlich übernommen hat und in seinen vier Aufsätzen wiedergibt.
11. Verschiebung, u. a. ein wichtiger Mechanismus der Traumarbeit, aber auch bei der Entstehung von Phobien, bedeutet in der psychoanalytischen Theorie Ersetzung einer Vorstellung durch eine assoziativ mit ihr verbundene andere (s. dazu auch 2.2).
12. Die Darstellung ist einerseits eine der am besten gelungenen Einführungen in die psychoanalytische Neurosenlehre, andererseits insofern unvollständig, als Freud bereits wenig später in der kleinen Schrift »Die Disposition zur Zwangsneurose« (1913i) letztere Störung auf die Abwehr anal-sadistischer Impulse zurückführt – welches Konzept hier noch keine Rolle spielt.
13. Das Unbewusste (genauer: das System Unbewusst [*Ubw*]) ist nach psychoanalytischer Theorie gekennzeichnet durch den Primärvorgang, also die leichte Verschiebbarkeit psychischer Energien (z. B. von einer Vorstellung auf eine andere, von einem Triebziel auf ein anderes).
14. Diese Idee von der Vererbung erworbenen Eigenschaften bringt Freud immer wieder vor, nicht nur in *Totem und Tabu*, sondern u. a. auch in *Der Mann Moses und die monotheistische Religion*, obwohl er natürlich wusste, dass der Biologie damals solche Vorstellungen fremd waren – auch heute wird diese Annahme eher kritisch betrachtet.
15. Dies stellt allerdings zunächst nur eine Folgerung aus der angenommenen und soweit unbewiesenen Analogie zur Zwangsneurose dar. Den direkteren Erweis dieses Sachverhalts an den Tabuverboten des Totemismus verschiebt Freud auf die vierte Abhandlung (nachdem er bereits im Aufsatz über die Inzestscheu die ihnen zu Grunde liegenden Triebimpulse angedeutet hatte, nämlich den Vater zu töten und von seinen Frauen sexuell Besitz zu ergreifen).
16. Der vom Psychiater Eugen Bleuler geprägte Terminus Ambivalenz bedeutet im allgemeinen Sprachgebrauch eine zwiespältige bewusste Einstellung zu einer Sache oder einer Person. In der Psychoanalyse erhält der Begriff eine weitere Bedeutung, nämlich

zusätzlich die der unbewussten Befürwortung und gleichzeitig bewussten (vorbewussten) Ablehnung.

17. Die Tatsache der Übertragbarkeit des Tabu auf Gegenstände – erinnert sei an das Beispiel vom Topf, der über das Feuer, welches vom Atem des Maori-Häuptlings angefacht wird, dessen unheilvolle Macht erhält – erklärt Freud durch die Eigenheit des ungewussten Triebes, sich auf assoziativem Wege immer neue Objekte zu suchen; so würden auch die Personen mittels Assoziationen an ihre verdrängten Wünsche erinnert (GW IX, S. 44 f.).
18. Anders ist es natürlich beim Zwangsneurotiker, wo die Psychoanalyse – bei allen schwer zu bestreitenden Unsicherheiten des Verfahrens – diese verdrängten Wünsche (zumindest gelegentlich) aufzeigen kann.
19. Man muss sich der Möglichkeit von Zirkelschlüssen bewusst sein: Gewisse Ähnlichkeiten (z. B. dass die Betroffenen nicht Auskunft über den Ursprung der Verbote geben können) hatten ja überhaupt erst die Idee der Gleichsetzung angeregt. Wenn man nun die diesbezügliche Unwissenheit des Tabubefolgers aus der des Zwangsneurotikers erklären will, hat man nur herausgeholt, was zuvor hineingesteckt wurde.
20. Er verspricht, später sich mit diesem Argument auseinanderzusetzen; das geschieht tatsächlich an späterer Stelle in *Totem und Tabu* (nämlich GW IX, S. 73 ff.; s. auch unten).
21. Der außerordentlich belesene Freud weist auf die Heilkraft der königlichen Berührung auch in unserem Kulturkreis vor noch nicht so langer Zeit hin: So sollen die englische Könige noch im 17. Jahrhundert die Skrofulose (eine Hautkrankheit) durch Berührung geheilt haben: »Dieser König [scil. Charles II.] soll im Laufe seiner Regierung bei hunderttausend Skrofulöse berührt haben. Das Gedränge der Heilungssuchenden pflegte bei dieser Gelegenheit so groß zu sein, dass einmal sechs oder sieben anstatt der Heilung den Tod durch Erdrücktwerden fanden.« (GW IX, S. 54)
22. Im Verständnis dieser Völker lebe nämlich der Herrscher »nur für seine Untertanen«; sein Leben habe »einen Wert nur so lange«, als er »die Pflichten seiner Stellung« erfülle, »den Lauf der Natur zum Besten seines Volkes« regle. Sobald er darin nachlasse, wandelten »sich die Sorgfalt, die Hingebung, die religiöse Verehrung [...] in Hass und Verachtung um.« (GW IX, S. 56 f.) Entsprechend ist der Herrscher selbst einer Unzahl von Tabuvorschriften unterworfen, speziell bezüglich Bewegungsfreiheit und Essensvorschriften, mit der Folge, dass dieses Amt oft wenig attraktiv war und viele Prätendenten mehr oder weniger zur Annahme gezwungen werden mussten.
23. Als eine direktere Äußerung der unbewussten Feindseligkeit sieht Freud das Misstrauen gegen den Herrscher, welches sich in den ihn betreffenden Tabuvorschriften manifestiere; er kann auf Fälle hinweisen, wo in Form eines Zeremoniells dieses direkt zum Ausdruck komme: »Die wilden Timmes von Sierra Leone, hören wir bei Frazer, haben sich das Recht vorbehalten, ihren gewählten König am Abend vor seiner Krönung durchzuprügeln, und sie bedienen sich dieses konstitutionellen Vorrechts mit solcher Gründlichkeit, dass der unglückliche Herrscher gelegentlich seine Erhebung auf den Thron um nicht lange Zeit überlebt [...].« (GW IX, S. 63 f.)
24. Freud meint den Verfolgungswahn (Paranoia), dessen genaue Genese zu erläutern in diesem Rahmen jedoch zu weit führen würde (s. dazu Köhler 2000, S. 538 ff.).

25. Hier zeigen sich wieder einmal das schon mehrfach erwähnte Phänomen der Subtraktion von Tabuwirkungen sowie die ungeheuerliche Macht des Tabu:

    »Bei den Tabu der Toten auf Tonga tritt die Abstufung und allmähliche Aufhebung der Verbote durch die eigene Tabukraft sehr deutlich hervor. Wer den Leichnam eines toten Häuptlings berührt hatte, war durch zehn Monate unrein; wenn er aber selbst ein Häuptling war, nur durch drei, vier oder fünf Monate, je nach dem Rang des Verstorbenen; aber wenn es sich um die Leiche des vergötterten Oberhäuptlings handelte, wurden selbst die größten Häuptlinge durch zehn Monate tabu. Die Wilden glauben fest daran, dass wer solche Tabuvorschriften übertritt, schwer erkranken und sterben muss, so fest, dass sie nach der Meinung eines Beobachters noch niemals den Versuch gewagt haben, sich vom Gegenteil zu überzeugen.« (GW IX, S. 67)

26. Dieser Vorgang kann sogar noch weiter ausgedehnt werden:

    »Ferner, wenn der Name des Verstorbenen sich mit der Bezeichnung eines Tieres, Gegenstandes usw. gedeckt hatte, erschien es manchen unter den angeführten Völkern notwendig, auch diese Tiere und Objekte neu zu benennen, damit man beim Gebrauch dieser Worte nicht an den Verstorbenen erinnert werde. Daraus musste sich eine nie zur Ruhe kommende Veränderung des Sprachschatzes ergeben, die den Missionären Schwierigkeiten genug bereitete, besonders wo die Namensverpönung eine permanente war. In den sieben Jahren, die der Missionär Dobrizhofer bei den Abiponen in Paraguay verbrachte, wurde der Name für Jaguar dreimal abgeändert, und die Worte für Krokodil, Dornen und Tierschlachten hatten ähnliche Schicksale.« (GW IX, S. 71)

27. So gibt er eine sehr einleuchtende Erklärung wieder: Nach Auffassung der Naturvölker sterbe man nur durch Tötung, entweder gewaltsame oder durch Zauberei bewirkte; allein schon aus diesem Grunde sehe man die Seele als rachsüchtig an; zudem beneide sie die Lebenden und sehne sich nach der Gesellschaft der alten Angehörigen, weshalb sie diese töten wolle (GW IX, S. 75 f.).
28. Freud nimmt hier seine Theorie der Depression vorweg, die er erst einige Jahre später in der Schrift »Trauer und Melancholie« (1916–17g) formuliert und die wesentlich auf der Analyse solcher Selbstvorwürfe beruht (s. Köhler 2000, S. 550 ff.).
29. Weitere Erläuterungen Freuds seien hier lediglich angedeutet: Zum Zeitpunkt des Verlustes wollten sich die zwiespältigen, sowohl zärtlichen wie feindseligen Gefühle beide zur Geltung bringen (nämlich als Trauer und Befriedigung), wobei es zum Konflikt komme; dessen Ausgang könne – weil die Feindseligkeit großteils unbewusst sei – »nicht in einer Subtraktion der beiden Intensitäten voneinander mit bewusster Einsetzung des Überschusses bestehen, etwa wie man einer geliebten Person eine von ihr erlittene Kränkung verzeiht.« Der Prozess erledige sich durch Projektion, die Feindseligkeit werde in die Außenwelt geworfen, dabei von der eigenen Person gelöst und der anderen unterschoben: »Nicht wir, die Überlebenden, freuen uns jetzt darüber, dass wir des Verstorbenen ledig sind; nein, wir trauern um ihn, aber er ist merkwürdigerweise ein böser Dämon geworden, dem unser Unglück Befriedigung bereiten würde, der uns den Tod zu bringen sucht.« Die »innere Bedrückung« habe man »gegen eine Bedrängnis von außen« eingetauscht.

Weiter erklärt sich, warum der Konflikt gerade zum Todeszeitpunkt aufbrechen muss und an Schärfe danach langsam verlieren kann: Zu Lebzeiten konnte die vorhandene, sich aus diversen realen Vorkommnissen speisende Feindseligkeit latent bleiben, jedoch: »Mit dem Ableben der gleichzeitig geliebten und gehassten Person war dies nicht mehr möglich, der Konflikt wurde akut.« Die »aus der gesteigerten Zärtlichkeit« resultierende Trauer würde nun unduldsamer gegen die unbewusste Feindseligkeit und dem aus letzterer stammenden »Gefühl der Befriedigung«, mit folgendem Ergebnis: »Somit kam es zur Verdrängung der unbewussten Feindseligkeit auf dem Wege der Projektion, zur Bildung jenes Zeremoniells, in dem die Furcht vor der Bestrafung durch die Dämonen Ausdruck findet, und mit dem zeitlichen Ablauf der Trauer verliert auch der Konflikt an Schärfe, sodass das Tabu dieser Toten sich abschwächen oder in Vergessenheit geraten darf.« (GW IX, S. 79 f.)

Einige Seiten später macht Freud eine in diesem Kontext sehr interessante Anmerkung: »Dass die Dämonen stets als die Geister kürzlich Verstorbener aufgefasst werden, bezeugt wie nichts anderes den Einfluss der Trauer auf die Entstehung des Dämonenglaubens.« Die Trauer habe »eine ganz bestimmte psychische Aufgabe zu erledigen«, sie »solle die Erinnerungen und Erwartungen der Überlebenden von den Toten ablösen.« Sei diese Arbeit geschehen, so lasse »der Schmerz nach, mit ihm die Reue und der Vorwurf und darum auch die Angst vor dem Dämon.« Freud fügt hinzu: »Dieselben Geister aber, die zunächst als Dämonen gefürchtet wurden, gehen nun der freundlicheren Bestimmung entgegen, als Ahnen verehrt und zur Hilfeleistung angerufen zu werden.« (GW IX, S. 82 f.)

30. Metapsychologie bezeichnet zuerst eine hinter das Bewusstsein führende Psychologie (also in erster Näherung: eine Psychologie des Unbewussten), später das System der abstraktesten psychoanalytischen Annahmen bezüglich Topik, Dynamik und Ökonomie (Energieverschiebung) psychischer Prozesse (s. dazu ausführlicher Freuds metapsychologische Schriften bzw. die knappere Darstellung bei Köhler 2000, S. 625 ff.).

31. Sie sind allerdings so anregend, dass als Anmerkung eine skizzenhafte Wiedergabe mehr als gerechtfertigt scheint: Dies betrifft zunächst die Projektion, die laut Freud nicht erst für die Konfliktabwehr vom seelischen Apparat geschaffen wird, sondern sich als sehr primitiver Mechanismus der Verlagerung innerer Wahrnehmungen in die Außenwelt auffassen lässt, resultierend aus einer Entwicklungsstufe, wo innerpsychische Vorgänge nur eingeschränkt als solche erfassbar waren: »Erst mit der Ausbildung einer abstrakten Denksprache, durch die Verknüpfung der sinnlichen Reste der Wortvorstellungen mit inneren Vorgängen, wurden diese selbst allmählich wahrnehmungsfähig. Bis dahin hatten die primitiven Menschen durch Projektion innerer Wahrnehmungen nach außen ein Bild der Außenwelt entwickelt […].« Die »Projektion der eigenen bösen Regungen in die Dämonen« stelle somit ein Stück »Weltanschauung« der Primitiven dar (GW IX, S. 81).

Bemerkenswert ist auch die Überlegung, dass – wie speziell im Verhältnis zu den Toten zu sehen – die Ambivalenz generell im Laufe der Menschheitsentwicklung (aus welchem Grunde auch immer) »außerordentlich nachgelassen« habe. Man könnte zur Annahme geführt werden, »es sei den Seelenregungen der Primitiven überhaupt ein höheres Maß von Ambivalenz zuzugestehen, als bei dem heute lebenden Kulturmenschen aufzufinden ist.« Dies dürfte nicht ohne Folgen für die sozialen Verbotssysteme geblieben sein: »**Mit der Abnahme dieser Ambivalenz schwand auch langsam das Tabu, dass Kompromisssymptom des Ambivalenzkonfliktes.**« Allerdings: »Von den Neurotikern, welche genötigt sind, diesen Kampf und das aus ihm hervorgehende Tabu zu reproduzieren, würden wir sagen, dass sie eine archaistische Struktur als atavistischen Rest mit sich gebracht haben, deren Kompensation im Dienste der Kulturanforderung sie nun zu so ungeheuerlichem seelischen Aufwand zwingt.« (S. 83)

32. Nach Auffassung maßgeblicher Autoren habe die Menschheit »drei solcher Denksysteme, drei große Weltanschauungen im Laufe der Zeiten hervorgebracht«: die »animistische (mythologische), die religiöse und die wissenschaftliche«. Demnach sei der Animismus »selbst noch keine Religion«, enthalte aber die »Vorbedingungen«, »auf denen sich später die Religionen« aufbauten (GW IX, S. 96).
33. Von Magie sei die Zauberei abzutrennen: Letztere sei im Wesentlichen »die Kunst, die Geister zu beeinflussen«, indem man sie behandle »wie unter gleichen Bedingungen« die Menschen, also indem man sie beispielsweise beschwichtige, versöhne, sich geneigt mache, sie einschüchtere. Magie bedeute aber etwas anderes: »[S]ie sieht im Grunde von den Geistern ab und sie bedient sich besonderer Mittel, nicht der banalen psychologischen Methodik.« Eine Fußnote macht dies verständlicher: »Wenn man einen Geist durch Lärm und Geschrei verscheucht, so ist dies eine rein zauberische Handlung; wenn man ihn zwingt, indem man sich seines Namens bemächtigt, so hat man Magie gegen ihn gebraucht.« (GW IX, S. 97)
34. Freud gibt hier die Charakteristik des Anthropologen Tyler wieder: »mistaking an ideal connexion for a real one.« (GW IX, S. 98)
35. Aristoteles, der sich als erster systematisch mit Assoziationsgesetzen beschäftigte, nannte drei Prinzipien der Bildung von Assoziationen, nämlich Ähnlichkeit, Kontrast und Kontiguität (räumliche und zeitliche Nähe; von lat. contiguus = angrenzend, benachbart).
36. Ein Beispiel, welches – hoffentlich korrekt – Freuds abstrakten Gedankengang veranschaulichen soll: Hat ein Kind in sehr frühem Alter Appetit auf Kuchen, sieht sie diesen vor sich, riecht und schmeckt ihn, halluziniert also die Situation der Wunschbefriedigung. Später könnte es in einer vergleichbaren Lage den Kuchen beispielsweise mit Sand backen und so tun, als ob es ihn äße.
37. Dies ist wohl so zu verstehen: Der »Primitive«, der sich Regen wünscht, spielt mit irgendwelchen wassergefüllten Gefäßen, dass es regnet, imitiert den Regen.
38. Der Versuch einer Kommentierung dieser schwierigen Stelle sei gewagt: In einem frühen Stadium ist der »Primitive« mit dem schieren Akt der Imitation von Regen bereits zufrieden, in einem späteren glaubt er, der (eventuell) bald folgende Regen sei seinem Ritual zu verdanken (dabei natürlich diverse Misserfolge ignorierend). In einem noch späteren Stadium sieht er ein, dass das (konstante) Ritual nicht konstanten Erfolg hat und ist nun der Auffassung, der (hinsichtlich seiner Intensität variable) zu Grunde liegende Glaube sei entscheidend für das Resultat.
39. Zuvor findet sich ein weiter Exkurs zur Rolle der »Allmacht der Gedanken« bei den verschiedenen Neurosen, der hier – um den komplizierten Gedankengang des Aufsatzes zumindest ein wenig zu entflechten – nur in einer Anmerkung wiedergegeben sei.

Die Bezeichnung »Allmacht der Gedanken«, schreibt Freud, habe er von »einem hochintelligenten, an Zwangsvorstellungen leidenden Manne« übernommen. (Es handelt sich dabei um den »Rattenmann«, so genannt nach dem Inhalt seiner Hauptzwangsvorstellung; s. 1909d; für eine kurze Schilderung des Falles mit seiner interessanten Symptomatik; s. Köhler 2000, S. 522 ff.) Dieser hätte »sich dieses Wort geprägt zur Begründung aller jener sonderbaren und unheimlichen Geschehnisse, die ihn wie andere mit seinem Leiden Behaftete zu verfolgen schienen.« Dafür Beispiele: »Dachte er eben an eine Person, so kam sie ihm auch schon entgegen, als ob er sie beschworen hätte; [...] stieß er gegen einen Fremden eine nicht einmal ganz ernst gemeinte Verwünschung aus, so durfte er erwarten, dass dieser bald darauf starb und ihn mit der Verantwortlichkeit für sein Ableben belastete.« Von den meisten dieser Fälle habe der Patient im Laufe der Behandlung selbst mitteilen können, »wie der täuschende Eindruck entstanden« wäre, und »was er selbst an Veranstaltungen hinzugetan« hätte, »um sich in seinen abergläubischen Erwartungen zu bestärken.« Freud kommentiert: »Alle Zwangskranken sind in solcher Weise, meist gegen ihre bessere Einsicht, abergläubisch.«

Er fügt hinzu, dass so etwas wie »Allmacht der Gedanken« auch bei anderen Neurosenformen aufgedeckt werden könne; bei ihnen allen sei »nicht die Realität des Erlebens, sondern die des Denkens für die Symptombildung maßgebend.« Und nach Illustration mittels einiger Beispiele fasst er zusammen: »So erweist sich die Allmacht der Gedanken, die Überschätzung der seelischen Vorgänge gegen die Realität, als unbeschränkt wirksam im Affektleben des Neurotikers und in allen von diesem ausgehenden Folgen. [...] Durch dieses Verhalten wie durch seinen im Leben betätigten Aberglauben zeigt er uns aber, wie nahe er dem Wilden steht, der durch seine bloßen Gedanken die Außenwelt zu verändern vermeint.« (GW IX, S. 107)

In der Schrift »Das Unheimliche« (1919h) geht Freud auf die niemals restlos überwundene archaische Vorstellung von der Allmacht der Gedanken im Alltagsleben ein: »Greifen wir das Unheimliche der Allmacht der Gedanken [...] heraus. Die Bedingung, unter der hier das Gefühl des Unheimlichen entsteht, ist nicht zu verkennen. Wir – oder unsere primitiven Urahnen – haben dereinst diese Möglichkeiten für Wirklichkeit gehalten, waren von der Realität dieser Vorgänge überzeugt.« Er fügt hinzu: »Heute glauben wir nicht mehr daran, wir haben diese Denkweisen überwunden, aber wir fühlen uns dieser neuen Überzeugungen nicht ganz sicher, die alten leben noch in uns fort und lauern auf Bestätigung. Sowie sich nun etwas in unserem Leben ereignet, was diesen alten abgelegten Überzeugungen eine Bestätigung zuzuführen scheint, haben wir das Gefühl des Unheimlichen [...].« (GW XII, S. 261 f.)

40. Nachdem Freud die Selbstverliebtheit im Rahmen bestimmter sexueller Abweichungen sowie den Abzug der Libido von den Objekten zurück ins eigene Ich als Berechtigung genannt hat, eine reguläre narzisstische Phase in der Sexualentwicklung anzunehmen, fährt er fort:

> »Ein dritter Zufluss zu dieser, wie ich meine, legitimen Weiterbildung der Libidotheorie ergibt sich aus unseren Beobachtungen und Auffassungen des Seelenlebens von Kindern und primitiven Völkern. Wir finden bei diesen letzteren Züge, welche, wenn sie vereinzelt wären, dem Größenwahn zugerechnet werden könnten, eine Überschätzung der Macht ihrer Wünsche und psychischen Akte, die ›Allmacht der

Gedanken‹, einen Glauben an die Zauberkraft der Worte, eine Technik gegen die Außenwelt, die ›Magie‹, welche als konsequente Anwendung dieser größensüchtigen Voraussetzungen erscheint.« (1914c; GW X, S. 140)

41. Diese Aussage ist nur dann verständlich, wenn man die sehr viel weiter gefasste psychoanalytische Definition der Sexualität vor Augen hat (s. 2.4).
42. Es folgt eine feinsinnige Anmerkung zur Kunst: In ihr sei die »Allmacht der Gedanken« erhalten geblieben, in ihr allein komme es noch vor, »dass ein von Wünschen verzehrter Mensch etwas der Befriedigung Ähnliches« mache, und dass »dieses Spielen – dank der künstlerischen Illusion – Affektwirkungen« hervorrufe, »als wäre es etwas Reales.« Mit Recht, meint Freud, »spricht man vom Zauber der Kunst und vergleicht den Künstler mit einem Zauberer.« (GW IX, S. 111)
43. Als Beispiel einer Konfliktlösung durch Projektion führt Freud das Beispiel der Paranoia an und bezieht sich hier v. a. auf den Fall Schreber (»Psychoanalytische Bemerkungen über einen autobiographisch beschriebenen Fall von Paranoia [Dementia paranoides]«; 1911c).
44. Zahlreiche Ethnologen leiteten »die Seelenvorstellungen aus dem Eindruck des Todes auf die Überlebenden« ab; diese Todessituation ist auch der Ausgangspunkt der Freudschen Überlegungen, allerdings in anderem Sinne: »Wir machen nur den einen Unterschied, dass wir nicht das intellektuelle Problem voranstellen, welches der Tod dem Lebenden aufgibt, sondern die zur Erforschung treibende Kraft in den Gefühlskonflikt verlegen, in welchen diese Situation den Überlebenden stürzt.« (GW IX, S. 114; ähnlich bereits in 1915b; s. Kap. 3)
45. Es sei daran erinnert, dass Freud, bereits in der *Traumdeutung* (1900a), das Bewusstsein als Sinnesorgan für intrapsychische Prozesse begreift, welches schnell eine Vorstellung verlassen und eine andere aufgreifen kann.
46. »In allen Fällen können wir dann nachweisen«, resümiert er, »dass eine **Umordnung** des psychischen Materials zu einem neuen Ziel stattgefunden hat, oft eine im Grunde recht gewaltsame, wenn sie nur unter dem Gesichtspunkt des Systems begreiflich erscheint.« Er fügt hinzu: »Es wird dann zum besten Kennzeichen der Systembildung, dass jedes der Ergebnisse desselben mindestens zwei Motivierungen erkennen lässt, eine Motivierung aus den Voraussetzungen des Systems – also eventuell eine wahnhafte – und eine versteckte, die wir aber als die eigentliche wirksame, reale, anerkennen müssen.« (GW IX, S. 117)
47. Nur eines der vielen lesenswerten Beispiele: »Dasselbe gilt für die zahlreichen Fälle von sexueller Beschränkung, solange man mit schwierigen oder verantwortlichen Tätigkeiten beschäftigt ist.« Freud erklärt: »Mag sich die Begründung dieser Verbote immerhin auf einen magischen Zusammenhang berufen, die fundamentale Vorstellung, durch Verzicht auf Triebbefriedigung größere Kraft zu gewinnen, bleibt doch unverkennbar, und die hygienische Wurzel des Verbotes ist neben der magischen Rationalisierung derselben nicht zu vernachlässigen.« (GW IX, S. 120)
48. Schon in der Einleitung des Aufsatzes spricht Freud von einem Versuch, eine der Quellen der Religion herauszuarbeiten (1912–13a; GW IX, S. 122); in 1919g nennt er den Totemismus »die älteste Form einer Religion« und betont, dass auch die »ältesten Religionen von demselben Inhalt erfüllt« seien (nämlich der Wirkung dieser »befreienden Untat« des Vatermordes).

49. Gehört die Mutter einem Clan A an, so notwendig auch alle ihre Töchter und Söhne, während der leibliche Vater keineswegs diesem angehören muss (auf Grund des Exogamiegebots dies sogar mit Sicherheit nicht tut); die Brüder und Schwestern der Mutter gehören zu demselben Totemclan wie sie selbst, ihr Vater hingegen zu einem anderen. In der Regel wird die Totemverwandtschaft für entscheidender angesehen als die Blutsverwandtschaft (etwa bei Fehden).
50. Nicht erwähnt wird hier die Totemmahlzeit, die zu besonderen Festen stattfindende rituelle Tötung des Totem und sein gemeinsamer feierlicher Verzehr. Freud, aber auch schon Autoren vor ihm, haben auf die erstaunliche Übereinstimmung mit dem christlichen Abendmahl hingewiesen (1939a; GW XVI, S. 240). An späterer Stelle wird sehr genau auf diese (angenommene) Totemmahlzeit eingegangen (GW IX, S. 160 ff.).
51. So könne bei mütterlicher Vererbung des Totems der Name des nach seinen Tiereigenschaften benannten Mannes gar nicht auf seine Kinder übergehen. Außerdem könnten diese Theorien »niemals die Bedeutung« erklären, »welche diese Namensgebung für sie gewonnen« habe, also das »totemistische System«.
52. Auch hiergegen lassen sich zahlreiche Einwände vorbringen, die Freud geschickt präsentiert. Jedoch wird im Rahmen dieser Argumentation klar, dass seine Charakterisierung des totemistischen Systems (etwa mütterliche Übertragung, Exogamie) keineswegs so universell zutreffend ist, wie es nach seinen Einführungen den Anschein hat.
53. Er hat den Fall des »Wolfsmanns« im Auge, der 1910 in Behandlung kam (s. 1918b).
54. Liest man diesen Fallbericht oder auch nur Freuds unten gegebene Zusammenfassung, so merkt man die Unzulänglichkeit jener lerntheoretischen Erklärungen, welche die Symptome über klassische Konditionierung erklären wollen. In meiner Monografie über »Anti-Freud-Literatur« bin ausführlich auf solche »Alternativerklärungen« eingegangen und habe auch gezeigt, wie krude die Autoren den psychoanalytischen Fallbericht dabei entstellt haben (Köhler 1996, S. 115 ff.).
55. Mindestens ähnlich aufschlussreich ist der von Ferenczi mitgeteilte Fall des kleinen Arpad, den in einem Geflügelhaus ein Huhn ins Glied biss oder zumindest nach diesem schnappte; ein Jahr später, bei Rückkehr an den Ort des Geschehens, so der Fallbericht, »wurde er selbst zum Huhn, er interessierte sich nur mehr für das Geflügelhaus und alles, was darin vorging, und gab seine menschliche Sprache gegen Gackern und Krähen auf.« Später habe er zwar wieder gesprochen, jedoch ausschließlich von Hühnern und anderem Geflügel; er habe mit keinem anderen Spielzeug gespielt, habe nur Lieder gesungen, »in denen etwas vom Federvieh vorkam.« Sein Benehmen gegen »sein Totemtier« sei »exquisit ambivalent« gewesen, »übermäßiges Hassen und Lieben«: »Am liebsten spielte er Hühnerschlachten. ›Das Schlachten des Federviehs ist ihm überhaupt ein Fest. Er ist imstande, stundenlang um die Tierleichen erregt herumzutanzen.‹ Aber dann küsste und streichelte er das geschlachtete Tier, reinigte und liebkoste die vom ihm selbst misshandelten Ebenbilder von Hühnern.« Gelegentlich habe er seine Wünsche »aus der totemistischen Ausdrucksweise« zurück in die den Alltagslebens übersetzt: »›Mein Vater ist der Hahn‹, sagte er einmal. ›[...] Wenn ich noch größer werde, werde ich ein Hahn.‹« (GW IX, S. 158 f.)
56. In *Der Mann Moses und die monotheistische Religion* (1939a) muss Freud einräumen, dass dieser Punkt Kritik erfahren hat: »Ich habe wiederholt heftige Vorwürfe zu hören bekommen, dass ich in späteren Auflagen des Buches [scil. von *Totem und Tabu*] mei-

ne Meinungen nicht abgeändert habe, nachdem doch neuere Ethnologen die Aufstellungen von Robertson Smith einmütig verworfen und zum Teil andere, ganz abweichende Theorien vorgebracht haben.« Aber, entgegnet er, »ich bin weder von der Richtigkeit dieser Neuerungen noch von den Irrtümern Robertson Smiths überzeugt worden.« Vor allem aber, er sei »nicht Ethnologe, sondern Psychoanalytiker« und fügt hinzu: »Ich hatte das Recht, aus der ethnologischen Literatur herausgreifen, was ich für die analytische Arbeit brauchen konnte. Die Arbeiten des genialen Robertson Smith haben mir wertvolle Berührungen mit dem psychologischen Material der Analyse, Anknüpfungen für dessen Verwertung gegeben. « (GW XVI, S. 240; s. auch Fußnote 57)

57. Während Freud sonst meist recht eindrucksvolle Belege beibringt, erwähnt er hier nur die Existenz von sakramentalen Opfern, welche im Werk von Frazer angeblich ausführlich mitgeteilt werden, beschränkt sich aber auf Beispiele in knappster Form. Geradezu trotzig klingt daher sein abschließendes Statement: »Wir aber wollen Robertson Smith in der Annahme folgen, dass die sakramentale Tötung und gemeinsame Aufzehrung des sonst verbotenen Totemtieres ein bedeutungsvoller Zug der Totemreligion gewesen sei.« Und in einer – wohl erst später zugesetzten – Fußnote merkt er an: »Die von verschiedenen Autoren [...] gegen diese Theorie des Opfers vorgebrachten Einwendungen sind mir nicht unbekannt geblieben, haben aber den Eindruck der Lehren von Robertson Smith im Wesentlichen nicht beeinträchtigt.« (GW IX, S. 169)

58. Immerhin kann er sich auf eine ähnlich lautende frühe Schilderung berufen – wobei allerdings die für seine Argumentation zentrale Beweinung des Totemtieres fehlt:

> »Der hl. Nilus berichtet von einer Opfersitte der Beduinen in der sinaitischen Wüste um das Ende des vierten Jahrhunderts nach Christi Geburt. Das Opfer, ein Kamel, wurde gebunden auf einen rohen Altar von Steinen gelegt; der Anführer des Stammes ließ die Teilnehmer dreimal unter Gesängen um den Altar herumgehen, brachte dem Tiere die erste Wunde bei und trank gierig das hervorquellende Blut; dann stürzte sich die ganze Gemeinde auf das Opfer, hieb mit den Schwertern Stücke des zuckenden Fleisches los und verzehrte sie roh in solcher Hast, dass in der kurzen Zwischenzeit zwischen dem Aufgang des Morgensterns, dem dieses Opfer galt, und dem Erblassen des Gestirns vor den Sonnenstrahlen alles vom Opfertier, Leib, Knochen, Haut, Fleisch und Eingeweide vertilgt war. Dieser barbarische, von höchster Altertümlichkeit zeugende Ritus war allen Beweismitteln nach kein vereinzelter Gebrauch, sondern die allgemeine ursprüngliche Form des Totemopfers, die in späterer Zeit die verschiedensten Abschwächungen erfuhr.« (GW IX, S. 168)

59. Bezüglich der »ungeheuerlich erscheinenden Annahme der Überwältigung und Tötung des tyrannischen Vaters durch die Vereinigung der vertriebenen Söhne« kann sich Freud in einer Fußnote auf den schon angeführten Autor Atkinson berufen, der solche Phänomene bei wilden Rinder- und Pferdeherden beobachtet hatte, allerdings nicht die Folgerungen zog, auf die Freud auf Grund von psychoanalytischen Beobachtungen und den Thesen von Robertson Smith zur Totemmahlzeit kam. Freud schließt diese lange Fußnote mit der Bemerkung: »Die Unbestimmtheit, die zeitliche Verkürzung und inhaltliche Zusammendrängung der Angaben in meinen obenstehenden Ausführungen darf ich als eine durch die Natur des Gegenstandes geforderte Enthaltung hinstellen. Es wäre ebenso unsinnig, in dieser Materie Exaktheit anzustreben, wie es unbillig wäre, Sicherheiten zu fordern.« (GW IX, S. 172, Fußnote 1)

60. An anderer Stelle wird betont, dass das geschilderte Ereignis nicht einmaliges historisches Faktum war, sondern eine Entwicklungsperiode der Menschheit charakterisiert: »Die Geschichte wird in großartiger Verdichtung erzählt, als ob sich ein einziges Mal zugetragen hätte, was sich in Wirklichkeit über Jahrtausende erstreckt hat und in dieser langen Zeit ungezählt oft wiederholt worden ist.« (1939a; GW XVI, S. 186)
61. Es sei daran erinnert, dass der Totem den Clan auch schützt, im Falle eines gefährlichen Tieres die Mitglieder glauben, vor seinen Angriffen verschont zu sein.
62. »Ich stehe«, schreibt er, »unter der Einwirkung einer großen Anzahl von starken Motiven, die mich vom Versuche zurückhalten werden, die weitere Entwicklung der Religionen von ihrem Beginn im Totemismus an bis zu ihrem heutigen Stande zu schildern.« (GW IX, S. 177) Was er damit meint, wird in den Vorreden zum dritten Teil von *Der Mann Moses und die monotheistische Religion* (1939a) klar, nämlich damit die Kirche zu provozieren und möglicherweise so der psychoanalytischen Bewegung Schaden zuzufügen (s. 10.1). Aus verschiedenen Gründen wird er sich in dieser letzten seiner religionspsychologischen Schriften dann doch über dergleichen Bedenken hinwegsetzen.
63. Dieser Übergang vom Tier zum Gott wird genauer in *Der Mann Moses und die monotheistische Religion* (1939a) beschrieben (s. 10.3) Auch hier schon weist Freud aber auf die vielfältigen Beziehungen zwischen diesem und dem Tier hin: »1. Jedem Gott ist gewöhnlich ein Tier heilig [...]; 2. in gewissen, besonders heiligen Opfern [...], wurde dem Gotte gerade das ihm geheiligte Tier zum Opfer dargebracht; 3. der Gott wurde häufig in Gestalt eines Tieres verehrt oder, anders gesehen, Tiere genossen göttliche Verehrung lange nach dem Zeitalter des Totemismus; 4. in den Mythen verwandelt sich der Gott häufig in ein Tier, oft in das ihm geheiligte.« (GW IX, S. 178)
64. Man sollte dem Versuch widerstehen, hier nur eine Aneinanderreihung geschliffener, aber inhaltsleerer Sätze zu sehen. Das Messopfer stellt in ähnlicher Weise sowohl ein Opfer an Gott wie eine Opferung Gottes (bzw. eine Erinnerung an diesen Akt) dar.
65. Freud ergänzt: »Zu dieser Phase gehören Mythen, in welcher der Gott selbst das Tier tötet, das ihm heilig ist, das er eigentlich selbst ist.« (GW IX, S. 181)
66. Im Juden- und noch mehr im Christentum entdeckt Freud eine »Wiederkehr des Verdrängten«, (entstellte) Erinnerungen an diese mythische Tat (s. 10.3).
67. Freud nähert sich der Hypothese des urzeitlichen Vatermords nun von anderer Seite, der christlichen Glaubenslehre. Christi Selbstaufopferung weise »auf eine Blutschuld« zurück. Das Gesetz des Talion zu Grunde legend, dass Mord nur durch Opferung eines anderen Lebens gesühnt werden könne, folgert er: »Und wenn dies Opfer des eigenen Lebens die Versöhnung mit Gottvater herbeiführt, so kann das zu sühnende Verbrechen kein anderes als der Mord am Vater gewesen sein.« (GW IX, S. 185)
68. Hinzugefügt ist der pointierte Satz: »Die christliche Kommunion ist aber im Grunde eine neuerliche Beseitigung des Vaters, eine Wiederholung der zu sühnenden Tat.« (GW IX, S. 186) In der »*Selbstdarstellung*«, wo Freud seine Theorien zu Vatermord, Totemmahlzeit und Entstehung der Religion prägnant wiederholt, konstatiert er: »Ein besonders helles Licht wirft diese Auffassung der Religion auf die psychologische Fundierung des Christentums, in dem ja die Zeremonie der Totemmahlzeit noch wenig entstellt als Kommunion fortlebt. Ich will ausdrücklich bemerken, dass diese letztere Agnoszierung nicht von mir herrührt, sondern sich bereits bei Robertson Smith und Frazer findet.« (1925d, GW XIV, S. 94)

69. Ein interessanter Gedankengang sei kurz referiert. Nach Freud bezieht sich das Schuldbewusstsein der Neurotiker nicht auf wirkliche, sondern nur auf »Impulse, Gefühlsregungen«, welche »nach Bösem« verlangten, aber »von der Ausführung abgehalten« worden seien. »Dem Schuldbewusstsein der Neurotiker«, meint der Autor, »liegen nur psychische Realitäten zugrunde, nicht faktische.« Die Neurose sei dadurch charakterisiert, dass sie »die psychische Realität über die faktische« setze, »auf Gedanken ebenso ernsthaft« reagiere »wie die Normalen nur auf Wirklichkeiten.« (GW IX, S. 189 f.)

Es ergibt sich dann die nahe liegende Frage, ob es sich bei den Primitiven nicht möglicherweise ähnlich verhalten habe, da ihnen ja »eine außerordentliche Überschätzung ihrer psychischen Akte« eigen sei. Demnach, so Freud, »könnten die bloßen Impulse von Feindseligkeit gegen den Vater, die Existenz der Wunschphantasie, ihn zu töten und zu verzehren, hingereicht haben, um jene moralische Reaktion zu erzeugen, die Totemismus und Tabu geschaffen hat.« Man würde so, folgert er, »der Notwendigkeit entgehen, den Beginn unseres kulturellen Besitzes, auf den wir mit Recht so stolz sind, auf ein grässliches, alle unsere Gefühle beleidigendes Verbrechen zurückzuführen.« Die angeführte Herleitung litte dabei keinen Schaden, »denn die psychische Realität wäre bedeutsam genug, um alle diese Folgen zu tragen.«

Nachdem Freud mehrere mögliche Einwände gegen diese »Phantasiehypothese« widerlegt hat, muss er konstatieren: Wir stehen hier vor einer Entscheidung, die uns wirklich nicht leicht gemacht ist.« Zunächst wiederholt er das »Bekenntnis«, dass der Unterschied, der »anderen fundamental erscheinen« könne, »nicht das Wesentliche des Gegenstandes« treffe: »Wenn für den Primitiven Wünsche und Impulse den vollen Wert von Tatsachen haben, so ist es an uns, solcher Auffassung verständnisvoll zu folgen, anstatt sie nach unserem Maßstab zu korrigieren.«

Nun bringt er einen neuen Gesichtspunkt bei – welcher ihm die Faktizität des Vatermordes wahrscheinlich macht – die Tatsache der »historischen Realität«: Es sei nicht ganz richtig, dass sich Zwangsneurotiker »wegen bloß verspürter Impulse« bestraften: »Es ist auch ein Stück historischer Realität dabei; in ihrer Kindheit hatten diese Menschen nichts anderes als die bösen Impulse, und insoweit sie in der Ohnmacht des Kindes es konnten, haben sie diese Impulse auch in Taten umgesetzt. Jeder von diesen Überguten hatte in der Kindheit seine böse Zeit, eine perverse Phase als Vorläufer und Voraussetzung der späteren moralischen.« Auf die Frühmenschen und ihre heutigen psychologisch nächsten Verwandten übertragen: »Die Analogie der Primitiven mit den Neurotikern wird also viel gründlicher hergestellt, wenn wir annehmen, dass auch bei den ersteren die psychische Realität, an deren Gestaltung kein Zweifel ist, anfänglich mit der faktischen Realität zusammenfiel, dass die Primitiven das wirklich getan haben, was sie nach allen Zeugnissen zu tun beabsichtigten.« (GW IX, S. 194)

Ein Unterschied im Seelenleben von Neurotikern und Wilden bestärkt Freud in seiner Einschätzung der prähistorischen Untat: Der Neurotiker sei »vor allem im Handeln gehemmt«, bei ihm sei »der Gedanke der volle Ersatz für die Tat.« Hingegen: »Der Primitive ist ungehemmt, der Gedanke setzt sich ohneweiters in Tat um, die Tat ist ihm sozusagen eher ein Ersatz des Gedankens, und darum meine ich, ohne selbst für die letzte Sicherheit der Entscheidung einzutreten, man darf in dem Falle, den wir diskutieren, wohl annehmen: Im Anfang war die Tat.« (GW IX, S. 194)

9 *Die Zukunft einer Illusion*

9.1 Entstehungsgeschichte

Über die Entstehung dieser Arbeit ist vergleichsweise wenig bekannt. Freud scheint schon im Frühjahr des Jahres 1927, welches für ihn einerseits von großen gesundheitlichen Problemen, andererseits von Sorgen um die finanzielle Situation des Internationalen Psychoanalytischen Verlags gekennzeichnet war, den Entschluss zur Niederschrift gefasst zu haben. Offenbar war er selbst – wie diverse Briefe zeigen – mit dieser Arbeit wenig zufrieden, sah aber als positiv an, dass damit dem Verlag Einnahmen gesichert werden konnten. Das Buch erschien Ende des Jahres und wurde auf Drängen Freuds sehr bald ins Englische übersetzt, da in dieser Zeit dort eine heftige Debatte über Religion und ihre Wurzeln im Gange war (nach Jones Bd. 3, S. 168).

9.2 Inhalt

Die Arbeit beginnt mit der Ankündigung des Vorsatzes zu untersuchen, »welches fernere Schicksal dieser Kultur bevorsteht und welche Wandlungen durchzumachen ihr bestimmt ist.« (1927c; GW XIV, S. 325) Allerdings wird Freud die Fragestellung erheblich verengen und sich auf die Untersuchung beschränken, welcher Natur die religiösen Vorstellungen (die »religiösen Illusionen«) sind und welche Zukunft ihnen bevorsteht[1]. Die ersten Seiten enthalten interessante kulturhistorische Anmerkungen, die jedoch im Kontext der Schriften zur Religion nicht von größerem Interesse sind[2]. Dann unternimmt es der Autor, religiöse Vorstellungen auf ihre Wurzeln zurückzuführen[3]: Die Religion, argumentiert er, entstehe als Reaktion auf die schicksalhaften Einflüsse der Natur; letztere werde deshalb vermenschlicht:

> »An die unpersönlichen Kräfte oder Schicksale kann man nicht heran, sie bleiben ewig fremd. Aber wenn in den Elementen Leidenschaften toben wie in der eigenen Seele, wenn selbst der Tod nichts Spontanes ist, sondern die Gewalttat eines bösen Willens, wenn man überall in der Natur Wesen um sich hat, wie man sie aus der eigenen Gesellschaft kennt, dann atmet man auf, fühlt sich heimisch im Unheimlichen, kann seine sinnlose Angst psychisch bearbeiten. [...] Solch ein Ersatz einer Naturwissenschaft durch Psychologie schafft nicht bloß sofortige Erleichterung, er zeigt auch den Weg zu einer weiteren Bewältigung der Situation.« (GW XIV, S. 338)

Diese Situation, ergänzt Freud, habe »nichts Neues«, sie habe ein »infantiles Vorbild«, sei »eigentlich nur die Fortsetzung des früheren«; denn: »[I]n solcher Hilflosigkeit hatte man sich schon einmal befunden, als kleines Kind einem Elternpaar gegenüber, das man Grund hatte zu fürchten, zumal den Vater, dessen Schutzes man aber auch sicher war gegen die Gefahren, die man damals kannte.« Als weitere Aufgabe überirdischer Mächte komme hinzu, einen Ausgleich für die im menschlichen Zusammenleben begründeten empfundenen Ungerechtigkeiten zu schaffen, sodass die Religion drei Funktionen erfülle: »Die Götter behalten ihre dreifache Aufgabe, die Schrecken der Natur zu bannen, mit der Grausamkeit des Schicksals, besonders wie es sich im Tode zeigt, zu versöhnen und für die Leiden und Entbehrungen zu entschädigen, die dem Menschen durch das kulturelle Zusammenleben auferlegt werden.« (GW XIV, S. 339) Letztere Aufgabe der Religion erhält nach Freud mit zunehmendem Verständnis der Naturerscheinungen immer größere Bedeutung; das »Moralische« werde »ihre eigentliche Domäne«: »Göttliche Aufgabe wird es nun, die Mängel und Schäden der Kultur auszugleichen, die Leiden in acht zu nehmen, die die Menschen im Zusammenleben einander zufügen, über die Ausführung der Kulturvorschriften zu wachen, die die Menschen so schlecht befolgen.« Den Kulturvorschriften selbst werde »göttlicher Ursprung zugesprochen«, sie würden »über die menschliche Gesellschaft hinausgehoben, auf Natur und Weltgeschehen ausgedehnt.« (S. 340)[4]

Dann kommt Freud zum eigentlichen Thema der Arbeit: »Welches ist also die psychologische Bedeutung der religiösen Vorstellungen, als was können wir sie klassifizieren?« Er kommt zum Ergebnis:

> »Es sind Lehrsätze, Aussagen über Tatsachen und Verhältnisse der äußeren (oder inneren) Realität, die etwas mitteilen, was man selbst nicht gefunden hat und die beanspruchen, dass man ihnen Glauben schenkt. Da sie Auskunft geben über das für uns Wichtigste und Interessanteste im Leben, werden sie besonders hochgeschätzt. Wer von ihnen nichts weiß, ist sehr unwissend; wer sie in sein Wissen aufgenommen hat, darf sich für sehr bereichert halten.« (GW XIV, S. 346 f.)

Lehrsätze im herkömmlichen Sinne (etwa geographische Aussagen) verlangten, so Freud, zwar »Glauben für ihre Inhalte«, aber »nicht ohne ihren Anspruch zu begründen.« Er erläutert: »Sie geben sich als das abgekürzte Resultat eines längeren, auf Beobachtung, gewiss auch Schlussfolgerung gegründeten Denkprozesses; wer die Absicht hat, diesen Prozess selbst durchzumachen, anstatt sein Ergebnis anzunehmen, dem zeigen sie den Weg dazu.« Es werde auch immer hinzugesetzt, woher man die Kenntnis habe, die »der Lehrsatz verkündet« (GW XIV, S. 347 f.). »Versuchen wir«, fährt er fort, »die religiösen Lehrsätze mit demselben Maß zu messen.« Als Begründung für ihre Glaubwürdigkeit erhalte man drei Antworten, die »merkwürdig schlecht« zusammenstimmten:

»Erstens, sie verdienen Glauben, weil schon unsere Urväter sie geglaubt haben, zweitens besitzen wir Beweise, die uns aus eben dieser Vorzeit überliefert sind, und drittens ist es überhaupt verboten, die Frage nach dieser Beglaubigung aufzuwerfen. Dies Unterfangen wurde früher mit den allerhärtesten Strafen belegt und noch heute sieht es die Gesellschaft ungern, dass jemand es erneuert.« (GW XIV, S. 348)

Entkräftung dieser Argumente fällt nicht schwer. Der dritte Punkt müsse »unsere stärksten Bedenken« wecken: »Ein solches Verbot kann doch nur die eine Motivierung haben, daß die Gesellschaft die Unsicherheit des Anspruchs sehr wohl kennt, den sie für ihre religiösen Lehren erhebt.« Denn: »Wäre es anders, so würde sie gewiss jedem, der sich selbst eine Überzeugung schaffen will, das Material dazu bereitwilligst zur Verfügung stellen.« Wir gingen darum, »mit einem nicht leicht zu beschwichtigenden Misstrauen an die Prüfung der anderen beiden Beweggründe«, konstatiert Freud:

»Wir sollen glauben, weil unsere Urväter geglaubt haben. Aber diese unsere Ahnen waren weit unwissender als wir, sie haben an Dinge geglaubt, die wir heute unmöglich annehmen können. Die Möglichkeit regt sich, dass auch die religiösen Lehren von solcher Art sein könnten. Die Beweise, die sie uns hinterlassen haben, sind in Schriften niedergelegt, die selbst alle Charaktere der Unzuverlässigkeit in sich tragen. Sie sind widerspruchsvoll, überarbeitet, verfälscht; wo sie von tatsächlichen Beglaubigungen berichten, selbst unbeglaubigt. Es hilft nicht viel, wenn für ihren Wortlaut oder auch nur für ihren Inhalt die Herkunft von göttlicher Offenbarung behauptet wird, denn diese Behauptung ist bereits selbst ein Stück jener Lehren, die auf ihre Glaubwürdigkeit untersucht werden sollen, und kein Satz kann sich doch selbst beweisen.« (GW XIV, S. 348 f.)[5]

So kommen wir, lautet das Resümee, »zu dem sonderbaren Ergebnis, dass gerade diejenigen Mitteilungen unseres Kulturbesitzes, die die größte Bedeutung für uns haben könnten, denen die Aufgabe zugeteilt ist, uns die Rätsel der Welt aufzuklären und uns mit den Leiden des Lebens zu versöhnen, dass gerade sie die allerschwächste Beglaubigung haben.« (GW XIV, S. 349)

Freud diskutiert dann verschiedene (für ihn wenig überzeugende) Versuche, mit den aufgeworfenen Problemen umzugehen[6] und konstatiert, dass – ungeachtet dieser Schwierigkeiten (»trotz ihres unbestreitbaren Mangels an Beglaubigung«) – in vergangenen Zeiten die religiösen Vorstellungen »den allerstärksten Einfluss auf die Menschheit geübt« hätten, was ein »neues psychologisches Problem« darstelle: »Man muss fragen, worin besteht die innere Kraft dieser Lehren, welchem Umstand verdanken sie ihre von der vernünftigen Anerkennung unabhängige Wirksamkeit?« (GW XIV, S. 352)

Die Antwort auf diese beiden Fragen sei bereits genügend vorbereitet worden; sie ergebe sich aus der »psychischen Genese« der religiösen Vorstellungen, es seien Illusionen (also Vorstellungen, die – nicht notwendig irrtümlich – sichtbar aus Wünschen heraus entstanden sind[7]): »Diese, die sich als Lehrsätze ausgeben, sind nicht Niederschläge der Erfahrung oder Endresultate des Denkens, es sind Illusionen, Erfüllungen der ältesten, stärksten, dringendsten Wünsche der Menschheit; das Geheimnis ihrer Stärke ist die Stärke dieser Wünsche.« (GW XIV, S. 352) Zur Erläuterung wiederholt Freud im Wesentlichen zuvor Gesagtes:

> »Wir wissen schon, der schreckende Eindruck der kindlichen Hilflosigkeit hat das Bedürfnis nach Schutz – Schutz durch Liebe – erweckt, dem der Vater abgeholfen hat, die Erkenntnis von der Fortdauer dieser Hilflosigkeit durchs ganze Leben hat das Festhalten an der Existenz eines – aber nun mächtigeren Vaters – verursacht. Durch das gütige Walten der göttlichen Vorsehung wird die Angst vor den Gefahren des Lebens beschwichtigt, die Einsetzung einer sittlichen Weltordnung versichert die Erfüllung einer Gerechtigkeitsforderung, die innerhalb der menschlichen Kultur so oft unerfüllt geblieben ist, die Verlängerung der irdischen Existenz durch ein zukünftiges Leben stellt den örtlichen und zeitlichen Rahmen bei, in dem sich diese Wunscherfüllungen vollziehen sollen. Antworten auf Rätselfragen der menschlichen Wissbegierde, wie nach der Entstehung der Welt und der Beziehung zwischen Körperlichem und Seelischem werden unter den Voraussetzungen dieses Systems entwickelt; es bedeutet eine großartige Erleichterung für die Einzelpsyche, wenn die nie ganz überwundenen Konflikte der Kinderzeit aus dem Vaterkomplex ihr abgenommen und einer von allen angenommenen Lösung zugeführt werden.« (GW XIV, S. 352 f.)

Damit sind die wesentlichen psychoanalytischen Aussagen gemacht; der Rest der Schrift ist im Großen und Ganzen – unterbrochen von Einwänden des fiktiven Gesprächspartners – ein Plädoyer, sich von diesen Wunschvorstellungen frei zu machen: Die religiösen Lehren seien »sämtlich Illusionen, unbeweisbar«, niemand dürfe »gezwungen werden, sie für wahr zu halten, an sie zu glauben.« Einige von ihnen seien »so unwahrscheinlich, so sehr im Widerspruch zu allen, was wir über die Realität der Welt erfahren haben«, dass man sie »den Wahnideen vergleichen« könne. Allerdings muss Freud konzedieren: »Über den Realitätswert der meisten von ihnen kann man nicht urteilen. So wie sie unbeweisbar sind, sind sie auch unwiderlegbar. Man weiß noch zu wenig, um ihnen kritisch näher zu rücken.« Der einzige Weg, welcher zur »Kenntnis der Realität außer uns« führen könne, sei jedoch die »wissenschaftliche Arbeit« (GW XIV, S. 354)[8]

Wie erwähnt, widmen sich große Teile der restlichen Schrift den Formulierungen und Widerlegungen möglicher Einwände, so u. a. jenes: »Also, wenn selbst die verbissenen Skeptiker zugeben, dass die Behauptungen der Religion nicht mit dem

Verstand zu widerlegen sind, warum soll ich ihnen dann nicht glauben, da sie soviel für sich haben, die Tradition, die Übereinstimmung der Menschen und all das Tröstliche ihres Inhalts?« Die Antwort des liberalen Freud ist nicht überraschend, dabei jedoch zugleich warnend: »Ja, warum nicht? So wie niemand zum Glauben gezwungen werden kann, so auch niemand zum Unglauben. Aber man gefalle sich nicht in der Selbsttäuschung, dass man mit solchen Begründungen die Wege des korrekten Denkens geht.« Und er fügt hinzu: »Die Unwissenheit ist die Unwissenheit; kein Recht etwas zu glauben, leitet sich aus ihr ab.« Kein »vernünftiger Mensch« werde »sich in anderen Dingen so leichtsinnig benehmen und sich mit so armseligen Begründungen seiner Urteile, seiner Parteinahme, zufrieden geben«, nur »in den höchsten und heiligsten Dingen« gestatte er sich das (GW XIV, S. 354 f.)[9].

Den nächsten Einwand lässt Freud seinen fiktiven Opponenten in Gleichnisform vorbringen: Archäologische Interessen seien »ja recht lobenswert«, aber man stelle keine Ausgrabungen an, »wenn man durch sie die Wohnstätten der Lebenden untergräbt, sodass sie einstürzen und die Menschen unter ihren Trümmern verschütten.« Die »religiösen Lehren« seien kein Gegenstand, über den man »klügeln« könne wie über einen beliebigen anderen. Denn:

> »Unsere Kultur ist auf ihnen aufgebaut, die Erhaltung der menschlichen Gesellschaft hat zur Voraussetzung, dass die Menschen in ihrer Überzahl an die Wahrheit dieser Lehren glauben, Wenn man sie lehrt, dass es keinen allmächtigen und allgerechten Gott gibt, keine göttliche Weltordnung und kein künftiges Leben, so werden sie sich aller Verpflichtung zur Befolgung der Kulturvorschriften ledig fühlen. Jeder wird ungehemmt, angstfrei, seinen asozialen, egoistischen Trieben folgen, seine Macht zu bestätigen suchen, das Chaos wird wieder beginnen, das wir in vieltausendjähriger Kulturarbeit gebannt haben. Selbst wenn man es wüsste und beweisen könnte, dass die Religion nicht im Besitz der Wahrheit ist, müsste man es verschweigen und sich so benehmen, wie es die Philosophie des ›Als ob‹ verlangt. Im Interesse der Erhaltung Aller! Und von der Gefährlichkeit des Unternehmens abgesehen, es ist auch eine zwecklose Grausamkeit. Unzählige Menschen finden in den Lehren der Religion ihren einzigen Trost, können nur durch ihre Hilfe das Leben ertragen. Man will ihnen diese Stütze rauben und hat ihnen nichts Besseres dafür zu geben.« (GW XIV, S. 357 f.)

Der Gegner fährt fort, der Mensch habe noch andere »imperative Bedürfnisse« die »nie durch die kühle Wissenschaft befriedigt« werden könnten, und es sei »sehr sonderbar, ja geradezu ein Gipfel der Inkonsequenz«, wenn »ein Psycholog, der immer betont hat, wie sehr im Leben der Menschen die Intelligenz gegen das Triebleben zurücktritt«, sich nun bemühe, »den Menschen eine kostbare Wunschbefriedigung zu rauben« und sie »dafür mit intellektueller Kost entschädigen« wolle. (GW XIV, S. 358)

Die Erwiderung der von ihm selbst angeführten Einwände erledigt Freud weitschweifig und wohl nur bedingt überzeugend. Zunächst meint er, ein »Frommgläubiger« werde sich durch diese Ausführungen kaum »seinen Glauben entreißen« lasse; alles sei schon von anderen Personen auch gesagt worden, lediglich habe er der Kritik seiner »großen Vorgänger« eine »psychologische Begründung« hinzugefügt. Wenn diese Veröffentlichung überhaupt Schaden bringen könne[10], dann sei es für ihn selbst, bestenfalls noch für die »Sache der Psychoanalyse«.

Bei der Abweisung des nächsten Arguments sieht sich Freud zunächst zu einer gewissen Konzession gezwungen: »Nun, um in der Verteidigung fortzufahren: die Religion hat der menschlichen Kultur offenbar große Dienste geleistet, zur Bändigung der asozialen Triebe viel beigetragen, aber nicht genug.« Wenn es ihr, die durch »viele Jahrtausende« die menschliche Gesellschaft beherrscht habe, »gelungen wäre, die Mehrzahl der Menschen zu beglücken, zu trösten, mit dem Leben auszusöhnen, sie zu Kulturträgern zu machen, so würde es niemand einfallen, nach einer Änderung der bestehenden Verhältnisse zu streben.« Stattdessen sehe man aber, dass »eine erschreckend große Anzahl von Menschen mit der Kultur unzufrieden und in ihr sehr unglücklich« sei, sie als »ein Joch« empfinde, was man abschütteln müsse, dass »diese Menschen entweder alle Kräfte an eine Abänderung der Kultur« setzten, oder »in ihrer Kulturfeindschaft« so weit gingen, dass sie »von Kultur und Triebeinschränkung überhaupt nichts wissen« wollten. Freud fährt fort: »Es ist zweifelhaft, ob die Menschen zur Zeit der uneingeschränkten Herrschaft der religiösen Lehren im ganzen glücklicher waren als heute, sittlicher waren sie gewiss nicht.« Sie hätten es immer verstanden, »die religiösen Vorschriften zu veräußerlichen und damit deren Absichten zu vereiteln.« Die Priester seien ihnen dabei entgegengekommen; sie konnten offenkundig »die Unterwürfigkeit der Massen gegen die Religion nur erhalten«, indem sie »der menschlichen Triebnatur so große Zugeständnisse« einräumten. Freud folgert:

> »Wenn die Leistungen der Religion in Bezug auf die Beglückung der Menschen, ihre Kultureignung und ihre sittliche Beschränkung keine besseren sind, dann erhebt sich doch die Frage, ob wir ihre Notwendigkeit für die Menschheit nicht überschätzen und ob wir weise daran tun, unsere Kulturforderungen auf sie zu gründen.« (GW XIV, S. 360 f.)

Nach diesen Abweisungen der fiktiven Einwände[11] konstatiert der Autor, dass – Folge der »Erstarkung des wissenschaftlichen Geistes in den Oberschichten der menschlichen Gesellschaft« – die Religion nicht mehr denselben Einfluss ausübe wie früher und reflektiert die Bedeutung dieser Tatsache für die Kultur. Von »den Gebildeten und geistigen Arbeitern« sei diesbezüglich wenig zu fürchten: »Die Ersetzung der religiösen Motive für kulturelles Benehmen durch andere weltliche würde bei ihnen geräuschlos vor sich gehen, überdies sind sie zum guten Teil selbst Kulturträger.«

Anders stehe es um »die große Masse der Ungebildeten, Unterdrückten«, die allen Grund hätten, »Feinde der Kultur zu sein.« Hier macht Freud nun eine überraschende Aussage: »Solange sie nicht erfahren, dass man nicht mehr an Gott glaubt, ist es gut.« Aber sie erführen es unweigerlich, seien bereit, »die Resultate des wissenschaftlichen Denkens anzunehmen« (also den schwindenden Einfluss der religiösen Vorstellungen zu realisieren), »ohne dass sich bei ihnen die Veränderung eingestellt hätte, welche das wissenschaftliche Denken beim Menschen herbeiführt.« Wieder klingt die Argumentation etwas befremdend:

> »Besteht da nicht die Gefahr, dass die Kulturfeindschaft dieser Massen sich auf den schwachen Punkt stürzen wird, den sie an ihrer Zwangsherrin erkannt haben? Wenn man seinen Nebenmenschen nur darum nicht erschlagen darf, weil der liebe Gott es verboten hat und es in diesem oder jenem Leben schwer ahnden wird, man erfährt aber, es gibt keinen lieben Gott, man braucht sich vor seiner Strafe nicht zu fürchten, dann erschlägt man ihn gewiss unbedenklich und kann nur durch irdische Gewalt davon abgehalten werden. Also entweder strengste Niederhaltung dieser gefährlichen Massen, sorgsamste Absperrung von allen Gelegenheiten zur geistigen Erweckung oder gründliche Revision der Beziehung zwischen Religion und Kultur.« (GW XIV, S. 362 f.)[12]

Mit dem zweiten Vorschlag, also die Beziehung zwischen Religion und Kultur einer gründlichen Revision zu unterziehen, beschäftigen sich nun die weiteren Überlegungen. Prinzipiell, meint der Autor, sollte dies keine allzu großen Schwierigkeiten bereiten: Zwar verzichte man auf etwas, werde aber vielleicht mehr gewinnen und vermeide eine große Gefahr. Religiöse Verbote, insbesondere jenes, den anderen zu töten, hätten nämlich ebenso eine rationale Begründung (ein sicheres Zusammenleben zu gewährleisten) und würden deshalb auch mit Hilfe der Justiz in der Gesellschaft durchgesetzt; dieses werde jedoch nicht explizit zur Rechtfertigung herangezogen: »Diese rationelle Begründung des Verbots zu morden teilen wir aber nicht mit, sondern wir behaupten, Gott habe das Verbot erlassen. Wir getrauen uns also, seine Absichten zu erraten und finden, auch er will nicht, dass die Menschen einander ausrotten.« Diese Argumentation sei aber nicht ungefährlich: »Indem wir so verfahren, umkleiden wir das Kulturverbot mit einer ganz besonderen Feierlichkeit, riskieren aber, dass wir dessen Verfolgung von dem Glauben an Gott abhängig machen.« Wenn wir, so Freud, »diesen Schritt zurücknehmen, unseren Willen nicht mehr Gott zuschieben und uns mit der sozialen Begründung begnügen, haben wir zwar auf jene Verklärung des Kulturverbots verzichtet, aber auch seine Gefährdung vermieden.« Und ein weiteres Argument führt er an, Kulturvorschriften nicht in Verkleidung als Gottesgebot den Menschen zu präsentieren: »Durch eine Art von Diffusion oder Infektion hat sich der Charakter der Heiligkeit, Unverletzlichkeit, der Jenseitigkeit möchte man sagen, von einigen wenigen großen Verboten auf alle weiteren kulturellen Einrichtungen, Gesetze und Verordnungen ausgebreitet.« Diesen stehe »aber der Heiligenschein oft schlecht zu Gesicht«; sie trügen »alle Zeichen menschlicher Unzulänglichkeit zur Schau«, zeigten sich oft deutlich als »Produkt einer kurzsichtigen Ängstlichkeit« oder »Äußerung engherziger Interessen«. Die an ihnen zu übende Kritik setze »in unerwünschtem Maße auch den Respekt vor anderen, besser gerechtfertigten Kulturforderungen« herab. Freud folgert: »Da es eine missliche Aufgabe ist zu scheiden, was Gott selbst gefordert hat und was sich eher von der Autorität eines allvermögenden Parlaments oder eines hohen Magistrats ableitet, wäre es ein unzweifelhafter Vorteil, Gott überhaupt aus dem Spiele zu lassen und ehrlich den rein menschlichen Ursprung aller kulturellen Einrichtungen und Vorschriften einzugestehen.« (GW XIV, S. 364 f.) Mit der »beanspruchten Heiligkeit« würde »auch die Starrheit und Unwandelbarkeit dieser Gebote und Gesetze fallen«, und nun gerät der sonst bezüglich der menschlichen Entwicklungsfähigkeit ausgesprochen skeptische Freud geradezu in eine Zukunftsschwärmerei[13]:

> »Die Menschen könnten verstehen, dass diese geschaffen sind, nicht so sehr um sie zu beherrschen, sondern vielmehr um ihren Interessen zu dienen, sie würden ein freundlicheres Verhältnis zu ihnen gewinnen, sich statt ihrer Abschaffung nur ihre Verbesserung zum Ziel setzen. Dies wäre ein wichtiger Fortschritt auf dem Wege, der zur Versöhnung mit dem Druck der Kultur führt.« (GW XIV, S. 365)

Gegen diese gerade entwickelte Vision rational entscheidender und handelnder Menschen bringt der Autor allerdings nun selbst einen gewichtigen Einwand vor und geht – man möchte fast sagen: endlich – in Rückgriff auf Überlegungen in *Totem und Tabu* (s. 8.2) zu einer psychoanalytischen Betrachtungsweise über: Die oben gegebene Darstellung von der Entstehung des Mordverbots entspreche nicht der »historischen Wahrheit«, sondern scheine nur eine »rationalistische Konstruktion«. Studium »gerade dieses Stücks menschlicher Kulturgeschichte mit Hilfe der Psychoanalyse« habe zum Ergebnis geführt, dass es »in Wirklichkeit« anders war. »Rein vernünftige Motive« richteten beim heutigen Menschen »wenig gegen leidenschaftliche Antriebe« aus und »bei jenem Menschentier der Urzeit« sei dies noch weniger der Fall gewesen:

> »Vielleicht würden sich dessen Nachkommen noch heute hemmungslos, einer den andern, erschlagen, wenn unter jenen Mordtaten nicht eine gewesen wäre, der Totschlag des primitiven Vaters, die eine unwiderstehliche, folgenschwere Gefühlsreaktion heraufbeschworen hätte. Von dieser stammt das Gebot: du sollst nicht töten, das im Totemismus auf den Vaterersatz beschränkt war, später auf andere ausgedehnt wurde, noch heute nicht ausnahmslos durchgeführt ist.« (GW XIV, S. 365)

Jener Urvater sei das »Urbild Gottes« gewesen, das »Modell, nach dem spätere Generationen ihre Gottesgestalt gebildet« hätten. Somit habe die »religiöse Darstellung« recht: »Gott war wirklich an der Entstehung jenes Verbots beteiligt, sein Einfluss, nicht die Einsicht in die soziale Notwendigkeit hat es geschaffen.« (GW XIV, S. 366)[14] Damit ergibt sich eine weitere Wesenseigenheit der Religion (neben ihrem Charakter der Illusion): »Wir bemerken jetzt, dass der Schatz der religiösen Vorstellungen nicht allein Wunscherfüllungen enthält, sondern auch bedeutsame historische Reminiszenzen. Dies Zusammenwirken von Vergangenheit und Zukunft, welch unvergleichliche Machtfülle muss es der Religion verleihen!« (S. 366)

Auch diese neue Sichtweise bringt Freud nicht von dem Vorschlag ab, Religion durch Wissenschaft zu ersetzen. Wie das einzelne Menschenkind bei seiner Entwicklung zur Kultur eine »Phase von Neurose« durchmachen müsse, sei anzunehmen, »dass die Menschheit als Ganzes in ihrer säkulären Entwicklung in Zustände gerät, welche den Neurosen analog sind, und zwar aus denselben Gründen, weil sie in Zeiten ihrer Unwissenheit und intellektuellen Schwäche die für das menschliche Zusammenleben unerlässlichen Triebverzichte nur durch rein affektive Kräfte zustande gebracht hat.« Die Religion[15], formuliert Freud pointiert, »wäre die allgemein menschliche Zwangsneurose, wie die des Kindes stammte sie aus dem Ödipuskomplex, der Vaterbeziehung.« Damit wäre vorauszusehen, »dass sich die Abwendung von der Religion mit der schicksalsmäßigen Unerbittlichkeit eines Wachstumsvorganges vollziehen muss, und dass wir uns gerade jetzt mitten in dieser Entwicklungsphase befinden.« (GW XIV, S. 366 f.)

Das Plädoyer, religiöse Vorschriften aus der Regulierung gesellschaftlicher Verhältnisse herauszuhalten, verliert angesichts dieses neuen Aspekts keineswegs an Eindringlichkeit: »Die Erkenntnis des historischen Werts gewisser religiöser Lehren steigert unseren Respekt vor ihnen, macht aber unseren Vorschlag, sie aus der Motivierung der kulturellen Vorschriften zurückzuziehen, nicht wertlos. Im Gegenteil!« (GW XIV, S. 567 f.)[16] Es sei »wahrscheinlich an der Zeit, wie in der analytischen Behandlung des Neurotikers die Erfolge der Verdrängung durch die Ergebnisse der rationalen Geistesarbeit zu ersetzen.« Dabei werde es nicht »beim Verzicht auf die feierliche Verklärung der kulturellen Vorschriften« bleiben; viele davon müssten bei einer »allgemeinen Revision« wohl aufgehoben werden, was »aber kaum zu bedauern« sei: »Um den Verzicht auf die historische Wahrheit bei rationeller[17] Motivierung der Kulturvorschriften darf es uns nicht leid tun.« Die Wahrheiten, welche die religiösen Lehren enthielten, seien »doch so entstellt und systematisch verkleidet«, dass »die Masse der Menschen sie nicht als Wahrheit erkennen« könne (GW XIV, S. 368)[18].

Das letzte Kapitel von *Die Zukunft einer Illusion* enthält noch einmal einen Dialog zwischen dem Autor und seinem erfundenen Opponenten, wobei Letzterer zunächst den Vorwurf bringt, Freud habe sich mittlerweile selbst von Illusionen (vom Wunschdenken) hinreißen lassen: »Sie setzen Ihre Hoffnung darauf, dass Generationen, die nicht in früher Kindheit den Einfluss der religiösen Lehren erfahren haben, leicht den ersehnten Primat der Intelligenz über das Triebleben erreichen werden.« Weiter führt er an, dass Abschaffung der Religion nicht ohne Etablierung von Surrogaten geschehe werde: »Wenn Sie aus unserer europäischen Kultur die Religion wegschaffen wollen, so kann es nur durch ein anderes System von Lehren[19] geschehen, und dies würde von Anfang an alle psychologischen Charaktere der Religion übernehmen, dieselbe Heiligkeit, Starrheit, Unduldsamkeit, dasselbe Denkverbot zu seiner Verteidigung.« Der Diskussionspartner fügt hinzu, auf die Erziehung könne man nicht verzichten und man müsse etwas der beschriebenen Art haben, »um den Anforderungen der Erziehung gerecht zu werden.« In jeder Kultur werde notwendig »dem triebhaften und denkschwachen Kinde« auferlegt, »Entscheidungen zu treffen, die nur die gereifte Intelligenz des Erwachsenen« rechtfertigen könne. Er plädiert dafür, aus praktischen Gründen, nicht wegen eines eventuellen »Realitätswerts«, das religiöse Lehrsystem »als Grundlage der Erziehung und des menschlichen Zusammenlebens« beizubehalten. Es scheine dazu als »das weitaus geeignetste« System, gerade wegen seiner »wunscherfüllenden und tröstenden Kraft«, denn: »Angesichts der Schwierigkeiten, etwas von der Realität zu erkennen, ja der Zweifel, ob dies uns überhaupt möglich ist, wollen wir doch nicht übersehen, dass auch die menschlichen Bedürfnisse ein Stück der Realität sind, und zwar ein wichtiges, eines, das uns besonders nahe angeht.« (GW XIV, S. 375 f.)[20]

In der Erwiderung erweist sich Freud wieder einmal als der vorsichtige, durchaus nicht dogmatisch dozierende Autor: Er wisse, wie schwer es sei, »Illusionen zu vermeiden« und vielleicht seien auch seine vorgebrachten Hoffnungen, »illusorischer Natur«. Aber einen Unterschied halte er fest:

> »Meine Illusionen – abgesehen davon, dass keine Strafe darauf steht, sie nicht zu teilen – sind nicht unkorrigierbar wie die religiösen, haben nicht den wahnhaften Charakter. Wenn die Erfahrung – nicht mir, sondern anderen nach mir, die ebenso denken – zeigen sollte, dass wir uns geirrt haben, so werden wir auf unsere Erwartungen verzichten.« (GW XIV, S. 376)[21]

Man möge doch seinen Versuch nehmen für das, was er sei, nämlich die Entwicklung der Menschheit zu beurteilen an Hand der Kenntnisse, welche man sich »durch das Studium der seelischen Vorgänge beim Einzelmenschen während dessen Entwicklung vom Kind zum Erwachsenen erworben« habe. Dabei dränge sich einem »die Auffassung auf, dass die Religion einer Kindheitsneurose vergleichbar« sei, und der Untersucher sei »optimistisch genug anzunehmen, dass die Menschheit diese überwinden« werde, »wie so viele Kinder ihre ähnliche Neurose auswachsen.« Diese »Einsichten aus der Individualpsychologie«, konzediert Freud, »mögen ungenügend sein, die Übertragung auf das Menschengeschlecht nicht gerechtfertigt, der Optimismus unbegründet.« Er gebe »alle diese Unsicherheiten« zu. Aber, fügt er hinzu, »man kann sich oft nicht abhalten zu sagen, was man meint, und entschuldigt sich damit, dass man es nicht als mehr ausgibt, als es wert ist.« (GW XIV, S. 376 f.)

Die letzten Passagen zeigen Freud noch einmal in besonderer Deutlichkeit als Sohn der Aufklärung: Auch wenn der »menschliche Intellekt kraftlos« sei »im Vergleich zum menschlichen Triebleben«, so sei es doch »etwas Besonderes« um diese Schwäche: »[D]ie Stimme des Intellekts ist leise, aber sie ruht nicht, ehe sie sich Gehör geschafft hat. Am Ende, nach unzählig oft wiederholten Abweisungen, findet sie es doch.« Dies sei einer der »wenigen Punkte«, in denen man »für die Zukunft der Menschheit optimistisch sein« dürfe und woran man noch andere Hoffnungen anknüpfen könne: »Der Primat des Intellekts liegt gewiss in weiter, weiter, aber wahrscheinlich doch nicht in unendlicher Ferne.« (GW XIV, S. 377)

Im Sinne der Aufklärung steht auch das Ziel, welches Freud mit seinem religiösen Gesprächspartner gemeinsam hat, nämlich »die Menschenliebe und die Einschränkung des Leids«. Die Mittel und Wege seien jedoch unterschiedlich: »Wir erhoffen dasselbe, aber Sie sind ungeduldiger, anspruchsvoller und warum soll ich es nicht sagen? – selbstsüchtiger als ich und die Meiningen. Sie wollen die Seligkeit gleich nach dem Tod beginnen lassen, verlangen von ihr das Unmögliche und wollen den Anspruch der Einzelpersonen nicht aufgeben.« (GW XIV, S. 377 f.) Der »Gott« Freuds und der ihm Gleichgesinnten, die Vernunft[22], werde »von diesen Wünschen verwirklichen«, was »die Natur außer uns« gestatte, »aber sehr allmählich, erst in unabsehbarer Zukunft und für neue Menschenkinder.« Und er stellt klar: »Eine Entschädigung für uns, die wir schwer am Leben leiden, verspricht er nicht.« (S. 378)

Der Autor betont aber nun klar die Gegnerschaft: »Auf dem Wege zu diesem Ziele« müssten die religiösen Lehren »fallen gelassen« werden[23], »denn auf die Dauer kann der Vernunft und Erfahrung nichts widerstehen, und der Widerspruch der Religion gegen beide ist allzu greifbar.«

Die letzten Passagen zeigen noch einmal Freuds tiefes Vertrauen in die korrekte wissenschaftliche Vorgehensweise: Vielleicht könne die »vom Druck der religiösen Lehren befreite Erziehung« nicht viel »am psychologischen Wesen des Menschen« ändern, man werde es dann »in Ergebung hinnehmen.« Jedoch: »Das Interesse an Welt und Leben werden wir darum nicht verlieren, denn wir haben an einer Stelle einen sicheren Anhalt, der Ihnen [scil. dem religiösen Gesprächspartner] fehlt. Wir glauben daran, dass es der wissenschaftlichen Arbeit möglich ist, etwas über die Realität der Welt zu erfahren, wodurch wir unsere Macht steigern und wonach wir unser Leben einrichten können.« (GW XIV, S. 378 f.) Die Wissenschaft habe »durch zahlreiche und bedeutsame Erfolge den Beweis« erbracht, dass »sie keine Illusion« sei. Ihre Feinde (u. a. jene, die »ihr nicht verzeihen können, dass sie den religiösen Glauben entkräftet hat und ihn zu stürzen droht«) würfen ihr vor, »wie wenig sie uns gelehrt und wie unvergleichlich mehr sie im Dunkel gelassen« habe. Aber, erwidert

Freud, »dabei vergisst man, wie jung sie ist, wie beschwerlich ihre Anfänge waren und wie verschwindend klein der Zeitraum, seitdem der menschliche Intellekt für ihre Aufgaben erstarkt ist.« (S. 379) Die Klage, dass die Wissenschaft heute »als Gesetz« verkünde, was »die nächste Generation als Irrtum« erkenne und »durch ein neues Gesetz von ebenso kurzer Geltungsdauer« ablöse, sei ungerecht; die »Wandlungen der wissenschaftlichen Meinungen« seien »Entwicklungen, Fortschritt und nicht Umsturz.« Eine »rohe Annäherung an die Wahrheit« werde »ersetzt durch eine sorgfältiger angepasste, die ihrerseits wieder eine Vervollkommnung« erwarte. Auf verschiedenen Gebieten habe man »eine Phase der Forschung noch nicht überwunden«, in der »man Annahmen« versuche, die man »bald als unzulänglich verwerfen« müsse; auf anderen gebe es aber »bereits einen gesicherten und fast unveränderlichen Kern von Erkenntnis.« (S. 379 f.)

Mit einem weiteren wissenschaftsfeindlichen Argument muss sich schließlich Freud auseinandersetzen: »Man hat endlich versucht, die wissenschaftliche Bemühung radikal zu entwerten durch die Erwägung, dass sie, an die Bedingungen unserer eigenen Organisation gebunden, nichts anderes als subjektive Ergebnisse liefern kann, während ihr der wirkliche Charakter außer uns unzugänglich bleibt.« (GW XIV, S. 380) Darauf erwidert er treffend, dass unser »seelischer Apparat« zur »Erkundung der Außenwelt entwickelt« worden sei, somit »ein Stück Zweckmäßigkeit in seiner Struktur« realisiert haben müsse und eine solche Erforschung sehr wohl zulasse; er fügt hinzu, dass »die Aufgabe der Wissenschaft voll umschrieben« sei, »wenn wir sie darauf einschränken zu zeigen, wie uns die Welt infolge der Eigenart unserer Organisation erscheinen muss, dass die endlichen Resultate der Wissenschaft gerade wegen der Art ihrer Erwerbung nicht nur durch unsere Organisation bedingt sind, sondern auch durch das, was auf diese Organisation gewirkt hat«; und er konstatiert schließlich, »dass das Problem einer Weltbeschaffenheit ohne Rücksicht auf unseren wahrnehmenden seelischen Apparat eine leere Abstraktion ist, ohne praktisches Interesse.« (GW XIV, S. 380)

Die Schrift, in der Freud die Religion als Illusion hinstellt und ihr in der Wissenschaft ein (bescheidenes, aber auf Realität gegründetes) alternatives Instrument zur Verwirklichung der menschlichen Grundbedürfnisse entgegensetzt, endet mit den Worten[24]:

> »Nein, unsere Wissenschaft ist keine Illusion. Eine Illusion aber wäre es zu glauben, dass wir anderswoher bekommen können, was sie uns nicht geben kann.« (GW XIV, S. 380)

Anmerkungen zu Kapitel 9

1. Es scheint sinnvoll, an dieser Stelle einige Bemerkungen über Freuds persönliches Verhältnis zur Religion zu machen. Bekanntlich war er Jude, wurde auch bald nach der Geburt in den jüdischen Bund aufgenommen (d. h. beschnitten) und dürfte sehr wahrscheinlich schon früh eingehende Unterweisung in den heiligen Schriften erfahren haben (deren profunde Kenntnis sich u. a. in der Moses-Studie zeigt; s. 10.3). Offenbar wurde er allerdings nicht wirklich »religiös erzogen« und auch später entwickelte er nie eine religiöse Gläubigkeit. So sagt er in einer Ansprache an die Mitglieder des jüdischen Vereins B'nai B'rith (dem er selbst angehörte) eindeutig: »Was mich ans Judentum band, war – ich bin schuldig, es zu bekennen – nicht der Glaube, auch nicht der nationale Stolz, denn ich war immer ein Ungläubiger, bin ohne Religion erzogen worden, wenn auch nicht ohne Respekt vor den ›ethisch‹ genannten Forderungen der menschlichen Kultur.« (1926j; GW XVII, S. 51 f.) Und in der Schrift »Ein religiöses Erlebnis« (1928a) paraphrasiert er seine Antwort an einen Kollegen, der ihm ein derartiges Erlebnis berichtete: Es freue ihn zu hören, »es sei ihm durch ein solches Erlebnis möglich geworden, seinen Glauben zu bewahren.« Er fügt hinzu: »Für mich habe Gott nicht so viel getan, er habe mich nie eine solche innere Stimme hören lassen und wenn er sich – mit Rücksicht auf mein Alter – nicht sehr beeile, werde es nicht meine Schuld sein, wenn ich bis zum Ende bleibe, was ich jetzt sei – an infidel jew.« (GW XIV, S. 394)
2. Sie zeigen Freuds sehr bedingten Kulturoptimismus und eine durchgängig negative Sichtweise des Menschengeschlechts oder wenigstens eines großen Teils davon. So finden sich dort die doch recht deutlichen Worte:

   »Ebensowenig wie den Zwang zur Kulturarbeit, kann man die Beherrschung der Masse durch eine Minderzahl entbehren, denn die Massen sind träge und einsichtslos, sie lieben den Triebverzicht nicht, sind durch Argumente nicht von dessen Unvermeidlichkeit zu überzeugen und ihre Individuen bestärken einander im Gewährenlassen ihrer Zügellosigkeit. Nur durch den Einfluss vorbildlicher Individuen, die sie als ihre Führer anerkennen, sind sie zu Arbeitsleistungen und Entsagungen zu bewegen, auf welche der Bestand der Kultur angewiesen ist. Es ist alles gut, wenn diese Führer Personen von überlegener Einsicht in die Notwendigkeiten des Lebens sind, die sich zur Beherrschung ihrer eigenen Triebwünsche aufgeschwungen haben. Aber es besteht für sie die Gefahr, dass sie, um ihren Einfluss nicht zu verlieren, der Masse mehr nachgeben als diese ihnen, und darum erscheint es notwendig, dass sie durch Verfügung über Machtmittel von der Masse unabhängig seien. Um es kurz zu fassen, es sind zwei weitverbreitete Eigenschaften der Menschen, die es verschulden, dass die kulturellen Einrichtungen nur durch ein gewisses Maß von Zwang gehalten werden können, nämlich, dass sie spontan nicht arbeitslustig sind und dass Argumente nichts gegen ihre Leidenschaften vermögen.« (1927c; GW XIV, S. 328 f.)

   Und wenig später heißt es, sehr realistisch und doch in gewissem Grade auch hoffnungsfroh: »Wahrscheinlich wird ein gewisser Prozentsatz der Menschheit – infolge krankhafter Anlage oder übergroßer Triebstärke – immer asozial bleiben, aber wenn man es nur zustande bringt, die kulturfeindliche Mehrheit von heute zu einer Minderheit herabzudrücken, hat man sehr viel erreicht, vielleicht alles, was sich erreichen lässt.« (GW XIV, S. 330)

Andererseits finden sich auch Einsichten, die es verständlich machen, warum Freud nicht zuletzt unter vielen Anhängern der politischen Linken Wertschätzung genießt:

> »Wenn aber eine Kultur es nicht darüber hinaus gebracht hat, dass die Befriedigung einer Anzahl von Teilnehmern die Unterdrückung einer anderen, vielleicht der Mehrzahl, zur Voraussetzung hat, und dies ist bei allen gegenwärtigen Kulturen der Fall, so ist es begreiflich, dass diese Unterdrückten eine gewisse Feindseligkeit gegen die Kultur entwickeln, die sie durch ihre Arbeit ermöglichen, an deren Gütern sie aber einen zu geringen Anteil haben. [...] Es braucht nicht gesagt zu werden, dass eine Kultur, welche eine so große Zahl von Teilnehmern unbefriedigt lässt und zur Auflehnung treibt, weder Aussicht hat, sich dauernd zu erhalten, noch es verdient.« (GW XIV, S. 333)

3. Die genetische Herleitung der religiösen Vorstellungen, die Freud an dieser Stelle gibt, beruht nicht wesentlich auf psychoanalytischen Einsichten und erreicht deshalb an spekulativer Durchdringung nicht annähernd die Einsichten aus *Totem und Tabu*. In dem fiktiven Gespräch, das Freud in den Text einschiebt, wendet der Gegner auch ein, dass in genannter Schrift der Ursprung der Religion anders abgeleitet worden sei, nämlich aus den Vater-Sohn-Beziehungen in vorgeschichtlichen Zeiten. Freuds Antwort, dass er damals nicht »die Entstehung der Religionen« erklären wollte, sondern nur die des »Totemismus« (GW XIV, S. 344 f.), ist insofern nur bedingt überzeugend, als er in der nächsten religionspsychologischen Schrift, nämlich in *Der Mann Moses und die monotheistische Religion* (1939a) den Totemismus als erste Form der Religion betrachtet (s. 10.3). Es handelt sich wohl eher um konvergierende Erklärungsansätze, die – von verschiedenem Material und verschiedenen Denkmodellen ausgehend – letztlich eine ähnliche psychologische Deutung liefern.

   Im Übrigen greift Freud auch hier später auf die angenommenen Ursprünge der Religion in vorgeschichtlichen Szenarien zurück (1927c; GW XIV, S. 365 f.).
4. In der 35. Vorlesung »Über eine Weltanschauung« aus der *Neuen Folge der Vorlesungen zur Einführung in die Psychoanalyse* (1933a) geht Freud ebenfalls auf den Ursprung sowie den Wert der religiösen Vorstellungen ein und arbeitet u. a. die obigen Gedanken sehr prägnant heraus: Die Religion – die Freud als einzigen »ernsthaften Feind« der Wissenschaft ansieht – gebe den Menschen »Aufschluss über Herkunft und Entstehung der Welt«, versichere ihnen »Schutz und endliches Glück in den Wechselfällen des Lebens«, und lenke »ihre Gesinnungen und Handlungen durch Vorschriften«, die sie »mit ihrer ganzen Autorität« vertrete. Sie erfülle also drei Funktionen:

   > »In der ersten befriedigt sie die menschliche Wissbegierde, tut dasselbe, was mit ihren Mitteln die Wissenschaft versucht, und tritt hier in Rivalität mit ihr. Ihrer zweiten Funktion verdankt sie wohl den größten Anteil ihres Einflusses. Wenn sie die Angst der Menschen vor den Gefahren und Wechselfällen des Lebens beschwichtigt, sie des guten Ausgangs versichert, ihnen Trost im Unglück spendet, kann die Wissenschaft es nicht mit ihr aufnehmen. Diese lehrt zwar, wie man gewisse Gefahren vermeiden, manche Leiden erfolgreich bekämpfen kann; es wäre sehr unrecht zu bestreiten, dass sie den Menschen eine mächtige Helferin ist, aber in vielen Lagen muss sie den Menschen seinem Leid überlassen und weiß ihm nur zur Unterwerfung

zu raten. In ihrer dritten Funktion, wenn sie Vorschriften gibt, Verbote und Einschränkungen erlässt, entfernt sie sich von der Wissenschaft am meisten. Denn diese begnügt sich damit, zu untersuchen und festzustellen. Aus ihren Anwendungen leiten sich allerdings Regeln und Ratschläge für das Verhalten im Leben ab. Unter Umständen sind es dieselben, die von der Religion geboten werden, aber dann mit anderer Begründung.« (1933a; GW XV, S. 174)

5. In *Der Mann Moses und die monotheistische Religion* (1939a) unternimmt es Freud, solche Entstellungen und Verfälschungen in den ersten fünf Büchern des Alten Testaments (den fünf Büchern Mose, dem Pentateuch) aufzuzeigen (s. 10.3). Auf die deutlichen inneren Widersprüche in den Bibeltexten weist er bereits wesentlich früher hin, nämlich in der Schrift »Der Moses des Michelangelo« (1914b)
6. Als eine der Bemühungen, »gewaltsamer Natur« und »alt«, nennt Freud das Bekenntnis des Kirchenvaters: »Credo quia absurdum«. (Ich glaube, weil es widersinnig ist. Allerdings steht dieser Satz nicht so bei Tertullian, sondern wurde aus einer längeren Passage in diesem Sinne komprimiert.) Diese damit gemeinte Aussage, »die religiösen Lehren« seien den »Ansprüchen der Vernunft« entzogen, stünden »über der Vernunft«, charakterisiert Freud zu Recht als interessantes Selbstbekenntnis, wohingegen es als »Machtspruch« ohne Verbindlichkeit sei; es mache die Wahrheit der religiösen Lehren abhängig von einem sie bezeugenden inneren Erlebnis, welches aber vielen nicht gegeben sei (GW XIV, S. 350 f.).

   Der zweite Versuch, mit den geschilderten Problemen der schlechten Begründung religiöser Lehren umzugehen, wird vom Autor als »subtil und modern« bezeichnet: Man müsse sich so benehmen, als ob man an diese Fiktionen glaubte »wegen ihrer unvergleichlichen Wichtigkeit für die Aufrechterhaltung der menschlichen Gesellschaft«. Aber, entgegnet er, »der durch die Künste der Philosophie in seinem Denken nicht beeinflusste Mensch« werde diese »Forderung des ›als ob‹« nie annehmen können, er könne »nicht dazu verhalten werden, gerade in der Behandlung seiner wichtigsten Interessen auf die Sicherheiten zu verzichten, die er sonst für alle seine gewöhnlichen Tätigkeiten verlangt.« (S. 351)

   Weiter werden sarkastisch die Bemühungen der Spiritisten kommentiert, die Glaubwürdigkeit der aus der Vergangenheit rührenden religiösen Lehrsätze durch Nachweis der »Fortdauer der individuellen Seele« zu bestätigen (S. 349 f.).
7. Die Illusion grenzt Freud einerseits vom Irrtum ab, andererseits von der Wahnidee, welche im Widerspruch zur Wirklichkeit stehe. Eine Illusion müsse nicht »notwendig falsch, d. h. unrealisierbar oder im Widerspruch mit der Realität« sein: »Ein Bürgermädchen kann sich z. B. die Illusion machen, dass ein Prinz kommen wird, um sie heimzuholen.« Freud kommentiert: »Es ist möglich, einige Fälle dieser Art haben sich ereignet.« Er resümiert: »Wir heißen also einen Glauben eine Illusion, wenn sich in seiner Motivierung die Wunscherfüllung vordrängt, und sehen dabei von seinem Verhältnis zur Wirklichkeit ab […].« (GW XIV, S. 353 f.)
8. Diese Gedanken sind deutlicher ausgeführt in der schon erwähnten Vorlesung »Über eine Weltanschauung« aus der *Neuen Folge der Vorlesungen zur Einführung in die Psychoanalyse* (1933a; GW XV, S. 170 ff.).
9. Freud geht scharf ins Gericht mit jenen, die eine »höhere« Form der Religiosität für sich in Anspruch nehmen. Handle es sich um »Fragen der Religion«, machten sich die Men-

schen »aller möglichen Unaufrichtigkeiten und intellektuellen Unarten« schuldig. »Philosophen überdehnen die Bedeutung von Worten, bis diese kaum mehr etwas von ihrem ursprünglichen Sinn übrig behalten, sie heißen irgendeine verschwommene Abstraktion, die sie sich geschaffen haben, ›Gott‹, und sind nun auch Deisten, Gottesgläubige, vor aller Welt, können sich selbst rühmen, einen höheren, reineren Gottesbegriff erkannt zu haben, obwohl ihr Gott nur mehr ein wesenloser Schatten ist und nicht mehr die machtvolle Persönlichkeit der religiösen Lehre.« (GW XIV, S. 355)

10. »Ich werde«, prognostiziert er, »die unliebenswürdigsten Vorwürfe zu hören bekommen wegen Seichtigkeit, Borniertheit, Mangel an Idealismus und an Verständnis für die höchsten Interessen der Menschheit.« Aber »diese Vorhaltungen« seien ihm »nicht neu«, und wenn er sich schon in jungen Jahren »über das Missfallen seiner Zeitgenossen« hinausgesetzt habe, was solle es ihm im Greisenalter anhaben, wenn er sicher sei, »bald jeder Gunst und Missgunst« entrückt zu sein (GW XIV, S. 359).

Eher nimmt er an, es könne seiner Schöpfung, der Psychoanalyse schaden – ein Argument, welches ihn später lange davon abhalten wird, den dritten Teil der Moses-Studie zu publizieren (s. 10.1). »Jetzt sehe man«, werde es heißen, wohin die Psychoanalyse führe, nämlich »zur Leugnung von Gott und sittlichem Ideal.« Dieser Lärm, meint Freud, werde »ihm wirklich unangenehm sein«, seiner vielen Mitarbeiter wegen, von denen manche seine Einstellung zu religiösen Problemen nicht teilten. Aber die Psychoanalyse habe schon »viele Stürme überstanden«, man müsse sie »auch diesem neuen aussetzen«. In Wirklichkeit sei die Psychoanalyse »eine Forschungsmethode, ein parteiloses Instrument, wie etwa die Infinitesimalrechnung.« Er erläutert: »Wenn ein Physiker mit deren Hilfe herausbekommen sollte, dass die Erde nach einer bestimmten Zeit zugrunde gehen wird, so wird man sich doch bedenken, dem Kalkül selbst destruktive Tendenzen zuzuschreiben und ihn darum zu ächten.« (GW XIV, S. 359 f.)

11. Das Argument der Grausamkeit, nämlich jenen Menschen, die in den Lehren der Religion ihren einzigen Trost fänden, nur durch ihre Hilfe das Leben ertragen könnten, diese Stütze rauben, erledigt Freud erst an späterer Stelle: Es sei, konzediert er dort seinem Gegner, »gewiss ein unsinniges Unternehmen«, die »Religion gewaltsam und mit einem Schlage aufheben zu wollen«, auch darum, weil es aussichtslos sei: »Der Gläubige lässt sich seinen Glauben nicht entreißen, nicht durch Argumente und nicht durch Verbote.« Wenn es wirklich bei einigen gelänge, »so wäre es eine Grausamkeit.« Er erläutert dieses mittels eines Vergleiches (der gleichzeitig Freuds bezügliche Einstellung akzentuiert): »Wer durch Dezennien Schlafmittel genommen hat, kann natürlich nicht schlafen, wenn man ihm das Mittel entzieht.« Der Autor widerspricht allerdings entschieden der Folgerung, »dass der Mensch überhaupt den Trost der religiösen Illusionen nicht entbehren« könne, dass er »ohne sie die Schwere des Lebens, die grausame Wirklichkeit«, nicht ertragen würde. Das gelte wohl für den Menschen, dem man das »süße – oder bittersüße – Gift von Kindheit an eingeflößt« habe, aber gelte es auch für den, der »nüchtern aufgezogen« worden sei? Vielleicht brauche der, der nicht an der Neurose leide [d. h. der Neurose der Religion; s. unten im Text] auch »keine Intoxikation, um sie zu betäuben.« Gewiss, meint er, »wird der Mensch sich dann in einer schwierigen Situation befinden, er wird sich seine ganze Hilflosigkeit, seine Geringfügigkeit im Getriebe der Welt eingestehen müssen, nicht mehr der Mittelpunkt der Schöpfung, nicht mehr das Objekt zärtlicher Fürsorge einer gütigen Vorsehung. Er

wird in derselben Lage sein wie das Kind, welches das Vaterhaus verlassen hat, in dem es ihm warm und behaglich war.« Aber der »Infantilismus« sei dazu bestimmt, überwunden zu werden, der Mensch könne nicht ewig Kind bleiben, er müsse im Sinne einer »Erziehung zur Realität« hinaus »›ins feindliche Leben‹« (GW XIV, S. 373). Ganz »ohne Hilfsmittel« sei der Mensch dabei nicht, »seine Wissenschaft« habe ihn im Laufe der Zeiten viel gelernt; die »großen Schicksalsnotwendigkeiten«, gegen die es keine Abhilfe gebe, werde er »eben mit Ergebung ertragen« lernen. Und: »Dadurch, dass er seine Erwartungen vom Jenseits abzieht und alle freigewordenen Kräfte auf das irdische Leben konzentriert, wird er wahrscheinlich erreichen können, dass das Leben für alle erträglich wird und die Kultur keinen mehr unterdrückt.« (S. 373 f.)

12. Man beachte hier Freuds Argumentation: Offenbar hält er es durchaus für möglich, dass die »große Masse der Ungebildeten« im Wesentlichen auf Grund religiöser Vorschriften Kulturregeln befolgt und scheint es auch als moralisch vertretbar – jedoch nicht praktikabel – anzusehen, sie bezüglich im Dunkeln zu lassen. Auch der fiktive Gegner interpretiert Freuds Ausführungen in diesem Sinne: »An einer anderen Stelle geben Sie aber doch zu, dass es gefährlich, ja sogar sehr gefährlich werden kann, wenn jemand erfährt, dass man nicht mehr an Gott glaubt. Er war bis dahin gefügig und nun wirft er den Gehorsam gegen die Kulturvorschriften beiseite.« (GW XIV, S. 369)
13. Einen entsprechenden Einwand legt Freud auch seinem Gesprächspartner in den Mund: »›Ein anderer Widerspruch ist, wenn Sie einerseits zugeben, der Mensch sei durch Intelligenz nicht zu lenken, er werde durch seine Leidenschaften und Triebansprüche beherrscht, andererseits aber den Vorschlag machen, die affektiven Grundlagen seines Kulturgehorsams durch rationelle zu ersetzen.‹« (GW XIV, S. 369) Hier konzediert Freud, dass der Gegner den Ist-Zustand tatsächlich richtig beschreibe: »Die Menschen sind Vernunftgründen so wenig zugänglich, werden ganz von ihren Triebbefriedigungen beherrscht.« Aber, meint er, sei es sicher, dass die Menschen so sein müssten, dass ihre »innerste Natur« sie dazu nötige? Er hat eine andere Erklärung parat: »Wäre es so ganz unmöglich, dass gerade die religiöse Erziehung ein großes Teil Schuld an dieser relativen Verkümmerung trägt?« Man warte nicht ab, bis das Kind eventuell selbst zu ähnlichen religiösen Einsichten komme, man führe ihm »die religiösen Lehren zu einer Zeit« zu, da es »weder Interesse für sie noch die Fähigkeit« habe, »ihre Tragweite« zu begreifen. Er folgert: »Wer sich einmal dazu gebracht hat, alle die Absurditäten, die die religiösen Lehren ihm zutragen, ohne Kritik hinzunehmen, und selbst die Widersprüche zwischen ihnen zu übersehen, dessen Denkschwäche braucht uns nicht arg zu verwundern.« Wir hätten nun einmal »kein anderes Mittel zur Beherrschung unserer Triebhaftigkeit als unsere Intelligenz.« Wie könne man »von Personen, die unter der Herrschaft von Denkverboten stehen, erwarten, dass sie das psychologische Ideal, den Primat der Intelligenz, erreichen werden?« (GW XIV, S. 371)

Unmittelbar darauf nimmt sich Freud doch ein Stück zurück; er wolle seinen »Eifer ermäßigen« und »die Möglichkeit zugestehen«, dass auch er »einer Illusion« nachjage: »Vielleicht ist die Wirkung des religiösen Denkverbots nicht so arg wie ich's annehme, vielleicht stellt es sich heraus, dass die menschliche Natur dieselbe bleibt, auch wenn man die Erziehung nicht zur Unterwerfung unter die Religion missbraucht.« Er fügt hinzu: »Ich weiß es nicht und Sie können es auch nicht wissen.« Es lohne sich jedoch der Mühe, »den Versuch einer irreligiösen Erziehung zu unternehmen«, es sei vielleicht »ein Schatz zu heben«, der »die Kultur bereichern« könne. Falle dieser Versuch »unbefriedigend aus«, sagt er, »so bin ich bereit, die Reform aufzugeben und zum früheren, rein deskriptiven Urteil zurückzukehren: der Mensch ist ein Wesen von schwacher Intelligenz, das von seinen Triebwünschen beherrscht wird.« (GW XIV, S. 371 f.)

14. Freud formuliert es so: »Die religiöse Lehre teilt uns also die historische Wahrheit mit, freilich in einer gewissen Verkleidung; unsere rationelle Darstellung verleugnet sie.« (GW XIV, S. 366) Es ist die oft missverstandene, auch in *Der Mann Moses und die monotheistische Religion* als Ergebnis herausgearbeitete Aussage, dass die Religion zwar keine materielle, wohl aber eine »historische Wahrheit« besitze (s. 10.3). Damit ist nicht gemeint, dass die Religion durch ihre lange Existenz in der Menschheitsgeschichte sich eine Daseinsberechtigung erworben habe, sondern dass den religiösen Aussagen historische (genauer wohl: prähistorische) Tatsachen zu Grunde liegen.
15. Auf die Übereinstimmung zwischen Zwangshandlungen und dem religiösen Zeremoniell weist Freud eingehend in der Schrift »Zwangshandlungen und Religionsübungen« (1907b) hin (s. Kap. 7). Andererseits konzediert er wiederholt dass die religiöse Person zu gewissem Grade gegen die gewöhnlichen Neurosen geschützt sei: »Auch wer das Schwinden der religiösen Illusionen in der heutigen Kulturwelt nicht bedauert, wird zugestehen, dass sie den durch sie Gebundenen den stärksten Schutz gegen die Gefahr der Neurose boten, so lange sie selbst noch in Kraft waren.« (1921c; GW XIII, S. 159)
16. Prägnant wird dies in der Vorlesung »Über eine Weltanschauung« resümiert:

    »Das zusammenfassende Urteil der Wissenschaft über die religiöse Weltanschauung lautet also: Während die einzelnen Religionen miteinander hadern, welche von ihnen im Besitz der Wahrheit sei, meinen wir, dass der Wahrheitsgehalt der Religion überhaupt vernachlässigt werden darf. Religion ist ein Versuch, die Sinneswelt, in die wir gestellt sind, mittels der Wunschwelt zu bewältigen, die wir infolge biologischer und psychologischer Notwendigkeiten in uns entwickelt haben. Aber sie kann es nicht leisten. Ihre Lehren tragen das Gepräge der Zeiten, in denen sie entstanden sind, der unwissenden Kinderzeiten der Menschheit. Ihre Tröstungen verdienen kein Vertrauen. Die Erfahrung lehrt uns: Die Welt ist keine Kinderstube. Die ethischen Forderungen, denen die Religion Nachdruck verleihen will, verlangen vielmehr eine andere Begründung, denn sie sind der menschlichen Gesellschaft unentbehrlich und es ist gefährlich, ihre Befolgung an die religiöse Gläubigkeit zu knüpfen. Versucht man, die Religion in den Entwicklungsgang der Menschheit einzureihen, so erscheint sie nicht als Dauererwerb, sondern als ein Gegenstück der Neurose, die der einzelne Kulturmensch auf seinem Wege von der Kindheit zur Reife durchzumachen hat. « (1933a; GW XV, S. 181)

17. Es wäre vielleicht schon früher anzumerken gewesen, dass sich der moderne Sprachgebrauch von dem Freuds hinsichtlich des Wortes »rationell« unterscheidet: Es wird heute in der Bedeutung von »sparsam«, »haushälterisch« verwendet, während es bei Freud »aus der Vernunft begründet« bedeutet; wir würden heute »rational« dazu sagen.
18. Freud präsentiert wieder einmal einen seiner so geistreichen Vergleiche. Wenn man den Kindern erzähle, dass »der Storch die Neugebornen« bringe, sagten wir »die Wahrheit in symbolischer Verhüllung«, denn wir wüssten, was der »große Vogel« bedeute. Aber das Kind wisse es nicht, höre »nur den Anteil der Entstellung« heraus und halte sich »für betrogen.« Daher: »Wir sind zur Überzeugung gekommen, dass es besser ist, die Mitteilung solcher symbolischer Verschleierungen der Wahrheit zu unterlas-

sen und dem Kind die Kenntnis der realen Verhältnisse in Anpassung an seine intellektuelle Stufe nicht zu versagen.« (GW XIV, S. 368)

19. Freud geht auf diesen (seinen eigenen) Einwand nicht ein. Er irrt jedoch – wenn ich hier einmal ausnahmsweise meine persönliche Ansicht vorbringen darf –, die Abschaffung der Religion, und hier hat er natürlich die etablierten europäisch-christlichen im Auge (sicher speziell die römisch-katholische) sei ein ansonsten folgenloser Prozess. Dieses Vakuum würden unzweifelhaft andere Lehren füllen (man denke etwa an die neuen christlichen Erweckungsbewegungen)
20. Er bringt einen weiteres Argument, welches Freud allerdings schon vehement zurückgewiesen hatte (s. Anmerkung 9), nämlich dass die »religiöse Lehre« eine »begriffliche Läuterung und Sublimierung« gestatte, in welcher »das meiste abgestreift werden« könne, »das die Spur primitiven und infantilen Denkens in sich trägt.« Was dann erübrige, sei »ein Gehalt von Ideen, denen die Wissenschaft nicht mehr widerspricht und die diese auch nicht widerlegen kann.« (GW XIV, S. 376)
21. Und er verweist auf einen weiteren Unterschied der Illusionen: »Sie müssen die religiöse Illusion mit allen ihren Kräften verteidigen; wenn sie entwertet wird, – und sie ist wahrlich bedroht genug, – dann stürzt Ihre Welt zusammen, es bleibt Ihnen nichts übrig, als an allem zu verzweifeln an der Kultur und an der Zukunft der Menschheit.« Davon seien Leute mit unbehindert entwickelter Denkweise frei: »Da wir bereit sind, auf ein gutes Stück unserer infantilen Wünsche zu verzichten, können wir es vertragen, wenn sich einige unserer Erwartungen als Illusionen herausstellen.« (GW XIV, S. 378)
22. Freud nennt seinen Gott Λόγος, was ich hier mit Vernunft übersetze.
23. Diesen Weg will Freud unerbittlich gegangen wissen, »gleichgiltig ob die ersten Versuche misslingen, gleichgiltig ob sich die ersten Ersatzbildungen als haltlos erweisen.« Und er macht unmissverständlich klar: »Auch die geläuterten religiösen Ideen können sich diesem Schicksal nicht entziehen, solange sie noch etwas vom Trostgehalt der Religion retten wollen.« Freilich, meint er, »wenn sie sich auf die Behauptung eines höheren geistigen Wesens einschränken, dessen Eigenschaften unbestimmbar, dessen Absichten unerkennbar sind, dann sind sie gegen den Einspruch der Wissenschaft gefeit.« Dann aber würden sie »auch vom Interesse der Menschen verlassen.« (S. 378)
24. Das erste Kapitel der wenige Jahre später erschienenen Schrift *Das Unbehagen in der Kultur* (1930a) widmet sich einer Reaktion auf Freuds Thesen zur Religion, die einen Nachtrag zum Wesen des Religiösen erfordern. Ein Freund (gemeint ist der französische Schriftsteller Romain Rolland) habe ihm geantwortet, er wäre mit dem gegebenen Urteil über die Religion einverstanden, bedauere aber, dass Freud »die eigentliche Quelle der Religiosität« nicht gewürdigt habe und habe erläutert:

   »Diese sei ein besonderes Gefühl, das ihn selbst nie zu verlassen pflege, das er von vielen anderen bestätigt gefunden und bei Millionen Menschen voraussetzen dürfe. Ein Gefühl, das er die Empfindung der ›Ewigkeit‹ nennen möchte, ein Gefühl wie von etwas Unbegrenztem, Schrankenlosem, gleichsam ›Ozeanischem‹. Dieses Gefühl sei eine rein subjektive Tatsache, kein Glaubenssatz; keine Zusicherung persönlicher Fortdauer knüpfe sich daran, aber es sei die Quelle der religiösen Energie, die von den verschiedenen Kirchen und Religionssystemen gefasst, in bestimmte Kanäle geleitet und gewiss auch aufgezehrt werde. Nur auf Grund dieses ozeanischen Gefühls dürfe man sich religiös heißen, auch wenn man jeden Glauben und jede Illusion ablehne.« (1930a; GW XIV, S. 421 f.)

Freud konstatiert, er könne dieses ›ozeanische Gefühl‹ nicht bei sich entdecken, versucht aber, es in eine mitteilbare Form zu bringen: »Also ein Gefühl der unauflöslichen Verbundenheit, der Zusammengehörigkeit mit dem Ganzen der Außenwelt.« An seiner eigenen Person könnte er sich zwar »von der primären Natur eines solchen Gefühls nicht überzeugen«, dürfe aber deshalb »sein tatsächliches Vorkommen bei anderen« nicht bestreiten. »Es fragt sich nur«, fügt er hinzu, »ob es richtig gedeutet wird und ob es als ›fons et origo‹ [Quelle und Ursprung] aller religiösen Bedürfnisse anerkannt werden soll.« (GW XIV, S. 422 f.) Er versucht nun »eine psychoanalytische, d.i. genetische Ableitung eines solchen Gefühls.« Normalerweise sei uns »nichts gesicherter als das Gefühl unseres Selbst, unseres eigenen Ichs.« Das Ich erscheine uns »selbständig, einheitlich, gegen alles andere gut abgesetzt.« Das sei zwar ein Trugschluss, was die Grenze zum Es angehe, aber »nach außen wenigstens« scheine das Ich »klare und scharfe Grenzlinien zu behaupten.« Allerdings, fährt Freud fort, gebe es auch Zustände, in denen die Grenze zwischen Ich und Außenwelt aufgehoben sein kann, z. B. Verliebtheit, diverse psychopathologische Zustandsbilder. »Also ist auch das Ichgefühl Störungen unterworfen und die Ichgrenzen sind nicht vollständig.« (S. 423 f.)

Das Ichgefühl entwickelt sich nach Freud unter dem Einfluss äußerer Reize und resultierender innerer Empfindungen: »Man lernt ein Verfahren kennen, wie man durch absichtliche Lenkung der Sinnestätigkeit und geeignete Muskelaktion Innerliches – dem Ich Angehöriges – und Äußerliches – einer Außenwelt Entstammendes – unterscheiden kann, und tut damit den ersten Schritt zur Einsetzung des Realitätsprinzips [...]« (GW XIV, S. 424 f.) Nun schlägt er die Brücke zum anstehenden Problem: Auf solche Art löse sich also das Ich von der Außenwelt; richtiger gesagt, ursprünglich enthalte das Ich alles, später scheide es »eine Außenwelt von sich ab.« Unser heutiges Ichgefühl, folgert der Autor, »ist also nur ein eingeschrumpfter Rest eines weitumfassenderen, ja – eines allumfassenden Gefühls, welches einer innigeren Verbundenheit des Ichs mit der Umwelt entsprach.« Das in Diskussion stehende »ozeanische Gefühl«, die Vorstellung der »Unbegrenztheit und der Verbundenheit mit dem All« würde sich als ein Relikt der individuellen Entwicklungsgeschichte darstellen, was neben dem »enger und schärfer umgrenzten Ich-Gefühl der Reifezeit« existiere; die »Erhaltung des Vergangenen im Seelenleben«, erläutert Freud, sei »eher Regel als befremdliche Ausnahme.« (GW XIV, S. 425 ff.) Das »ozeanische Gefühl« könne schwerlich als Quelle religiöser Bedürfnisse angesehen werden, sei eher nachträglich in »Beziehungen zur Religion« geraten: »Dies Eins-sein mit dem All, was als Gedankeninhalt ihm zugehört, spricht uns ja an wie ein erster Versuch einer religiösen Tröstung, wie ein anderer Weg zur Ableugnung der Gefahr, die das Ich als von der Außenwelt drohend erkennt.« Ich »wiederhole das Bekenntnis«, konstatiert der rationalistische Freud, »dass es mir sehr beschwerlich ist, mit diesen kaum fassbaren Größen zu arbeiten.« Und nachdem er unverhohlen sarkastisch auf Yoga-Praktiken und den ihnen unterschobenen Erkenntniswert eingegangen ist, beendet er die Ausführungen: »Allein mich drängt es, auch einmal mit den Worten des Schillerschen Tauchers auszurufen: ›Es freue sich, wer da atmet im rosigen Licht.‹« (S. 430 f.)

10 *Der Mann Moses und die monotheistische Religion*

10.1 Entstehungsgeschichte; Überblick

Die komplizierte Entstehung dieser Arbeit wurde schon in Kapitel 1 angedeutet und soll nun – in Anlehnung an Jones (Bd. 3, S. 230 ff.) – genauer dargestellt werden. Die ersten Gedanken zu diesem Thema scheint Freud 1934 niedergeschrieben zu haben, und zwar offenbar schon recht detailliert, mit Untergliederung in die drei später zeitversetzt erscheinenden Abhandlungen. So schreibt er an Arnold Zweig am 30.9.1934:

»Ich habe nämlich in einer Zeit relativer Ferien aus Ratlosigkeit, was mit dem Überschuss an Muße anfangen, selbst etwas geschrieben, und das nahm mich gegen ursprüngliche Absicht so sehr in Anspruch, dass alles andere unterblieb. Nun freuen Sie nicht, denn ich wette, Sie werden es nicht zum Lesen bekommen. Aber lassen Sie sich erklären, wie das zugeht.

Der Ausgangspunkt meiner Arbeit ist Ihnen vertraut; [...] Angesichts der neuen Verfolgungen fragt man sich wieder, wie der Jude geworden ist und warum er sich diesen unsterblichen Hass zugezogen hat. Ich hatte bald die Formel heraus: Moses hat den Juden geschaffen, und meine Arbeit bekam den Titel: Der Mann Moses, ein historischer Roman. [...] Das Zeug gliederte sich in drei Abschnitte, der erste romanhaft interessant, der zweite mühselig und langwierig, der dritte gehalt- und anspruchsvoll. An dem dritten scheiterte das Unternehmen, denn er brachte eine Theorie der Religion, nichts Neues zwar für mich nach Totem und Tabu, aber doch etwas Neues und Fundamentales für Fremde. Die Rücksicht auf diese Fremden heißt mich dann den fertigen Essay sekretieren [geheim halten; T.K.]. Denn wir leben hier in einer Atmosphäre katholischer Strenggläubigkeit: Man sagt, dass die Politik von einem Pater Schmidt gemacht wird, der in St. Gabriel bei Mödling lebt, der Vertrauensmann des Papstes ist und zum Unglück selbst ein Ethnolog und Religionsforscher[1], der in seinen Büchern aus seinem Abscheu vor der Analyse und besonders meiner Totemtheorie kein Geheimnis macht. [...] Nun darf man wohl erwarten, dass eine Publikation von mir ein gewisses Aufsehen machen und der Aufmerksamkeit des feindlichen Paters nicht entgehen wird. Damit würde man ein Verbot der Analyse in Wien und die Einstellung aller unserer Arbeiten hier riskieren. Beträfe die Gefahr nur mich, so würde sie mir wenig Eindruck machen, aber alle unsere Mitglieder in Wien erwerbslos zu machen ist mir eine zu große Verantwortlichkeit. Und dahinter steht, dass mir meine Arbeit weder so sehr gesichert scheint noch so sehr gut gefällt. Es ist also nicht der richtige Anlass zu einem Martyrium. Schluss vorläufig!« (Freud 1968a, S. 102 f.).

Drei Punkte sind also hervorheben, nämlich dass Freud 1934 mit der Abfassung bereits ziemlich weit war (insbesondere anscheinend schon große Teile der dritten Abhandlung geschrieben waren), dass er bei Publikation auf Ablehnung mit berufspolitischen Konsequenzen rechnete und schließlich, dass er von der Qualität seiner Beweisführung nur bedingt überzeugt war.

Dennoch arbeitete er an der Schrift weiter und fasste 1935 in einem langen Brief an Lou Salomé die wichtigsten Thesen daraus zusammen, u. a. auch die zentrale Aussage, die Religion verdanke ihre Stärke nicht einer wirklichen, wörtlich zu nehmenden Wahrheit, sondern dem in ihr liegenden historischen Fundament. Er fügte hinzu: »Und nun sehen Sie, Lou, diese Formel, die mich ganz fasziniert hat, kann man heute in Österreich nicht aussprechen, ohne von der uns beherrschenden katholischen Übermacht ein staatliches Verbot der Psychoanalyse zu erzielen. Und nur dieser Katholizismus schützt uns gegen das Nazitum[2]. Und überdies sind die historischen Grundlagen der Mosesgeschichte nicht solid genug, um als Postament meine unschätzbare Einsicht zu tragen. Ich schweige also. Es genügt mir, dass ich selbst an die Lösung des Problems glauben kann. Es hat mich mein ganzes Leben verfolgt.« (zitiert nach Jones Bd. 3, S. 232 f.)

1937 erschienen die ersten beiden (inhaltlich weniger brisanten) Teile in der psychoanalytischen Zeitschrift *Imago*, und Freud machte sich nun an die Umarbeitung des schon weitgehend geschriebenen dritten Teils, offenbar ohne große Hoffnung, ihn befriedigend fertig zu stellen und publizieren zu können. Letzteres geschah dann doch, nämlich 1939, als Freud, bereits in England, sich weitgehend frei von Rücksichtnahmen fühlte – die Tätigkeit der Psychoanalytiker in Mitteleuropa war de facto ohnehin nicht mehr gegeben und jetzt sicher nicht mehr durch einen religionskritischen Aufsatz zu gefährden. Publikationsorgan war wieder die in Deutschland erscheinende Zeitschrift *Imago*; der dritte Teil trug den Titel »Der Fortschritt in der Geistigkeit« (der in der vollständigen Ausgabe nur mehr als eine von mehreren Überschriften in der dritten Abhandlung [»Moses, sein Volk und die monotheistische Religion«] auftaucht); bereits 1939 wurden alle drei Teile zu einem Buch vereinigt, und auch in den Gesammelten Werken sind sie – trotz des zeitversetzten Erscheinens – als eine Arbeit niedergelegt (*Der Mann Moses und die monotheistische Religion*; 1939a; GW XVI, S. 103–246).

Die ersten beiden Abhandlungen enthalten im Wesentlichen historische Überlegungen und nur wenige psychoanalytische Herangehensweisen. In der ersten, überschrieben »Moses ein Ägypter«, versucht Freud zu zeigen, dass Moses, entgegen den Angaben der Bibel, nicht Israelit, sondern (vermutlich vornehmer) Ägypter war. In der zweiten (»Wenn Moses ein Ägypter war…«) diskutiert er dann die Möglichkeit, dass Moses den Israeliten die kurzfristig unter Pharao Echnaton in Ägypten herrschende monotheistische Aton-Religion vermittelt haben könnte und zeigt die Parallelen zwischen letzterer und dem Jahveglauben mit seinen Gebräuchen (z. B. Beschneidung) auf. Der dritte Teil (»Moses, sein Volk und die monotheistische Religion«) ist der eigentlich psychoanalytische und zweifellos der brisanteste – nicht ohne Grund hatte Freud so lange mit seiner Veröffentlichung gezögert: Gedanken aus *Totem und Tabu* (1912–13a) aufgreifend führt er nun – sehr viel konkreter und pointierter als in *Die Zukunft einer Illusion* – die christliche Religion auf ihre wenig heiligen primitiven Ursprünge zurück, nämlich insbesondere auf die nicht in der Bibel zu findende, aber aus anderen Quellen abgeleitete Ermordung des Moses.

Die zeitversetzte Bearbeitung macht den Text ohnehin schwierig zu lesen, allein schon auf Grund der zahlreichen Wiederholungen, die nicht immer als solche gekennzeichnet sind und nicht selten zugleich Neues bringen. Zudem stellt das von Freud in dieser Schrift wiederholt beklagte Nachlassen der »schöpferischen Fähigkeiten« (etwa GW XVI, S. 156) sicher eine Tatsache dar; es ist schwer vorstellbar, dass die starken gesundheitlichen Einschränkungen ohne Folge für seine schriftstellerischen Fähigkeiten geblieben sind.

Vor Darstellung des schwierigen Werkes scheint es sinnvoll, einen kurzen Abriss der Mosesgeschichte aus der Bibel zu geben (die Freud als mehr oder weniger bekannt voraussetzt) und – ohne hier ins Detail zu gehen – anzugeben, was die moderne archäologische und textvergleichende Bibelforschung zu Entstehung und historischem Hintergrund dieses Berichtes beiträgt.

10.2 Exkurs: Der biblische Bericht; heutige historische Einordnung

Die Berichte über Moses, auf die Freud Bezug nimmt, sind in den ersten fünf Büchern der Bibel, dem Pentateuch oder den Fünf Büchern Mose, niedergeschrieben. (Ich verwende die Lutherübersetzung, deswegen *Mose* statt *Moses*; s. auch Anmerkung 21.) Das Erste Buch Mose mit dem Namen Genesis beginnt mit der Erschaffung der Erde, beschreibt die Vertreibung aus dem Paradies, Gottes Bund mit Noah, die Sintflut, die Patriarchen (Abraham, Isaak, Jakob) und ihre Niederlassung im heiligen Land (Kanaan), zudem die Geschichte der Söhne Jakobs. Hier beginnt die eigentliche Vorgeschichte des Mosesberichts, denn Joseph, einer der Söhne Jakobs, wurde von seinen Brüdern an Händler verkauft, die ihn nach Ägypten in die Sklaverei brachten. Bekanntlich blieb Joseph nicht lange in dieser untergeordneten Position, stieg zum Berater Pharaos auf, bewahrte Ägypten vor einer Hungersnot und legte sogar solche Vorräte an, dass von den umgebenden Ländern viele kamen, um sich mit Getreide zu versorgen, so auch die Söhne Jakobs. Sie empfing Joseph, verzieh ihnen und wies sie an, auch Jakob nach Ägypten zu holen und dort sich niederzulassen. (Diese in Ägypten siedelnden Nachkommen der 12 Söhne Jakobs bilden die Stämme Israels[3].); das Erste Buch Mose endet mit dem Tod Jakobs und später Josephs[4].

Das Zweite Buch Mose mit dem Titel Exodus (Auszug) berichtet die für die Freuds Mosesstudie entscheidenden Ereignisse. Danach hatte sich die Zahl der Israeliten inzwischen deutlich vermehrt, sodass ein neuer König in Ägypten (»der von Joseph nichts wusste«) deren Niederhaltung anstrebte und dies einerseits durch harte Fronarbeit versuchte, andererseits durch den Befehl, alle männlichen israelitischen Neugeborenen zu töten. Eine Israelitin aus dem Stamme Levi verbarg daher ihr Neugeborenes zuerst für einige Monate und setzte es dann in einem Schilfkörbchen im Nil aus. Dieses fand eine Tochter des Pharao, gab es einer hebräischen Frau (zufälligerweise der leiblichen Mutter) zum Stillen, die es nach gewisser Zeit zurückgab: »Und als das Kind groß war, brachte sie es der Tochter des Pharao, und es ward ihr Sohn, und sie nannte ihn Mose; denn sie sprach: Ich habe ihn aus dem Wasser gezogen[5]«. (2.Mose 2, 11) Als er einen ägyptischen Aufseher erschlug, der einen seiner »hebräischen Brüder« misshandelt hatte[6], musste Moses fliehen und zwar ins Land der Midianiter[7], wo er die Schafe des Priesters Jitro (Jethro) hütete und eine dessen Töchter zur Frau nahm. Dort erscheint Gott (»der Gott deines Vaters, der Gott Abrahams, der Gott Isaaks und der Gott Jakobs«) Moses im brennenden Dornbusch und fordert ihn auf, zurückzukehren und mit Hilfe seines Bruders Aaron die Israeliten aus Ägypten heraus zu führen in ein »gutes und weites Land, in ein Land, darin Milch und Honig fließt, in das Gebiet der Kanaaniter, Hetiter, Amoriter, Persisiter, Hiwiter und Jebusiter«; dabei verspricht Gott seine Hilfe: »Aber ich weiß, dass euch der König von Ägypten nicht wird ziehen lassen, er werde denn gezwungen durch eine starke Hand. Daher werde ich meine Hand ausstrecken und Ägypten schlagen mit all den Wundern, die ich darin tun werde. Danach wird er euch ziehen lassen.« (2.Mose 3, 19–20)

Zurück in Ägypten versucht Moses, vom Pharao die Erlaubnis zum Auszug zu erlangen, was aber auch mit einer Reihe praktizierter Wunder (z. B. Verwandlung von Stäben in Schlangen) nicht gelingt; erst nach der Sendung von zehn schweren Plagen (u. a. Heuschrecken, einer Finsternis, Sterben aller Erstgeborenen) lässt sich Pharao umstimmen: »Und zur Mitternacht schlug der HERR alle Erstgeburt in Ägyptenland vom ersten Sohn des Pharao an, der auf seinem Thron saß, bis zum ersten Sohn des Gefangenen im Gefängnis und alle Erstgeburt des Viehs. Da stand der Pharao auf in derselben Nacht und alle seine Großen und alle Ägypter, und es ward ein großes Geschrei in Ägypten; denn es war kein Haus, in dem nicht ein Toter war. Und er ließ Mose und Aaron rufen in der Nacht und sprach: Macht euch auf und ziehet weg aus meinem Volk, ihr und die Israeliten. Geht hin und dienet dem HERRN, wie ihr gesagt habt.« (2.Mose 12, 29–31)[8] Als die Soldaten Pharaos dennoch zur Verfolgung ansetzen, teilt Moses das Schilfmeer, sodass die Israeliten auf Grund günstiger Winde durchziehen können, während die Verfolger nach Wechsel der Windrichtung sämtlich ertrinken[9]. Der Zug geht dann in die Wüste, wo die Israeliten wieder einmal (nicht zum ersten und keineswegs zum letzten Mal) gegen Moses murren: »Wollte Gott, wir wären in Ägypten gestorben durch des HERRN Hand, als wir bei den Fleischtöpfen saßen und hatten Brot die Fülle zu essen. Denn ihr habt uns dazu herausgeführt in diese Wüste, dass ihr diese ganze Gemeinde an Hunger sterben lasst.« (2.Mose 16, 3) Da ließen sich Wachteln in Scharen nieder, die leicht gefangen werden konnten, und am Morgen war der Boden mit einer weißlichen nahrhaften Substanz bedeckt, dem Manna[10].

Nach drei Monaten Wanderung gelangt der Zug in die Wüste Sinai[11], wo zum ersten Male Gott einen Bund mit den Israeliten schließt: »Werdet ihr nun meiner Stimme gehorchen und meinen Bund halten, so sollt ihr mein Eigentum sein vor allen Völkern; denn die Erde ist mein. Und ihr sollt mir ein Königreich von Priestern und ein heiliges Volk sein.« (2.Mose 19, 5–6) Bald danach erscheint der Herr dem Volke: »Als nun der dritte Tag kam und es Morgen war, da erhob sich ein Donnern und Blitzen und eine dichte Wolke auf dem Berge und der Ton einer sehr starken Posaune. Das ganze Volk aber, das im Lager war, erschrak. [...] Der ganze Berg Sinai aber rauchte, weil der Herr auf den Berg herabfuhr wie Feuer; und der Rauch stieg auf wie der Rauch von einem Schmelzofen, und der ganze Berg bebte sehr.« (2.Mose 19, 16–18)[12] In diesem Rahmen teilt Gott Moses die zehn Gebote mit und erlässt zahlreiche weitere Rechtsverordnungen (z. B. die Rechte der Sklaven betreffend, Hinweise über die Sühnung von Vergehen, Vorschriften zur Schützung der Schwachen, religiöse Vorschriften, u. a. bezüglich Sabbat und Sabbatjahr, Bundeslade, Opferriten). Während Moses 40 Tage und Nächte auf dem Berg Sinai verweilt, um alle diese Vorschriften zu empfangen, u. a. in Form zweier Gesetzestafeln, spielt sich die Episode mit dem goldenen Stierbild ab: »Als aber das Volk sah, dass Mose ausblieb und nicht wieder von dem Berg zurückkam, sammelte es sich gegen Aaron und sprach zu ihm: Auf, mach uns einen Gott, der vor uns hergehe! Denn wir wissen nicht, was diesem Mann Mose widerfahren ist, der uns aus Ägyptenland geführt hat.« Da befahl ihnen Aaron, ihm ihre goldenen Ohrringe zu geben und goss daraus das goldene Kalb. »Und sie sprachen: Das ist dein Gott, Israel, der dich aus Ägyptenland geführt hat! Als Aaron das sah, baute er einen Altar vor ihm und ließ ausrufen und sprach: Morgen ist des HERRN Fest. Und sie standen früh am Morgen auf und opferten Brandopfer und brachten dazu Dankopfer dar. Danach setzte sich das Volk, um zu essen und zu trinken, und sie standen auf, um ihre Lust zu treiben.« (2.Mose 32, 2–6) Moses' Reaktion ist sehr heftig: »Als Mose aber nahe zum Lager kam und das Kalb und das Tanzen sah, entbrannte sein Zorn, und er warf die Tafeln aus der Hand und zerbrach sie unten am Berge und nahm das Kalb [...] und zermalmte es zu Pulver und streute es aufs Wasser und gab's den Israeliten zu trinken.« (2.Mose 32, 19–20) Dabei lässt er es nicht bewenden und ruft: »Her zu mir, wer dem Herrn angehört! Da sammelten sich zu ihm alle Söhne Levi. Und er sprach zu ihnen: So spricht der Herr, der Gott Israels: Ein jeder gürte sein Schwert um die Lenden und gehe durch das Lager hin und her von einem Tor zum anderen und erschlage seinen Bruder, Freund und Nächsten. Die Söhne Levi taten, wie ihnen Mose gesagt hatte; und es fielen an dem Tage vom Volke dreitausend Mann.« (2.Mose 32, 27–28)[13] Im Anschluss an die Strafaktion steigt Moses erneut auf den Berg, erhält die alten Vorschriften noch einmal sowie weitere und schreibt diese auf zwei neue Steintafeln[14].

Das dritte Buch Mose (Levitikus) enthält im Wesentlichen weitere Gesetze und Vorschriften, speziell den religiösen Dienst betreffend – aus dem Stamm der Leviten, dem auch Moses und Aaron angehörten, wurden nämlich die Priester bestellt (4.Mose 8, 23–25). Das vierte Buch (Numeri) beschreibt hauptsächlich die Vorbereitungen zum Einmarsch in das Heilige Land (der dann aber erst sehr viel später stattfindet), z. B. die Ordnung der Stämme und der zu ihnen gehörigen Heere. Schließlich setzt sich der Zug nach über einem Jahr Aufenthalt am Sinai-Berg in Bewegung. Wieder beginnt das Volk zu murren: »Das fremde Volk aber unter ihnen war lüstern geworden[15]. Da fingen auch die Israeliten wieder an zu weinen und sprachen: Wer wird uns Fleisch zu essen geben? Wir denken an die Fische, die wir Ägypten umsonst aßen, und an die Kürbisse, die Melonen, den Lauch, die Zwiebeln und den Knoblauch. Nun aber ist unsere Seele matt, denn unsere Augen sehen nichts als Manna.« (4.Mose 11, 4–6). Bald darauf sendet Mose zum ersten Male Kundschafter nach Kanaan aus; als diese zurück kommen, bringen sie Früchte daraus mit, loben den Reichtum des Landes, weisen jedoch auf seine starke und gut gerüstete Bevölkerung hin: »Und sie erzählten ihnen und sprachen: Wir sind in das Land gekommen, in das ihr uns sandtet; es fließt wirklich Milch und Honig darin, und dies sind seine Früchte. Aber stark ist das Volk, das darin wohnt, und die Städte sind befestigt und sehr groß; und wir sahen auch Anaks Söhne [also Riesen].« (4.Mose 13, 27–28) Nachdem die Kundschafter eindrücklich die Schrecklichkeit der in Kanaan ansässigen Menschen beschrieben haben, empört sich das Volk: »Und alle Israeliten murrten gegen Mose und Aaron, und die ganze Gemeinde sprach zu ihnen: Ach dass wir in Ägyptenland gestorben wären oder noch in dieser Wüste stürben! Warum führt uns der Herr in dies Land, damit wir durchs Schwert fallen und unsere Frauen und unsere Kinder ein Raub werden? Ist's nicht besser, wir ziehen wieder nach Ägypten. Und einer sprach zu dem anderen: Lasst uns einen Hauptmann über uns setzen und wieder nach Ägypten ziehen!« (2.Mose 14, 2–4) Wieder einmal (nach ähnlicher Drohung in 2.Mose 17, 4) wird Moses der Tod angedroht: »Aber das ganze Volk sprach, man solle sie steinigen.« Lediglich das Erscheinen des Herrn und die Androhung von Strafen, die wiederum Moses abwenden kann, bereinigen die Situation, nicht aber ohne langfristige Konsequenzen: »Und der Herr sprach: ich habe vergeben, wie Du es erbeten hast. Aber so wahr ich lebe [...] alle die Männer, die meine Herrlichkeit und meine Zeichen gesehen haben, die ich getan habe in Ägypten und in der Wüste, und mich nun zehnmal versucht und meiner Stimme nicht gehorcht haben, von denen soll keiner das Land sehen, das ich ihren Vätern zu geben geschworen habe; auch keiner soll es sehen, der mich gelästert hat.« (4.Mose 14, 20–23)

Von da an ziehen die Israeliten nicht direkt Richtung Norden nach Kanaan, sondern versuchen auf einem vierzigjährigen Umweg mit langen Siedlungspausen, vorbei am Ostufer des Toten Meeres, es von Nordosten zu erreichen. In dieser Zeit lagert der Zug in der Oase Kadesch (Qades), wo der Bund vom Sinai erneuert wird (eine Stelle, die wesentlich in Freuds Argumentation eingeht). Moses erinnert an die bisherigen Geschehnisse des Auszugs, insbesondere an die Ereignisse am Berg Sinai und die 10 Gebote, die er ausdrücklich wiederholt; er erlässt (oder wiederholt) weitere Vorschriften: Insbesondere weist er noch einmal darauf hin, den Herrn als einzigen Gott zu verehren. »Höre, Israel, der HERR ist unser Gott, der HERR allein. Und du sollst den HERRN, deinen Gott, lieb haben von ganzem Herzen, von ganzer Seele und mit all deiner Kraft.« (5.Mose 6, 4–5); und noch einmal: »Und du sollst nicht anderen Göttern nachfolgen, den Göttern der Völker, die um euch her sind – denn der HERR, dein Gott, ist ein eifernder Gott in deiner Mitte –, dass nicht der Zorn des HERRN, deines Gottes, über dich entbrenne und dich vertilge von der Erde.« (5.Mose 6, 15–16) Insbesondere wird Israel ermahnt, mit den Heiden keine Gemeinschaft einzugehen: »Wenn dich der HERR, dein Gott, ins Land bringt, in das du kommen wirst, es einzunehmen, und er ausrottet viele Völker vor dir her [...], und wenn sie der HERR, dein Gott, vor dir dahingibt, dass du sie schlägst, so sollst du an ihnen den Bann vollstrecken. Du sollst keinen Bund mit ihnen schließen und keine Gnade gegen sie üben und du sollst dich nicht mit ihnen verschwägern; eure Töchter sollt ihr nicht geben ihren Söhnen, und ihre Töchter sollt ihr nicht nehmen für eure Söhne. Denn sie werden eure Söhne mir abtrünnig machen, dass sie anderen Göttern dienen; so wird dann des HERRN Zorn entbrennen über euch und euch bald vertilgen.« (5.Mose 7, 1–4) Als Gegenleistung steht der göttliche Segen: »Und wenn ihr diese Rechte hört und sie haltet und danach tut, so wird der HERR, dein Gott, auch halten den Bund und die Barmherzigkeit, wie er deinen Vätern geschworen hat, und wird dich lieben und segnen und mehren, und er wird segnen die Frucht deines Leibes und den Ertrag deines Ackers […] in dem Lande, das er dir geben wird, wie er deinen Vätern geschworen hat. Gesegnet wirst du sein vor allen Völkern« (5.Mose 7, 12–14) Und nachdem er noch einmal zu Dankbarkeit und Demut ermahnt hat, an Israels Untreue und Gottes Wohltaten erinnert hat, gibt Moses die erwähnten zahlreichen Vorschriften kund. Dann setzt er Josua zu seinem Nachfolger ein, steigt auf den Berg Nebo[16], wo er im Westen das verheißene Land sieht und stirbt: »Und der Herr sprach zu ihm: Dies ist das Land, von dem ich Abraham, Isaak und Jakob geschworen habe: Ich will es deinen Nachkommen geben. – Du hast es mit deinen Augen gesehen, aber du sollst nicht hinübergehen. So starb Mose, der Knecht des HERRN, daselbst im Lande Moab nach dem Wort des HERRN. Und er begrub ihn im Tal, im Lande Moab gegenüber Bet-Peor. Und niemand hat sein Grab erfahren bis auf den heutigen Tag. Und Mose war hundertzwanzig Jahre alt, als er starb. Seine Augen waren nicht schwach geworden, und seine Kraft war nicht verfallen.« (5.Mose 34, 4–7)[17]

Die fünf Bücher Mose (der Pentateuch) sind natürlich nicht, wie fromme Männer lange glaubten[18], von Moses selbst geschrieben worden. Vielmehr herrscht weitgehende Übereinstimmung, dass nach langer mündlicher Überlieferung die erste Niederschrift im 9. oder 8. Jahrhundert v. Chr. erfolgte und zwar von einem Verfasser, der auf Grund der Verwendung des Gottesnamen Jahve als Jahvist (J) genannt wird und der offenbar noch von polytheistischen Vorstellungen geprägt war. Etwa ein Jahrhundert später sind von einem zweiten, deutlich von einem monotheistischen Gottesbild beeinflussten Verfasser, der als Elohist (E) bezeichnet wird (nach der Verwendung des Gottesnamens Elohim) weitere Teile geschrieben worden, die (vielleicht) ein dritter Autor (JE) zusammenfasste. Das 5.Buch Mose, das Deuteronomium, wurde möglicherweise gar erst um 600 v. Chr. geschrieben. Noch später, in der Zeit des Exils (also zwischen 600 und 520 v. Chr.) sind die einzelnen Teile (ergänzt um ein weiteres Werk, die Priesterschrift, auf die wohl einige der Ritualvorschriften zurückgehen) vereinigt worden; später dürften diese Bücher Mose keinen allzu wesentlichen Veränderungen unterworfen worden sein[19].

10.3 Inhalt

Es folgt nun ein Resümee von Freuds Schrift, wobei versucht werden soll, den häufig unterbrochenen Gedankengang konsequenter herauszuarbeiten und Exkurse des Autors gegebenenfalls in den Anmerkungen unterzubringen.

> »Einem Volkstum den Mann abzusprechen, den es den größten unter seinen Söhnen rühmt, ist nichts, was man gerne oder leichthin unternehmen wird, zumal man selbst diesem Volke angehört. Aber man wird sich durch kein Beispiel bewegen lassen, die Wahrheit zugunsten vermeintlicher nationaler Interesse zurückzusetzen, und man darf ja auch von der Klärung eines Sachverhalts einen Gewinn für unsere Einsicht erwarten.« (1939a; GW XVI, S. 103)[20]

Mit diesen Worten beginnt die erste Abhandlung »Moses ein Ägypter«, in der Freud die These aufstellt, Moses sei kein Hebräer (Israelit), sondern ein vornehmer Ägypter gewesen. Hier führt der Autor zunächst an, dass der Name Moses (in der Bedeutung von Sohn, Kind) sicher ägyptisch war. Die hebräische Ableitung (s. Anmerkung 5) hält er für etymologisch fragwürdig und merkt zu Recht an, dass eine ägyptische Prinzessin ihrem Kind sicher nicht einen hebräischen »Übernamen« (»Spitznamen«) gegeben habe; in diesem Zusammenhang kann Freud auf ägyptische Namen verweisen (z. B. Thutmose[21]) sowie auf die Tatsache, dass sich die verkürzte Form Mose nicht selten in ägyptischen Texten findet. Allerdings konzediert er, dass dies bereits vielen anderen aufgefallen war, welche dennoch nicht an der hebräischen Abstammung Moses' zweifelten[22]. Psychoanalytische Überlegungen sollen ein weiteres Argument für eine ägyptische Abstammung liefern. Freud nimmt Bezug auf eine Arbeit von O. Rank, dass die Geburt eines Volkshelden oft nach einem bestimmten Schema dargestellt werde: Dieser sei Kind vornehmer Eltern, werde dann (weil häufig ein Orakel den Sohn als Bedrohung für den Vater darstelle) ausgesetzt (nicht selten in einem Kästchen ins Wasser) und von Personen niedrigen Standes (sogar zuweilen von Tieren) aufgezogen; schließlich treffe er wieder auf seine Eltern (wobei er sich in der Regel dann am Vater rächt). Nun ist auffällig, dass die Schilderung der Geburt Moses' und seiner Aussetzung im Schilfkörbchen einerseits deutlich Elemente dieses Schemas enthält, andererseits in einem entscheidenden Punkt davon abweicht: Er wird in einer Familie unteren Standes geboren, wächst aber in einer vornehmen Familie auf, nämlich im ägyptischen Königshaus. In ziemlich umständlicher Argumentation, die sich nicht verkürzt wiedergeben lässt, kommt Freud zu folgendem Schluss: Das Sagenschema sei zu einem bestimmten Zwecke verändert worden: Moses – ein wahrscheinlich vornehmer Ägypter (vielleicht Sohn jener Pharaotochter, die ihn im Körbchen im Nil entdeckt hat) – sollte »zum Juden gemacht« werden. Freud ist aber realistisch genug zu sehen, dass auch diese Beweisführung wenige zur Überzeugung bringen werde, Moses sei Ägypter gewesen: »Wir haben gehört, dass das erste Argument, das aus dem Namen, auf Viele keinen entscheidenden Eindruck gemacht hat.« Er fügt hinzu: »Man muß darauf vorbereitet sein, dass das neue Argument, aus der Analyse der Aussetzungssage, kein besseres Glück haben wird.« (GW XVI, S. 112). Sein Ausblick ist dementsprechend verhalten und zugleich euphorisch: Lasse man sich »von den beiden hier angeführten Argumenten fortreißen« und versuche, »Ernst zu machen mit der Annahme, dass Moses ein vornehmer Ägypter war«, ergäben sich »sehr interessante und weitreichende Perspektiven.« Nämlich:

> »Mit Hilfe gewisser, nicht weit abliegender Annahmen glaubt man die Motive zu verstehen, die Moses bei seinem ungewöhnlichen Schritt geleitet haben, und in engem Zusammenhang damit erfasst man die mögliche Begründung von zahlreichen Charakteren und Besonderheiten der Gesetzgebung und der Religion, die er dem Volke der Juden gegeben hat, und wird selbst zu bedeutsamen Ansichten über die Entstehung der monotheistischen Religionen im allgemeinen angeregt.« (GW XVI, S. 113)

Aber – hier schränkt er wieder ein – »Aufschlüsse so wichtiger Art kann man nicht allein auf psychologische Wahrheiten gründen.« Erforderlich sei zudem ein historisch gesichertes Moment: »Ein objektiver Nachweis, in welche Zeit das Leben Moses' und damit der Auszug aus Ägypten fällt, hätte etwa dem Bedürfnis genügt.« Jedoch: »Aber ein solcher fand sich nicht, und darum soll die Mitteilung aller weiteren Schlüsse aus der Einsicht, dass Moses ein Ägypter war, besser unterbleiben.« (S. 113)

Genau das tut Freud aber nicht, und die nächste Abhandlung, erschienen zwei Hefte später desselben Jahrgangs von *Imago*, trägt den Titel »Wenn Moses ein Ägypter war …«. Nachdem er dort den ersten Teil resümiert und seine eigenen Unsicherheiten betont hat, konstatiert er gleichwohl: »Ungeachtet dieser Bedenken, die heute so schwer wiegen wie damals, ist aus dem Widerstreit meiner Motive der Entschluss hervorgegangen, auf jene erste Mittelung diese Fortsetzung folgen zu lassen.« Und den dritten Teil antizipierend, fügt er hinzu: »Aber es ist wiederum nicht das Ganze und nicht das wichtigste Stück vom Ganzen.« (S. 115)

Die Folgerung – lässt man die Voraussetzung gelten, Moses sei Ägypter gewesen – scheint zwingend: Wenn dieser den Israeliten eine Religion vermittelt habe, müsse es seine eigene gewesen sein, also eine ägyptische. Dann stellt Freud klar, dass dies keineswegs der Jahrhunderte lang in Ägypten herrschende polytheistische Glaube gewesen könne, dessen Inhalte in fundamentalem Gegensatz zur jüdischen Religion gestanden haben (bei der ersteren üppiges Wuchern von »Magie und Zauberwesen«, bei der anderen deren strengste Verdammnis, hier die ausgiebige bildliche Darstellung der Götter, dort das Verbot der bildlichen Darstellung, hier ein fanatischer Glaube an das Jenseits, in der jüdischen Religion hingegen keine Erwähnung eines möglichen Fortlebens nach dem Tode). Allerdings – so erläutert Freud weiter – habe es in der ägyptischen Geschichte unter Pharao Amenohotep IV. (der sich bald den Namen Ikhnaton [Echnaton] zulegte) eine monotheistische Phase gegeben, mit dem Sonnengott Aton als einziger Gottheit, in der auch der Regierungssitz nicht mehr das oberägyptische Theben, sondern das nilabwärts gelegene Tell-el-Amarna gewesen sei. Diese Epoche habe jedoch nur kurz gedauert: Der nächste Pharao Tutankhaton habe seine Residenz zurück nach Theben verlegt und den thebanischen Gott Amun wieder als Hauptgottheit eingesetzt (seinen eigenen Namen dabei in Tutankhamon [Tutenchamun] umgeändert). Nach einigen folgenden Jahren der Anarchie habe schließlich der Feldherr Haremhab die Ordnung um 1350 v. Chr. wieder hergestellt[23]. Freud vergleicht dann die Atonreligion mit dem jüdischen Glauben[24]: In beiden Fällen handele sich um einen strengen Monotheismus und – was Freud als besonders bemerkenswerte Übereinstimmung hervorhebt – um Religionen ohne Jenseitsglaube[25].

Nun – in der Argumentation von der Aton-Religion weggehend und einen neuen Gedankengang aufnehmend – meint Freud, Moses habe bei den Juden die Sitte der Beschneidung eingeführt, welche er unzweifelhaft wieder aus Ägypten übernommen habe[26]. Er argumentiert weiter: Wenn Moses ein Jude war, warum sollte er – angesichts der ohnehin schweren Aufgabe des Auszugs aus Ägypten – ihnen zusätzlich noch die »beschwerliche Sitte« der Beschneidung aufdrängen, welche ihre Erinnerung an Ägypten immer wach halten musste? Er folgert: »Wenn Moses den Juden nicht nur eine neue Religion, sondern auch das Gebot der Beschneidung gab, so war er kein Jude, sondern ein Ägypter, und dann war die mosaische Religion wahrscheinlich eine ägyptische und zwar wegen des Gegensatzes zur Volksreligion die Religion des Aton, mit der die spätere jüdische Religion auch in einigen bemerkenswerten Punkten übereinstimmt.« (GW XVI, S. 126)

Nun beginnt die entscheidende historische Spekulation: Moses, ein Ägypter, war überzeugter Anhänger der Aton-Religion, stand vielleicht dem königlichen Hof nahe[27], hatte nach dem Tod Echnatons und der folgenden Restauration der Machtverhältnisse sowie der alten ägyptischen Volksreligion nichts Gutes zu erwarten; er entschloss sich daher, zusammen mit semitischen Volksstämmen Ägypten zu verlassen:

> »Dem Pharao nahe, war er ein überzeugter Anhänger der neuen Religion, deren Grundgedanken er sich eigen gemacht hatte. Mit dem Tod des Königs und dem Einsetzen der Reaktion sah er alle seine Hoffnungen und Aussichten zerstört; wenn er seine ihm teuren Überzeugungen nicht abschwören wollte, hatte ihm Ägypten nichts mehr zu bieten, er hatte sein Vaterland verloren. […] Moses' energischer Natur entsprach der Plan, ein neues Reich zu gründen, ein neues Volk zu finden, dem er die von Ägypten verschmähte Religion zur Verehrung schenken wollte. […] Vielleicht war er Statthalter jener Grenzprovinz (Gosen), in der sich […] gewisse semitische Stämme niedergelassen hatten. Diese wählte er aus, dass sie sein neues Volk sein sollten. Eine weltgeschichtliche Entscheidung! Er setzte sich mit ihnen ins Einvernehmen, stellte sich an ihre Spitze, besorgte ihre Abwanderung ›mit starker Hand‹. Im vollen Gegensatz zur biblischen Tradition sollte man annehmen, dass sich dieser Auszug friedlich und ohne Verfolgung vollzog. Die Autorität Moses' ermöglichte ihn, und eine Zentralgewalt, die ihn hätte verhindern können, war damals nicht vorhanden.« (GW XVI, S. 127)

Wie Freud meint, habe das Ziel einer solchen Wanderung nur Kanaan (also das spätere Palästina, d. h. in etwa das heutige Israel und das Westjordanland) sein können, da dort durch den Zusammenbruch der ägyptischen Herrschaft ein Machtvakuum entstanden sei. Die Ereignisse datiert er damit um 1350, in die Jahre nach dem Ende der Regentschaft Echnatons (wie er selbst konstatiert, etwa ein Jahrhundert früher, als von den meisten Historikern angenommen; s. Anmerkung 8). In diesem Zusammenhang wird noch einmal das Thema der Beschneidung aufgegriffen: Moses, der als Ägypter selbst beschnitten war, wollte als Zeichen der Weihe bei den Juden (die ihm ein »besserer Ersatz für die Ägypter« sein sollten), diese Sitte[28] ebenfalls einführen, die »sie den Ägyptern mindestens gleichstellte.«

Nach einigen verschlungenen, hier nicht wiedergegebenen Überlegungen führt Freud – unter Berufung auf Historiker – auf einen neuen, für die weitere Argumentation zentralen Punkt hin: Die eigentliche Religionsstiftung habe sich weder in Ägypten noch auf dem Sinai abgespielt, »sondern in einer Örtlichkeit, die Meribat-Qades genannt wird, einer durch ihren Reichtum an Quellen und Brunnen ausgezeichneten Oase in dem Landstrich südlich von Palästina zwischen dem östlichen Ausgang der Sinaihalbinsel und dem Westrand von Arabien. Sie übernahmen dort die Verehrung eines Gottes Jahve, wahrscheinlich von dem arabischen Stamm der nahebei wohnenden Midianiter.« Vermutlich seien auch andere Nachbarstämme Anhänger dieses Gottes gewesen (GW XVI, S. 133)[29]. Da Jahve eigentlich ein Vulkangott sei (s. 10.2) und die Sinai-Halbinsel frei von Vulkanen, müsse sich der Berg der Gebote (Horeb) eben in dieser Gegend befunden haben.

Freud stellt dann, in Berufung auf seinen Gewährsmann, der wiederum die Bibelpassagen über Qades und den dortigen Religionsstifter Moses mit seinen Handlungen ausgewertet hat, folgende weit reichende Hypothese auf: Der Moses von Qades sei mit dem ägyptischen Moses nicht identisch[30]: »Wir können den Eindruck nicht bestreiten, dieser Moses von Qades und Midian [...] ist ein ganz anderer als der von uns erschlossene großherrliche Ägypter, der dem Volk eine Religion eröffnete, in der alle Magie und Zauberei aufs strengste verpönt war. Unser ägyptischer Moses ist vom midianitischen Moses vielleicht nicht weniger verschieden als der universelle Gott Aton von dem auf dem Götterberg hausenden Dämon Jahve.« (GW XVI, S. 135)

Die weitere Beweisführung – und hier wird sie zunehmend spekulativer – basiert auf der aus Büchern der Propheten herausgelesenen Andeutung, Moses sei in Wirklichkeit keineswegs angesichts des gelobten Landes gestorben, sondern zu einem gewissen Zeitpunkt von seinen Gefolgsleuten erschlagen, die von ihm gestiftete Religion aufgegeben worden[31]. Diese Annahme wird allerdings vorläufig zur Seite gestellt. Freud argumentiert zunächst wieder in besser nachvollziehbarer Weise: Die nach Ägypten ausgewanderten und nun zurückgekehrten Israeliten seien nur ein Bruchteil des »späteren Judenvolkes« gewesen und hätten sich mit verwandten Stämmen vereinigt, die schon länger zwischen Ägypten und Kanaan ansässig gewesen seien. Weiter führt er an, dass die Leviten, aus denen sich die Priester rekrutierten und zu welchem Stamm auch Moses laut Bibelzeugnis gehörte, in Wirklichkeit Ägypter gewesen seien (»die Leute des Moses«); diese seien zwar mit dem israelitischen Volke verschmolzen, wären ihrem Herrn (also Moses) aber auch nach seinem gewaltsamen Tod treu geblieben, hätten das Andenken an ihn gewahrt und »die Tradition seiner Lehren gepflegt«. »Zur Zeit der Vereinigung«, mutmaßt Freud, »bildeten sie eine einflußreiche, den anderen kulturell überlegene Minorität.« (GW XVI, S. 139) Die Vereinigung in Qades, die Verschmelzung der aus Ägypten zurückgekehrten Israeliten mit den dort schon lange ansässigen Verwandten, habe auch zu einer Verschmelzung der Glaubenslehren geführt, einem »Kompromiß«, an dem »der Anteil der Mosesleute unverkennbar« gewesen sei. Dazu habe die (wie erwähnt, offenbar in Kanaan unübliche) Beschneidung gehört, möglicherweise auch die Einführung anderer Elemente der eigentlichen mosaisch-ägyptischen Religion. Im Gegenzug seien sie bereit gewesen, »die neue Gottheit anzunehmen [scil. Jahve] und was die Midianpriester von ihr erzählten.« (S. 139)[32] Diese Kompromissbildung gehe auch in die schriftliche Tradition ein, die entsprechend die historische Wahrheit verändern müsse:

»Die leitende Tendenz war, Größe und Macht des neuen Gottes Jahve zu erweisen. Da die Mosesleute so hohen Wert auf ihr Erlebnis des Auszugs aus Ägypten legten, musste diese Befreiungstat Jahve verdankt werden, und dies Ereignis wurde mit Ausschmückungen versehen, die die schreckliche Großartigkeit des Vulkangottes bekundeten [...]. Dabei wurden der Auszug und die Religionsstiftung nahe aneinandergerückt, das lange Intervall zwischen beiden verleugnet; auch die Gesetzgebung vollzog sich nicht Qades, sondern am Fuß des Gottesberges unter den Anzeichen eines vulkanischen Ausbruches. Aber diese Darstellung beging ein schweres Unrecht gegen das Andenken des Mannes Moses; er war es ja, nicht der Vulkangott, der das Volk aus Ägypten befreit hatte. Somit war man ihm eine Entschädigung schuldig und fand sie darin, dass man Moses hinübernahm nach Qades oder an den Sinai-Horeb und ihn an Stelle der midianitischen Priester setzte. [...] Auf diese Weise hatte man gleichsam einen Ausgleich geschaffen; man ließ Jahve nach Ägypten übergreifen, der auf einem Berg in Midian hauste, und Moses' Existenz und Tätigkeit dafür nach Qades und bis ins Ostjordanland«. (S. 140 f.)[33]

Es sei wohl berechtigt, »die beiden Personen wieder von einander zu scheiden und anzunehmen, dass der ägyptische Moses nie in Qades war und den Namen Jahve nie gehört hatte und dass der midianitische Moses Ägypten nie betreten hatte und von Aton nichts wusste.« Zum »Zwecke der Verlötung der beiden Personen« sei »der Tradition oder der Sagenbildung« die Aufgabe zugefallen, »den ägyptischen Moses nach Midian zu bringen.«

Vor der weiteren Beweisführung steht eine Zusammenfassung von Ergebnissen der kritischen Bibelforschung: Als älteste Quellenschrift gelte J, der Jahvist (wohl ein Zeitgenosse des Königs David, also um 1000 v. Chr.); etwas jünger sei E, die Quelle des aus dem Nordreich stammenden Elohisten. Nach dem Untergang des Nordreiches[34] 722 habe ein jüdischer Priester »Stücke von J und E miteinander vereinigt und eigene Beiträge dazugetan.« Seine »Kompilation« werde als JE bezeichnet. Ein Jahrhundert später sei das Deuteronomium, das fünfte Buch, hinzugekommen. In der Zeit nach Zerstörung des Tempels (586) entstand eine neue Umarbeitung, der »Priesterkodex«; im fünften vorchristlichen Jahrhundert sei das Werk endgültig redigiert und sei seither nicht wesentlich verändert worden[35].

Im Licht dieser Entstehungsgeschichte nicht überraschend sind die augenfälligen Entstellungen des Textes: Zwei »einander entgegengesetzte Behandlungen« hätten ihre Spuren zurückgelassen: »Einerseits haben sich Bearbeitungen seiner bemächtigt, die ihn im Sinne ihrer geheimen Absichten verfälscht, verstümmelt und erweitert, bis in sein Gegenteil verkehrt haben, andererseits hat eine schonungsvolle Pietät über ihm gewaltet, die alles erhalten wollte, wie sie es vorfand, gleichgültig, ob es zusammenstimmte oder sich selbst aufhob.« So seien »fast in allen Teilen auffällige Lücken, störende Wiederholungen, greifbare Widersprüche« zustande gekommen, »Anzeichen, die uns Dinge verraten, deren Mitteilung nicht beabsichtigt war.« Man dürfe aber, fügt der Autor hinzu, »in vielen Fällen von Textentstellung darauf rechnen, das Unterdrückte und Verleugnete doch irgendwo versteckt zu finden, wenn auch abgeändert und aus dem Zusammenhang gerissen.« (GW XVI, S. 143 f.)

In geschickter Weise macht sich Freud nun daran, die »entstellenden Tendenzen« aufzuzeigen, zunächst die stärkste und bereits genannte: »Wir sagten, mit der Einsetzung des Gottes Jahve in Qades ergab sich die Nötigung, etwas für seine Verehrung zu tun.« Um ihn zu »installieren«, musste man »die Spuren früherer Religionen verwischen«, was auch insofern gelungen sei, als man von der Religion der ansässigen Stämme nichts mehr höre; zudem wollte man zeigen, dass Jahve für die Juden kein fremder Gott war, in welcher Absicht »die Sagen von den Urvätern des Volkes, Abraham, Isaak und Jakob, herangezogen« wurden (deren Gott, wie Jahve versichert, er ebenso gewesen sei). Die Spur des ägyptischen Einflusses zu verleugnen sei schwerer gewesen: »Den Mann Moses erledigte man, indem man ihn nach Midian und Qades versetzte und ihn mit dem Jahvepriester der Religionsstiftung verschmelzen ließ.« Die Beschneidung, fügt Freud hinzu, »das gravierendste Anzeichen der Abhängigkeit von Ägypten, musste man beibehalten, aber man versäumte die Versuche nicht, diese Sitte aller Evidenz zum Trotz von Ägypten abzulösen.« (GW XVI, S. 144 f.)[36] Interessant ist nun, dass offenbar immer mehr vom späteren midianitischen Anteil der verschmolzenen Glaubenslehre verloren ging, die Religionsstiftung in Qades zu erwähnen vermieden wurde, das wesentliche Geschehen an den Berg Sinai verlegt wurde[37]. Freud geht so weit, von einer Rückbildung der Jahve-Religion zu sprechen, bis »zur Übereinstimmung, vielleicht bis zur Identität mit der ursprünglichen Religion des Moses.« Und das, fügt er hinzu, sei »das wesentliche Ergebnis, der schicksalsschwere Inhalt der jüdischen Religionsgeschichte.« (GW XVI, S. 148)

Die nächsten Passagen bringen nicht wirklich Neues[38], sodass wir ohne wesentlichen Informationsverlust zu Freuds abschließenden Gedanken übergehen können:

> »Hiemit wäre ich zum Abschluß meiner Arbeit gelangt, die ja nur der einzigen Absicht dienen sollte, die Gestalt eines ägyptischen Moses in den Zusammenhang der jüdischen Geschichte einzufügen. Um unser Ergebnis in der kürzesten Formel auszudrücken: Zu den bekannten Zweiheiten dieser Geschichte – zwei Volksmassen, die zur Bildung der Nation zusammentreten, zwei Reiche, in die diese Nation zerfällt, zwei Gottesnamen in den Quellenschriften der Bibel – fügen wir zwei neue hinzu: Zwei Religionsstiftungen, die erste durch die andere verdrängt und später doch siegreich hinter ihr zum Vorschein gekommen, zwei Religionsstifter, die beide mit dem gleichen Namen Moses benannt werden und deren Persönlichkeiten wir von einander zu sondern haben. Und all diese Zweiheiten sind notwendige Folgen der ersten, der Tatsache, dass der eine Bestandteil des Volkes ein traumatisch zu wertendes Erlebnis gehabt hatte, das dem anderen fern geblieben war.« (GW XVI, S. 154)

Und er fügt hinzu, dass es noch sehr viel mehr »zu erörtern, zu erklären und zu behaupten« gäbe, so u. a.: worin die »eigentliche Natur einer Tradition« bestehe und »worauf ihre besondere Macht« beruhe, aus »welchen Quellen manche, besonders die religiösen, Ideen die Kraft schöpften, mit der sie Menschen wie Völker unterjochen«; all dies, meint er, »am Spezialfall der jüdischen Geschichte zu studieren, wäre eine verlockende Aufgabe.« Eine »solche Fortsetzung« seiner Arbeit würde »den Anschluss finden an Ausführungen«, welche er vor 25 Jahren in ›Totem und Tabu‹ niedergelegt« habe. Freud konstatiert jedoch: »Aber ich traue mir nicht mehr die Kraft zu, dies zu leisten.« (GW XVI, S. 154 f.).

Bekanntlich unternahm Freud diese Aufgabe dann doch, wobei er bereits zum Zeitpunkt der ersten beiden Mosesaufsätze 1937 wesentliche Vorarbeiten geleistet hatte. So konnte der umfangreiche dritte Teil – trotz der dazwischen liegenden sorgenvollen Zeiten beim Anschluss Österreichs ans Deutsche Reich, der Übersiedelung nach London und der immer größeren Belastungen durch die Erkrankung – (zunächst unter dem Titel »Der Fortschritt in der Geistigkeit«) schließlich Anfang 1939 erscheinen. Nach zwei zeitlich versetzt abgefassten Vorbemerkungen, deren Inhalt im Wesentlichen schon unter 10.1 und in Anmerkung 2 wiedergegeben wurde, resümiert Freud zunächst die Ergebnisse seiner »zweiten, der rein historischen Studie über Moses« (1939a; GW XVI, S. 161–169). Deren systematische Darstellung soll hier unterlassen und stattdessen (ergänzt durch Stellen aus Freuds Resümee) der bisherige Gedankengang mit seinen Stärken und Schwächen kurz rekapituliert werden.

Es ist davon auszugehen, dass die in den ersten fünf Büchern des Alten Testaments berichteten Vorgänge vom Auszug aus Ägypten unter Führung Moses' einen gewissen historischen Kern besitzen; diese Ereignisse sind vermutlich ins 13. oder 14. vorchristliche Jahrhundert zu datieren. Nach mehreren Jahrhunderten mündlicher Überlieferungen geschah die erste Niederschrift etwa um 1000 v. Chr., weitere Niederschriften und Zusammenfassungen der vorhandenen Texte folgten einige Jahrhunderte später. Diese zahlreichen Bearbeitungen zeigen sich in einer Reihe von Wiederholungen und Inkonsistenzen im Text, sodass auch von Entstellungen der historischen Sachverhalte auszugehen ist.

Als entscheidende Entstellung sieht Freud, dass Moses, der Ägypter war, im Text zu einem Israeliten gemacht wurde. Als Beleg für diese Auffassung weist er einerseits auf den sehr wahrscheinlich ägyptischen Namen hin, gewisse Ungereimtheiten in der Erzählung von der Aussetzung des Knaben, schließlich, dass Moses laut Bibel die Sitte der Beschneidung eingeführt (bzw. wiedereingeführt) hatte, und dass dieses Ritual in jener Zeit mit gewisser Sicherheit ausschließlich in Ägypten praktiziert wurde. Freud zählt die bemerkenswerten Übereinstimmungen zwischen der von Echnaton eingeführten Aton-Religion und der mosaischen Lehre auf und äußert die Vermutung, Moses habe nach dem Tod Echnatons wegen der Wiedereinführung des alten

Vielgötterglaubens als Anführer einer Gruppe von Israeliten das Land verlassen, um mit seinen Gefolgsleuten in Kanaan zu siedeln. Gleichzeitig habe er letztere – oft unter Zwang und gegen erhebliche Widerstände – zur monotheistischen Aton-Religion bekehrt. Diese historischen Mutmaßungen scheinen nicht schlecht begründet, sind aber nicht sicher durch Fakten zu stützen – was Freud bereitwillig konzediert.

Spekulativer werden die folgenden Überlegungen, nämlich dass Moses sehr bald – noch auf dem Sinai – von seinen Gefolgsleuten erschlagen wurde und dass diese unter anderer Führerschaft schließlich an den Grenzen von Kanaan, so u. a. in der Oase Qades, ankamen. Dort sei eine Vereinigung mit ansässigen verwandten Stämmen geschehen, die einem lokalen Vulkangott Jahve anhingen. Dabei habe auch eine Verschmelzung der Glaubensinhalte stattgefunden. Der ansässige Teil der Bevölkerung habe sich dabei insofern durchgesetzt, als die neue gemeinsame Gottheit nun Jahve hieß, die Anhänger der mosaischen Religion u. a. in Form der Einführung der Beschneidung. (Man könnte vielleicht, in Ergänzung zu Freud, hinzufügen, dass auch der strenge Ein-Gott-Glaube ein Durchdringen mosaischen Gedankenguts bedeutete.) Die Überlieferung habe nun versucht, sowohl die Tatsache der Ermordung Moses' als auch den Synkretismus (inklusive der wesentlichen ägyptischen Anteile) zu verleugnen. Dazu sei die Vorgeschichte mit den bereits Jahve verehrenden Patriarchen eingearbeitet worden, die Beschneidung als Sitte in deren Zeit verlegt worden, Moses als noch in Qades als Führer fungierende Gestalt dargestellt worden, die gesamte Religionsstiftung aus Qades räumlich und zeitlich zurück in den Sinai mit Moses als Stifter versetzt worden.

Diese Rekonstruktion ist möglicherweise weniger spekulativ als es zunächst den Anschein hat. Sicher ist, dass es im Bibeltext einige logische Brüche gibt, die allemal nur mit Mutmaßungen zu korrigieren sind, wobei Freud vielleicht weniger weit ausholt als andere Exegeten. Unleugbar ist, dass die Schrift viele Empörungen gegen Moses erwähnt, auch Situationen, in denen es zu Todesdrohungen kam, und dass Moses selbst mehrfach unerbittlich gegen solche Aufstände (speziell im Rahmen der Episode mit dem goldenen Kalb) einschritt. Es wäre in der Tat nicht unwahrscheinlich, dass man sich seiner entledigt hat. Weiter muss man die Annahme als plausibel ansehen, dass die aus Ägypten zurückgekehrten Israeliten auf eine einheimische Bevölkerung in oder um Kanaan trafen, zu denen verwandtschaftliche Verhältnisse bestanden und mit denen eine Vereinigung und Durchmischung nahe lag. Unzweifelhaft sind auch in der alttestamentlichen Religion gewisse innere Unstimmigkeiten zu finden (so die zwei Gottesnamen), die eine Verschmelzung von Glaubenslehren wahrscheinlich machen[39].

Als bemerkenswertes und geschichtlich immens bedeutsames Phänomen hält Freud fest, dass in den Jahrhunderten nach der Verschmelzung der importierte Teil des Glaubens, die Aton-Religion (oder Umformungen von ihr), sich mehr und mehr durchsetzte, sodass der Glaube des jüdischen Volkes monotheistisch blieb und zudem eine in den anderen lokalen Religionen nicht zu findende Vergeistigung durchmachte, welche die Befolgung moralischer Maximen über die Opferpraxis und andere Rituale zu stellen versuchte.

Einige Schlüsse Freuds, zusammen mit den sich daraus ergebenden wissenschaftlichen Fragen, seien im Original wiedergeben: »Ich habe schon gesagt [...], die zentrale Tatsache der jüdischen Religionsentwicklung sei gewesen, daß der Gott Jahve im Laufe der Zeiten seine eigenen Charaktere verlor und immer mehr Ähnlichkeit mit dem alten Gotte Moses', dem Aton, gewann.« (GW XVI, S. 166) Er präzisiert dies:

> »In drei wichtigen Punkten ist der spätere Judengott endlich dem alten mosaischen Gott gleich geworden. Der erste und entscheidende ist, daß er wirklich als der einzige Gott anerkannt wurde, neben dem ein anderer undenkbar war. [...] Das Volk und die in ihm herrschend gewordene Priesterschaft waren in diesem Punkte einig, aber während die Priester ihre Tätigkeit darin erschöpften, das Zeremoniell für seine Verehrung auszubauen, gerieten sie in Gegensatz zu intensiven Strömungen im Volke, die zwei andere der Lehren Moses' über seinen Gott wiederzubeleben suchten. Die Stimmen der Propheten wurden nicht müde zu verkünden, daß der Gott Zeremoniell und Opferdienst verschmähe und nur fordere, daß man an ihn glaube und ein Leben in Wahrheit und Gerechtigkeit führe. Und wenn sie die Einfachheit und Heiligkeit des Wüstenlebens priesen, so standen sie sicher unter dem Einfluss der mosaischen Ideale.« (GW XVI, S. 167)

Bevor sich nun Freud endgültig daran macht, die Entstehung der jüdischen Religion in ihrer Einzigartigkeit mittels psychoanalytischer Konzepte zu erklären, wirft er die Frage auf, ob es überhaupt notwendig sei, »den Einfluß des Moses auf die Endgestaltung der jüdischen Gottesvorstellung anzurufen«, ob nicht »die Annahme einer spontanen Entwicklung zu höherer Geistigkeit während eines über Jahrhunderte reichenden Kulturlebens« genüge. Dazu macht der Autor die treffende Anmerkung, dass »beim gewiß höchst begabten griechischen Volk« die gleichen Verhältnisse nicht zum Monotheismus geführt hätten, »sondern zur Auflockerung der polytheistischen Religion und zum Beginn des philosophischen Denkens.« Die kurze Phase des ägyptischen Monotheismus sei aus besonderen Verhältnissen heraus entstanden, nämlich während der pharaonischen Alleinherrschaft über ein großes Weltreich, welche Situation bei den Bewohnern Israels sicher nicht gegeben gewesen sei: »Bei den Juden waren die politischen Zustände der Fortentwicklung von der Idee des exklusiven Volksgottes zu der des universellen Weltherrschers höchst ungünstig, und woher kam dieser winzigen und ohnmächtigen Nation die Vermessenheit, sich für das bevorzugte Lieblingskind des großen Herrn auszugeben?« Und er weist ferner darauf hin, dass »die jüdische Berichterstattung und Geschichtsschreibung« mit »größter Entschiedenheit« behaupte, »die Idee eines einzigen Gottes sei dem Volke von Moses gebracht worden.« (GW XVI, S. 168) Dagegen spreche auch nicht, dass Moses offenbar Rituale und Vorschriften unterschoben wurden, die erst Zutat späterer Zeiten sind. Die »priesterliche Darstellung« wolle »ein Kontinuum zwischen ihrer Gegenwart und der mosaischen Frühzeit herstellen«, sie wolle »gerade das verleugnen, was wir als auffälligste Tatsache der jüdischen Religionsgeschichte bezeichnet haben, daß zwischen der Gesetzgebung des Moses und der späteren jüdischen Religion eine Lücke klafft, die zunächst vom Jahvedienst ausgefüllt und erst später langsam verstrichen wurde.« Sie bestreite »diesen Vorgang mit allen Mitteln, obwohl seine historische Richtigkeit über jeden Zweifel feststeht, da bei der besonderen Behandlung, die der biblische Text erfahren hat, überreichliche Angaben stehen geblieben sind, die ihn erweisen.« Die »priesterliche Bearbeitung« habe »hier Ähnliches versucht wie jene entstellende Tendenz, die den neuen Gott Jahve zum Gott der Väter machte.« Freud folgert: »Tragen wir diesem Motiv des Priesterkodex Rechnung, so wird es uns schwer, der Behauptung den Glauben zu versagen, daß wirklich Moses selbst seinen Juden die monotheistische Idee gegeben hat.« (GW XVI, S. 169)

Das vordringlich zu Erklärende bleibt zunächst die Latenz in den beschriebenen Vorgängen, die lange Zeitspanne zwischen der Ermordung Moses' und dem Durchsetzen mosaischen Gedankenguts in der ursprünglichen jahvistischen Religion. Freud rekonstruiert das Geschehen so: Beide Teile (d. h. die Anhänger des erschlagenen Moses und die Jahve anhängende Bevölkerung der Region um Qades) hatten ein Interesse daran, »zu verleugnen, dass es bei ihnen eine frühere Religion gegeben hatte und welches ihr Inhalt gewesen war.« (GW XVI, S. 172) Diese Kompromissbildung habe bald eine schriftliche Fixierung erfahren, während es gleichzeitig eine mündliche Tradition gab, die weiter um das wahre Schicksal von Moses wusste und Inhalte der von ihm gestifteten Glaubenslehre beibehielt; als merkwürdig ist dabei eben anzusehen, dass diese mündlichen Traditionen immer mächtiger wurden und schließlich massiv Eingang in die schriftliche Überlieferung fanden.

Dieses kollektivpsychologische Rätsel will Freud nun mit psychoanalytischen Konzepten erklären, welche Annahmen über Vorgänge auf Individualebene machen, nämlich zur Neurosenentstehung: »Die einzige befriedigende Analogie zu dem merkwürdigen Vorgang, den wir in der jüdischen Religionsgeschichte erkannt haben«, finde sich »auf einem scheinbar weit abgelegenen Gebiet«; aber sie sei »sehr vollständig«, sie komme »der Identität nahe«. Dort begegnete einem wieder »das Phänomen der Latenz, das Auftauchen unverständlicher, Erklärung heischender Erscheinungen und die Bedingung des frühen, später vergessenen Erlebnisses.« Ebenso finde sich dort der zwanghafte Charakter des Geschehens, der »sich mit Überwältigung des logischen Denkens der Psyche« aufdränge (GW XVI, S. 176 f.). Als wesentliches ursächliches Moment der Neurosenentstehung werden früh erlebte, später vergessene Eindrücke, die »Traumen«, angenommen[40], die in der Regel mit Verzögerung, nämlich erst mit der Pubertät oder im frühen Erwachsenenalter, also mit deutlicher Latenz, manifeste neurotische Symptome hervorrufen[41]. Diese Traumen sind nach Freud sexueller und/oder aggressiver Natur (wobei das Kind diese Qualitäten bei Handlungen noch nicht scharf unterscheiden könne), daneben auch narzisstische Kränkungen; sie gehörten regelhaft der frühen Kindheit (bis etwa zu 5 Jahren an), und seien in der Regel völlig vergessen (fielen in die Zeit der »infantilen Amnesie«). Einerseits bestünden Bemühungen, das Trauma »wieder zur Geltung zu bringen« (»Fixierung an das Trauma« und »Wiederholungszwang«), andererseits träten Abwehrreaktionen mit dem Ziel auf, »dass von den vergessenen Traumen nichts erinnert und nichts wiederholt werden soll.« Als Kompromissbildung dieser Tendenzen ergäben sich die neurotischen Symptome; diese – ebenso wie die durch die Fixierung an das Trauma und die Gegenreaktionen bedingten Charakterveränderungen – hätten »Zwangscharakter«. d. h. zeigten Unabhängigkeit von den übrigen seelischen Vorgängen und kümmerten sich nicht um die Anforderungen der Realität. Freud konzediert, dass diese Ausführungen – auch bei detaillierterer Mitteilung von Fallgeschichten – keineswegs auf alle Leser überzeugend wirken dürften; er könne nichts anderes tun, »als den Leser zu ersuchen, dass er den im Vorstehenden abgekürzt mitgeteilten Ausführungen eine gewisse vorläufige Glaubwürdigkeit zugestehe« (GW XVI, S. 181 ff.).

Im nächsten Abschnitt, überschrieben *Anwendung*, überträgt Freud nun diese für das Individuum gefundenen Prozesse auf Kollektive: »Frühes Trauma – Abwehr – Latenz – Ausbruch der neurotischen Erkrankung – teilweise Wiederkehr des Verdrängten.« Der Leser werde »nun eingeladen, den Schritt zur Annahme zu machen, dass im Leben der Menschenart Ähnliches vorgefallen ist wie in dem der Individuen.« Der Autor präzisiert: »Also daß es auch hier Vorgänge gegeben hat sexuell-aggressiven Inhalts, die bleibende Folgen hinterlassen haben, aber zumeist abgewehrt, vergessen wurden, später, nach langer Latenz zur Wirkung gekommen sind und Phänomene, den Symptomen ähnlich in Aufbau und Tendenz, geschaffen haben.« (GW XVI, S. 185 f.) Zunächst von der durch Moses gestifteten speziellen monotheistischen Religionsform weggehend, präsentiert Freud – in Anlehnung an seine in *Totem und Tabu* entwickelten und bereits ausführlich in 8.2 dargestellten Überlegungen – seine Theorie von der Entstehung des Totemismus (und damit im Weiteren der Religion). Nur soviel sei hier wiederholt, dass Freud in Anlehnung an Darwin von der Existenz kleiner Horden (»Urhorden«) ausgeht, in denen die Frühformen der Menschengattung zusammenlebten und welche von einem starken Männchen und Vater beherrscht wurden. Dieser betrachtete alle Frauen der Horde als sein Eigentum und ging hart gegen die Söhne vor: »[W]enn sie die Eifersucht des Vaters erregten, wurden sie erschlagen oder kastriert oder ausgetrieben.« Diese seien daher darauf angewiesen gewesen, »in kleinen Gemeinschaften zusammenzuleben und sich Frauen durch Raub zu verschaffen, wo es dann dem einen oder anderen gelingen konnte, sich zu einer ähnlichen Position emporzuarbeiten wie die des Vaters der Urhorde.« (S. 187) Der »nächste entscheidende Schritt zur Änderung dieser ersten Art von ›sozialer Organisation‹« sei gewesen, »daß die vertriebenen, in Gemeinschaft lebenden Brüder sich zusammentaten, den Vater überwältigten und ihn nach der Sitte jener Zeiten roh verzehrten.« Jedoch seien diesen Urmenschen ähnliche Gefühlseinstellungen zuzuschreiben gewesen wie den heutigen Kindern: »Also dass sie den Vater nicht nur hassten und fürchteten, sondern auch ihn als Vorbild verehrten, und dass jeder sich in Wirklichkeit an seine Stelle setzen wollte.« Der kannibalistische Akt werde dann »verständlich als Versuch, sich durch Einverleibung eines Stücks von ihm der Identifizierung mit ihm zu versichern.« Schließlich hätten die Brüder nach der Vatertötung eine »Art von Gesellschaftsvertrag« geschlossen: »Es entstand die erste Form einer sozialen Organisation mit **Triebverzicht**, Anerkennung von gegenseitigen **Verpflichtungen**, Einsetzung bestimmter, für unverbrüchlich (heilig) erklärter **Institutionen**, die Anfänge also von Moral und Recht. Jeder einzelne verzichtete auf das Ideal, die Vaterstellung für sich zu erwerben, auf den Besitz von Müttern und Schwestern.« Das Andenken des Vaters lebte weiter fort: Ein »starkes, vielleicht zuerst auch immer gefürchtetes Tier« (das »Totemtier«) wurde als »Vaterersatz gefunden« (S. 187 f.). Freud fährt fort: »Ich meine, wir haben ein volles Recht, im Totemismus mit seiner Verehrung eines Vaterersatzes, der durch die Totemmahlzeit bezeugten Ambivalenz, der Einsetzung von Gedenkfeiern, von Verboten, deren Übertretung mit dem Tode bestraft wird, – wir dürfen im Totemismus, sage ich, die erste Erscheinungsform der Religion in der menschlichen Geschichte erkennen und deren von Anfang an bestehende Verknüpfung mit sozialen Gestaltungen und moralischen Verpflichtungen bestätigen.« In einer weiteren Entwicklung seien an die Stelle der Tiere »menschliche Götter« getreten, deren »Herkunft vom Totem nicht verhüllt« sei: »Entweder wird der Gott noch in Tiergestalt oder wenigstens mit dem Angesicht des Tieres gebildet oder der Totem wird zum bevorzugten Begleiter des Gottes«. Diese männlichen Götter des Polytheismus seien »zahlreich«, beschränkten »einander gegenseitig«, ordneten sich gelegentlich »einem überlegenen Obergott« unter (GW XVI, S. 188 f.). Der nächste Schritt – und hier wird das ursprüngliche Thema der Ausführungen wieder aufgenommen – führe »zur Wiederkehr des einen, einzigen, unumschränkt herrschenden Vatergottes.« (S. 189) Freud untersucht nun die Weiterentwicklung der jüdischen Religion zur christlichen (die er als gewissen Rückschritt zum Polytheismus und als »erneuten Sieg der Ammonspriester über den Gott Ikhnatons« betrachtet); diese Ausführungen seien erst an späterer Stelle genauer wiedergeben (s. unten) Der nächste Abschnitt, überschrieben »Schwierigkeiten«, soll in dieser Paraphrasierung nicht weiter behandelt werden; große Teile widmen sich einer (sehr prägnanten und lesenswerten, aber in diesem Zusammenhang nur am Rande relevanten) Darstellung des zweiten topischen Modells mit den Instanzen Es, Ich und Über-Ich. Auch Freuds Diskussion der Annahme bereits bei Geburt mitgebrachter, im Individuum vorhandener psychischer Inhalte (der »archaischen Erbschaft«) sei hier nicht detaillierter wiedergegeben[42]. Wir wollen stattdessen zum zweiten Teil der dritten Moses-Abhandlung übergehen, der mit *Zusammenfassung und Wiederholung* überschrieben ist.

In diesem Teil entschuldigt sich Freud zunächst für die unkonventionelle, von ihm selbst als mangelhaft angesehene Darstellung mit den zahlreichen Wiederholungen, indem er auf die komplizierte Entstehungsgeschichte und die dabei zu beachtenden Rücksichtnahmen verweist. Er widmet sich dann den Eigenheiten des »Volkes Israel«: Das jüdische Volk, welches nahezu als einziges der im Altertum im Mittelmeerraum ansässigen Völker als Einheit noch heute bestehe, habe »mit beispielsloser Widerstandsfähigkeit« »Unglücksfällen und Misshandlungen getrotzt, besondere Charakterzüge entwickelt und sich nebstbei die herzliche Abneigung aller anderen Völker erworben.« Ein besonderer Charakterzug kennzeichne die Juden: »[S]ie haben eine besonders hohe Meinung von sich, halten sich für vornehmer, höher stehend, den anderen überlegen, von denen sie auch durch viele ihrer Sitten geschieden sind.« Dabei beseele »sie eine besondere Zuversicht im Leben«, wie »sie durch den geheimen Besitz eines kostbaren Gutes verliehen« werde. Der Grund dafür sei bekannt: »Sie halten sich wirklich für das von Gott auserwählte Volk, glauben ihm besonders nahe zu stehen, und dies macht sie stolz und zuversichtlich.« (GW XVI, S. 212 f.) Diesen »für alle Zukunft bedeutsamen Zug« habe ihnen »der Mann Moses« aufgeprägt: »Er hob ihr Selbstgefühl durch die Versicherung, dass sie Gottes ausgewähltes Volk seien, er legte ihnen die Heiligung auf und verpflichtete sie zur Absonderung von den anderen.« Durch Moses habe das »Selbstgefühl der Juden« eine »religiöse Verankerung« erfahren, es sei ein Teil »ihres religiösen Glaubens« geworden; zusammenfassend:

> »Und da wir wissen, dass hinter dem Gott, der die Juden ausgewählt und aus Ägypten befreit hat, die Person Moses' steht, die grade das, vorgeblich in seinem Auftrag, getan hatte, getrauen wir uns zu sagen: Es war der eine Mann Moses, der die Juden geschaffen hat. Ihm dankt dieses Volk seine Zählebigkeit, aber auch viel von der Feindseligkeit, die es erfahren hat und noch erfährt.« (GW XVI, S. 213 f.)

Freud spekuliert dann vergleichsweise ausführlich über das Wesen eines großen Mannes und kommt zum Ergebnis: Er beeinflusse seine Mitmenschen »durch seine Persönlichkeit und die Idee, für die er sich einsetzt.« Diese Charakterisierung gestattet eine weitere psychologische Rückführung, nämlich »dass alle Züge, mit denen wir den großen Mann ausstatten, Vaterzüge sind, dass in dieser Übereinstimmung das von uns vergeblich gesuchte Wesen des großen Mannes besteht.« Der Autor erläutert: »Die Entschiedenheit der Gedanken, die Stärke des Willens, die Wucht der Taten gehören dem Vaterbilde zu, vor allem aber die Selbständigkeit und Unabhängigkeit des großen Mannes, seine göttliche Unbekümmertheit, die sich zur Rücksichtslosigkeit steigern darf.« Man müsse »ihn bewundern«, dürfe »ihm vertrauen«, komme aber »nicht umhin, ihn auch zu fürchten.« (GW XVI, S. 216 f.) Diese Charakteristik treffe aber entschieden auf Moses[43] zu:

»Unzweifelhaft war es ein gewaltiges Vatervorbild, das sich in der Person des Moses zu den armen jüdischen Fronarbeitern herabließ, um ihnen zu versichern, dass sie seine lieben Kinder seien. Und nicht minder überwältigend muss die Vorstellung eines einzigen, ewigen, allmächtigen Gottes auf sie gewirkt haben, dem sie nicht zu gering waren, um einen Bund mit ihnen zu schließen, und der für sie zu sorgen versprach, wenn sie seiner Verehrung treu blieben. Wahrscheinlich wurde es ihnen nicht leicht, das Bild des Mannes Moses von dem seines Gottes zu scheiden, und sie ahnten recht darin, denn Moses mag Züge seiner eigenen Person in den Charakter seines Gottes eingetragen haben wie die Zornmütigkeit und Unerbittlichkeit.« (GW XVI, S. 217)

Der nächste Abschnitt, überschrieben »Der Fortschritt in der Geistigkeit«, nimmt eine zentrale Stellung ein, sichtbar allein schon daran, dass dies bei Erstveröffentlichung der Titel der gesamten dritten Abhandlung war. Er behandelt die Frage, warum das Volk Israel auch nach dem Auszug aus Ägypten (dem ersten und bedeutsamsten Gunstbeweis seines Gottes Jahve) ihm weiter anhing, nachdem später »die Zeichen von Gottes Gunst recht spärlich« waren, die »Schicksale des Volkes« eher auf »seine Ungnade« hindeuteten. Neben der »Steigerung des Selbstgefühls« durch das »Bewusstsein der Auserwähltheit«, so Freuds Antwort, habe die Religion »den Juden auch eine weit großartigere Gottesvorstellung« gebracht, oder nüchterner formuliert, die »Vorstellung eines großartigeren Gottes.« Denn: »Wer an diesen Gott glaubte, hatte gewissermaßen Anteil an seiner Größe, durfte sich selbst gehoben fühlen.« Dies wiederum führt Freud wesentlich auf das von Moses vorgeschriebene Bilderverbot zurück: »Es ist das Verbot, sich ein Bild von Gott zu machen, also der Zwang, einen Gott zu verehren, den man nicht sehen kann.« Annahme dieses Verbots musste eine tiefgreifende Wirkung ausüben: »Denn es bedeutete eine Zurücksetzung der sinnlichen Wahrnehmung gegen eine abstrakt zu nennende Vorstellung, einen Triumph der Geistigkeit über die Sinnlichkeit, streng genommen einen Triebverzicht mit seinen psychologisch notwendigen Folgen.« (GW XVI, S. 219 f.)[44] Diese »Entmaterialisierung Gottes«, dieses Verbot Moses', »Gott in sichtbarer Gestalt zu verehren«, habe, hinzukommend zum Gefühl des »Auserwähltseins«, ein »neues, wertvolles Stück zu dem geheimen Schatz des Volkes« beigetragen: »Die Juden behielten die Richtung auf geistige Interessen bei, das politische Unglück der Nation lehrte sie, den einzigen Besitz, der ihnen geblieben war, ihr Schrifttum, seinem Werte nach einzuschätzen«. Und – sichtlich nicht ohne Stolz – fügt der Autor hinzu: »Der Vorrang, der durch etwa 2000 Jahre im Leben des jüdischen Volkes geistigen Bestrebungen eingeräumt war, hat natürlich seine Wirkung getan; er half, die Rohheit und die Neigung zur Gewalttat einzudämmen, die sich einzustellen pflegen, wo die Entwicklung der Muskelkraft Volksideal ist.« (S. 222 f.)

Es bleibt nun aber wiederum zu klären, »warum ein Fortschritt in der Geistigkeit, eine Zurücksetzung der Sinnlichkeit, das Selbstbewußtsein einer Person wie eines

Volkes erhöhen sollte.« Das scheine »einen bestimmten Wertemaßstab vorauszusetzen« und »eine andere Person oder Instanz«, die ihn handhabe. In diesem Zusammenhang kommt Freud wieder auf analytische Erkenntnisse zurück, nämlich auf die Bedingungen, unter denen ein Triebverzicht lustvoll sein kann. Beim Individuum sei dies dann der Fall, wenn dieser aus inneren Gründen geschehe, aus Gehorsam gegen das Über-Ich. In diesem Falle bringe er dem Ich »auch einen Lustgewinn, eine Ersatzbefriedigung«: »Das Ich fühlt sich gehoben, es wird stolz auf den Triebverzicht wie auf eine wertvolle Leistung.« Dies sei wiederum verständlich, wenn man in Rechnung setze, dass das Über-Ich »Nachfolger und Vertreter der Eltern (und Erzieher)« sei, welche »die Handlungen des Individuums in seiner ersten Lebensperiode beaufsichtigt« hätten; es setze »die Funktionen derselben fast ohne Veränderung fort.« Das Ich sei »ganz wie in der Kindheit« besorgt, »die Liebe des Oberherrn aufs Spiel zu setzen«, empfinde »seine Anerkennung als Befreiung und Befriedigung, seine Vorwürfe als Gewissensbisse.« Und: »Wenn das Ich dem Über-Ich das Opfer des Triebverzichts gebracht hat, erwartet es als Belohnung dafür, von ihm mehr geliebt zu werden. Das Bewusstsein, diese Liebe zu verdienen, empfindet es als Stolz.« (GW XVI, S. 224 f.)

Diese Überlegungen überträgt Freud auf Kollektive, hier auf das jüdische Volk. Dem individuellen Über-Ich entspreche dort der »große Mann«: »Man kann sagen, der große Mann ist eben die Autorität, der zuliebe man die Leistung vollbringt, und da der große Mann selbst dank seiner Ähnlichkeit mit dem Vater wirkt, darf man sich nicht verwundern, wenn ihm in der Massenpsychologie die Rolle des Über-Ichs zufällt.« Das »würde auch für den Mann Moses im Verhältnis zum Judenvolk gelten.« (S. 225) Der Übergang von der Sinnlichkeit zur Geistigkeit sei zwar kein Triebverzicht im engeren Sinne, bereite aber gewissermaßen dies vor: »Die Religion, die mit dem Verbot begonnen hat, sich ein Bild von Gott zu machen, entwickelt sich im Laufe der Jahrhunderte immer mehr zu einer Religion der Triebverzichte.« Sie enge merklich die sexuelle Freiheit ein, entrücke Gott völlig der Sexualität und erhebe ihn »zum Ideal ethischer Vollkommenheit«. Ethik sei aber »Triebeinschränkung«: »Die Propheten werden nicht müde zu mahnen, dass Gott nichts anderes von seinem Volke verlange als gerechte und tugendhafte Lebensführung, also Enthaltung von allen Triebbefriedigungen, die auch noch von unserer heutigen Moral als lasterhaft verurteilt werden.« Selbst »die Forderung, an ihn zu glauben«, scheine »gegen den Ernst dieser ethischen Forderungen zurückzutreten.« Somit, folgert Freud, »scheint der Triebverzicht eine hervorragende Rolle in der Religion zu spielen, auch wenn er nicht von Anfang an in ihr hervortritt.« (S. 226 f.)[45]

Der Autor fasst abschließend zum Thema Ethik zusammen: Ein Teil ihrer Vorschriften rechtfertige sich »auf rationelle Weise durch die Notwendigkeit, die Rechte der Gemeinschaft gegen den Einzelnen, die Rechte des Einzelnen gegen die Gesellschaft und die Individuen gegen einander abzugrenzen.« Er fügt hinzu: »Was aber an der Ethik uns großartig, geheimnisvoll, in mystischer Weise selbstverständlich erscheint, das dankt diese Charaktere dem Zusammenhang mit der Religion, der Herkunft aus dem Willen des Vaters.« (GW XVI, S. 230)

Die nächsten Ausführungen widmen sich dem Wahrheitsgehalt der Religion, wobei Freud klar stellt, dass er einen solchen – im gewöhnlichen Sinne verstanden – nicht annimmt: »Wie beneidenswert«, ironisiert er, »erscheinen uns, den Armen im Glauben, jene Forscher, die von der Existenz eines höchsten Wesens überzeugt sind!« Er fügt hinzu: »Wie umfassend, erschöpfend und endgültig sind die Lehren der Gläubigen im Vergleich mit den mühseligen, armseligen und stückhaften Erklärungsversuchen, die das Äußerste sind, was wir zustandebringen.« Allerdings: »Wir können nur bedauern, wenn gewisse Lebenserfahrungen und Weltbeobachtungen es uns unmöglich machen, die Voraussetzung eines solchen höchsten Wesens anzunehmen.« Uns hingegen werde »die neue Aufgabe gestellt, zu verstehen, wie jene anderen den Glauben an das göttliche Wesen erwerben konnten und woher dieser Glaube seine ungeheure, ›Vernunft und Wissenschaft‹ bewältigende Macht bezieht.« (S. 230 f.)

Die folgenden Abschnitte bringen zunächst nichts wesentlich Neues, wiederholen nur – auch das nicht zum ersten Mal –, dass der Mann Moses den »eigentümlichen Charakter des jüdischen Volkes« geprägt habe, dadurch »dass er ihnen eine Religion gab, welche ihr Selbstwertgefühl so erhöhte, dass sie sich anderen Völkern überlegen glaubten.« Unter anderem betont er noch einmal, dass die Moses-Religion »einen Fortschritt in der Geistigkeit aufnötigte, der, an sich bedeutungsvoll genug, überdies den Weg zur Hochschätzung der intellektuellen Arbeit und zu weiteren Triebverzichten eröffnete.« (GW XVI, S. 231) Aber, nun kommt die Einschränkung, die auf Weiteres vorbereitet; das bisherige Ergebnis der Überlegungen sei nicht falsch, aber in irgendeiner Weise unbefriedigend: »Wäre es möglich, dass alle unsere bisherigen Untersuchungen nicht die ganze Motivierung aufgedeckt haben, sondern nur eine gewissermaßen oberflächliche Schicht, und dahinter noch ein anderes, sehr bedeutsames Moment auf Entdeckung wartet?« Wieder ist es die bemerkenswerte Latenz, die an diesen Vorgängen irritiert: »Die Religion des Moses« habe »ihre Wirkungen nicht unmittelbar geübt, sondern in einer merkwürdig indirekten Weise.« Das jüdische Volk habe die Moses-Religion wieder abgeworfen und lange Zeit mit der von ihm praktizierten Jahve-Religion sich nicht wesentlich von den in Palästina üblichen Formen der Gottesverehrung unterschieden. Freud fasst den historischen Ausgang zusammen:

> »Die Moses-Religion war aber nicht spurlos untergegangen, eine Art von Erinnerung an sie hatte sich erhalten, verdunkelt und entstellt, vielleicht bei einzelnen Mitgliedern der Priesterkaste durch alte Aufzeichnungen gestützt. Und diese Tradition einer großen Vergangenheit war es, die aus dem Hintergrunde gleichsam zu wirken fortfuhr, allmählich immer mehr Macht über die Geister gewann und es endlich erreichte, den Gott Jahve in den Gott Moses' zu verwandeln und die vor langen Jahrhunderten eingesetzte und dann verlassene Religion Moses' wieder zum Leben zu erwecken.« (GW XVI, S. 232 f.)

Wieder weist Freud in einem eingeschobenen Abschnitt darauf hin, dass sich Ähnliches in der Entwicklung der Individuen abspiele, dass im Sinne einer Wiederkehr des Verdrängten frühkindliche Eindrücke im späteren Leben ihre Wirkung entfalten[46].

Ziemlich zum Schluss erst und – angesichts der sonstigen Weitschweifigkeit der Arbeit – unverhältnismäßig knapp präsentiert Freud seine Erkenntnis, dass die Religion keine materielle, sondern lediglich historische Wahrheit besitze; bereits 1935 hatte er in einem Brief an Lou Salomé als die zentrale Aussage der Moses-Studie herausgestellt, die Religion verdanke ihre Stärke nicht einer wirklichen, wörtlich zu nehmenden Wahrheit, sondern dem in ihr liegenden historischen Fundament (s. 10.1). Der Abschnitt mit dem Titel »Die historische Wahrheit« beginnt mit Freuds erneuter Feststellung, dass das Ergebnis der Untersuchungen noch nicht befriedigend erscheine:

> »Allem, was mit der Entstehung einer Religion, gewiss auch der jüdischen, zu tun hat, hängt etwas Großartiges an, das durch unsere bisherigen Erklärungen nicht gedeckt wird. Es müsste noch ein anderes Moment beteiligt sein, für das es wenig Analoges und nicht Gleichartiges gibt, etwas Einziges und etwas von der gleichen Größenordnung wie das, was daraus geworden ist, wie die Religion selbst.« (GW XVI, S. 236)

Zur Lösung verweist er noch einmal auf den bis jetzt nur unzureichend verständlichen Punkt, warum die Juden sich nicht mit der besonderen Bevorzugung eines Gottes unter mehreren zufrieden gaben, sondern – gegen diverse Vernunftgründe[47] – an die Existenz eines einzigen Gottes glaubten. »Für diese offenkundige Lücke in der Motivierung«, meint Freud, wüssten nun »die Frommgläubigen eine zureichende Ausfüllung.« Nämlich: »Sie sagen, die Idee eines einzigen Gottes hat darum so überwältigend auf die Menschen gewirkt, weil sie ein Stück der ewigen **Wahrheit** ist, die, lange verhüllt, endlich zum Vorschein kam und dann alle mit sich fortreißen musste.« Er kommentiert: »Wir müssen zugeben, ein Moment dieser Art ist endlich der Größe des Gegenstands wie des Erfolgs angemessen.« (GW XVI, S. 237)

»Auch wir«, so Freud, »möchten diese Lösung annehmen«, bringt aber einen wichtigen Einwand: Der menschliche Intellekt besitze nach allgemeiner Erfahrung keineswegs »eine besonders feine Witterung für die Wahrheit« und das menschliche Seelenleben keine besondere Neigung, »die Wahrheit anzuerkennen.« Darum müssten wir »unserer Zustimmung eine Einschränkung anfügen.«

> »Wir glauben auch, dass die Lösung der Frommen die Wahrheit enthält, aber nicht die **materielle**, sondern die **historische** Wahrheit. Und wir nehmen uns das Recht, eine gewisse Entstellung zu korrigieren, welche diese Wahrheit bei ihrer Wiederkehr erfahren hat. Das heißt, wir glauben nicht, dass es einen einzigen Gott heute gibt, sondern dass es in Urzeiten eine einzige Person gegeben hat, die damals übergroß erscheinen musste und die dann zur Gottheit erhöht in der Erinnerung der Menschen wiedergekehrt ist.« (GW XVI, S. 238)

Mit dieser Person meint Freud den Vater der hypothetischen Urhorde (oder besser: die vielen Väter der unzähligen Urhorden der menschlichen Vorgeschichte), welche historische Situation in einer monotheistischen Glaubenslehre ihre Wiederholung finde. Als Moses' Ein-Gott-Religion zunächst zugunsten des Jahve-Glaubens an Bedeutung verlor und durch Tradition in ihre alte Bedeutung eingesetzt wurde, ereignete sich also zum zweiten Male eine Wiederkehr des Verdrängten:

> »Wir hatten angenommen, dass die Moses-Religion zunächst verworfen und halb vergessen wurde und dann als Tradition zum Durchbruch kam. Wir nehmen jetzt an, dass dieser Vorgang sich damals zum zweiten Male wiederholte. Als Moses dem Volk die Idee des einzigen Gottes brachte, war sie nichts Neues, sondern sie bedeutete die Wiederbelebung eines Erlebnisses aus den Urzeiten der menschlichen Familie, das dem bewussten Gedächtnis der Menschen längst entschwunden war. Aber es war so wichtig gewesen, hatte so tief einschneidende Veränderungen im Leben der Menschen erzeugt oder angebahnt, dass man kaum umhin kam zu glauben, es habe irgendwelche dauernden Spuren, einer Tradition vergleichbar, in der menschlichen Seele hinterlassen.« (GW XVI, S. 238)

Das Auftauchen »der Idee eines einzigen Gottes« sei als »entstellte, aber durchaus berechtigte Erinnerung« anzusehen. Teilweise in ausführlicher Wiederholung bereits mehrfach Gesagten rekonstruiert nun Freud diese historische Entwicklung von den prähistorischen Vorkommnissen in der Urhorde bis zur endgültigen Entwicklung des Monotheismus in historischen Zeiten: Nach der Erschlagung des Urhordenvaters (bzw. den sich tausendfach über lange Zeiten abspielenden Prozessen gleicher Natur) etablierte sich eine von »Brüderklan, Mutterrecht, Exogamie und Totemismus« geprägte Gesellschaftsform, während im Unbewussten (vielleicht sogar im Erbgut verankert), die Erinnerung an die ursprüngliche Situation (mit dem allein herrschenden Urhordenvater) nicht verloren gegangen war. Die weitere Entwicklung, so Freuds Annahme, ging nun wieder teilweise zurück: »Der Vater wird wiederum das Oberhaupt der Familie, längst nicht so unbeschränkt, wie es der Vater der Urhorde gewesen war.« Auch der Totemismus wandelt sich langsam in einen Götterglauben: »Das Totemtier weicht dem Gotte in noch sehr deutlichen Übergängen. Zunächst trägt der menschengestaltige Gott noch den Kopf des Tieres, später verwandelt er sich mit Vorliebe in dies bestimmte Tier, dann wird dies Tier ihm heilig und sein Lieblingsbegleiter oder er hat das Tier getötet und trägt selbst den Beinamen danach.« Allmählich, durch die Verschmelzung von ursprünglich getrennten Glaubensgemeinschaften, entwickelt sich die Vorstellung einer Götterhierarchie und damit die eines höchsten Gottes, der schließlich der einzige wird, womit sich (natürlich unter Beibehaltung der inzwischen durch die Auflösung der Urhorden fortgeschrittenen gesellschaftlichen

Entwicklung) wieder die alte (und weil im Gedächtnis der Völker nie verloren gegangene) ursprüngliche (affektive) Situation wieder einstellt:

> »Die Idee einer höchsten Gottheit scheint sich früh einzustellen, zunächst nur schattenhaft, ohne Einmengung in die täglichen Interessen des Menschen. Mit dem Zusammenschluß der Stämme und Völker zu größeren Einheiten organisieren sich auch die Götter zu Familien, zu Hierarchien. Einer von ihnen wird häufig zum Oberherrn über Götter und Menschen erhöht. Zögernd geschieht dann der weitere Schritt, nur einem Gott zu zollen, und endlich erfolgt die Entscheidung, einem einzigen Gott alle Macht einzuräumen und keine anderen Götter neben ihm zu dulden. Erst damit war die Herrlichkeit des Urhordenvaters wiederhergestellt, und die ihm geltenden Affekte konnten wiederholt werden.« (GW XVI, S. 242)

Die mosaische Religionsstiftung nimmt den Israeliten diesen langwierigen Rückfindungsprozess ab: »Die erste Wirkung des Zusammentreffens mit dem so lange Vermißten und Ersehnten« sei »überwältigend« gewesen und »so, wie die Tradition der Gesetzgebung vom Berge Sinai« sie beschreibe: »Bewunderung, Ehrfurcht und Dankbarkeit dafür, daß man Gnade gefunden in seinen Augen – die Moses-Religion kennt keine anderen als diese positiven Gefühle gegen den Vatergott.« Die Reaktionen stellen Freude über die dunkel vermisste Ursituation dar: »Die Überzeugung von seiner Unwiderstehlichkeit, die Unterwerfung unter seinen Willen können bei dem hilflosen, eingeschüchterten Sohn des Urhordenvaters nicht unbedingter gewesen sein, ja, sie werden erst durch die Versetzung in das primitive und infantile Milieu voll begreiflich.« Denn: »Kindliche Gefühlsregungen sind in ganz anderem Ausmaß als die Erwachsener intensiv und unausschöpfbar tief, nur die religiöse Ekstase kann das wiederbringen. So ist ein Rausch der Gottesergebenheit die nächste Reaktion auf die Wiederkehr des großen Vaters.« (GW XVI, S. 242)

In der weiteren Rekonstruktion überspringt nun Freud eigenartigerweise genau das, was er ausführlich behandelt und zu belegen versucht hatte: die Ermordung Moses, das daraus resultierende Schuldgefühl, das weitgehende Verschwinden mosaischen Gedankenguts nach der Kompromissbildung in Qades zur Jahve-Religion und schließlich das erneute Auftauchen der Lehre Moses' im Sinne einer Wiederkehr des Verdrängten. Statt dessen leitet er ein konsequenzenreiches jüdisches Schuldgefühl direkt aus dem mosaischen Monotheismus ab: »Zum Wesen des Vaterverhältnisses« gehöre die »Ambivalenz«; es habe nicht ausbleiben können, »dass sich im Laufe der Zeiten auch jene Feindseligkeit regen wollte, die einst die Söhne angetrieben, den bewunderten und gefürchteten Vater zu töten.« Jedoch: »Im Rahmen der Moses-Religion war für den direkten Ausdruck des mörderischen Vaterhasses kein Raum; nur eine mächtige Reaktion auf ihn konnte zum Vorschein kommen, das Schuldbewusstsein wegen dieser Feindseligkeit, das schlechte Gewissen, man habe sich gegen Gott versündigt und höre nicht auf zu sündigen.« (GW XVI, S. 243)

Dieses Schuldbewusstsein, das »bald einen integrierenden Inhalt des religiösen Systems bildete«, diente, so Freud, auch einem Zweck, Gott gewissermaßen für seine schlechte Behandlung des Volkes Israel zu entschuldigen und damit, allen Widerwärtigkeiten zum Trotz, an der »über alles geliebten Illusion« festzuhalten, dass »man Gottes auserwähltes Volk« sei: »Wollte man auf dieses Glück nicht verzichten, so bot das Schuldgefühl ob der eigenen Sündhaftigkeit eine willkommene Entschuldigung Gottes.« Freud erläutert: »Man verdiente nichts Besseres, als von ihm bestraft zu werden, weil man seine Gebote nicht hielt, und im Bedürfnis, dieses Schuldgefühl, das unersättlich war und aus soviel tieferer Quelle kam, zu befriedigen, mußte man diese Gebote immer strenger, peinlicher und auch kleinlicher werden lassen.« Dies hatte Folgen für die ethische Entwicklung: »In einem neuen Rausch moralischer Askese legte man sich immer neue Triebverzichte auf und erreichte dabei wenigstens in Lehre und Vorschrift ethische Höhen, die den anderen Völkern unzugänglich geblieben waren. In dieser Höherentwicklung erblicken viele Juden den zweiten Hauptcharakter ihrer Religion.« (GW XVI, S. 243) Diese Ethik, sagt Freud, könne ihren »Ursprung aus dem Schuldbewußtsein wegen der unterdrückten Gottesfeindschaft nicht verleugnen« und sieht in ihr ein psychopathologisches Phänomen: »Sie hat den unabgeschlossenen und unabschließbaren Charakter zwangsneurotischer Reaktionsbildungen; man errät auch, daß sie den geheimen Absichten der Bestrafung dient.« (GW XVI, S. 243 f.)

So weit ist also das eigentliche Thema der Schrift, die Entstehung der monotheistischen jüdischen Religion, abgehandelt; Freud jedoch wendet sich noch kurz der Weiterentwicklung, nämlich der Entstehung des Christentums, zu, was er bereits an früherer Stelle der Arbeit versucht hatte (und was, da wir es zunächst übersprungen haben, nun nachtragen müssen).

Die Erörterungen dort sind schwierig und knapp, ungewöhnlich knapp sogar angesichts der sonstigen Weitschweifigkeit der Moses-Studie. Die Weiterentwicklung zum Christentum speist sich nach Freud ebenfalls aus dem jüdischen, vielleicht auch andere antike Völker dumpf erfassenden Schuldgefühl, dessen eigentlicher Grund, die Ermordung des Urvaters (des Vaters der Urhorde) gewesen sei und der dort (wesentlich konzipiert von Paulus) als Erbsünde auftaucht; letztere wiederum konnte nur durch einen weiteren Tod gesühnt werden: »Paulus, ein römischer Bürger aus Tarsus, griff dieses Schuldbewußtsein auf und führte es richtig auf seine urgeschichtliche Quelle zurück. Er nannte diese die ›Erbsünde‹, es war ein Verbrechen gegen Gott, das nur durch den Tod gesühnt werden konnte. [...] In Wirklichkeit war dies todwürdige Verbrechen der Mord am später vergötterten Urvater gewesen.« (GW XVI, S. 192; ähnlich GW XVI, S. 244) Und jetzt – wenn ich Freud hier recht verstehe – gibt nach seiner Auffassung die Hinrichtung eines sonst eigentlich belanglosen oder wenigstens geschichtlich dunklen Mannes, nämlich Jesus von Nazareth[48] – Stoff zu einer neuen Glaubensvariante: »Bis dann einer aus diesem jüdischen Volk [nämlich Paulus] in der Justizifizierung eines politisch-religiösen Agitators den Anlass fand, mit dem eine neue, die christliche Religion sich vom Judentum ablöste.« (GW XVI, S. 192) Der Vorgang passte insofern ins Schema, als sich der Getötete als Sohn Gottes bezeichnete, also zum großen Kreis jener gehörend, aus denen der Mörder des Urvaters einst hervorgegangen war: »Ein Sohn Gottes hatte sich als Unschuldiger töten lassen und damit die Schuld aller auf sich genommen. Es mußte ein Sohn sein, denn es war ja ein Mord am Vater gewesen.« Diese Sühnung wird als Erlösung gefeiert, jener, der sich für alle anderen geopfert hat, wird seitdem verehrt und zwar in solchem Maße, dass er die alte Vatergottheit ablöste:

> »Die Ambivalenz, die das Vaterverhältnis bestimmt, zeigte sich aber deutlich im Endergebnis der religiösen Neuerung. Angeblich zur Versöhnung des Vatergottes bestimmt, ging sie in dessen Entthrohnung und Beseitigung aus. Das Judentum war eine Vaterreligion gewesen, das Christentum wurde eine Sohnesreligion. Der alte Gottvater trat hinter Christus zurück, Christus, der Sohn, kam an seine Stelle, ganz so, wie es in jener Urzeit jeder Sohn ersehnt hatte. Paulus, der Fortsetzer des Judentums, wurde auch sein Zerstörer.« (GW XVI, S. 194)

Diese neue Religion, die – u. a. durch den Verzicht auf die Beschneidung – sich sehr viel weiteren als nur jüdischen Kreisen öffnete, stellte im Hinblick auf die in der mosaischen Glaubenslehre erreichte Vergeistigung mit strengem Monotheismus und Verzicht auf magische Praktiken einen wesentlichen Rückschritt dar (einen »erneuten Sieg« der Ammonspriester über den Gott Echnatons »nach anderthalbtausendjährigem Intervall und auf erweitertem Schauplatz«):

> »In manchen Hinsichten bedeutete die neue Religion eine kulturelle Regression gegen die ältere, jüdische, wie es ja beim Einbruch oder bei der Zulassung neuer Menschenmassen von niedrigerem Niveau regelmäßig der Fall ist. Die christliche Religion hielt die Höhe der Vergeistigung nicht ein, zu der sich das Judentum aufgeschwungen hatte. Sie war nicht mehr streng monotheistisch, übernahm von den umgebenden Völkern zahlreiche symbolische Riten, stellte die große Muttergottheit wieder her und fand Platz zur Unterbringung vieler Göttergestalten des Polytheismus in durchsichtiger Verhüllung, obzwar in untergeordneten Stellungen. Vor allem verschloß sie sich nicht wie die Atonreligion und die ihr nachfolgende mosaische dem Eindringen abergläubischer, magischer und mystischer Elemente, die für die geistige Entwicklung der nächsten zwei Jahrtausende eine schwere Hemmung bedeuten sollten.« (GW XVI, S. 194)

Anmerkungen zu Kapitel 10

1. Die Herausgeber des Briefwechsels identifizieren diesen Pater als Wilhelm Schmidt (1868–1954), einen Völkerkundler, der 1927 Direktor des Päpstlichen Ethnologischen Museums im Lateran wurde.
2. Wie man sieht, ändert Freud hier teilweise seine Argumentation: Zwar fürchtet er nach wie vor direkte Sanktionen durch den Einfluss der katholischen Kirche, weist aber zudem darauf hin, dass nur diese einen Schutz gegen das Nazitum böte. Ähnlich argumentiert er in der vor dem März 1938, also noch in Österreich geschriebenen Vorbemerkung I zum dritten Teil der Schrift:

   »Immerhin hat es sich so gestaltet, dass heute die konservativen Demokratien die Hüter des kulturellen Fortschritts geworden sind und dass sonderbarerweise die Institution der katholischen Kirche der Ausbreitung jener kulturellen Gefahr [scil. des Nazitums] eine kräftige Abwehr entgegensetzt, sie, bisher die unerbittliche Feindin der Denkfreiheit und des Fortschritts zur Erkenntnis der Wahrheit.

   Wir leben hier in einem katholischen Land unter dem Schutz dieser Kirche, unsicher, wie lange er vorhalten wird. Solange er aber besteht, haben wir natürlich Bedenken, etwas zu tun, was die Feindschaft der Kirche erwecken muss. Es ist nicht Feigheit, sondern Vorsicht; der neue Feind, dem zu Dienst zu tun wir uns hüten wollen, ist gefährlicher als der alte, mit dem uns zu vertragen wir gelernt haben.« (1939a; GW XVI, S. 157)

   Erst im Juni 1938, schon in England, kann er sich dann endlich zur Publikation des längst fertig gestellten dritten Teils entschließen: »Ich lebte damals unter dem Schutz der katholischen Kirche und stand unter der Angst, dass ich durch meine Publikation diesen Schutz verlieren und ein Arbeitsverbot in Österreich heraufbeschwören würde. Und dann kam plötzlich die deutsche Invasion; der Katholizismus erwies sich, mit biblischen Worten zu reden, als ein ›schwankes Rohr‹. In der Gewissheit, jetzt nicht nur meiner Denkweise, sondern auch meiner ›Rasse‹ wegen verfolgt zu werden, verließ ich mit vielen Freunden die Stadt, die mir von früher Kindheit an, durch 78 Jahre, Heimat gewesen war. Ich fand die freundlichste Aufnahme in dem schönen, großherzigen England. […] Ich wage es, das letzte Stück meiner Arbeit vor die Öffentlichkeit zu bringen.« (1939a; GW XVI, S. 159)
3. Dazu muss man wissen, dass nach dem (exegetisch dunklen) Gotteskampf am Jabbok Jakob den Beinamen Israel (der mit Gott kämpft) erhalten hatte. Der Name Juden kommt von Juda, einem der Söhne Jakobs (daher auch der Name einer der Stämme Israels); dieser Stamm trennte sich später in Kanaan von den übrigen Israeliten und begründete im Süden das Reich Juda.
4. Hinweise auf den historischen Joseph, also auf einen Israeliten, der für viele Jahre einer der mächtigsten Männer Ägyptens war, finden sich in den ansonsten sehr detaillierten ägyptischen Aufzeichnungen nicht. Dies hat Autoren veranlasst, die Begebenheit in die Wirren zwischen dem Mittleren und dem Neuen Reich zu legen, in die Zeit der Fremdherrschaft der Hyksos (also zwischen 1730 und 1580 v. Chr.), als die Aufzeichnungen spärlich waren. Demnach hätte die ägyptische Knechtschaft der Israeliten bis zum Auszug aus Ägypten zwischen vier- und fünfhundert Jahre gedauert. (Das würde auch mit der Aussage in der Bibel übereinstimmen: »Die Zeit aber, die die Israeliten in Ägypten

gewohnt haben, ist vierhundertdreißig Jahre.« [2.Mose 12, 40]) Andere setzen die Joseph-Episode sehr viel später an, im beginnenden 13. Jahrhundert, sodass sich ein deutlich kürzerer Aufenthalt der Israeliten ergibt. Festzuhalten ist, dass wir außer den Berichten der Bibel keine Hinweise auf die Existenz von Joseph besitzen und dass diese Ereignisse, sollten sie sich überhaupt zugetragen haben, bestenfalls unsicher zu datieren sind.

5. Die Herleitung des Namens Moses, wie in der Heiligen Schrift gegeben, nämlich von hebräisch »der aus dem Wasser Gezogene«, ist etymologisch sehr umstritten. Nicht nur Freud, auch andere Autoren weisen darauf hin, dass es sich sehr viel wahrscheinlicher um das ägyptische Wort für Kind oder Sohn (vgl. Thutmoses = Sohn des Thot) handeln dürfte (s. auch 10.3).
6. Interessanterweise heißt es hier nicht israelitischen, sondern hebräischen Bruder. Dies lässt vermuten, dass die Nachkommen Jakobs nicht die einzigen aus Kanaan waren, die sich in Ägypten niedergelassen hatten.
7. Dieses Land Midian lässt sich recht genau lokalisieren, nämlich östlich des Golfs von Aqaba, also im heutigen Saudi-Arabien, nicht auf dem Sinai. Insofern ist es verwunderlich, dass der Berg Horeb, vor dem der brennende Busch stand, unhinterfragt mit dem Jebel Musa in der südlichen Sinai-Halbinsel identifiziert wird (und der nach wie vor als existent angesehene biblische Dornbusch im Katharinenkloster zu Füßen dieses Berges gezeigt wird).
8. Von vielen Gelehrten wird der Auszug in die Regierungszeit von Ramses II. verlegt, also um etwa 1250 v. Chr. Freud setzt das Ereignis deutlich früher an, nämlich in die Wirren der Zeit nach dem Ende des »Ketzerkönigs« Echnaton, also zwischen 1360 bis 1350; dies geschieht nicht zuletzt in der Absicht, eine zeitliche Nähe von Moses mit der von Echnaton eingesetzten monotheistischen Aton-Religion herzustellen, ist aber historisch schwer zu belegen. Lediglich mit Hilfe der Stele des Merneptah lassen sich die Ereignisse nach vorne abgrenzen: Dieser auf etwa 1230 zu datierende Inschriftenstein des Sohns und Nachfolger Ramses II. berichtet von der Vernichtung des (offenbar in Kanaan anzusiedeln) Volkes oder Staates Israel. Man nimmt daher an, dass die Besitznahme des Gelobten Landes vorher passiert sein muss und entsprechend noch einmal deutlich zuvor der Auszug statt gefunden haben muss.
9. Dieses Schilfmeer, in einigen Bibelübersetzungen als Rotes Meer bezeichnet, ist sehr wahrscheinlich eine Ansammlung von Seen im Bereich des heutigen Suezkanals, möglicherweise die südlich gelegenen Bitterseen, die in jener Zeit offenbar direkt mit dem Roten Meer verbunden waren. Sie sind so seicht, dass Durchwatung unter bestimmten Bedingungen möglich ist. Wahrscheinlich wurden auch die ägyptischen Verfolger nicht von den Wassern ertränkt, sondern blieben nach dem Wechsel der Windrichtung und dem zurückkehrenden Wasser mit ihren Streitwagen im Morast stecken.
10. Dieses »Himmelsbrot« identifiziert man mittlerweile mit dem süßlichen Sekret einer Schildlaus, welches die Beduinen der Sinaihalbinsel noch heute sammeln (Keller 1964, S. 110 f.).
11. Diese Wüste Sinai ist ein Teil der heute insgesamt als Sinai bezeichneten Halbinsel. Ob es sich wirklich um die Region um den heute Mount Sinai oder Jebel Musa genannten Berg am Katharinenkloster handeln, ist strittig.

12. Auf diese Stelle stützt sich Freud (1939a; GW XVI, S. 133) wesentlich, wenn er Jahve als Vulkangott bezeichnet. Da, argumentiert er, die Berge der Sinaihalbinsel nie vulkanisch gewesen seien, müsste der Berg Sinai in der arabischen Wüste gelegen sein. Demnach sei der Bund mit einem arabischen Lokalgott geschlossen worden.
13. Man erinnere sich daran, dass Moses selbst aus dem Stamme Levi kommt. Freud vermutet, dass die Leviten eigentlich Ägypter, Priester des Aton waren, die mit Moses und den Israeliten das Land angesichts des Verbotes der Aton-Religion verließen. Die Zahl von dreitausend Erschlagenen scheint zunächst ungeheuer groß, relativiert sich aber, wenn man bedenkt, dass der Auszug mit »sechshunderttausend Mann zu Fuß ohne die Frauen und Kinder« begann (2.Mose 12, 36); letzteres wäre unwahrscheinlich hoch (wird aber noch einmal in 4.Mose 11, 21 wiederholt). Die Zahlenangaben in der Bibel sind also äußerst skeptisch zur Kenntnis zu nehmen.
14. Man fragt sich – sollte der Bericht historischen Gehalt haben – in welcher Schrift dies geschah. Interessanterweise fand man dem Sinai Inschriften mit Zeichen, die als Vorläufer der späteren Alphabetschriften (also weder als Bilderschriftzeichen noch als Keilschriftbuchstaben) zu betrachten sind. Das wäre deutlich früher zu datieren als die damit verwandten Schriften in Kanaan (um 1000 v. Chr.) und Phönizien (um 750 v. Chr.).
15. Wer diese Fremden sind, ist unklar; es passt zu Freuds Hypothese, dass sich die ausgewanderten Israeliten mit der ansässigen Bevölkerung verbunden haben. Lüstern bedeutet hier offensichtlich gierig in Bezug auf Essen, denn der Herr straft im Anschluss an das Wachtelessen die Lüsternen: »Als aber das Fleisch noch zwischen ihren Zähnen war und ehe es ganz aufgebraucht war, da entbrannte der Zorn des HERRN gegen das Volk, und er schlug sie mit einer sehr großen Plage. Daher heißt die Stätte ›Lustgräber‹, weil man dort das lüsterne Volk begrub.« (4.Mose 11, 33–34)
16. Dieser Berg Nebo liegt östlich des Jordan, etwas nördlich vom Toten Meer.
17. Das folgende Buch Josua schildert die Eroberung des Landes Kanaan und die Ansiedelung.
18. Noch im Jahre 1906 ging die Päpstliche Bibelkommission entschieden von der Autorschaft Moses' aus.
19. Aus der Zeit der Entstehung liegen keine Handschriften vor. Die älteste hebräische Ausgabe des Alten Testaments ist der Codex cairensis aus dem 9. Jahrhundert *nach* Christi (!). Die ältesten Handschriften des Alten (und des Neuen) Testaments stellen der (unvollständige) Codex vaticanus und der vollständige, geringfügig jüngere Codex sinaiticus dar (Mitte des 19. Jahrhunderts von Konstantin von Tischendorf im Sinai-Kloster gefunden, heute im Besitz des Britischen Museums); beide stammen aus dem dritten nachchristlichen Jahrhundert und sind auf Griechisch abgefasst, basierend auf der Septuaginta (LXX), der griechischen Übersetzung des Alten Testaments (wahrscheinlich zwischen dem 3. und 1. Jahrhundert v. Chr. in Alexandria angefertigt). In den Höhlen von Qumran fanden sich hebräische Handschriften von Teilen des Pentateuch, welche rund ein Jahrtausend älter sind als der erwähnte Codex cairensis, aber jünger als der der Septuaginta zu Grunde liegende hebräische Text.
20. Dieses Bedenken war nicht ganz unbegründet, wie ein Brief an Arnold Zweig vom 28.6.1938 zeigt:

»Ich schreibe hier mit Lust am dritten Teil des Moses. Eben vor einer halben Stunde hat mir die Post den Brief eines jungen jüdischen Amerikaners gebracht, in dem ich gebeten werde, den armen, unglücklichen Volksgenossen nicht den einzigen Trost zu rauben, der ihnen im Elend geblieben ist. Der Brief war nett und wohlmeinend, aber welche Überschätzung! Soll man wirklich glauben, dass meine trockene Abhandlung auch nur einem durch Heredität und Erziehung Gläubigen, selbst wenn sie ihn erreicht, den Glauben stören wird?« (Freud 1968a, S. 172).

21. Die Endung ›s‹, die üblicherweise verwendet wird (Moses, Thutmoses), stammt aus der griechischen bzw. lateinischen Version des Alten Testaments. Daher steht in der evangelischen Bibel, die auf Luthers Übersetzung eines hebräischen Originaltextes beruht, »Mose« (z. B. 4.Mose 2, 5), während die auf der Vulgata des Hl. Hieronymus basierende katholische Bibel den Namen Moses verwendet (also 4.Moses 2,5). Freud benutzt interessanterweise ebenfalls die griechische bzw. lateinische Variante des Namens.
22. Dass der Name Mose (Moses) ägyptisch ist, wird z. B. in theologischen Lexika nicht bestritten, keineswegs aber der Schluss daraus gezogen, Moses sei Ägypter gewesen.
23. Dabei handelt es sich bekanntlich nicht um Freud'sche Spekulation, sondern um historisch gesicherte Tatsachen. Die kurze Amarna-Periode war kunsthistorisch von ungewöhnlicher Bedeutung; aus ihr stammt u. a. die berühmte Büste der Nofretete, der Frau Echnatons. Spekulativ ist es, dass Freud die Mosesgestalt und damit den Auszug aus Ägypten in die ersten Jahrzehnte nach dem Tod Echnatons legt (also um 1350). Wie angemerkt, vermuten die meisten Historiker, dass diese Ereignisse während der Regierungszeit von Ramses II. stattgefunden haben, also etwa 100 Jahre später.
24. Er ist sich klar, dass dies angesichts der unvollständigen Quellen keine leichte Aufgabe ist: »Von der Atonreligion wissen wir dank der Rachsucht der Amonpriester vielleicht zu wenig. Die mosaische Religion kennen wir nur in einer Endgestaltung, wie sie etwa 800 Jahre später in nachexilischer Zeit von der jüdischen Priesterschaft fixiert wurde.« Freud folgert: »Sollten wir trotz dieser Ungunst des Materials einzelne Anzeichen finden, die unserer Annahme günstig sind, so werden wir sie hoch einschätzen dürfen.« (GW XVI, S. 123)
25. Tatsächlich schließen sich Monotheismus und Glaube an ein Jenseits nicht aus, wie Christentum und Islam zeigen. Hingegen finden sich in der mosaischen Religion keine eindeutigen Hinweise auf die Art des Weiterlebens nach dem Tode. Zwar gibt es das Totenreich des Scheol, in dem die Verstorbenen eine Art von freudlosem Schattendasein führen und aus dem sie – wie es die Hexe von Endor auf Geheiß von König Saul an Samuel vollbrachte (Samuel 1 28, 3–25) – hervorgeholt werden können; es handelt sich weder um einen Ort der Glückseligkeit noch des Leidens. Auch die Vorstellung einer Belohnung oder Bestrafung im Jenseits für die Taten auf Erden findet sich im Alten Testament nicht – zumindest nicht in den älteren Schriften wie dem Pentateuch.

    Das Fehlen einer solchen Vorstellung charakterisiert aber auch – vielleicht noch in extremerer Form – die Aton-Religion, welche in bewusster Abhebung von der früheren ägyptischen Volksreligion (mit der immensen Bedeutung des Totengottes Osiris, der Annahme vom Totengericht und den ungeheueren Aufwendungen der Mumifizierung und Grablegung) den konkreten Jenseitsglauben verbannte.

26. Zweifellos war die Beschneidung eine ägyptische Sitte (wie u. a. durch Mumienfunde nachgewiesen) und wurde – wenigstens nach den Quellen Freuds – im östlichen Mittelraum in jener Zeit sonst nicht ausgeübt. Hier ist seine Argumentation aber problematisch. Schon die Tochter Jakobs darf nicht Sichem, einem unbeschnitteten Prinzen in Kanaan, zur Frau gegeben werden: »Wir können das nicht tun, dass wir unsere Schwester einem unbeschnittenen Manne geben; denn das wäre uns eine Schande. Doch dann wollen wir euch zu Willen sein, wenn ihr uns gleich werdet und alles, was männlich unter euch ist, beschnitten wird. Dann wollen wir unsere Töchter euch geben und bei euch wohnen und ein Volk sein. Wenn ihr aber nicht einwilligen wollt, euch zu beschneiden, so wollen wir unsere Schwester nehmen und davonziehen.« Damit einverstanden, reden der Prinz und sein Vater zur einheimischen Bevölkerung: »Diese Leute sind friedsam bei uns; lasst sie im Lande wohnen und Handel treiben; das Land ist weit genug für sie. Wir wollen uns ihre Töchter zu Frauen nehmen und ihnen unsere Töchter geben. Aber nur dann wollen sie uns zu Willen sein […], wenn wir alles, was männlich unter uns ist, beschneiden, gleichwie sie beschnitten sind.« (1.Mose 34, 14–22).

Der Autor nimmt dies als Beleg, dass die Einwohner Kanaans unbeschnitten waren. Die gleichzeitig nahe liegende Folgerung, dass die Israeliten schon lange vor dem ägyptischen Exil die Sitte der Beschneidung hatten, lässt er andererseits nicht gelten. Auch die ihm natürlich bekannte und explizit erwähnte Passage aus dem Bericht über Abraham hält er für eine der »Entstellungen, die uns nicht irre machen dürfen«. Dort heißt es: »Und Gott sprach zu Abraham: […] Das aber ist mein Bund, den ihr halten sollt zwischen mir und euch und deinem Geschlecht nach dir: Alles, was männlich ist unter euch, soll beschnitten werden; eure Vorhaut sollt ihr beschneiden. Das soll das Zeichen sein des Bundes zwischen mir und euch. Jedes Knäblein, wenn's acht Tage alt ist, sollt ihr beschneiden bei euren Nachkommen. […] Wenn aber ein Männlicher nicht beschnitten wird an seiner Vorhaut, wird er ausgerottet werden aus seinem Volk, weil er meinen Bund gebrochen hat.« (1.Mose 17, 9–14)

Freud weiß seine selektive Vorgehensweise natürlich zu reflektieren:

> »Wenn wir mit der biblischen Tradition so selbstherrlich und willkürlich verfahren, sie zur Bestätigung heranziehen, wo sie uns taugt, und sie unbedenklich verwerfen, wo sie uns widerspricht, so wissen wir sehr wohl, dass wir uns dadurch ernsthafter methodischer Kritik aussetzen und die Beweiskraft unserer Ausführungen abschwächen. Aber es ist die einzige Art, wie man ein Material behandeln kann, von dem man mit Bestimmtheit weiß, dass seine Zuverlässigkeit durch den Einfluss entstellender Tendenzen schwer geschädigt worden ist. Eine gewisse Rechtfertigung hofft man später zu erwerben, wenn man jenen geheimen Motiven auf die Spur kommt. Sicherheit ist ja überhaupt nicht zu erreichen, und übrigens dürfen wir sagen, dass alle anderen Autoren ebenso verfahren sind.« (GW XVI, S. 125, Anmerkung 1).

27. Die Vorstellung, diese Vermutung durch historische Fakten bestätigt zu sehen, ließ Freud nicht mehr los. So schrieb er im Mai 1935 an Arnold Zweig: »In einem Bericht über Tell el-Amarna, das noch nicht halb ausgegraben ist, habe ich eine Bemerkung über einen Prinzen Thotmes gelesen, von dem sonst nicht bekannt ist. Wäre ich ein Pfund-Millionär, so würde ich die Fortsetzung der Ausgrabungen finanzieren. Dieser Thotmes könnte mein Moses sein, und ich dürfte mich rühmen, ihn erraten zu haben.«

(Freud 1968a, S. 117). Auch danach bemühte sich Freud weiter, zu Verzeichnissen mit Namen aus Amarna zu gelangen (1968a, S. 125 ff.).

28. Somit hält er es für verständlich, dass in dem biblischen Bericht die Sitte der Beschneidung in eine Zeit lange vor der Besiedelung Ägyptens (und erst recht lange vor dem Auszug) verlegt wurde: »Wenn man zugestand, daß die Beschneidung eine ägyptische Sitte war, die Moses eingeführt hatte, so war es beinahe so viel wie eine Anerkennung, daß die Religion, die Moses ihnen überliefert, auch eine ägyptische gewesen war. Aber man hatte gute Gründe, diese Tatsache zu verleugnen; folglich musste man auch dem Sachverhalt in betreff der Beschneidung widersprechen.« (GW XVI, S. 129)

    Damit scheint die Argumentation nicht mehr so konstruiert und so widersprüchlich: Offenbar war die Beschneidung nur Sitte in Ägypten, nicht aber im Lande Kanaan (und insofern auch nicht bei den Israeliten vor dem ägyptischen Intermezzo); also mussten sie diese in jener Zeit erworben haben, was wiederum durch spätere Einschübe in alte Erzählungen unkenntlich gemacht wird (s. auch Anmerkung 36).

29. Dass in einer Oase Qades, wo die Israeliten lange lagerten, eine Wiederholung der Religions- und Bundesstiftung vom Sinai statt fand, bildet einen großen Teil des Inhalts des 5. Buches Mose, des Deuteronomiums. Allerdings heißt diese Oase dort Qades Berna, was mit guten Gründen mit der noch existierenden gleichnamigen Oase in der Nähe des heutigen Gazastreifens identifiziert wird. Meribat-Qades hingegen, welches eben im Land der Midianiter, dem nördlichen Teil des heutigen Saudi-Arabien liegen soll, wäre als Lagerplatz nach dem biblischen Bericht eher unwahrscheinlich. Darauf beruht jedoch zu gewissen Teilen Freuds Argumentation (z. B. bezüglich der dort zu findenden Vulkane).

30. Die nach Freud ins Auge springende Unterschiedlichkeit zwischen dem Moses des Auszugs und dem Moses der erneuten Religionsstiftung an den Grenzen des Landes Kanaan ist aus den biblischen Text schwer zu ersehen. Er benutzt offensichtlich ganz wesentlich hier außerbiblische Quellen.

31. Tatsächlich findet sich eine solche Behauptung, auch nur angedeutet, nirgendwo im Alten Testament, und Freud, sich auf unsichere Exegesen berufend, verlässt zusehends den bis dahin zumindest nachvollziehbaren Argumentationsgang. Er sagt an anderer Stelle explizit, dass der von ihm als Beleg herangezogene Autor »die Ermordung des großen Führers und Befreiers Moses« aus »Andeutungen bei den Propheten erraten« habe (GW XVI, S. 148). Immerhin hören wir im Buch Exodus von häufigem Murren des Volkes und von Situationen, in denen Moses beinahe erschlagen wurde.

    Es schwächt die Freud'sche Argumentation allerdings keineswegs, wenn sich kein direkter biblischer Beleg für die Untat des Mordes findet; gerade dieser Verleugnung dienen seiner Auffassung nach wesentlich die zahlreichen Textentstellungen.

32. Die Verschmelzung unterschiedlicher Religionen macht sich nach Freud (bzw. seinen Gewährsleuten) – und das ist zweifellos ein starkes Argument – in den zwei verschiedenen Gottesnamen (Jahve einerseits, Elohim andererseits) bemerkbar. Wie erwähnt, führt man die fünf Bücher Moses' auf verschiedene Quellen zurück, von denen der Verfasser der einen (der »Jahvist«) den Gottesnamen Jahve verwendete, der der anderen (der »Elohist«) stattdessen Elohim.

    Weiter weist Freud auf die Widersprüchlichkeit im Wesen des von den Israeliten verehrten Gottes hin: Der Gott Jahve, »dem der midianitische Moses damals ein neues

Volk zuführte, war wahrscheinlich in keiner Hinsicht ein hervorragendes Wesen. Ein roher, engherziger Lokalgott, gewalttätig und blutrünstig.« Hingegen habe der »ägyptische Moses« einem Teil des Volkes »eine andere, höher vergeistigte Gottesvorstellung gegeben, die Idee einer einzigen, die ganze Welt umfassenden Gottheit, die, allem Zeremoniell und Zauber abhold, den Menschen ein Leben in Wahrheit und Gerechtigkeit zum höchsten Ziel setzte.« (GW XVI, S. 151)

33. Das klingt plausibel, wenn man einmal die Prämisse von Moses' ägyptischer Herkunft anerkennt. Wie käme ein vornehmer Ägypter dazu, eine Tochter des Midianiters Jethro (Jitro) zur Frau zu nehmen und mitten auf der Sinaihalbinsel (weit weg von Midian und nicht gerade einer bekannt fruchtbaren Gegend) dessen Herden zu hüten. Auch dass Moses einerseits als herrisch und jähzornig geschildert wird (was gut zum ägyptischen Moses passen würde), andererseits als sanftmütig und geduldig, könnte nach Freud ein Indiz für die Verschmelzung zweier unterschiedlicher Personen sein.

34. Nach der Eroberung Kanaans wurde das Land zunächst unter die Stämme Israels aufgeteilt, die eine Art von lockerem Verbund bildeten. Erst unter den Königen Saul, David und Salomon (von etwa 1000 bis 900 v. Chr.) existierte ein geeintes Reich mit Zentralregierung, das sich dann in ein Nordreich mit Namen Israel und ein Südreich mit Namen Judäa (und Hauptstadt Jerusalem) spaltete.

35. Diese Darstellung von der Entstehung des Pentateuch war damals nicht unumstritten und ist es auch heute nicht, wobei weder neu entdeckte Texte noch neue Erkenntnismethoden seither zur definitiveren Klärung beitragen konnten; im Kontext der Freud'schen Argumentation sind diesbezügliche Einzelheiten auch ohne Relevanz. Es lohnt aber, auf gewisse Punkte der Pentateuch-Kritik hinzuweisen: Auffällig sind zahlreiche, fast wörtliche Wiederholungen, was die These nahe liegt, dass hier mehrere Quellen der Niederschrift zu Grunde lagen, von denen der (oder die) Verfasser wohl einmal die eine, ein nächstes Mal eine andere heranzog, zuweilen offenbar sich nicht entscheiden konnte und deshalb mehrere referierte, ohne sich an auffälligen Redundanzen zu stören. Zudem findet sich teils ein geradezu lockerer Erzählstil, während in anderen Passagen trockene Aufzählungen dominieren.

Insofern ist es wenig erstaunlich, dass man sich sehr früh schon (spätestens ab dem 16. Jahrhundert) für die Quellen des Textes interessierte und teilweise auch damals bereits die (alleinige) Autorschaft Moses' anzweifelte. Einen entscheidenden gedanklichen Beitrag lieferte Mitte des 18. Jahrhunderts der französische Universalgelehrte Jean Astruc, Professor der Medizin in Paris und Leibarzt von Ludwig XV.: Er ging zwar davon aus, dass Moses den gesamten Pentateuch verfasst hatte, schloss aber logisch, dass er bezüglich der im Buch Genesis geschilderten Fakten (z. B. der Lebensläufe der Patriarchen) sich auf ältere Quellen gestützt haben müsse. Da Astruc im Text längere Passagen fand, in denen der Gottesname Elohim lautete, daneben andere, in denen Jahve (Jehova) der Namen Gottes war, ging er von zwei Moses verfügbaren Quellen aus, deren Verfasser er als Elohisten und als Jahvisten (Jehovisten) bezeichnete. Diese Sicht hat sich prinzipiell nicht verändert (obwohl die Verfasserschaft Moses' mittlerweile so gut wie nicht mehr vertreten wird); inzwischen besteht gewisse Sicherheit, dass – anders als anfangs angenommen – der Jahvist die ältere Quelle darstellt. Wenig ist auch umstritten, dass das fünfte Buch des Pentateuch, das Deuteronium, eine wesentlich spätere Einfügung ist (nach Eissfeldt 1964, S. 212 ff.).

36. Hier weist Freud auf einige in der Tat auffällige Inkonsistenzen im biblischen Text hin, etwa dass Jahve die Beschneidung als Zeichen des Bundes (somit als Abzeichen, das »einen von anderen absondern und vor anderen bevorzugen soll«) bereits von Abraham verlangt habe, während gleichzeitig den Israeliten, welche die Bibel schufen, unmöglich unbekannt gewesen sein könne, dass diese Sitte in Ägypten heimisch war.
37. Tatsächlich wird das Geschehen in Qades in allen volkstümlichen und verkürzten Bibelerzählungen so gut wie nicht erwähnt.
38. Ein interessanter Gedanke soll aber doch kurz erwähnt werden: Die zahlreichen, von der jüdischen Priesterschaft fest gelegten und in der Regel von ihr selbst vorgenommenen Rituale seien im Grunde »nur Magie und Zauberwesen« gewesen, »wie es die alte Lehre Moses' bedingungslos verworfen hatte«. Da, so Freud, – und auch das könnte man für ein zunehmendes Übergewicht mosaischer Gedanken in der neu gestifteten Religion ansehen – »erhoben sich aus der Mitte des Volkes in einer nicht mehr abreißenden Reihe Männer, nicht durch ihre Herkunft mit Moses verbunden, aber von der großen und mächtigen Tradition erfasst, die allmählich im Dunkeln angewachsen war, und diese Männer, die Propheten, waren es, die unermüdlich die mosaische Lehre verkündeten, die Gottheit verschmähe Opfer und Zeremoniell, sie fordere nur Glauben und ein Leben in Wahrheit und Gerechtigkeit [...].« (GW XVI, S. 152 f.).
39. Auch das Christentum hat bekanntlich hellenistische Elemente in die orientalische Grundlehre aufgenommen.
40. Freud nennt diese infantilen Eindrücke hier dezidiert Traumen, während er sich in anderen Schriften diesbezüglich nicht so eindeutig auf diesen subjektiv nur negativen Charakter festlegt. Im Übrigen konzediert er bereitwillig, dass sich solche tatsächlichen Traumen nur bei einem Teil der Erkrankten fänden; beim Rest geht er davon aus, dass auf Grund konstitutioneller Eigenheiten auch bei anderen Personen wirkungslose Eindrücke traumatischen Charakter annähmen.
41. Es ist hier auf eine gewisse Mehrdeutigkeit des Ausdrucks Latenzzeit hinzuweisen: Latenz bedeutet allgemein die Zeitspanne zwischen Reiz und darauf erfolgender Reaktion, im Kontext der Neurosenentstehung also jene zwischen frühkindlichem Trauma und Auftreten der Symptome. In der Freudschen Terminologie hat Latenzzeit (oder Latenzphase, Latenzperiode) aber üblicherweise eine andere Bedeutung, nämlich die Zeit relativen Stillstandes der Sexualbetätigung zwischen Auflösung des Ödipuskomplexes und Beginn der Pubertät (also etwa zwischen 6. und 14. Lebensjahr).
42. Freuds Psychologie kann man als entschiedenen Versuch ansehen, verschwommene, teilweise gerade mystische Konzepte wie die einer hereditären Konstitution oder – noch extremer – die von Archetypen als Erklärungsmodelle entweder völlig zu eliminieren oder sie möglichst inhaltlich zu präzisieren (durch die alternativen Modelle konkreter biologischer Gegebenheiten oder biographischer Fakten). Ein gewisses Eingeständnis, dass das Wissen individueller Historie zur Verhaltenserklärung nicht ausreicht, stellt bereits die Anerkennung einer kollektiven Symbolik dar, wie sie u. a. in Traumanalysen zu finden ist, indem Sachverhalte durch überindividuelle Zeichen ersetzt werden, für die das befragte Individuum keine Begründung angeben kann. Noch weiter geht die Annahme nur phylogenetisch zu begründender psychischer Verhaltensweisen: »Das Verhalten des neurotischen Kindes zu seinen Eltern im Ödipus- und Kastrationskomplex ist überreich an solchen Reaktionen, die individuell ungerechtfer-

tigt scheinen und erst phylogenetisch durch die Beziehung auf das Erleben früherer Geschlechter begreiflich werden.« Freud wagt daher die Behauptung, »daß die archaische Erbschaft nicht nur Dispositionen, sondern auch Inhalte umfasst, Erinnerungsspuren an das Erleben früherer Generationen.« Dieses Konzept, welches Freud in den *Vorlesungen zur Einführung in die Psychoanalyse* als »Urphantasien« einführt (1916–17a; GW XI, S. 386) – und allen Ablehnungen der Biologie gegen eine Vererbung erworbener Eigenschaften zum Trotz beibehalten will – hat eine zentrale Bedeutung bei dem Versuch, individuelles und kollektives Erleben als analog zu betrachten, wie es speziell Gegenstand der Moses-Studie ist: »Wenn wir den Fortbestand solcher Erinnerungsspuren in der archaischen Erbschaft annehmen, haben wir die Kluft zwischen Individual- und Massenpsychologie überbrückt, können die Völker behandeln wie den einzelnen Neurotiker.« (GW XVI, S. 207)

43. Freud weist darauf hin, dass natürlich auch Moses seine geistigen Quellen gehabt habe, die von ihm vertretene »große religiöse Idee« von »seinem König« Echnaton übernommen sei, welcher vielleicht wiederum diesbezüglich Anregungen aus dem asiatischen Raum erhalten habe. Andererseits wäre es »offenkundiges Unrecht, die Kette der Verursachung bei Moses abzubrechen und zu vernachlässigen, was seine Nachfolger und Fortsetzer, die jüdischen Propheten« geleistet hätten. Diese hätten die »verblassende Tradition« immer wieder aufgefrischt, »die Mahnungen und Anforderungen Moses'« erneuert und nicht gerastet, »ehe das Verlorene wiederhergestellt war.« Und, fährt Freud fort, »es ist der Beweis einer besonderen psychischen Eignung in der Masse, die zum jüdischen Volk geworden war, wenn sie so viele Personen hervorbringen konnte, die bereit waren, die Beschwerden der Moses-Religion auf sich zu nehmen, für den Lohn des Auserwähltseins und vielleicht noch andere Prämien von ähnlichem Rang.« (GW XVI, S. 218 f.)
44. Einen Fortschritt weg von der Sinnlichkeit in Richtung Geistigkeit sieht der Autor auch in der Ablösung der matriarchalischen durch eine patriarchalische Gesellschaftsordnung: Die Mutterschaft sei »durch das Zeugnis der Sinne erwiesen«; wohingegen die Vaterschaft »eine Annahme« sei, »auf einen Schluss und auf eine Voraussetzung aufgebaut.« (GW XVI, S. 221)
45. In einem sehr interessanten Gedankengang zeigt Freud die enge genetische Beziehung zwischen Religion und der auf Triebverzicht gegründeten Ethik auf, nämlich am Totemismus, die »ersten Form einer Religion, die wir erkennen«. Unerlässliche Bestände des Systems seien »eine Anzahl von Geboten und Verboten«, die »natürlich nichts anderes als Triebverzichte bedeuten, die Verehrung des Totem, die das Verbot einschließt, ihn zu schädigen oder zu töten, die Exogamie, also den Verzicht auf die leidenschaftlich begehrten Mütter und Schwestern in der Horde, das Zugeständnis gleicher Rechte für alle Mitglieder des Brüderbundes, also die Einschränkung der Tendenz zu gewalttätiger Rivalität unter ihnen.« Die ersten beiden Gebote lägen »im Sinne des beseitigten Vaters«, sie setzten »gleichsam seinen Willen fort.« Das dritte Gebot, »das der Gleichsetzung der Bundesbrüder«, sehe »vom Willen des Vaters« ab: »[E]s rechtfertigt sich durch die Berufung auf die Notwendigkeit, die neue Ordnung, die nach der Beseitigung des Vaters entstanden war, für die Dauer zu erhalten. Sonst wäre der Rückfall in den früheren Zustand unvermeidlich geworden« Hier, folgert der Autor,

»sondern sich die sozialen Gebote von den anderen ab, die, wie wir sagen dürfen, direkt aus den religiösen Beziehungen stammen.« (GW XVI, S. 227)

Auch die nächsten Überlegungen sind ausgesprochen anregend, unterbrechen aber die Ausführungen zu mosaischer Religionsstiftung und Wesen des jüdischen Glaubens so sehr, dass sie besser in einer Anmerkung wiedergegeben werden. Sie behandeln das Wesen der »Heiligkeit«. Das Heilige – und hier hat Freud allerdings nicht den christlichen Heiligkeitsbegriff im Auge, sondern den der Antike und der Naturvölker – habe »Verbotscharakter«, sei »offenbar etwas, was nicht berührt werden« dürfe. »Ein heiliges Verbot ist sehr stark affektiv betont, aber eigentlich ohne rationelle Begründung.« Ein heiliges Verbot sei beispielsweise das, einen Inzest mit Tochter oder Schwester zu begehen; falsch dafür sei die Begründung, dass sich »alle unsere Gefühle« dagegen sträubten: »Was angeblich unsere heiligen Gefühle beleidigt, war in den Herrscherfamilien der alten Ägypter und anderer frühen Völker allgemeine Sitte, man möchte sagen geheiligter Brauch.« Es dränge sich uns eher die Einsicht auf, »daß der Inzest, in diesem Falle zwischen Bruder und Schwester – ein Vorrecht war, das gewöhnlichen Sterblichen entzogen, aber den die Götter vertretenden Königen vorbehalten war« Dabei äußert Freud die interessante Vermutung, »daß die ängstliche Wahrung der Ebenbürtigkeit in unserem Hochadel noch ein Residuum dieses alten Privilegs« sei. Auch die biologische Erklärung der Inzestscheu, dass sie auf »ein dunkles Wissen um die Schädlichkeit der Inzucht« zurückgehe, lehnt er ab: »Es ist aber nicht einmal sicher, daß eine Gefahr der Schädigung durch die Inzucht besteht, geschweige denn, daß die Primitiven sie erkannt und gegen sie reagiert hätten« (GW XVI, S. 229) Die »Konstruktion der Vorgeschichte« dränge eine andere Erklärung auf: »Das Gebot der Exogamie, dessen negativer Ausdruck die Inzestscheu ist, lag im Willen des Vaters und setzte diesen Willen nach seiner Beseitigung fort.« Untersuchung anderer Fälle von heiligem Verbot (außer der gerade berichteten zur Inzestscheu) sollten nach Freuds Erwartung zum selben Ergebnis führen, nämlich »daß das Heilige nichts anderes ist als der fortgesetzte Wille des Urvaters.« Damit, fährt er fort, »fiele auch ein Licht auf die bisher unverständliche Ambivalenz der Worte, die den Begriff Heiligkeit ausdrücken.« Es sei die Ambivalenz, die »das Verhältnis zum Vater überhaupt« beherrsche und was sich in der Doppeldeutigkeit des lateinischen Wortes sacer (heilig, aber auch »verrucht«, »verabscheuungswürdig«) zeige (S. 229 f.).

Dann schlägt der Autor einen Bogen zur Beschneidung:

> »Der Wille des Vaters war aber nicht nur etwas, woran man nicht rühren durfte, was man hoch in Ehren halten musste, sondern auch etwas, wovor man erschauerte, weil es einen schmerzlichen Triebverzicht erforderte. Wenn wir hören, daß Moses sein Volk ›heiligte‹ durch die Einführung der Sitte der Beschneidung, so verstehen wir jetzt den tiefen Sinn dieser Behauptung. Die Beschneidung ist der symbolische Ersatz der Kastration, die der Urvater einst aus der Fülle seiner Machtvollkommenheit über die Söhne verhängt hatte, und wer dies Symbol annahm, zeigte damit, daß er bereit war, sich dem Willen des Vaters zu unterwerfen, auch wenn er ihm schmerzlichste Opfer auferlegte. « (GW XVI, S. 230)

46. Hatte Freud dies in den früheren Ausführungen vornehmlich an Hand der Neurosenentstehung erläutert, tut er es nun zusätzlich durch Schilderung der Charakterentwicklung: So zeigten Personen, die sich lange gegen ihre Eltern auflehnten und sich im

Verhalten bewusst von ihnen abhöben, im Alter doch wieder deren Charakterzüge, Folge einer frühkindlichen und nie verloschenen Identifizierung. Aber auch den Mechanismus der Neurosenbildung ruft er noch einmal in Erinnerung: Als Folge eines frühkindlichen Erlebnisses erhebe sich ein Triebanspruch, dessen Befriedigung vom Ich verweigert werde. Der Trieb habe aber entweder seine Stärke gehalten oder sie wieder gesammelt oder er werde durch einen neuen Anlass wieder geweckt. Da ihm der Weg zu einer normalen Befriedigung verschlossen sei, bahne »er sich irgendwo an einer schwachen Stelle einen anderen Weg zu einer so genannten Ersatzbefriedigung, die nun als Symptom« zum Vorschein komme, »ohne die Einwilligung, aber auch ohne das Verständnis des Ichs.« Folglich: »Alle Phänomene der Symptombildung können mit gutem Recht als ›Wiederkehr des Verdrängten‹ beschrieben werden. Ihr auszeichnender Charakter ist aber die weitgehende Entstellung, die das Wiederkehrende im Vergleich zum Ursprünglichen erfahren hat.« (GW XVI, S. 235 f.)

47. Es sei gewissermaßen eine weitere Verherrlichung des obersten Gottes, wenn er über andere Götter herrsche; zudem müsse man einen solchen einzigen Gott notwendig mit anderen Völkern teilen.

48. In nämlichem Sinne heißt es auch etwas später im Text:

> »Es ist kaum gleichgültig oder zufällig, daß die gewaltsame Tötung eines anderen großen Mannes auch der Ausgangspunkt für die religiöse Neuschöpfung des Paulus wurde. Eines Mannes, den eine kleine Anzahl von Anhängern in Judäa für den Sohn Gottes und den angekündigten Messias hielt, auf den auch später ein Stück der dem Moses angedichteten Kindheitsgeschichte überging, von dem wir aber in Wirklichkeit kaum mehr Sicheres wissen als von Moses selbst, nicht wissen, ob er wirklich der große Lehrer war, den die Evangelien schildern, und ob nicht vielmehr die Tatsache und die Umstände seines Todes entscheidend wurden für die Bedeutung, die seine Person gewonnen hat. Paulus, der sein Apostel wurde, hat ihn selbst nicht gekannt.« (GW XVI, S. 195)

11 Zusammenfassung: Freuds Thesen zur Religion

Religion stellt sich Freud als etwas psychologisch Aufklärungsbedürftiges dar. Für ihn gibt es in der Realität weder die Dämonen und die Geister der Verstorbenen bei den Naturvölkern, noch existiert für ihn der Gott der christlichen Religionen. Sie sind für ihn allesamt psychische Schöpfungen, deren Motive und Mechanismen sich erklären lassen. Die Glaubensinhalte der Religionen sind seiner Auffassung nach Illusionen, stellen Projektionen infantiler Gegebenheiten in das Erwachsenenalter dar.

Während er jene letztere Aussage erst in einer seiner späteren Schriften, in die *Zukunft einer Illusion* (1927c), in aller Schonungslosigkeit formuliert, untersucht Freud schon recht früh in *Totem und Tabu* (1912–13a) am Totemismus ein frühes religiöses System und leitet es aus prähistorischen Annahmen ab, nämlich dem gemeinsam von den Söhnen (unter ambivalenten Gefühlen) verübten Mord am übermächtigen Vater der Urhorde. Hier deutet der Verfasser die Gültigkeit seiner Ausführungen für das christlich-religiöse System gerade an, wird aber später, zurückhaltend in *Zukunft einer Illusion* (1927c), sehr pointiert in *Der Mann Moses und die monotheistische Religion* (1939a), das Christentum aus den nämlichen Wurzeln herleiten.

Eine gewisse Vorarbeit stellt die Schrift »Zwangshandlungen und Religionsübungen« (1907b) dar, in der Freud – wenig überzeugend – religiöse Handlungen mit den Privatzeremoniellen der Zwangsneurotiker vergleicht und in beiden die Intention sieht, schuldhafte Regungen zu bewältigen; immerhin taucht hier schon der für seine spätere Religionspsychologie so zentrale Gedanke auf, dass Religion nicht allein aus einem Bedürfnis nach Hilfe von höheren Mächten resultiert, sondern ihren Ursprung auch in einem (nicht konkret zu formulierenden) »unbewussten« Schuldgefühl hat.

In seiner zweifellos besten kultur- und religionspsychologischen Schrift, nämlich *Totem und Tabu* (1912–13a), untersucht Freud zwar zunächst nur die »Gemeinsamkeiten im Seelenleben der Wilden und der Neurotiker« (wie der Untertitel lautet), entwickelt aber im letzten der vier dort zusammengefassten Aufsätze eine These vom Ursprung religiöser Systeme aus der Ambivalenz der Vater-Sohn-Beziehung und dem damit verbundenen Schuldgefühl. Die anderen Aufsätze bereiten in gewissem Sinne auf diese Folgerungen vor. Der erste zeigt, dass – zumindest nach dem von Freud ausgewählten ethnographischem Material – der Ödipuskomplex keineswegs ein allein mittels der retrospektiven psychoanalytischen Methode herausgearbeitetes Phänomen ist, sondern bei den Naturvölkern ein bedeutendes Beziehungsmuster darstellt, dessen Realisierung eine Vielzahl einschränkender Regeln entgegengesetzt wird.

Mit der Deutung der strengen Taburegeln als Abwehr von Triebregungen im nächsten Aufsatz (»Das Tabu und die Ambivalenz der Gefühlsregungen«) sieht Freud sich zum einem in seinen psychoanalytischen Befunden bestätigt – genau das ist ja seine Theorie vom Sinn der neurotischen Symptome (welche so auffällige Parallelen zu den Tabupraktiken aufweisen); zum anderen wird sein Augenmerk auf die Ambivalenz gerichtet, jene bemerkenswerte Uneindeutigkeit der Gefühlsregungen, wie sie u. a. das Verhältnis der »Wilden« zu ihren Häuptlingen, der Kinder zu ihrem Vater und – wie er herausarbeiten wird – das Verhältnis der Gläubigen zu ihrem Gott kennzeichnet und welche Freud zu seinen Thesen vom Ursprung der ersten religiösen Systeme bringt. Das Tabu der Toten, d. h. die zahlreichen Einschränkungen für gewisse Zeit nach dem Tod etwa eines nahen Angehörigen, führt erkenntnismäßig diesbezüglich am weitesten. Die »Wilden« selbst erklärten diese Maßnahmen aus der Angst vor der Rache des Toten, womit sich auch der bekannte Völkerpsychologe W. Wundt zufrieden gibt. Freud hält diese Erklärung für wenig befriedigend: Warum sollte sich ein geliebter Angehörigen nach seinem Tod als Dämon an seinen Angehörigen rächen wollen? Zudem glaubt der Autor natürlich nicht an die Existenz solcher überirdischer Wesen, die er deswegen als psychische Schöpfungen ansehen muss: Er geht davon aus, dass gegen den Verstorbenen – schon zu seinen Lebzeiten und möglicherweise erst recht nach seinem Tod – auch feindselige Regungen vorhanden waren; diese projizierten die Überlebenden zu ihrer psychischen Entlastung auf den Verstorbenen, dessen Feindseligkeit sie eine Zeitlang – bis zur Erledigung der »Trauerarbeit« – mit Zeremoniellen und Verboten hintanhalten müssten. Es wird so zum ersten Male in Freuds Schriften der Gedanke formuliert, dass höhere Wesen aus einem psychischen Bedürfnis heraus geschaffen werden; dieses basiert nicht zuletzt auf den aus der Ambivalenz resultierenden und möglichst effizient zu bewältigenden Schuldgefühlen.

Auf diesem Hintergrund ergeben sich dann die weit reichenden Überlegungen des vierten Aufsatzes »Die infantile Wiederkehr des Totemismus« – der dritte Aufsatz »Animismus, Magie und Allmacht der Gedanken« bringt religionspsychologisch nichts wesentlich Neues, arbeitet v. a. noch einmal die Schöpfung von Geisterwesen als Projektionen zur Bewältigung von Gefühlsambivalenz heraus. In Rückgriff auf die Darstellung im ersten Aufsatz charakterisiert Freud zunächst das totemistische System, welches bei manchen Stämmen – hier bezieht er sich vornehmlich auf die Ureinwohner Australiens – die Stelle religiöser und sozialer Einrichtungen einnehme: Die Mitglieder der Bevölkerungsgruppen zerfielen in einzelne Clans, von denen sich jeder nach seinem Totem benenne (in der Regel einem Tier, welches auch als der Ahnherr des Clans betrachtet werde); die Zugehörigkeit zu den Totemclans werde vererbt (typischerweise in mütterlicher Linie); somit sage die gemeinsame Zugehörigkeit zum selben Totemclan nur sehr bedingt etwas über die Blutsverwandtschaft aus, und entsprechend wohnten in einem Dorf Angehörige verschiedener Totemclans nebeneinander, allerdings mit der entscheidenden Regelung, dass sexuelle Beziehungen zwischen Mitgliedern ein und desselben Totemclans strengstens untersagt seien (»Exogamiegebot«). Hinzu kommt als weiteres interessantes Charakteristikum: Es ist den Mitgliedern des Clans, außer im Rahmen gemeinsam vollzogener zeremonieller Handlungen, verboten, das Totemtier zu töten. Die von den Ethnologen dazu beigebrachten Erklärungen kann Freud elegant als falsch oder unvollständig verwerfen. Eine These, die zwar zunächst nichts mit dem Totemismus zu tun hat, sondern dem Phänomen der Exogamie, präsentiert er aber schon jetzt: Es ist die von Darwin entwickelte Annahme, dass die Menschen ursprünglich in Urhorden lebten, in denen das männliche Oberhaupt allein Zugang zu allen Weibchen hatte und damit die restlichen männlichen Mitglieder zur sexuellen Abstinenz zwang – welche Situation sie nur durch Auswanderung und Gründung einer eigenen Horde (beispielsweise durch Vertreibung des Oberhaupts der eigenen oder einer anderen Urhorde) beenden konnten.

Die psychoanalytische Beleuchtung des Phänomens nimmt von den Beobachtungen an Kindern ihren Ausgang, welche, etwa im Rahmen von Tierphobien, eine auffällige Gleichsetzung von Tier und Vater vornähmen und dabei zwei merkwürdige Eigenheiten zeigten, die volle Identifizierung mit dem Tier (dem »Totemtier«) sowie eine ambivalente Gefühlseinstellung diesem gegenüber. Somit sieht Freud eine Rechtfertigung, das zu tun, was die »Wilden« täten, wenn sie selbst das Totemtier als Vater bezeichneten, nämlich eine solche Gleichsetzung in ihrer Psyche tatsächlich anzunehmen. Damit, so der weitere Schluss, fielen aber die Kernvorschriften des totemistischen Systems, den Totem nicht zu töten und die dem Totem gehörigen Frauen nicht als Sexualobjekte zu wählen, mit dem Inhalt des Ödipuskomplexes zusammen: den Vater töten zu wollen und dessen Frau (die Mutter) zum Weibe zu nehmen. Diese erstaunliche Tatsache versucht Freud nun herzuleiten, wobei er zum einen auf die von Darwin angenommene Urhorde als erste Gemeinschaftsform der Menschheit rekurriert, zum anderen eine bis jetzt noch nicht genannte – keineswegs regelmäßig in den totemistisch organisierten Gesellschaften nachzuweisende – Besonderheit einbezieht, die der »Totemmahlzeit«: Er rekonstruiert, dass zu besonderen Anlässen und mit genau festgelegten Ritualen die Totemgenossen gemeinsam ein Totemtier getötet, es feierlich beweint und schließlich verzehrt hätten. Noch einmal ist zu betonen, was vom Autor bereitwillig konzediert wird, dass es sich nicht um ein direkt beobachtbares Vorkommnis handelt, sondern dieses in ein frühes historisches Stadium rückprojiziert wird[1]. Der in ihrer Existenz wenig gesicherten Totemmahlzeit gibt Freud zudem eine sehr spezifische Interpretation: nämlich als Gedenken an eine prähistorische Tat (keine einmalige, sondern eine von unzähligen Menschengruppen an unterschiedlichsten Orten und über Jahrtausende wiederholte Handlung), die gemeinsame Tötung des Urhordenvaters durch die in dieser Tat geeinten Brüder, also seine Söhne (eine Tötung, die wahrscheinlich vom Verzehr des Getöteten gefolgt war). Diese Tat habe aber nicht nur ein Triumphgefühl ausgelöst, sondern angesichts der Ambivalenz gegen den Vater (der gleichzeitig gehasst wie geliebt worden sei) zugleich Reue und Schuldgefühl nach sich gezogen; zudem sei dies – wieder bei aller unsicheren Fundierung ein intellektuell faszinierender Gedanke – der Anfang eines geregelten, nicht mehr auf Macht und Willkür aufgebauten Gesellschaftssystems gewesen: Gewissermaßen in Widerrufung der Tat verboten sie sich gegenseitig die Tötung des Totemtiers (welches zum Vaterersatz wird) und insbesondere den sexuellen Verkehr mit den Frauen des Clans (also der Gemeinschaft, die sich vom gemeinsamen Oberhaupt befreit hatte). Dieses Exogamiegebot hat u. a. den höchst pragmatischen Grund, einen Anlass zur Zwistigkeit unter den zurückbleibenden Söhnen zu vermeiden. Freud sieht hierin auch ein erstes religiöses System: Das Totemtier als Vaterersatz biete Schutz; im Gegenzug genieße es Verehrung, u. a. in Form der Einhaltung der mit ihm in Zusammenhang gebrachten Gebote. Schließlich – so die weitere Entwicklung – werde der Totem zu einer Art Gott (man denke in die Tiergötter des alten Ägyptens, die zunehmend menschlichere Züge annehmen, aber weiter mit einem Tier in Verbindung gebracht würden). Die alte Totemmahlzeit tauche dann in den Opferriten wieder auf und habe ihre Fortsetzung im christlichen Abendmahl gefunden, wo gleichzeitig *der* Gott, aber auch *dem* Gotte geopfert wird; das Schuldbewusstsein angesichts des Vatermordes habe seinen Niederschlag in der Vorstellung von der Erbsünde, wobei die Erlösung von letzterer durch eine zum Mord passende Sühnetat erfolgt sei: »So bekennt sich denn in der christlichen Lehre die Menschheit am unverhülltesten zu der schuldvollen Tat der Urzeit, weil sie nun im Opfertod des einen Sohnes die ausgiebigste Sühne für sie gefunden hat.« Und er schließt einen interessanten Gedanken an: Dass mit dieser Opferung eines Sohnes zur Erlösung von der Erbsünde tatsächlich in irgendeiner Weise das Schuldgefühl wegen des Vatermords bewältigt worden sei und nun nicht mehr der Vater, sondern der Sohn die zentrale Stellung eines Gottes eingenommen, die »Sohnesreligion« die »Vaterreligion« abgelöst habe.

Dieses Thema wird Freud in seinen weiteren religionspsychologischen Schriften ausführen. In *Die Zukunft einer Illusion* werden zwar keine wesentlich neuen diesbezüglichen Gesichtspunkte dazu beigebracht, wohl aber der prägnante Satz zur Kennzeichnung der Religion formuliert, dass sie zwar keine materielle, aber eine »historische Wahrheit« mitteile (also ihre Ursprünge in tatsächlichen Gegebenheiten habe).

In *Der Mann Moses und die monotheistische Religion* (1939a) kommt Freud auf den Mord am Urhordenvater zurück und zwar in Anschluss an die von ihm rekonstruierte jüdische Religionsgeschichte (s. unten): Übernahme der streng monotheistischen Aton-Religion unter Vermittlung des Ägypters Moses[2] – Beseitigung Moses' noch auf dem Sinai – nachträgliche Verschmelzung von Elementen des Aton-Glaubens mit der kanaanitischen Jahve-Religion – Reue über die Untat an Moses – immer stärkeres Wiedereindringen von Elementen des Aton-Glaubens in die Kompromissreligion – Etablierung von Moses in der Geschichtsschreibung als einzigem Religionsstifter – gleichzeitig Leugnung des ägyptischen Ursprungs der Religion durch Rückversetzung von Jahve und der Beschneidungssitte in die Zeit der Patriarchen.

Er schildert noch einmal die Ermordung des Urhordenvaters, die daraufhin von den Brüdern selbst auferlegten Einschränkungen des Gewaltverzichts und der Exogamie, schließlich die Einsetzung des Totemtiers als Ersatz für den Vater und die Rituale zu Ehren seines Gedächtnisses (speziell die Totemmahlzeiten), schließlich den Ersatz des Totemtieres durch mit ihm assoziativ verbundene menschliche Götter, die zunächst noch ähnlichen Rang hatten, schließlich aber einem Obergott unterstellt wurden, in einem letzten Stadium die »Wiederkehr des einen, einzigen, unumschränkt herrschenden Vatergottes«. Das ist also das Wesen der jüdischen Religion, aus der sich bekanntlich die christliche entwickelt hat. Letztere betrachtet Freud in ihrer Entstehung genauer und sieht in ihr einen gewissen Rückschritt, einerseits in Form der Abkehr von einem strengen Monotheismus (Wiedereinführung der Muttergottheit, Installation vermittelnder Heiligengestalten), andererseits mit der Betonung ritueller Praktiken (ein »erneuter Sieg der Ammonspriester über den Gott Ikhnatons«). Diese (sich retrospektiv eben als gewisse Rückbildung darstellende) Weiterentwicklung zum Christentum resultiert nach Freud aus dem (nicht unbedingt spezifisch) jüdischen Schuldgefühl; dessen eigentlicher Ursprung sei die Ermordung des Urvaters (des Vaters der Urhorde) gewesen, was in der neuen Religion (wesentlich konzipiert von Paulus) als Erbsünde auftauche, welche wiederum – so die Vorstellung –nur durch einen weiteren Tod gesühnt werden konnte: Freuds etwas unklar vorgebrachter Auffassung zufolge habe die Hinrichtung des Jesus von Nazareth (eines wohl eher belanglosen oder wenigstens geschichtlich dunklen Mannes), »eines politisch-religiösen Agitators«, hier den zündenden Funken für die Ablösung der jüdischen durch eine neue Glaubenslehre gegeben, die christliche. Der Vorgang passte insofern ins Schema, als sich der Getötete selbst als Sohn Gottes bezeichnete, also zum großen Kreis jener gehörend, aus denen der Mörder des Urvaters einst hervorgegangen war: »Ein Sohn Gottes hatte sich als Unschuldiger töten lassen und damit die Schuld aller auf sich genommen. Es musste ein Sohn sein, denn es war ja ein Mord am Vater gewesen.« Diese Sühnung wird als Erlösung gefeiert, jener, der sich für alle anderen geopfert hat, seitdem verehrt und zwar in solchem Maße, dass er die alte Vatergottheit ablöste: »Das Judentum war eine Vaterreligion gewesen, das Christentum wurde eine Sohnesreligion. Der alte Gottvater trat hinter Christus zurück, Christus, der Sohn, kam an seine Stelle, ganz so, wie es in jener Urzeit jeder Sohn ersehnt hatte.«

Während in *Totem und Tabu* lediglich die Genese der Religion (oder zumindest einer unmittelbaren Vorform) behandelt wurde, Freud auch die Bezüge zur christlichen Glaubenslehre nicht als Thema der Arbeit ansieht – gleichwohl aber durch Diskussion der Lehre von der Erbsünde und ihrer Aufhebung durch Opferung des Sohnes diesen Vorsatz bricht –, betrachtet seine nächste und sicher bekannteste religionspsychologische Schrift, nämlich *Die Zukunft einer Illusion* (1927c), die Religion (jetzt ganz spezifisch die christliche) unter dem Gesichtspunkt ihrer Funktion und ihrer psychischen Wertigkeit. Das Urteil fällt eindeutig und sehr kritisch aus: Die religiösen Vorstellungen entspringen einem Wunschdenken, nämlich dass Naturereignisse, auch der eigene Tod, nicht Zufälligkeiten darstellten, sondern einem intelligenten Willen zuzuschreiben seien, und dass somit auch Schutz gegen die diversen bedrohlichen

Mächte möglich sei. Das Vertrauen in die Existenz eines schützenden Wesens geht aber auf die Kindheit zurück, in der der Vater zwar einerseits gefürchtet werden musste, andererseits in entscheidenden Momenten Beistand lieferte. Die Gott (oder den Göttern) zugeschriebenen Funktionen gingen jedoch über den bloßen Schutz vor Naturkräften hinaus: Sie sollten mit der Grausamkeit des Schicksals versöhnen (insbesondere der Tatsache des Todes) und Entschädigungen liefern für die im kulturellen Zusammenleben zwangsläufig erlittenen Entbehrungen. Das werde, meint Freud, eine der wesentlichen Aufgaben der Religion, nämlich die Kulturvorschriften als göttlichen Willen zu vermitteln; dort wird v. a. auch seine Kritik ansetzen, dass die Kultur zu einseitig auf der Religion basiert und von deren Schwächen abhängig ist.

Die Lehrsätze des christlichen Glaubens werden als schlecht begründet dargestellt, erweisen sich aus dem Wunschdenken entsprungene Vorstellungen, Illusionen, welche besser zu überwinden seien, auch auf die Gefahr hin, eindeutiger mit den Tatsachen des (endgültigen) Todes konfrontiert zu sein; statt dessen appelliert Freud, mit Hilfe der bescheidenen Methoden der Wissenschaft die menschliche Situation zu verbessern.

Erheblich schwieriger zu lesen – da sich auf Grund der zeitversetzten Abfassung der Schrift zahlreiche Brüche, aber auch störende Redundanzen ergeben – ist *Der Mann Moses und die monotheistische Religion* (1939a); andererseits ist sie inhaltlich deutlich ergiebiger als *Die Zukunft einer Illusion*. Die Gedanken zum Ursprung der Religionen, auch der christlichen, aus dem prähistorischen Vatermord wurden bereits dargestellt. Der Rest der Schrift lässt sich in Kürze etwa so resümieren: Moses, der in wesentlicher Form die Religion und das Leben der Juden beeinflusst, ihnen jenen bemerkenswerten »Fortschritt in der Geistigkeit« gebracht hat, war, so Freud, selbst gar kein Jude; seiner These nach handelte es sich um einen vornehmen Ägypter, einen überzeugten Anhänger der in Ägypten kurz in Blüte stehenden, aber dann unterdrückten, streng monotheistischen und auf jegliche kultische Handlungen verzichtenden Aton-Religion. Um diese Religion zu erhalten, habe Moses in Ägypten lebende israelitische Bevölkerungsgruppen dazu überredet, unter seiner Führung in ihre alte Heimat, das »gelobte Land« Kanaan (Palästina) zurückzukehren und dabei versucht, ihnen gegen große Schwierigkeiten die strenge Glaubenslehre von Aton zu vermitteln. Er sei jedoch – das entnimmt Freud nicht-offiziösen Niederschriften der mündlichen Tradition – schon bald in einer der vielen, auch in der Bibel nicht unerwähnt gebliebenen Meutereien getötet worden. Die weiter ziehenden Stämme hätten sich in der Nähe des Gelobten Landes mit ansässigen Stammesgenossen verbündet, wobei eine Verschmelzung religiöser Vorstellungen geschehen sei. In gewissen Aspekten durchgesetzt hätten sich dabei die Einheimischen mit der von kultischen und magischen Praktiken überladenen Religion des Lokalgottes Jahve, der letztlich nur als Hauptgott, nicht als einziger, verehrt wurde. Nach der Einnahme Kanaans und der Ansiedelung sei aber im Sinne der Wiederkehr des Verdrängten (wie es bei Neurosen mit großer

Latenz nach den Trauma zu geschehen pflege) das alte mosaische (dem Aton-Glauben entsprungene) Gedankengut immer mehr wieder zum Vorschein gekommen; bei den einige Jahrhunderte später erfolgten schriftlichen Fixierungen sei der Mord an Moses verschwiegen worden, der »ägyptische« Moses mit mindestens einer weiteren historischen Gestalt verschmolzen (dem »midianitischen Moses«) und die Religionsstiftung als Offenbarung eines einzigen Gottes dargestellt worden. Das habe zu einem immensen »Fortschritt in der Geistigkeit« geführt: Der ritualisierte Anteil der Religion in Form von Kulthandlungen sei gegenüber dem stillen, aber intensiven Glauben und gottgefälligen Lebensformen als Ausdruck der Gläubigkeit zunehmend zurückgetreten. Dieser Fortschritt ist einerseits dem Zusammenhalt stiftenden Gedenken an den mächtigen Gründer der Religion, also Moses als Persönlichkeit zu verdanken, andererseits dem von ihm erlassenen und konsequent durchgesetzten Bilderverbot: Es habe »eine Zurücksetzung der sinnlichen Wahrnehmung gegen eine abstrakt zu nennende Vorstellung« bedeutet, »einen Triumph der Geistigkeit über die Sinnlichkeit, streng genommen einen Triebverzicht mit seinen psychologisch notwendigen Folgen.« Diese »Entmaterialisierung Gottes« habe, zusammen mit dem Gefühl des »Auserwähltseins« einen wesentlichen Effekt gehabt, nämlich dass die Juden sich auf geistige Interessen verlegten, und – angesichts des politischen Unglücks ihrer Nation – den einzigen Besitz, der ihnen geblieben war, ihr Schrifttum, in hohem Maße zu schätzen wussten. Moses habe die Funktion eines kollektiven Über-Ichs übernommen und den Weg zu der geschilderten Vergeistigung, zur Entwicklung einer Ethik mit Triebeinschränkungen erst möglich gemacht.

Die ungeheuere Wirkung des Mannes Moses[2] bringt Freud – meines Erachtens nicht eindeutig genug formuliert – mit zwei wesentlichen Momenten zusammen, zum einen, dass er mit der Stiftung einer monotheistischen Religion am Sinai den Israeliten die komplizierte Entwicklungsgeschichte vom Totemismus über die tiergestaltigen Götter des Polytheismus zum vermenschlichten Vatergott (als Ersatz des erschlagenen Urhordenvaters) abnahm; zum anderen, dass mit der Tötung Moses' und seiner später aus Reue zunehmend wachsenden Verehrung eine Wiederholung dessen stattfand, was bereits die Wurzel der ersten religiösen Systeme war, nämlich die gemeinsame Tötung des Urhordenvaters durch die vereinten Söhne.

Anmerkungen zu Kapitel 11

1. Es ist nicht einmal durch verlässliche Quellen belegbar.
2. Wie sehr die Person Moses Sigmund Freud fasziniert hat, zeigt sich an seiner Interpretation von Michelangelos Moses-Statue (1914b; s. Köhler 2014).

12 Literatur

Eissfeldt, O. (1964) *Einleitung in das Alte Testament*. 3. Auflage. Tübingen: J.C.B. Mohr.

Freud, S. (1940–1952) *Gesammelte Werke*. Frankfurt/M.: S. Fischer; im Weiteren abgekürzt als GW; Bezeichnung der Bandnummer mit römischen Ziffern. Die nachfolgende Darstellung folgt (mit geringfügigen Abänderungen der Zitierweise) der Freud-Bibliographie und Werkkonkordanz (bearbeitet von I. Meyer-Palmedo u. G. Fichtner) Frankfurt/M. (S. Fischer, 1989), S. 15–90.

– (1877a) »Über den Ursprung der hinteren Nervenwurzeln im Rückenmarke von Ammocoetes (Petromyzon Planeri)«. In: S.B. Akad. Wiss. Wien (Math.-Naturwiss. Kl.), III Abt., Bd. 75, S. 15–27.

– (1891b) *Zur Auffassung der Aphasien. Eine kritische Studie*. Leipzig (Deuticke).

– (1895d) *Studien über Hysterie*. GW I, S. 75–312.

– (1900a) *Die Traumdeutung*. GW II/III, S. 1–642.

– (1901a) *Über den Traum*. GW II/III, S. 643–700.

– (1901b) *Zur Psychopathologie des Alltagslebens*. GW IV.

– (1905c) *Der Witz und seine Beziehung zum Unbewussten*. GW VI.

– (1905d) *Drei Abhandlungen zur Sexualtheorie*. GW V, S. 27–145.

(1905e [1901]) »Bruchstück einer Hysterie-Analyse«. GW V, S. 161–286.

– (1907a [1906]) *Der Wahn und die Träume in W. Jensens »Gradiva«*. GW VII, S. 29–122.

– (1907b) »Zwangshandlungen und Religionsübungen«. GW VII, S. 127–139.

– (1908b) »Charakter und Analerotik«. GW VII, S. 203–209.

– (1908d) »Die ›kulturelle‹ Sexualmoral und die moderne Nervosität«. GW VII, S. 141–167.

– (1908e [1907]) »Der Dichter und das Phantasieren«. GW VII, S. 213–223.

– (1909b) »Analyse der Phobie eines fünfjährigen Knaben«. GW VII, S. 241–377.

– (1909d) »Bemerkungen über einen Fall von Zwangsneurose«. GW VII, S. 379–463.

– (1910a [1909]) »Über Psychoanalyse«. GW VIII, S. 1–60.

– (1910c) *Eine Kindheitserinnerung des Leonardo da Vinci*. GW VIII, S. 127–211.

– (1910e) »Über den Gegensinn der Urworte«. GW VIII, S. 211–221.

– (1910h) »Über einen besonderen Typus der Objektwahl beim Manne (›Beiträge zur Psychologie des Liebeslebens I‹)«. GW VIII, S. 66–77.

– (1910i) »Die psychogene Sehstörung in psychoanalytischer Auffassung«. GW VIII, S. 94–102.

– (1911b) »Formulierungen über die zwei Prinzipien des psychischen Geschehens«. GW VIII, S. 229–238.

– (1911c [1910]) »Psychoanalytische Bemerkungen über einen autobiographisch beschriebenen Fall von Paranoia (Dementia paranoides)«. GW VIII, S. 239–320.

– (1911f »Groß ist die Diana der Epheser«. GW VIII, S. 359–361.

– (1912b) »Zur Dynamik der Übertragung«. GW VIII, S. 364–374.

– (1912d) »Über die allgemeinste Erniedrigung des Liebeslebens (›Beiträge zur Psychologie des Liebeslebens II‹)«. GW VIII, S. 78–91.
– (1912-13a) *Totem und Tabu*. GW IX.
– (1913i) »Die Disposition zur Zwangsneurose«. GW VIII, S. 442–452.
– (1914b) »Der Moses des Michelangelo«. GW X, S. 172–201.
– (1914c) »Zur Einführung des Narzissmus«. GW X, S. 137–170.
– (1915a [1914]) »Bemerkungen über die Übertragungsliebe«. GW X, S. 305–321.
– (1915b) »Zeitgemäßes über Krieg und Tod«. GW X, S. 323–355.
– (1915c) »Triebe und Triebschicksale«. GW X, S. 209–232.
– (1915d) »Die Verdrängung«. GW X, S. 247–261.
– (1915e) »Das Unbewusste«. GW X, S. 263–303.
– (1916–17a [1915–1917]) *Vorlesungen zur Einführung in die Psychoanalyse*. GW XI.
– (1916–17b) »Mythologische Parallele zu einer plastischen Zwangsvorstellung«. GW X, S. 398–400.
– (1916–17g [1915]) »Trauer und Melancholie«. GW X, S. 427–446.
– (1918b [1914]) »Aus der Geschichte einer infantilen Neurose«. GW XII, S. 27–157.
– (1919g) »Vorrede zu: Reik, Theodor. *Probleme der Religionspsychologie*«. GW XII, S. 321–324.
– (1919h) »Das Unheimliche«. GW XII, S. 227–268.
– (1920g) *Jenseits des Lustprinzips*. GW XIII, S. 1–69.
– (1921c) *Massenpsychologie und Ich-Analyse*. GW XIII, S. 71–161.
– (1923a [1922]) »›Psychoanalyse‹ und ›Libidotheorie‹«. GW XIII, S. 209–233.
– (1923b) *Das Ich und das Es*. GW XIII, S. 235–289.
– (1923d [1922]) »Eine Teufelsneurose im siebzehnten Jahrhundert«. GW XIII, S. 317–353.
– (1924d) »Der Untergang des Ödipuskomplexes«. GW XIII, S. 395–402.
– (1924f [1923]) »A Short Account of Psycho-Analysis«; deutsch: »Kurzer Abriss der Psychoanalyse«. GW XIII, S. 403–427.
– (1925d [1924]) »*Selbstdarstellung*«. GW XIV, S. 31–96.
– (1925j) »Einige psychische Folgen des anatomischen Geschlechtsunterschieds«. GW XIV, S. 17–30.
– (1926f) »Psycho-Analysis: Freudian School«; deutsche Übersetzung von 1934. GW XIV, S. 299–307.
– (1926j) »Ansprache an die Mitglieder des Vereins B'nai B'rith«. GW XVII, S. 49–57.
– (1927c) *Die Zukunft einer Illusion*. GW XIV, S. 323–380.
– (1928a) »Ein religiöses Erlebnis«. GW XIV, S. 393–396.
– (1930a [1929]) *Das Unbehagen in der Kultur*. GW XIV, S. 419–506.
– (1931b) »Über die weibliche Sexualität«. GW XIV, S. 515–537.
– (1932a [1931]) »Zur Gewinnung des Feuers«. GW XVI, S. 1–9.
– (1933a [1932]) *Neue Folge der Vorlesungen zur Einführung in die Psychoanalyse*. GW XV.
– (1933b [1932]) »Warum Krieg?«. GW XVI, S. 11–27.

– (1935a) »Postscript zu ›An Autobiographical Study‹«. Deutsch: »Nachschrift 1935 zur ›Selbstdarstellung‹«. GW XVI, S. 31–34.

– (1939a [1934–38]) *Der Mann Moses und die monotheistische Religion*. GW XVI, S. 101–246.

– (1940a [1938]) *Abriss der Psychoanalyse*. GW XVII, S. 63–138.

– (1965a) Sigmund Freud/Karl Abraham. *Briefe 1907–1926*. Hrsg. v. H.C. Abraham & E.L. Freud. Frankfurt/M.: S. Fischer.

– (1968a [1927–39]) Sigmund Freud/Arnold Zweig. *Briefwechsel*. Hrsg. v. E.L. Freud. Frankfurt/M.: S. Fischer.

– (1985c) *Briefe an Wilhelm Fließ 1887–1904*. Ungekürzte Ausgabe. Hrsg. v. J.M. Masson. Frankfurt/M.: S. Fischer.

Jones, E. (1984a,b,c; engl. Originalausg. 1953–1957) *Sigmund Freud – Leben und Werk, Band 1,2 und 3*. München: Deutscher Taschenbuch Verlag.

Jung, C.G. (1962 [1911–12]) *Wandlungen und Symbole der Libido*. Leipzig: Deuticke.

Keller, W. (1964) *Und die Bibel hat doch recht*. Reinbek bei Hamburg: Rowohlt.

Köhler, T. (1996) *Anti-Freud-Literatur von ihren Anfängen bis heute. Zur wissenschaftlichen Fundierung von Psychoanalyse-Kritik*. Stuttgart: Kohlhammer.

– (2000) *Das Werk Sigmund Freuds: Entstehung, Inhalt, Rezeption*. Lengerich: Pabst Science Publishers.

– (2007) *Freuds Psychoanalyse – eine Einführung*. 2. Auflage. Stuttgart: Kohlhammer.

– (2014) *Freuds Schriften zur Literatur, Kunst und Ästhetik*. Gießen: Psychosozial-Verlag.

Mann, T. (1982) *Essays: Bd. 3: Musik und Philosophie*. Frankfurt/M. (Fischer Taschenbuch Verlag).

Wehr, G. (1983) *C.G. Jung*. Reinbek bei Hamburg (Rowohlt Taschenbuch Verlag).

13 Stichwortverzeichnis

Aggression, (A.trieb) 11, 33 ff., 58 ff., 73, 83, 96 ff., 105 f., 109 ff., 122

Allmacht der Gedanken 81, 123, 142 ff., 167 f., 235

ambivalent, Ambivalenz 26, 57, 107, 110, 118 f., 123, 127, 132 ff., 140 f., 147, 157 ff., 163, 166, 170, 213, 220, 222, 232 ff.

Andreas-Salomé, L., s. Salomé, L.

Animismus 81, 123, 142, 146, 148, 167, 235

Astruc, J. 229

Aton, A.-Religion 11, 121, 195, 203 ff., 208 ff., 222 ff., 237 ff.

Bewusstsein 16, 18, 21, 54, 60, 68, 115, 147, 156, 166, 169, 215 f.

Christentum 102, 106, 120, 149, 172, 221, 226, 230, 234, 238

Christus 12, 71 f., 120, 160, 222, 238

Darwin, Ch. 78 ff., 110, 151 f., 156, 212, 236

Destruktion (D.-Trieb) 33 ff., 60, 96, 108

Echnaton 121, 195, 203, 208, 224, 231

Einstein, A. 58, 62, 108, 112

erogene Zone 22 f., 26, 29

Eros 13, 31 ff., 61, 82, 96, 98, 101

Ersatzbefriedigung 35, 216, 233

Es 16 ff.

Exogamie 93, 110, 125, 149 ff., 158, 162, 169, 219, 231 f., 235 ff.

Feindseligkeit 55, 57, 73 f., 78, 83, 92 ff., 105, 108, 136, 140 ff., 162 ff., 172, 187, 214, 220 f., 235

Ferenczi, S. 123, 161, 170

Fixierung 35, 37, 41 f., 79, 131, 211 f.

Fließ, W. 39, 62, 243

Fortpflanzung 22, 29 f., 38 ff.

Frazer, J.G. 123, 130, 134, 151

Freud, S.
- Einstellung zur Religion 186
- Einzelschriften
  - *Bruchstück einer Hysterie-Analyse* 9, 63, 121,
  - *Das Ich und das Es* 10, 18, 80, 83, 242
  - *Das Unbehagen in der Kultur* 7, 11 f., 33 f., 57, 60, 73, 83, 88, 103, 192,
  - »Das Unheimliche« 12, 168
  - *Der Mann Moses und die monotheistische Religion* 11, 107, 118, 121, 149, 158, 163, 170 ff., 187 f., 191, 194 ff., 234 ff.
  - »Der Moses des Michelangelo« 184, 244
  - »Die ›kulturelle‹ Sexualmoral und die moderne Nervosität« 9, 39, 58, 92,
  - *Die Traumdeutung* 14 ff., 19, 36, 81, 88, 144,
  - *Die Zukunft einer Illusion* 10 ff., 88, 100, 103, 118 f., 174, 182, 196, 237,
  - *Drei Abhandlungen zur Sexualtheorie* 9 f., 39, 104, 145
  - *Eine Kindheitserinnerung des Leonardo da Vinci* 9, 117
  - »Ein religiöses Erlebnis« 11, 119, 186
  - »Eine Teufelsneurose im siebzehnten Jahrhundert« 10, 118
  - »Groß ist die Diana der Epheser« 122
  - *Jenseits des Lustprinzips* 10, 31 ff., 64 f., 82 f.,
  - *Massenpsychologie und Ich-Analyse* 10, 57, 63 ff., 111
  - »Mythologische Parallele zu einer plastischen Zwangsvorstellung« 12
  - *Neue Folge der Vorlesungen in die Psychoanalyse* 27, 187
  - *»Selbstdarstellung«* 12, 172, 186, 243
  - *Totem und Tabu* 10 ff., 47, 55, 63 f., 78, 81, 92 f., 107, 110, 113, 118 f., 121 f., 123 ff., 181, 187, 194, 196, 208, 212, 234, 238
  - »Über den Gegensinn der Urworte« 36
  - *Vorlesungen zur Einführung in die Psychoanalyse* 27, 187
  - »Zeitgemäßes über Krieg und Tod« 10, 47, 64
  - »Zur Einführung des Narzissmus« 9, 18, 24, 30, 145

»Zur Gewinnung des Feuers« 11, 103, 122,
Zur Psychopathologie des Alltagslebens 37, 113
»Zwangshandlungen und Religionsübungen« 9 f., 113, 121, 191, 234
Schriften zur Gesellschaft und Kultur 39 ff.
Schriften zur Religion 113 ff.
Führer 10, 57, 61, 68, 70 ff., 82 f., 186, 209

Gewissen 11, 20, 36, 55, 58, 64, 67, 85, 97 ff., 106, 114, 129, 135, 141, 216, 221
Grausamkeit 23, 50, 134, 175, 178, 189, 239

Heer 71 f., 82, 86, 111
Herdeninstinkt (H.trieb) 77 f., 86, 111
Hypnose 76, 79 f., 85

Ich 16 ff., 65 ff.
Ichideal (Ich-Ideal) 10, 18 ff., 36, 75, 76, 80, 84 f., 111
Ichlibido, Ichliebe, s. Narzissmus
Ichtriebe 13, 29 ff., 38, 145
Idealisierung 75 f.
Identifikation (Identifizierung) 10 f., 19 f., 25, 27, 57, 61, 70, 72 ff., 83 ff., 96, 98, 110 f., 157, 160, 162, 213, 232, 236
infantile Sexualität 9, 22, 29
Inzest 39, 125, 161, 232
Inzestscheu 28, 123 f., 126 f., 149 ff., 163, 232
Inzestschranke 28, 108, 127
Israeliten 11, 121, 195, 201

Jahve 11, 121, 195, 201, 205 ff., 215, 217, 219 f., 225, 228 f., 237 f., 240
Jahveglauben (Jahve-Religion) 11, 121, 195, 219 f., 237
Jehova, s. Jahve
Jones, E. 38, 58, 64 f., 80, 88, 113, 118, 122 f., 161, 174, 194 f., 243
Jung, C.G. 123, 139, 161
Kastration 25, 28, 232
Kastrationsangst. K.drohung 25, 27, 38

Kirche 71 f., 78, 82, 86, 111, 120, 171, 223
Kommunion 154, 160, 172
Krieg 10, 47 f., 52 f., 57 ff., 89, 111 f., 242 f.
Kultur 9 ff., 13, 39 ff., 88 ff., 108 ff., 174 f., 177 ff., 186 f., 190
Kulturfeindlichkeit 89, 102, 110

latente Traumgedanken 14, 15, 35
Latenz 28, 211 f., 217, 230, 240
Latenzperiode (L.phase) 28 f., 103, 109, 230
Le Bon, G. 65 ff., 80 f., 85, 111
Lebenstriebe 31 ff., 38, 96
Libido 21, 24, 31, 33 f., 37, 46 f., 71, 76, 79, 94, 127, 131, 161, 168, 243
Liebe 22, 24, 30, 34, 37, 47, 61, 71 ff., 75, 84 ff., 93 ff., 97 ff., 102, 104 f., 108, 111, 131, 134, 140, 177, 216
Lustprinzip (Lust-Unlust-Prinzip) 17, 19, 31

Magie 81, 118, 123, 142, 144 ff., 167 f., 203, 205, 230, 235
manifester Trauminhalt 14
Masse 10, 57, 61, 65 ff, 76 ff., 85 ff., 99, 103, 107, 111, 179 f., 182, 186, 190, 231
Massenbildung 57, 66, 73, 75 f. 78 ff., 85 ff., 111
Massenpsychologie 57, 63, 65 f., 70 ff., 79 ff., 83, 86, 111, 216, 231, 242
Massenseele 66 ff., 75, 77
Messias 12
Metapsychologie, metapsychologisch 10, 16, 18, 75 f., 99, 113, 147, 166
Moses 11 f., 121, 194 ff., 224 ff., 237 ff.
Mutter 25 ff., 38, 47, 54, 74, 117, 120, 122, 125 ff., 140, 153, 154, 162 f.,169, 197, 236

Narzissmus 19, 24 f., 30, 34, 37, 73 ff., 83, 145 f.
narzisstisch 38, 79
Neurosen 9, 23, 35, 40, 44, 46 . 69, 87, 100, 109, 150, 153, 160, 167, 182, 240
Objektliebe 33, 37, 40, 41
Ödipuskomplex 11, 19, 24 ff., 74, 83, 98, 108 ff., 118, 120, 154, 182, 230, 234, 236

Partialtriebe (der Sexualität) 23, 29, 104, 145
Paulus 71, 221 f., 233, 238
Pentateuch 188, 196, 201, 225 f., 229
Perversion 23 f., 37, 95
Phasenlehre 23
Plato 71
präödipale Mutterbindung 25, 27
Primärvorgang (Primärprozess) 17, 19, 163
Projektion 140 f., 141, 165 f., 168
psychische Realität 56, 69, 172 f.
psychischer Apparat 7, 9 f., 16 f., 20, 36, 141

Reaktionsbildung 50 f., 96, 121 f., 136, 221
Realitätsprinzip 17, 19
Rechtsordnung 59, 91
Regression 35, 57, 63, 77, 79, 111, 222
Religion 10 ff., 13, 40, 55, 63, 78, 100, 103, 107, 110, 113 ff., 148 ff., 174 ff., 194 ff., 234 ff.
Robertson Smith, W. 154, 156, 158, 170 ff.

Sadismus 34 f.
Salomé, L. 88, 195, 218
Schuldgefühl 11, 58, 88, 97 ff., 106 f., 109 f., 158, 220 f., 234, 236, 238
seelischer Apparat 16, 17, 41
Selbsterhaltungstriebe 13, 30 f., 33
Selbstliebe 19, 71, 73, 84
Sexualentwicklung 10, 18, 22, 24, 26 ff., 168
Sexualität 22 ff., 29 ff., 41 f., 95 f., 103, 105, 108, 168, 216,
Sexualmoral 9, 39 ff., 44, 46 f., 57, 92, 109, 241
Sexualtheorie 22 ff., 29 ff.
Sexualtrieb(e) 10, 13, 28 ff., 38 ff., 63, 74 f., 82, 84, 85, 93, 96, 104, 108 f., 116, 121, 145
Sexualüberschätzung 75 f., 84 f., 162
sinnliche (sinnlich-körperliche) Strömung (der Sexualität) 28, 44 f., 75, 215 f., 231, 240
sozialer Trieb 65
Strukturmodell 18
Sublimierung 10, 28, 37, 39, 41 f., 63, 102 ff., 109, 192
Symboldarstellung 14 f.
System Unbewusst 13, 16, 111, 163
System Vorbewusst 16

Tabu 69, 95, 123, 127 ff., 131 ff., 141, 157 f., 161, 163 f., 166, 173, 234
Tabugebräuche 81, 113, 128, 138, 139
Tertullian 188
Tod 32 ff., 47 ff., 79, 96 ff., 110, 112, 118, 128, 139 ff. 147, 155 ff., 165, 168, 174 f., 184, 196, 199, 203 ff., 221, 226, 235, 237 ff.
Todestrieb 10, 13, 31 ff.,35, 38, 82, 83, 96, 98, 108
Totem 81, 118, 123 ff., 194, 196, 208, 212, 231, 234 ff., 238, 242
Totemismus (totemistisches System) 10, 78, 95, 118, 123, 125, 148 ff., 152 ff., 171 ff., 181, 187, 212, 219, 231, 234 ff., 240
Trauer 53, 55, 81, 138 ff. 156, 158, 165 f., 242
Traumarbeit 13 ff., 35 f., 163
Traumlehre 7, 13, 14
Triebabwehr 5, 10, 47, 117
Triebbewältigung 11
Trieblehre 7, 11, 13, 29, 34, 58, 96
Triebregungen 9, 13, 18, 49, 56, 62, 66 f., 91, 102, 116 f., 121, 234
Triebunterdrückung 11, 40, 42, 51
Triebvermischungen 35, 60
Triebverzicht 11, 13, 39 f., 50, 92, 97 f., 103, 106, 109, 186, 213, 215 f., 231 f. 240

Über-Ich 12 f., 17 ff., 25, 27, 36, 84, 97 ff. 106 f., 109 f., 213, 216
Ubw 16 ff., 21, 36, 81
unbewusst 15 f., 18, 20 f., 36, 84, 131 f., 165
Urhorde 12, 78 ff., 86, 93, 107, 110 f., 118, 125, 152, 156 f., 212, 219, 221, 234, 236, 238
Urhordenvater 63, 110, 121, 219, 237
Urphantasien 38, 231

Vater 11 f., 25 ff., 54, 72, 74, 79 f., 83, 94, 98, 106 f., 110 f., 117 ff., 122 f., 125 f. 137, 153 f., 156 ff., 163, 169 f., 172, 175, 177, 187, 202, 212, 216, 219 f., 222, 227, 232, 234 ff., 238 f.

Vbw 16 ff., 21, 37

Verdichtung 14 f., 17, 19, 35, 70, 171

Verdrängung 5, 17 f., 21, 36, 84, 92, 116, 127, 131, 136, 154, 165, 182, 242

Verschiebung 14 f., 17, 19, 35 f., 49, 62, 92, 130, 163

vorbewusst 18, 20, 36

Widerstand 18

Wiederholungszwang 31, 212

Wiederkehr des Verdrängten 11, 21, 37, 121, 172, 212, 218 ff., 233, 240

Wundt, W. 123, 127, 129, 139, 141, 161, 163, 235

zärtliche Liebesregungen (Sexualströmung) 25, 28, 37, 157, 162, s. auch Zärtlichkeit

Zärtlichkeit 26, 28, 44, 94, 104, 136, 162, 165

Zensur 16

Zeremonie, Zeremoniell 9, 113, 115, 130

zielgehemmte libidinöse Bindungen 28, 37

Zweig, A. 194, 225, 227, 243

zweizeitiger Ansatz (der Sexualentwicklung) 13, 28

Thomas Köhler

Freuds Schriften zu Literatur, Kunst und Ästhetik

Eine Darstellung und kritische Bewertung

2014 · ca. 150 Seiten · Broschur
ISBN 978-3-8379-2350-6

»Der Genuß an der Schönheit hat einen besonderen, milde berauschenden Empfindungscharakter. Ein Nutzen der Schönheit liegt nicht klar zu Tage, ihre kulturelle Notwendigkeit ist nicht einzusehen, und doch könnte man sie in der Kultur nicht vermissen.«
Sigmund Freud

Obwohl Freud bedauerte, dass »die Psychoanalyse über die Schönheit am wenigsten zu sagen« wisse, erkannte er sie doch als ein unverzichtbares Kulturgut. So setzte sich der Begründer der Psychoanalyse immer wieder mit Literatur, Kunst und Ästhetik auseinander und widmete den schönen Künsten zahlreiche Publikationen.

Thomas Köhler stellt Freuds Schriften zu ästhetischen Fragestellungen in ihrer Entstehungsgeschichte und ihrem Inhalt anschaulich dar. Zahlreiche Anmerkungen erläutern die Texte und ordnen sie zeitgeschichtlich ein. Ausführlicher besprochen werden unter anderem *Der Wahn und die Träume in W. Jensens Gradiva*, *Eine Kindheitserinnerung des Leonardo da Vinci* sowie *Der Witz und seine Beziehung zum Unbewußten*.

www.ingramcontent.com/pod-product-compliance
Ingram Content Group UK Ltd.
Pitfield, Milton Keynes, MK11 3LW, UK
UKHW040024200726
13854UKWH00001B/340

9 783837 924329